幼儿园教育活动设计与指导

主 编 赵 洪 于桂萍

北京理工大学出版社
BEIJING INSTITUTE OF TECHNOLOGY PRESS

版权专有　侵权必究

图书在版编目（CIP）数据

幼儿园教育活动设计与指导 / 赵洪，于桂萍主编 . —北京：北京理工大学出版社，2018.4（2023.8重印）

ISBN 978 – 7 – 5682 – 5489 – 2

Ⅰ. ①幼… Ⅱ. ①赵… ②于… Ⅲ. ①幼儿园 – 教学活动 – 教学设计 – 高等职业教育 – 教材　Ⅳ. ①G612

中国版本图书馆 CIP 数据核字（2018）第 070697 号

出版发行 / 北京理工大学出版社有限责任公司
社　　址 / 北京市海淀区中关村南大街 5 号
邮　　编 / 100081
电　　话 /（010）68914775（总编室）
　　　　　（010）82562903（教材售后服务热线）
　　　　　（010）68944723（其他图书服务热线）
网　　址 / http：//www.bitpress.com.cn
经　　销 / 全国各地新华书店
印　　刷 / 廊坊市印艺阁数字科技有限公司
开　　本 / 787 毫米 × 1092 毫米　1/16
印　　张 / 22.5　　　　　　　　　　　　　　　　责任编辑 / 梁铜华
字　　数 / 531 千字　　　　　　　　　　　　　　文案编辑 / 郭贵娟
版　　次 / 2018 年 4 月第 1 版　2023 年 8 月第 5 次印刷　责任校对 / 周瑞红
定　　价 / 49.80 元　　　　　　　　　　　　　　责任印制 / 施胜娟

图书出现印装质量问题，请拨打售后服务热线，本社负责调换

前言

《幼儿园教育指导纲要（试行）》（以下简称《纲要》）颁布10多年以来，我国学前教育已经发展到了一个崭新的高度。为深入贯彻《国家中长期教育改革和发展规划纲要（2010—2020年）》和《国务院关于当前发展学前教育的若干意见》（国发〔2010〕41号），以及2012年9月国家教育部制定的《3~6岁儿童学习与发展指南》（以下简称《指南》）；为了尽快适应学前教育事业的飞速发展，满足高职高专学前教育发展的需要，更好地为学前教育机构培养合格的教师，根据《纲要》和《指南》的精神，特编写此教材。

高职高专学前教育专业的培养目标是塑造高素质、强技能的应用型人才，其中五大领域教法课程是实现专业培养目标的核心课程，也是保证学生能够快速适应岗位要求的关键课程。而学生的专业知识和职业技能必须经过悉心教育和严格训练才能掌握，所以本教材在编写的过程中，以学前教育理论为依据，以学前教育实际工作要求为目标，注重人才培养和学前教育专业特点的结合。本教材的编写特点主要体现在：

1. 注重时代性。教材的编写以《纲要》和《指南》的思想为导向，以学前教育理论为依据，以学前教育实际工作要求为目标，注重人才培养目标和学前教育专业特点的有机结合。理论知识以阐述基本问题为主，以实用理论为度。

2. 注重专业性。教法课主要是针对幼儿园一线教师的培养，在技能编写过程中明显体现工学结合的特色，注重实践能力的培养。根据幼儿园实际工作的需要，做到内容全面、要求明确、指导具体、操作简便，以满足学生在学习过程中理论联系实际的需要。

3. 注重选择性。由于各高职高专开设的专业课程不同，时间长短不同，课时不同，任课教师可以有侧重点地选取本教材的内容，做到灵活选择。

4. 注重具体性。教材内容具体，有针对性。教材以五大领域为基本核心，以教学活动设计为主线，既有基本理论的概述，又有常用的教法提示，同时还提供了大量可参考的案例，体现出教材内容的具体、新颖、针对性强等特色。

本教材由鞍山师范学院高等职业技术学院赵洪和鞍山师范学院高等职业技术学院夏清编写音乐教育活动。在编写的过程中，中国教育网、广东幼儿教育网、小精灵网站、妈咪爱婴网、第一范文网、莲山课件等提供了大量教学案例。本教材引用了一些专家学者的资料，在此一并表示衷心的感谢！

由于编者能力有限，加之时间仓促，书稿中难免存在不足之处，恳请行业专家和读者批评指正。

编　者

目 录

绪论 ·· 1
 第一课 幼儿园教育活动的概述 ··· 2
 第二课 幼儿园教育活动设计的基本要素 ·· 6
 第三课 幼儿园教育活动的模式 ··· 30

第一单元 健康领域 ·· 50
 第一课 健康领域的概述 ··· 50
 第二课 幼儿园健康教育目标、内容、方法 ··· 54
 第三课 幼儿健康教育活动的设计与指导 ·· 64

第二单元 语言领域 ·· 85
 第一课 语言领域的概述 ··· 85
 第二课 幼儿语言教育的目标、内容 ··· 88
 第三课 幼儿语言教育的途径和方法 ··· 95
 第四课 幼儿语言教育活动的设计与指导 ·· 99

第三单元 社会领域 ·· 132
 第一课 社会教育概述 ·· 132
 第二课 幼儿社会教育的目标、内容 ··· 136
 第三课 幼儿社会教育的途径、方法 ··· 147
 第四课 幼儿社会教育活动的设计与指导 ·· 154

第四单元 科学领域 ·· 165
 科学教育活动部分 ··· 165

  第一课　科学教育概述……………………………………………………… 165
  第二课　幼儿科学教育的目标、内容、方法………………………………… 172
  第三课　幼儿科学教育活动的设计与指导…………………………………… 181
 数学教育活动部分………………………………………………………………… 220
  第一课　数学教育概述……………………………………………………… 220
  第二课　幼儿数学教育的目标、内容………………………………………… 224
  第三课　幼儿数学教育的途径和方法………………………………………… 230
  第四课　幼儿数学教育活动的设计与指导…………………………………… 236

第五单元　艺术领域 …………………………………………………………… 256

 音乐教育活动部分………………………………………………………………… 256
  第一课　幼儿音乐教育概述………………………………………………… 256
  第二课　幼儿音乐教育的目标、内容………………………………………… 260
  第三课　幼儿音乐教育活动的设计与指导…………………………………… 267
 美术教育活动部分………………………………………………………………… 284
  第一课　幼儿美术教育概述………………………………………………… 284
  第二课　幼儿美术教育的目标、内容………………………………………… 286
  第三课　幼儿美术教育活动的设计与指导…………………………………… 292

附录一　幼儿园教育指导纲要（试行） ………………………………………… 311

附录二　3～6岁儿童学习与发展指南 …………………………………………… 319

附录三　幼儿园工作规程 ………………………………………………………… 344

参考文献 …………………………………………………………………………… 351

绪 论

【知识目标】

1. 掌握幼儿教育活动的概念；
2. 掌握幼儿园教育活动目标确立的依据；
3. 掌握幼儿园教育活动目标的层次结构；
4. 掌握幼儿园教育活动的内容范围；
5. 掌握幼儿教育活动内容制订的原则；
6. 掌握幼儿园教育活动的组织形式；
7. 掌握幼儿园教育活动学科领域、主题教育、区域活动、游戏活动四种模式。

【能力目标】

1. 能够运用幼儿园教育活动的表述形式，对幼儿园教育活动目标进行表述；
2. 能够运用幼儿园教育活动的选编方法，依据活动目标选择活动内容；
3. 能够对幼儿园教育活动进行组织与实施；
4. 能够对幼儿园教育活动进行评价；
5. 了解幼儿园教育活动的指导思想；
6. 能够根据幼儿园实际制订幼儿园教育活动模式，能够把四种模式交叉使用。

教育活动作为幼儿园教育的基本形式以及幼儿园课程实施的主要载体，是以幼儿为主体，由教师创设的，适合幼儿的身心发展需要和特点，在多种形式的活动与环境的互动过程中，可引发幼儿积极参与、主动探索，目的是促进幼儿全面、健康、和谐地发展。了解幼儿园教育活动的基本知识，掌握幼儿园教育活动设计的基本原理，是做好幼儿教育活动的前提。

第一课　幼儿园教育活动的概述

一、教育活动

　　教育是一种活动，是人类社会特有的活动。教育是有意识的、以积极影响人的身心发展为直接和首要目标的且教育者与受教育者双方都积极参与的社会实践活动。教育作为社会活动，与其他的活动是有本质区别的。首先，从教育的活动对象看，教育活动是有意识的以人为直接对象的社会活动，它不同于其他以物或以精神产品的生产为直接对象的社会生产活动；其次，从活动目标看，教育是以积极影响人的身心发展为直接和首要目标的；最后，从教育的参与者看，教育是一项教育者与受教育者都积极参与的双边活动。

　　教育活动有广义与狭义之分。广义的教育活动是以人为直接对象、以积极影响人的身心发展为直接和首要目标的且教育者与受教育者双方都积极参与的社会实践活动。

　　狭义的教育活动主要指学校教育活动。学校教育由专职人员和专门机构承担，是有制度保证的，从而有目的、有系统、有组织地对入学者的身心发展产生积极影响，以便把他们培养成为社会所需要的人。学校教育也叫制度化教育。学校教育活动有各种差别。从形式上看，有教学活动、课外活动、实践活动；从活动主体看，有管理者的活动、教师的活动、学生的活动；从内容上看，有课内外进行的德育、智育、体育、美育、劳动技术教育，以及发展个性、特长等的各种活动。

　　学校教育作为近现代教育活动中的核心组成部分，成为对人进行教育的主要场所，是根据社会的要求对受教育者进行的一种目的性、计划性、组织性、系统性和可控性最强的教育活动。学校教育是一种有目的地培养人的活动，教育的直接作用是促进学生的发展，学生的发展离不开学生"学"的活动。教育要有效地促进学生的发展，就必须对学生"学"的活动加以规范和引导，精心组织和开展教师"教"的活动。教育活动是由学生"学"的活动和教师"教"的活动共同构成的，是"学"与"教"这两类活动的结合。

二、幼儿园教育活动

　　《纲要》中提出，幼儿园教育活动是教师以多种形式有目的、有计划地引导幼儿生动、活泼、主动活动的教育过程。1989年，《幼儿园工作规程》中出现了"教育活动"这个名词，随后人们对此概念经历了一个由分歧逐渐到一致的过程。主要有两种不同的观点：一种是把教育活动与生活活动、游戏活动并列，把教育活动看成过去"上课"的代名词，教育活动的外延比较窄；另一种看法主张对"教育活动"作广义的理解，认为幼儿园教育活动还应当包括生活活动与游戏活动。实际上，幼儿园教育活动是对幼儿进行德、智、体、美全面发展教育和实现幼儿园保教目标的基本途径。

　　幼儿园教育活动分为广义的教育活动和狭义的教育活动。广义的幼儿园教育活动是指幼儿园全部教育工作的总和，包括一日活动中的各项具体活动，包括生活活动、劳动活动、游戏活动和集中教育活动，幼儿教师到社区进行育儿讲座、家访等，这些都可以称为幼儿园的教育活动；狭义的幼儿园教育活动是指教师为了特定的教育目标而进行的专门设计、组织和指导的活动，即幼儿园集中教育活动。

幼儿园教育活动是以幼儿园为基础的，有一定意向性与目的性的，师生相互影响的，并以一定方式实现意义的赋予、分享与创造的过程。幼儿园教育活动有以下三方面的特征：

（一）目的性与计划性

幼儿园教育活动是在专门的社会幼教机构中，由社会培养和指派的专职幼教人员实施的幼儿教育活动，它体现了国家或阶级的意志和要求，是一种依据社会需要来培养人的社会教育活动。同时，幼儿园教育活动是在一定教育目的指导下的活动，其出发点与归宿都是促进幼儿身心全面、和谐、健康发展，实现幼儿园的保教目标。因此，具有明确的目的性和计划性。

（二）活动过程的双边性

《幼儿园工作规程》中明确指出，幼儿园教育活动应"注重活动过程"。但同时，它也注重在活动过程中，通过幼儿自身的感知和思维水平上的操作、观察、探索，产生激动、惊讶等各种感受，以及通过行为上的操作和反复练习，获得感性知识，学习概念，体验不同感受，形成良好习惯等。所以，幼儿园教育活动以教师和幼儿的共同参与为存在条件，并以双方的相互作用为基本过程展开。幼儿园教育活动不仅重视幼儿的主体性，而且重视教师的主导性。

（三）活动形式的多样性

教师和幼儿之间的相互作用可以有多种形式。《幼儿园工作规程》中强调，幼儿园教育要"创设与教育相适应的良好环境，为幼儿提供活动和表现能力的机会与条件"，要"寓教育于各项活动之中"。幼儿园教育活动不仅活动类型具有多样化的特点，活动方式、组织形式等也具有多样化的特点。

幼儿园教育活动是教师有目的、有计划地利用幼儿园提供的环境和材料，通过教师和幼儿双向的交流与作用，促进幼儿身心发展的过程；是实现幼儿园教育目标，组织传递一定的教育内容，落实幼儿园教育任务的手段。幼儿园教育活动是一种教师与幼儿交往的过程，教师和幼儿是教育活动中最基本的主体和参与者，也是教育活动中最直接的体现者，因此幼儿园教育活动是教师和幼儿双主体的活动。在活动过程中，教师的活动是"教"，幼儿的活动是"学"，是教师与幼儿双向互动的活动过程。

三、幼儿园教育活动的质量标准

质量，即满足主体某种需要的特性的总和，必定会与主体结合形成价值关系。因为幼儿园教育活动有广义和狭义之分，所以应从广义和狭义的角度来决定幼儿园教育活动的质量标准。

从广义的角度来说，作为人生教育的第一阶段，幼儿园教育肩负着为人终身发展奠定良好素质基础的重要任务。幼儿是幼儿园教育价值形成体系中最根本的主体，幼儿身心发展的需要是主客体之间是否形成价值关系的标准，也是幼儿园教育是否具有价值的标准。因此，幼儿园教育质量是指幼儿园教育活动是否满足幼儿身心健康发展的需要及其满足幼儿身心发展需要的程度。幼儿园教育活动在幼儿一生学习中的地位，决定了幼儿园教育活动应以是否为其终身学习奠定基础为质量标准。《纲要》中指出"幼儿园教育是基础教育的重要组成部分，是我国学校教育和终身教育的奠基阶段"，它要为"幼儿一生的发展打好基础"。《纲要》各领域中的目标、内容和要求、组织与实施以及评价等，均一致将培养幼儿终身学习的基础和动力放在了核心地位，强调教育活动应着眼于培养幼儿终身持续发展的最基本的重要素质，如积极主动的态度、强烈的学习兴趣、有效与环境互动的能力、初步的合作意识、责任感等，这是衡量幼儿教育质量最重要的指标。只有融入终身教育的理念，幼儿教育才能追求幼儿健康的、真实的、全面的、可持续性的发展，幼儿园才能从预备阶段真正转变为人生学习的初始阶段。

从狭义的角度来说，教师与幼儿在教育活动中的相互关系决定了幼儿园教育活动的质量标准应以幼儿学习活动的质量为依据。教师活动的目的与结果，归根结底是要引导和促进幼儿的学习与发展。教师主体性的发挥以幼儿主体性的实现为归宿，幼儿园是以教师有目的、有计划地引导幼儿生动、活泼、主动活动的教育过程来完成教育活动的。幼儿的"生动、活泼、主动活动"是幼儿园教育活动应该达到的质量标准。在幼儿园教育活动中，幼儿是活动的主体，但并不是所有的教育活动，每个幼儿都能够主动活动，也有可能是被动活动。所以，促进幼儿学习活动的积极化，使幼儿园的所有教育活动都能够成为幼儿主动活动的过程，是幼儿园教育活动应当追求的标准。

四、幼儿园教育活动的指导思想

幼儿园教育活动的指导思想是根据幼儿园的教育目的，并遵循幼儿身心发展规律提出的，指导思想贯穿幼儿教育活动的全过程。《纲要》总则中指出："幼儿园教育应尊重幼儿的人格和权利，尊重幼儿身心发展的规律和学习特点，以游戏为基本活动，保教并重，关注个别差异，促进每个幼儿富有个性的发展。"这是幼儿园教育活动总的指导思想。《指南》中也从关注幼儿学习与发展的整体性、尊重幼儿发展的个体差异、理解幼儿的学习方式和特点、重视幼儿的学习品质这四方面强调幼儿园教育活动的指导思想。只有把握现阶段幼儿园教育的指导思想，才能有效地指导幼儿园的教育活动。

1. 尊重幼儿的人格和合法权利

幼儿作为社会的基本成员应享有尊严和合法权利。要保障幼儿的权利，要让幼儿园成为幼儿喜欢的环境，要让幼儿在与同伴和具有专业知识的成人的共同生活中，实现成长和学习的基本权利。要杜绝体罚和变相体罚的现象，要了解幼儿身心发展的规律和学习特点，不要过早地给幼儿的发展定向，从而牺牲幼儿全面发展的机会。

2. 促进幼儿全面和谐发展

我国教育的目的是促进受教育者在德、智、体、美诸方面都得到发展，即教育必须是全面发展的教育。幼儿各方面的发展虽然有各自的规律和特点，但彼此不是割裂的，各方面的发展相互联系、相互制约，共同构成幼儿的整体特征，并共同决定这一整体特征的发展质量。在德、智、体、美诸方面发展的同时，要协调好各领域之间的均衡，还要让幼儿按照自身的特点发展，促进个性的发展，不能用同一个标准要求所有的幼儿。

3. 面向全体和重视个别差异

面向全体是指教师制订的教育教学计划要考虑全体幼儿的学习和发展，关注每一个幼儿的发展与进步，使每一名幼儿都能获得纵向的发展。幼儿的发展与多种因素有关，幼儿的成长也是参差不齐的。但是幼儿教师必须关注每一名幼儿，相信每一名幼儿在适当的条件下，通过自己的努力都能获得应有的发展，不忽视、不放弃任何一个幼儿。

个别差异是指教师要根据幼儿的具体特点，采用一定的教育方法，有针对性地进行教育，帮助幼儿进步和发展。在幼儿园教育中，教师既要面向全体，又要重视个别差异的教育。要促使幼儿在原有的水平上得到发展，追求每一个幼儿都拥有同样的发展机会，引导幼儿个性健康的、多样化的发展。

4. 充分利用幼儿园、家庭和社会的教育资源

幼儿是在与周围环境的交互作用中成长和发展起来的。幼儿园、家庭、社会是幼儿接触最多的地方，要充分利用幼儿园、家庭、社会的有利教育资源，进行有机的整合，使这些有利的教育资源真正协调、一致地对幼儿的成长产生积极、有效的影响。

家庭和社会是直接影响幼儿和幼儿园生存和发展的外部环境。家庭、社会和幼儿园在教育上的配合，可以为幼儿创设良好的生活、学习与发展的社会生态环境。同时，家庭、社会也蕴含着幼儿园可以利用的丰富的教育资源。幼儿园要善于利用这些潜在的教育资源，主动争取家庭、社会对幼儿园工作的支持，使幼儿和幼儿园本身融入社会，更好地适应社会的发展。

5. 坚持保教结合的方针

保教结合是一个整体的概念，体现教育对个人发展的整体性影响。"保"指保育，是为保护幼儿健康、增强幼儿体质、促进幼儿生长发育而进行的各种活动，既包括体育锻炼，又涉及有关营养、生活环境、预防疾病和事故、建立科学的作息时间、保健卫生制度等内容；"教"指教育，通常是指有目的、有计划、有系统地影响幼儿身心发展的活动，包括发展智力和语言、丰富知识经验、促进良好的社会适应能力、培养积极的情感和个性品德等全面发展教育。

保教结合强调的是在进行一日活动时，注意两者在幼儿活动中的作用要达到统一。保中有教，是指在保育和增强幼儿身体的同时，注意发挥教育的作用；教中有保，是指教育因素渗透到幼儿健康领域，特别要重视对幼儿心理健康的影响，促进幼儿形成良好的人际心理环境。

6. 游戏为幼儿的基本活动

基本活动是指在人生的某阶段，出现频率最高、对人的生存发展最有价值、最适合那一个年龄阶段的活动。游戏是幼儿的基本活动，也是最符合幼儿身心发展特点的学习方式，是对幼儿进行德、智、体、美教育的主要手段。

尊重幼儿的身心发展规律，就是要尊重幼儿的天性。在幼儿园教育中，要使游戏成为幼儿园教育的基本活动，一方面，要为幼儿创设游戏的机会和条件，保障幼儿游戏和在游戏中学习的权利，充分发挥幼儿在学习中的主动性、创造性，使幼儿游戏的需要得到满足；另一方面，要将游戏作为各种教育活动的手段，同时也作为幼儿一日生活的主要内容，使幼儿在这些活动中获得游戏性体验，生动、活泼、主动地学习和发展。

7. 教育的活动性与活动的多样性

幼儿只有通过活动才能获得心理发展，活动能激发幼儿学习的欲望。幼儿的身心特点决定了幼儿要获得知识，只能通过积极主动地与人交往、动手操作、实际接触环境中的各种各样的事物和现象，去体验、观察、发现、思考、积累和整理自己的经验。离开活动，幼儿就

不会有所发展，所以必须重视活动在幼儿发展中的地位。应提倡让幼儿参加探索和发现活动、观察和参观活动、调查访问活动、交流探索活动等，要让幼儿的活动内容、活动形式、活动方法等丰富多彩，要根据幼儿的需要和兴趣来选择和组织活动。

8. 发挥一日生活的整体教育功能

幼儿园一日生活是指幼儿园每天进行的所有教育活动，包括专门的学习活动、游戏活动、生活活动。这些活动在幼儿的发展中具有特殊的价值，也是幼儿园课程实施中不可缺少的环节。因此，在幼儿园一日生活中，要注意各类活动间的联系，要发挥这些活动的互补作用，使一日生活真正成为一个教育的整体。要充分认识生活活动在幼儿园教育中的重要性。生活活动不仅是幼儿身体健康成长所必需的，还是幼儿最重要的学习内容和学习途径。由于不同的活动在幼儿发展中的作用是不一样的，所以要充分认识和利用一日生活中各种不同类型的活动的教育价值与潜能，科学合理地安排和组织各种活动，使一日生活的各个环节融为一个整体，为幼儿创设一个既符合教育目标与要求，又符合幼儿身心发展特点与需要的幼儿园生活，让幼儿在幼儿园中愉快、健康地发展。

第二课　幼儿园教育活动设计的基本要素

幼儿园教育活动设计是教师将教育目标具体化的过程，是教师进行教学活动的依据。教育活动设计得成功与否，关系到教育活动是否有成效。因此，科学的教育活动设计可以促进幼儿的身心发展，促进教师反思能力的提高，增强教育活动的实效性。在进行教育活动设计时，要考虑教育活动设计的基本要素，即教育活动目标、教育活动内容、教育活动的组织与实施、教育活动的评价。

一、幼儿园教育活动目标

幼儿园教育活动目标是教育目的在幼儿园教育这一阶段的具体化，在整个教育体系中，确定教育活动目标具有十分重要的作用。因为教育活动目标是整个教育活动的指南，是教育活动设计的起点，也是教育活动的终点。教育活动目标指明了教育活动的方向，是教育活动内容的选择、组织与实施的依据，是教育活动设计的核心。

教育活动目标是开展教育活动的前提，教育活动目标指明了教育活动所要达到的要求。教育活动目标与教育活动目的是有区别的，"教育活动目标含有'里程'的意义，表现个别的、部分的、阶段（具体）的价值。教育活动目的含有'方向'的意思，表现为普遍的、总体的、终极的价值。"[①] 幼儿园教育目标是进行教育实践活动的第一要素，是教师进行教育活动的指导思想，是教师制订教育计划的依据。

（一）确立幼儿园教育活动目标的依据

确立幼儿园教育活动目标要从幼儿身心发展的客观规律和特点、社会发展的需要、学科知识的特点等方面出发。

---

① 钟启泉. 现代课程论 [M]. 上海：上海教育出版社，1989：296.

1. 依据幼儿身心的发展规律

发展心理学研究表明,在幼儿的认知活动中,感知觉占据重要地位。幼儿基本上是依靠自己的主观感知来认识事物的。幼儿的思维活动虽然有所发展,但是整个学前思维的主要特点还是具体形象性思维占优势,幼儿凭借事物的具体形象或表现来进行思维活动,而不是凭借事物的内在本质和对关系的理解,也不是凭借概念、判断、推理来进行思维活动。到了学前后期,抽象逻辑思维有了一定的发展,幼儿能够通过推理了解事物之间的联系,进行间接判断。判断推理的内容从反映事物的表面联系向反映事物的内在联系发展。《指南》中指出:"理解幼儿的学习方式和特点。幼儿的学习是以直接经验为基础,在游戏和日常生活中进行的。要珍视游戏和生活的独特价值,创设丰富的教育环境,合理安排一日生活,最大限度地支持和满足幼儿通过直接感知、实际操作和亲身体验获取经验的需要,严禁'拔苗助长'式的超前教育和强化训练。"

确立教育活动目标就要了解幼儿身心发展的规律,关注幼儿发展的需要,通过幼儿的表现来判断幼儿的发展水平和特点。然后,将这种发展水平和特点与"最近发展区"做比较,明确幼儿发展的潜能。经过这样的分析、研究,可以对幼儿建立期望,从而确定教育活动目标是否合理、适宜。

2. 依据社会发展的需要

教育活动目标受社会需要的影响,教育方针或教育目标是社会政治、经济发展对教育需求的反映。幼儿园教育活动目标要从社会需要的大环境出发,以社会发展的需要为依据,确立符合时代发展的教育目标;要面向全体幼儿实施有目的、有计划、有系统的全面影响,以培养幼儿成为为社会政治、经济服务的人。

3. 依据相关的政策、法规

社会对幼儿成长的期望反映在政府的教育方针、政策法规和相关的文件中。确立幼儿园教育活动目标,要依据与幼儿园教育活动有关的《幼儿园工作规程》《纲要》《指南》。这些文件规定了幼儿园实施素质教育、促进幼儿全面发展的方向。以此为依据确立幼儿园教育活动目标,可以培养出既符合社会需要,又能主动适应、体验成功,独立、自主、自信的人。

4. 依据学科知识的特点

幼儿身心发展的特点和幼儿教育的性质决定了幼儿园教育活动注重的是学科知识的一般发展,而不是专门的学术价值。所以,在确立幼儿园教育活动目标时,既要考虑学科知识,更应该关注学科知识与幼儿身心发展的关系,关注学科知识能够促进幼儿哪些方面的发展;既要关注知识的教育目标,还要关注情感目标和个性品质的培养,针对不同年龄的幼儿提出不同的教育要求,这样才能实现预期效果,真正促进幼儿的发展。

(二) 幼儿园教育活动目标的层次结构

幼儿园教育活动目标是按照一定的有序结构组织起来的,分为层次目标和结构目标,又叫纵向目标和横向目标。层次目标又称纵向目标,具有一定的层次结构,从上向下排列,最后细化到日目标;结构目标又称横向目标,具有不同的分类结构,一般根据幼儿心理发展结构分为认知、情感、动作技能三大类。

1. 层次目标（纵向目标）

幼儿园教育活动的目标按照层次结构，可以分成幼儿园教育活动的总目标、年龄阶段目标（学年目标）、学期目标、月目标和周目标、日目标五个层次。各阶段目标之间是相互衔接的，体现幼儿心理发展的渐进性，体现学科知识的系统性。下层目标与上层目标之间是协调统一的。层次越低的目标越具有操作性，每一层目标都是上层目标的具体化，低层次目标的实现促进高层次目标的最终实现。

1）幼儿园教育活动的总目标

幼儿园教育活动的总目标是一种宏观的教育目标，是一种相对比较概括、抽象的长期目标。国家或地方规定的教育活动总目标，一般在教育的纲领性文件中体现。《纲要》从健康、语言、社会、科学、艺术五个领域，明确了幼儿园教育活动的总目标，这是学前教育阶段进行教育活动的范围和方向，是教育活动所期望的最终结果。

2）幼儿园教育活动的年龄阶段目标

年龄阶段目标（学年目标），顾名思义，表述的是幼儿园不同年龄所期望达成的目标。幼儿园分为小、中、大班，即3～4岁、4～5岁、5～6岁。2012年9月，教育部颁布了《指南》，对《纲要》的基本思想进行了进一步的解读，每个领域按照各年龄阶段幼儿学习与发展的最基本、最重要的内容划分具体的学习与发展目标。

幼儿园教育是连续的，体现了学科教育的系统性。这种系统性反映在年龄阶段目标上，就是同一种活动内容，年龄阶段不同，教育目标也不同，具有层层递进的连续性。

相关链接

科学领域中知识方面的目标

（1）小班：引导幼儿观察周围常见的个别自然物（动物、植物和无生命物质）的特征，获取粗浅的科学经验，初步了解它们与幼儿生活、周围环境的具体关系。

（2）中班：帮助幼儿获取有关自然环境中动物、植物，以及沙石、水等无生命物质及其与人类关系的具体经验，了解不同环境中个别动物、植物的形态特征和生活习性。

（3）大班：帮助幼儿初步了解不同环境中的动物、植物及其与环境的相互关系。

上述三个年龄阶段的目标都是对自然环境中自然物的认识，小班只是"获取粗浅的科学经验，初步了解它们与幼儿生活、周围环境的具体关系"；中班要求幼儿"了解不同环境中个别动物、植物的形态特征和生活习性"；大班要求幼儿"了解不同环境中的动物、植物及其与环境的相互关系"。这样层层递进，完成"喜爱动物和植物，亲近大自然，关心周围生活环境"的总目标。

3）幼儿园教育活动的学期目标

幼儿园教育活动的学期目标是在年龄阶段目标（学年目标）的基础上，分为上、下学期分布实施的，是总目标的具体化。学期目标的要求在指导思想上与总目标是保持一致的。幼儿的年龄不同，其身心发展特点、需要、兴趣也是不一样的。所以，教师必须考虑幼儿年龄阶段的差异，根据幼儿的年龄特点，提出符合幼儿年龄特点的目标，以适应幼儿发展的需要。教师确立幼儿学期目标的时候，除了要考虑幼儿的年龄之外，也要考虑幼儿的实际接受能力。

> **相关链接**

儿童科学领域学期教育活动目标

1. 小班上学期

(1) 引导儿童观察周围个别的动物（家禽类）、植物（水果类）的特征，初步了解它们与儿童生活的关系，培养儿童亲近动物的情感。

(2) 带儿童观察周围常见自然现象（天气类）的明显特征，感受它们和儿童生活的关系。

(3) 引导儿童观察家庭和幼儿园生活中常见物品（玩具、服饰等）的特征及用途，获取粗浅的科学经验，感受它们给生活带来的方便。

(4) 帮助儿童了解各种感官在感知中的作用，学习正确使用各种感官感知事物的方法，发展感知能力。

(5) 激发儿童参加科学活动的兴趣，并乐意表达自己的发现。

2. 小班下学期

(1) 引导儿童观察周围常见的两种动物（家畜类、鱼类）、植物（花草类）的特征，获取粗浅的科学经验，初步了解它们与儿童生活的关系，培养儿童关心、爱护动物和植物的情感。

(2) 带儿童观察周围常见自然现象（运动类）的明显特征，获取粗浅的科学经验，并感受它们和儿童生活的关系。

(3) 引导儿童观察家庭和幼儿园生活中常见物品（沙、石、交通工具等）的特征及用途，获取粗浅的科学经验，感受它们给生活带来的方便。

(4) 帮助儿童了解各种感官在感知中的作用，学习正确使用各种感官感知事物的方法，发展感知能力。

(5) 使儿童乐意参加科学活动，并愿意与同伴分享自己的发现。

3. 中班上学期

(1) 帮助儿童获取有关自然环境中的物质（露水、太阳风等）及其与人类关系的具体经验，了解不同环境中个别动物（昆虫类）、植物（蔬菜类）的形态特征和生活习性。

(2) 带儿童观察、了解秋季和冬季的特征及其与人们生活的关系，获取感性经验。

(3) 引导儿童了解周围生活中常见科技产品（家用小电器、塑料、木制品等）的功能，初步知道它们在生活中的运用。

(4) 使儿童主动参加科学活动，喜欢探索周围自然界，关心、爱护动物、植物和周围的自然环境。

4. 中班下学期

(1) 帮助儿童获取有关自然环境中的物质（光、空气、雷/彩虹等）及其与人类关系的具体经验，了解不同环境中常见动物（爬行类）、植物（树木类）的形态特征和生活习性及其与人类的关系。

(2) 带儿童观察、了解春季、夏季的特征及其与人们生活的关系，获取感性经验。

(3) 引导儿童观察周围生活中常见的科技产品（船、玻璃制品、洗涤用品等），了解其在人们生活中的运用并学习使用。

(4) 使儿童主动参加科学活动，喜欢探索周围自然界，关心、爱护动物、植物和周围的自然环境。

5. 大班上学期

(1) 帮助儿童了解不同环境中的动物（野生类）、植物（食品类）及其与环境的相互关系，介绍环境污染的现象和人们保护生态环境的活动。

(2) 让儿童获取有关季节、人类、动物、植物与环境等关系的感性经验，形成四季的初步概念。

(3) 引导儿童学习使用常见科技产品（飞机、桥等）的方法，运用简单工具和多种材料进行制作活动，能够发现物品和材料的多种特性和功能，并能表现出一定的创造性。

(4) 使儿童喜欢并较长时间参与科学活动，能主动探索周围自然界，并能用语言交流发现的问题，能关心、爱护自然环境。

6. 大班下学期

(1) 帮助儿童了解不同环境中的动物、植物及其与环境的相互关系，参与保护生态环境的活动（种植）。

(2) 让儿童获取有关季节、人类、动物、植物与环境等关系的感性经验，能用不同形式表现四季的特征。

(3) 引导儿童学习使用常见科技产品（塔、交通、通信工具等）的方法，运用简单工具和多种材料进行制作活动，能够发现物品和材料的多种特性和功能，并能表现出一定的创造性。

(4) 使儿童喜欢并较长时间参与科学活动，能主动探索自然界，能用绘画或符号的形式记录发现、提出的问题并寻求答案，能关心、爱护自然环境。

4) 幼儿园教育活动的月目标和周目标（单元目标）

幼儿园教育活动的月目标和周目标就是以时间为序，在一定的时间内，通过教育活动要达到的目标。这一目标一般是在学期目标计划的基础上确立的。幼儿园的课程模式不一样，月目标和周目标也有所差别。主题活动模式的课程，一般以主题为主安排一组与主题有关联的教育活动，也叫单元目标。

以时间为序的月目标和周目标一般在领域模式课程中运用较多，也就是分科教学。以主题为主的月目标和周目标一般与主题活动的目标结合，综合性地完成教育目标（单元目标）。

相关链接

一、某幼儿园大班一周主要教育目标

(1) 遵守游戏规则，正确地走、跑、跳，练习平衡。

(2) 喜欢听故事，愿意模仿故事中的对话。知道小猴爱吃香蕉和桃子。

(3) 能根据老师的提示，伴随音乐碰触同伴的相应部位。

(4) 学习数数量为1~3的物品。

(5) 了解一些常见树叶的特征，并进行分类。

(6) 学习穿脱鞋和袜子，并能把鞋子摆放整齐。

(7) 安全教育：上下楼梯扶着扶手靠右走、一个跟一个走，不推也不挤。

二、某幼儿园中班"特别的我"主题活动单元目标

（1）认知身体主要部位的名称，感知其外部特征，体验它们的作用。
（2）知道身体各个部分都会活动，学会保护自己的身体。
（3）知道自己和别人不一样，能用绘画、讲述等形式表达自己的外形特征、喜好等。
（4）能大胆运用肢体动作创造性地表现音乐。
（5）喜欢运动，探索球的多种玩法，感受运动和合作游戏的快乐。

5）幼儿园教育活动的日目标

幼儿园教育活动的日目标是指一次具体的教育活动所要达到的目标。它是根据教育活动的月目标和周目标，结合具体的教育活动内容和幼儿的特点确立的具体的、可操作的目标，也就是教学活动中的目标。日目标一般由幼儿所在班级教师来确立。确立日目标时，要考虑班级幼儿的实际情况、各领域教育活动的特点，并且注意与月目标和周目标之间的联系，是上层目标的具体化。

相关链接

活动名称：会变的影子。
活动班级：大班。
活动目标：
（1）让幼儿观察影子，获取有关影子形成、变化的具体体验。
（2）发展幼儿的观察力、想象力。
（3）激发幼儿探索影子现象的兴趣和好奇心。

2. 结构目标（横向目标）

幼儿园教育活动结构目标是指教育目标的组合构成，是对教育活动目标体系的横向分析，所以也叫横向目标。幼儿园教育活动的横向目标要根据幼儿心理发展结构、幼儿园教育活动内容、幼儿心理发展年龄水平三个维度来确立。幼儿园的教育活动目标需要通过具体的教育活动内容的组织与实施来实现。不同年龄段的幼儿在注意力、记忆力、想象力、思维能力、个性等方面具有明显的差异，为每个年龄段的幼儿选择的教育内容、提出的发展要求，必须考虑幼儿年龄阶段心理发展的已有水平和应达到水平之间的差距。所以，在确立教育活动目标时，要涵盖幼儿认知、情感、动作技能的各个方面，保证幼儿在基本知识、基本能力、基本素质方面得到全面发展。因此，幼儿园教育活动的横向目标有以下几个方面：

1）认知目标
认知目标包括各学科知识的掌握和认知能力的发展。认知目标分为知识、领会、应用、分析、综合和评价等方面。

2）情感目标
情感目标包括兴趣、态度、习惯、价值观念和社会适应能力的发展。情感目标分为接受、反映、估价、组织和性格化等方面。

3）动作技能目标
动作技能目标包括感知动作、运动协调和动作技能的发展。动作技能目标分为反射动

作、基本动作、技巧动作、知觉能力和体能等方面。

幼儿园教育活动的结构目标（横向目标）是由三个维度综合构成的三维立体结构。在确立幼儿园教育活动目标时，要综合考虑幼儿心理发展的结构、幼儿园教育活动内容的结构、幼儿心理发展年龄水平的结构这三大维度。在确立幼儿园每个年龄阶段的教育活动目标时，要体现幼儿的认知、情感、动作技能的发展要求，确立适宜幼儿园教育活动的目标。

相关链接

幼儿园各年龄阶段科学教育的结构目标（横向目标）

一、小班科学领域教育目标

1. 科学知识方面

（1）引导幼儿观察周围常见的个别自然物（动物、植物和无生命物质）的特征，获取粗浅的科学经验，初步了解它们与幼儿生活、周围环境的具体关系。

（2）引导幼儿观察周围常见自然现象的明显特征，获取粗浅的科学经验，并感受它们和幼儿生活的关系。

（3）引导幼儿观察日常生活中直接接触的个别人造产品的特征及用途，获取粗浅的科学经验，感受它们给生活带来的方便。

2. 科学方法方面

（1）帮助幼儿了解各种感官在感知中的作用，学习正确使用各种感官感知事物的方法，发展感知能力。

（2）帮助幼儿掌握根据一个或两个特征从一组物体中挑选出物体并归为一类的分类方法。

（3）帮助幼儿学会通过目测等简单方法比较物体的形状、大小和数量的区别。

（4）引导幼儿用词语或简单的句子描述事物的特征或自己的发现并与同伴、教师交流。

（5）帮助幼儿学习使用日常生活中常用科技产品的简单方法，参与简单的制作活动。

3. 科学情感态度方面

（1）激发幼儿对周围事物的好奇心，使其乐意感知和摆弄他们能够直接接触到的自然物和人造物。

（2）激发幼儿探索自然现象和参与制作活动的兴趣。

（3）引导幼儿喜爱动物、植物及周围环境，并能在成人的感染下表现出关心、爱护周围事物的情感。

二、中班科学领域教育目标

1. 科学知识方面

（1）帮助幼儿获取有关自然环境中动物、植物及沙石、水等无生命物质及其与人类关系的具体经验，了解不同环境中个别动物、植物的形态特征和生活习性。

（2）帮助幼儿了解四季的特征及其与人们生活的关系，观察常见的自然现象，获取感性经验。

（3）引导幼儿获取周围生活中常见科技产品的具体知识和经验，初步了解它们在生活中的运用。

2. 科学方法方面

（1）帮助幼儿学会综合运用多种感官感知事物特征，发展观察力。

（2）帮助幼儿学会按照指定的标准，对物体进行简单的分类。

（3）帮助幼儿学习运用简单的工具进行测量的方法。

（4）引导幼儿用自己的语言描述自己的发现并与同伴、教师交流。

（5）指导幼儿学习使用常见科技产品的方法，运用简单工具进行制作活动。

3. 科学情感态度方面

（1）发展幼儿的好奇心，引导幼儿探究周围生活中常见的自然现象、自然物和人造物，使幼儿愿意参加制作活动。

（2）培养幼儿关心、爱护动物、植物和周围环境的情感和行为。

三、大班科学领域教育目标

1. 科学知识方面

（1）帮助幼儿初步了解不同环境中的动物、植物及其与环境的相互关系。

（2）向幼儿介绍周围生活中的环境污染现象和人们保护生态环境的活动。

（3）帮助幼儿获取有关季节、人类、动物、植物与环境等关系的感性经验，形成四季的初步概念。

（4）引导幼儿探索周围生活中常见的自然现象，获取有关的科学经验。

（5）让幼儿接触周围生活中的现代科学技术并了解其在生活中的运用。

2. 科学方法方面

（1）使幼儿主动运用多种感官观察事物，学会观察的方法，发展观察力。

（2）使幼儿按照自己规定的不同标准对物体进行分类。

（3）帮助幼儿学习使用各种工具进行自然测量，掌握正确的测量方法。

（4）引导幼儿用完整、连贯的语言与同伴、教师交流自己的探索过程和结果，表达愿望，提出问题和参与讨论，以及能够表达愉快的情绪，能够和他人交流和分享。

（5）引导幼儿学习使用常见科技产品的方法，运用简单工具和多种材料进行制作活动，能够发现物品和材料的多种特性和功能，并能表现出一定的创造性。

3. 科学情感态度方面

（1）激发和培养幼儿好奇、好问、好探索的态度。

（2）激发幼儿对自然环境和现代社会生活中的科技产品的广泛兴趣，能自己发现问题、提出问题、寻求答案。

（3）使幼儿喜欢并能主动参与、集中精力于自己的科学探索活动和制作活动。

（4）培养幼儿主动关心、爱护周围环境的情感和行为。

（三）幼儿园教育活动目标的表述

幼儿园教育活动目标通过一次或几次教育活动，期望幼儿获得某些发展，是最具体的目标，作为幼儿园开展具体教育活动的根本出发点和归宿，其是教师对教育活动成果的预期。教育活动目标的表述包含结构目标（横向目标）的三个方面，可以从不同的角度进行表述。

1. 按照幼儿园教育活动中的行为主体进行表述

教育活动包括教师的"教"和幼儿的"学"两方面的互动，教育目标的行为主体是教师，发展目标的主体是幼儿，所以要从教师和幼儿两个角度进行表述。

从教师的角度表述，指明教师应该做的工作与应该努力达到的教育效果。通常用"鼓励……""引导……""帮助……""激发……""使……""培养……""教育……"等词语表述幼儿的发展目标。例如，使幼儿体验到在幼儿园生活的乐趣以及靠自己的能力行动的充实感；帮助幼儿同周围的人们主动交往，培养对他人的友爱之情和信赖感；萌发幼儿感受美和表现美的欲望和能力。

从幼儿的角度表述，指明幼儿通过学习应该得到的发展。通常用"知道……""学会……""能够……""喜欢……""感受……""愿意……""尝试……"等词语表述幼儿的发展目标。例如，知道简单的安全和保健知识，并能够在生活中运用；喜欢参加游戏和各种有益的活动，在活动中获得快乐、自信；注意倾听对方的讲话等。

2. 按照幼儿在教育活动中的不同反应进行表述

根据幼儿在教育活动中的不同反应，可以分为行为目标和表现性目标（或称非行为目标、一般性目标）表述。

行为目标是指在教育活动结束后幼儿发生的行为变化，是用一种可以具体观察或测量的幼儿行为来表示的对教育效果的预期，是具体的、可操作的、可测量的、可观察的。行为目标表述使教师更能清楚自己的教育任务。每一项行为目标都应该包括三个构成要素：核心的行为、行为产生的条件和行为标准。核心的行为往往要用一个操作性动词表示，如"说出……""指出……""区分……""学会……"等；行为产生的条件是指明这种核心行为发生的特定情境或方式，如"不需提醒，能饭后漱口""能模仿榜样连贯地完成体操动作"等；行为标准则是对学习结果的叙述，如"会唱3/4拍的歌曲""能分辨故事中人物行为的对与错"等。有关基础知识和基本技能方面的目标，采用行为目标比较有效，而情感态度类的目标难以用行为目标表述。

表现性目标是指幼儿在参与活动中的个性化表现。表现性目标是一种非特定的、较广泛的目标，它描述的是幼儿身心的一般变化。表现性目标追求的不是幼儿反应的同质性，而是多元性，如"知道水的用途和重要性，能节约用水""适应幼儿园的集体生活，情绪稳定、愉快"等。表现性目标比较适合表述中远期目标，也可以表述难以用具体行为来表述的情感态度类的目标，一般在欣赏、艺术创编、复杂的智力活动的目标表述中效果比较好。

教育目标的表述涵盖面要广，目标表述的行为主体要一致，一般以幼儿发展目标为出发点。不同层次的目标要有不同的表述方法。一般来说，总目标是无法表述得太具体的，只能指出目标涵盖的范围和方向。其余各层皆应是总目标的具体化。目标层次越低，应表述得越具体、越具有可操作性。表述目标时要注意分别阐述认知、情感、动作技能三方面的内容，避免交叉重复。

3. 主题活动单元目标的表述

对单元目标来说，要综合考虑单元内要完成的相应学科的认知、情感、动作技能，进行目标的表述要考虑全面性。

表述要明确，与上层目标的关系要密切，要比较直接，要有操作性。

涵盖面要广，应包括知识的学习、能力的培养、动作技能和情感态度方面的学习与发展。单元目标要有重点，但必须兼顾各个方面。

要有代表性，每一条均是单独的内容，不要交叉重复。

案例一

活动名称：认识苹果。

活动班级：小班。

活动目标：

（1）通过看、闻、摸、尝等方法感知苹果。

（2）能够说出苹果的外形特征、味道等。

（3）初步学习顺序观察的方法。

分析：

目标（1）中具体说出了用什么样的方法来认识苹果，具有可操作性；目标（2）中运用行为目标表述学习后要达到什么效果；目标（3）虽然运用行为目标表述，但是具体表述出了学习顺序观察的方法，而不是宽泛地说学习观察的方法。

二、幼儿园教育活动内容

幼儿园教育活动内容是实现幼儿园教育活动目标的载体和对象，是实现教育目标的实质部分，是教育活动设计与具体实施的主要依据。幼儿园教育活动内容是由教育活动目标决定的，而教育活动目标的达成离不开教育活动内容，没有教育活动内容，教育活动目标就无法达成。

（一）幼儿园教育活动的内容范围

幼儿园教育活动的内容范围是指幼儿园教育内容的基本要素或基本组成部分，一般包括有助于幼儿获得基础知识的内容，也就是认知的教育内容；有助于幼儿掌握基本活动方式的内容，也就是动作技能的教育内容；有助于培养幼儿情感态度的内容，也就是情感的教育内容。

1. 认知类教育活动内容

认知类教育活动内容主要是幼儿对周围世界的浅显的、基本的认知经验。知识具有多种价值，是智力发展、能力提高、情绪情感发展的基础和前提。知识能形成关于周围世界的理论观念，因而能为活动和行动确立方向，并成为评价客体的依据。所以幼儿园教育活动内容首先是关于认知类的。认知类教育活动内容并不存在于某一个领域之中，而是隐含在幼儿园各个领域的教育活动之中。幼儿认知类的内容主要有陈述性知识、程序性知识、策略性知识。

（1）陈述性知识是指幼儿通过学习能够知道一些事物的名称、定义、意义、功能、特点等具体事实，并能够用语言表述出来。陈述性知识主要回答"是什么"。例如，数学知识，"1加1是2、相邻数、单数、双数"等；科学知识，"水是无色、无味、透明的液体"等，都是陈述性知识。陈述性知识是幼儿进一步学习获得知识的基础，是促进幼儿认知能力发展的基础，是幼儿从"不知"到"知"，从"知之甚少"到"知之甚多"的过程。

（2）程序性知识是指一系列解决问题的操作步骤，是幼儿通过学习获得的使用各种符号与周围环境相互作用的能力。这种能力可以进一步细分为辨别事物、形成概念、获得并使用规则，主要回答"怎么做"。程序性知识在科学领域中运用得比较多，尤其是一些科学实验、科学操作等。程序性知识是从简单到复杂，从低级到高级的过程。

（3）策略性知识是指幼儿获得的调节自己的注意、记忆、思维等内部心理过程的技能。策略性知识的掌握，可以帮助幼儿调控自己学习的过程和解决问题的方式。策略性知识一般在幼儿的游戏、区域活动中运用得比较多。例如在区域活动中，去"娃娃家"玩的幼儿比较多，幼儿会想出家里来客人了，可以是"姑姑""小姨"等，使大家可以都参加"娃娃家"的活动。策略性知识的学习应在陈述性知识和程序性知识的基础上进行，并要与具体的学习内容相结合。

知识拓展

幼儿必须掌握的基础知识

认知类的教育活动内容主要是对基础知识、经验的掌握。对幼儿来说，掌握有关客观世界的粗浅的基础知识是必要的。因为这些知识不仅能帮助幼儿认识自己生活的环境，还会通过这种认识影响幼儿的行为。幼儿必须掌握的基础知识包括：

（1）生命活动必需的知识，如与幼儿健康和安全相关的知识。

（2）有利于幼儿解决基本的生活和交往问题的知识，如基本的社会行为规则以及规则的意义等。

（3）帮助幼儿认识自己生活环境的知识。

（4）为今后学习系统的学科知识打基础的知识，如基本的数、量、形、时间和空间等。

（5）为成长为未来社会的高素质公民奠基的知识，如简单的环保知识等。

2. 动作技能类教育活动内容

每一类活动都有特定的方式方法，这些方式方法是每一个人都需要掌握的。

各种活动都包含着一些基本的方式方法和技能技巧，这些都是幼儿园教育活动的动作技能类内容。动作技能类内容包括训练幼儿的操作技能、动作技能、体能及行为能力等方面的内容。例如美术中的手工制作，使用剪刀、胶水等；语言领域中的口语表达能力；科学领域中的观察、小实验等。其在体育活动、音乐活动中运用得更多。

3. 情感态度类教育活动内容

情感态度是伴随着活动过程而产生的体验，类似的体验积累多了，就形成了比较稳定的倾向性。情感态度不是"教"出来的，是潜移默化的结果。情感态度类教育活动内容主要包括能够激发幼儿兴趣、培养幼儿积极的态度、帮助幼儿形成习惯、塑造幼儿价值观方面的内容。例如培养幼儿的兴趣，就要从幼儿的好奇心入手，一般来说科学领域中的一些实验就能够引起幼儿探索的欲望和兴趣。

案例二

幼儿园陶艺活动的内容

（1）民间陶艺考察与欣赏：搜集有关陶艺历史背景、艺术发展的材料，深入浅出地为幼儿进行讲解，对陶艺背景及其发展进行初步介绍。

（2）陶艺知识推介：收集相关的材料、工具设备、工艺流程、技巧技法等陶艺知识，通过故事、影像资料、现场观摩等形式向幼儿进行介绍。

(3) 陶艺制作：分欣赏、体验、临摹、创意四个阶段。具体内容包括现代陶饰、生活陶艺、人物造型、动物及卡通角色造型等。现代陶饰包括首饰、生活日用品及服饰挂件；生活陶艺区别于批量生产的杯、碗、碟、盘、勺等产业陶艺，它是有自己特色的日常生活用品，如烟灰缸、笔筒等幼儿经常能接触到的物品；人物造型主要包括制作身边的人、运动的人等幼儿熟悉的人物形象，从观察入手，构建人物的基本动态、神情；动物及卡通角色造型是孩子们最喜欢的题材，因此，我们尝试将动画片中的角色引入陶艺课堂，以增加趣味性。

(4) 陶艺展览：把握时机，因地制宜，设计多种形式的园内和社会活动，定期展出幼儿的作品，加强宣传、报道。

分析：

内容（1）是为整体的教育内容做铺垫，是对认知类内容的阐述；内容（2）是对具体教育内容进行知识介绍，属于认知类等教育内容；内容（3）是具体的制作，虽然包括认知类和情感态度类内容，但是以动作技能为主，主要是制作的过程；内容（4）主要是情感态度类的内容。

(二) 幼儿园教育活动内容选编的原则

从总体上看，幼儿园教育活动内容的选编要依据幼儿园教育活动的目标来进行，必须全面贯彻学前阶段教育活动的任务。幼儿园教育活动的内容要满足幼儿身心全面发展的需要，有效地发挥各领域的教育作用，促进幼儿全面的发展。因此，幼儿园教育活动内容在选编时要遵循以下原则：

1. 要符合幼儿的年龄特点和生活经验

幼儿思维的特点是具体形象性思维占优势，抽象逻辑思维开始萌芽。这就决定了幼儿的学习内容是粗浅的、形象的，要看得见、摸得着，要让幼儿亲身感受与体验。对幼儿来说，抽象的、系统的知识并不是最有价值的，日常生活中体验性、探索性的知识才对幼儿具有重要意义。在选编幼儿园教育活动内容时，一定要符合幼儿的年龄特点，教给幼儿的知识要尽可能地让幼儿在生活中应用，这才是对幼儿有意义的知识。正是这样，幼儿园教育活动的内容应当与幼儿的生活实际、生活经验紧密相连，要注意由浅入深、由近及远、由简到繁，逐步扩展幼儿的学习内容。

2. 要满足幼儿的兴趣和需要

《纲要》中指出，应善于发现幼儿感兴趣的事物、游戏和偶发事件中所隐含的教育价值，把握时机，积极引导。教师可以通过观察幼儿，及时捕捉幼儿的兴趣点所在，从幼儿感兴趣的事物中生成教育活动内容。也就是说，教师可以从幼儿关注的话题中、从吸引幼儿的事件中、从幼儿的角色行为中、从幼儿感兴趣的艺术作品中，寻找适合幼儿的教育内容。有些教育内容虽然不是幼儿感兴趣的，但是确实是需要幼儿掌握的，是对幼儿发展确有价值的活动内容。教师可以通过各种手段和方法，或者采用幼儿感兴趣的活动方式，培养幼儿相应的兴趣，进而促进幼儿的发展。

3. 要有教育性和科学性

幼儿园各领域教育内容的选择，要充分考虑知识的教育功能，教师选择的内容要能促使幼儿获得知识，同时要发展幼儿良好的道德情感和健康人格，形成对事物的正确态度。

教育活动的内容还要符合科学性，即教师要向幼儿传授正确的知识技能。虽然传授给幼儿的是初级的、浅显的知识，但是教师对知识的介绍、说明、讲解、分析、运用等，必须严谨、准确无误，用通俗易懂的语言帮助幼儿形成科学的概念。

4. 要符合社会发展的需要

幼儿教育是面向未来的奠基教育，从幼儿终身学习和发展的角度出发，教育活动内容必须能够反映社会文化的发展进步，反映最新的科学技术成果，体现时代性。选编的教育活动内容要满足幼儿日后学习的需要，也要满足幼儿长远发展的需要。因此，幼儿教育活动的内容既要反映知识发展的内在规律，又要符合幼儿的认知水平，这就需要协调学科逻辑与幼儿心理发展逻辑之间的矛盾。所以，教育活动内容的选编要注意知识逻辑上的衔接，由浅入深、由易到难、由具体到抽象、由简单到复杂，建立一个有序的关联性知识系统，循序渐进，为幼儿日后的学习奠定基础。

（三）幼儿园教育活动内容选编的方法

幼儿园教育活动内容要经过教师的设计，才能把具体内容传授给幼儿。为幼儿选编教育活动内容的方法很多，要结合幼儿园具体的课程模式进行选择。

1. 以领域教学内容为主导，进行分科教学

分科教学的依据，就是按照《纲要》的具体内容来选编幼儿园教育活动内容。一般来说，各地有具体的课程体系教材，教师应按照教材的要求，进行分科教学。这种教学模式在现在的幼儿园中很少运用，教师可以参照教材，自由选择教学内容。

相关链接

学前班探究式活动课程"科学探究"上学期教育内容

（1）昆虫家族。

（2）鸟类的秘密。

（3）丰收的菜园。

（4）好吃的水果和干果。

（5）书的秘密。

（6）声音变变变。

（7）沉与浮。

（8）有弹性的物体。

（9）磁性。

（10）测量工具真不少。

（11）称一称。

（12）动植物怎样过冬。

（13）小水滴旅行记。

（14）科技小产品。

（15）奇妙的自动化。

（16）动物大聚会。

2. 以主题活动课程模式为主线，选择教育活动内容

主题活动课程模式是幼儿园经常采用的，根据主题活动的目标选择相应的教育活动内容，同时要兼顾横向和纵向的联系。从横向来看，是事物与事物之间的联系，即外部联系，不同类别的知识之间也是相互联系的；从纵向来看，内容自成体系，即现有知识内容与原有相关知识、经验的联系。

相关链接

小班主题教育活动内容参考如表1-1所示。

表1-1 小班主题教育活动内容参考

年段	备选内容	建议主题
小班上学期	选标记	上幼儿园
	我的教室和幼儿园	
	我带宝贝上幼儿园	
	去幼儿园	
	好玩的玩具	真好玩
	宝宝玩水	
	牛奶和酸奶	
	会变的饮料粉	
	可爱的兔子	我喜欢
	谁的蛋宝宝	
	弟弟和妹妹	
	滚动的球	
	各种各样的帽子	
	超级糖果屋	
	夹心饼干	
	美丽的菊花	秋叶飘
	香蕉和葡萄	
	小小宴会	
	认识落叶	
	亮眼睛	我能干
	什么玩具不见了？	
	听一听	
	小鼻子真灵	
	小嘴巴尝一尝	
	我吃的是……	
	神奇的口袋	
	冬爷爷来了	

续表

年段	备选内容	建议主题
小班上学期	下雪了	冬天到
	冬天的服装	
	冷冷的冰	
	香香的面油	
	哪里结冰了？	
	冷暖瓶	
小班下学期	瓶子和盖子	瓶子的秘密
	打开来尝尝	
	相同与不同	
	亲密家人大集合	亲亲热热一家人
	鸡的一家	
	鸡蛋里的秘密	
	可爱的鸽子	
	电话真方便	
	我家的电视机	
	小鸡和小鸭	春天真美丽
	谁的蛋宝宝？	
	桃花开了	
	绿色的草地	
	种植大蒜头	
	蒲公英	
	勤劳的蜜蜂	
	各种各样的石头	
	认识小蝌蚪	
	可爱的小脸	我的故事
	谁的力气大？	
	照镜子	
	我从哪里来？	
	玩沙真快乐	
	有趣的风车	小朋友的节日
	球的同乐会	
	快乐的"六一"	

续表

年段	备选内容	建议主题
小班下学期	好吃的西瓜	夏天真快乐
	夏天到了	
	下雨了	
	白糖和白盐	
	认识电扇	
	热乎乎的东西	

3. 以季节为主线，选编教育活动内容

以季节为主线选编教育活动内容，是以认识春、夏、秋、冬为主线，将各领域和季节相关的教育活动内容集中编排。这种选编方法在幼儿园教育活动中经常运用，并且效果好，便于幼儿整体认知的发展。

相关链接

以秋天为主题的中班科学活动

（适合北方地区，季节特征明显）

（1）在秋天里。
（2）中秋时节。
（3）秋天的大树。
（4）收庄稼。
（5）果子熟了。
（6）秋虫的歌。

三、幼儿园教育活动的组织与实施

（一）幼儿园教育活动组织与实施的基本要素

教育活动是一种创造性活动，教师根据教育目标、教育对象、教育场景和自身的教育素质，选择和创造自己认为合格的教育活动。教师对教育的理解、在教育活动过程中的行为及对教育活动的组织实施会直接影响教育效果。因此，探索教育过程中的诸多要素，是保障幼儿受到良好教育的前提。在教育活动的组织与实施过程中，幼儿、教师、教育资源是基本要素。

1. 幼儿

《纲要》中指出，幼儿教育是基础教育的组成部分，是学校教育和终身教育的奠基阶段。因此，幼儿园教育活动中的基本要素之一是幼儿，没有幼儿就无从谈起幼儿园教育活动。

1）树立正确的儿童观，用幼儿的眼光看世界

幼儿的年龄特点、思维特点决定幼儿对世界的认识是粗浅的、感性的。对于感兴趣的事

物，幼儿会以全部的情感和能力来探究自己和世界，所以在教育活动中，要以幼儿为主体，用幼儿的眼光看世界，树立正确的儿童观。不要用成人的标准来要求幼儿，例如幼儿用开水浇花、喂小鱼吃饭等成人看似错误的做法，幼儿却有自己的道理，他们是用自己已知的经验去对待世界中未知的东西。所以，我们要学会尊重幼儿，等待幼儿成长，学会体会幼儿的感受。学会用幼儿的眼光看待世界，可以更好地了解幼儿的需求，了解幼儿的兴趣，了解幼儿在教育活动中的行为反应，从而更好地完成教育活动目标。

2）让幼儿感受真实的童年生活

幼儿的生活应该是无忧无虑的，是轻松自在的，是天真烂漫的，是充满童真童趣的。但是现实的幼儿园教育过多地注重知识的传授，忽略了幼儿情感、社会性的发展。幼儿园的教育活动应该还原于幼儿的生活，要以游戏为主，让幼儿用自己的方式去感受这个丰富多彩的世界。要理解幼儿的兴趣、好奇心，帮助幼儿运用已有的知识经验去探究和认识未知的世界。

3）保障幼儿的权利，尊重幼儿发展的规律

《纲要》中强调，幼儿园教育应尊重幼儿的人格和权利，尊重幼儿身心发展的规律和学习特点。在幼儿园教育活动过程中，要支持幼儿的发现、探究，鼓励幼儿表达自己的愿望和感受，重视幼儿在活动过程中的情感体验；保证幼儿的游戏权、受教育权、发展权，使幼儿拥有快乐的童年生活。

2. 教师

在教育活动过程中，教师是一个重要因素，没有教师，教育活动将无法完成。教师的教育观念、素质、教育能力和水平会直接影响教育的效果。在开展教育活动的过程中，不同的综合素质会使教师产生不同的教育行为。因此，要调动教师工作的热情，挖掘教师的潜能，树立教师为幼儿服务的思想，促进幼儿健康人格的发展。

1）树立正确的教育观，做幼儿成长的引导者

正确的教育观包括民主平等地对待每一个幼儿，成为幼儿学习活动的支持者、合作者、引导者。幼儿都有成长和发展的需要，每一个幼儿在社会中都是平等的个体，幼儿园的教育应该为每一个幼儿的健康成长服务。由于生活环境和家庭背景的差异，幼儿所表现出来的个性、能力、行为、兴趣等都会存在差异。教师要容忍和尊重幼儿的差异，为幼儿创设一个宽松的环境，平等地对待每一个幼儿，让幼儿心情愉悦，促进幼儿社会性的发展。

幼儿在成长的过程中，需要教师的帮助和支持。教师要努力为幼儿创造良好的学习条件，提供丰富的物质资源，鼓励幼儿积极地探索、大胆地与人交往，帮助幼儿积累各种知识和经验，激发幼儿主动学习的态度，培养幼儿积极的情感、对知识探究的兴趣。

2）教师教育能力的综合体现

教师应该具有专业的教育能力，除了具有音乐、美术、组织教育活动的能力之外，还应具有观察幼儿、研究幼儿、评价幼儿、创设环境的能力，要了解幼儿的学习特点和规律，具备一定教育学、幼儿心理学、幼儿卫生学的理论，这样才能发挥出教师的专业水平。

幼儿的学习是一个创造的过程，是主体性活动的过程。教师要最大限度地引导和帮助幼儿，使幼儿在原有水平上有所发展和提高。教师要了解幼儿认知水平的特点，不把幼儿对知识的掌握作为衡量幼儿学习的尺度，要从多角度科学、客观、公正地评价每一个幼儿的发展。

在教育活动中，教师与幼儿之间是互为主体的，教师与幼儿之间的关系也是随着活动的变化而变化的。在不同的活动中，教师的角色也不断发生变化，教师既是游戏的参与者，又是活动的合作者、幼儿遇到困难时的帮助者，还是教育活动开展的推动者、引导者。

3. 教育资源

教育资源是教育过程中的一个重要因素。幼儿园教育活动应该充分协调多种资源、多面的教育影响，调动多方面的积极性，使幼儿教育形成一个系统，提高幼儿园的教育成效。《纲要》中指出，环境是重要的教育资源，应通过环境的创设和利用，有效地促进幼儿的发展。幼儿园的教育资源是多方面的，是共同作用的。

（1）物质资源。物质资源是教育活动得以开展的前提。幼儿学习、游戏、探究等，都离不开物质资源，没有基本的物质资源，幼儿教育就是一纸空谈。物质资源对幼儿发展起到有效、积极的影响。为幼儿创设一定的空间，准备相应的物质，是幼儿园必须具备的基本条件。幼儿园物质环境的创设要符合卫生要求，有利于幼儿的健康成长，同时要考虑教育资源的价值，考虑与环境的相互作用。

（2）教育内容资源。幼儿的教育内容是多元的，不仅包括幼儿园内的教育活动，还包括家庭、社区、文化资源。教师应立足幼儿园内的教育活动内容，结合家庭、社区、文化资源，对教育活动内容进行整合，将幼儿的认知活动、生活活动、生存环境有机结合起来，形成幼儿园教育活动内容。

不同的幼儿有不同的家庭背景，家长也有不同的职业，这些都可以成为幼儿园教育活动内容的资源。例如让当交警的家长讲解交通规则、让当医生的家长讲解保健知识等。同样，社区有着独特的人文环境，这些都可以成为幼儿的教育活动内容。

（3）自然资源。自然资源有局限性，不同地域的自然资源是不同的。教师要善于利用身边的自然资源，把幼儿能够感受到的自然资源纳入教育中，让幼儿从身边的自然环境入手，发现自然中事物的变化，探索自然的秘密，激发幼儿爱护环境、尊重自然的情感。例如在辽宁的鞍山，就可以利用"千山风景区"的自然风光、"二一九公园"的风景，激发幼儿对家乡的热爱。

（二）幼儿园教育活动的组织形式

教育活动是有目的、有计划的教育过程，是引导幼儿主动活动的过程，在促进幼儿身心发展中具有重要作用。教育活动的组织形式是多种多样的，包括专门的教育活动和渗透性教育活动。

1. 专门的教育活动

专门的教育活动是指教师按照计划安排专门的时间，组织全体幼儿参加的活动。按照教师指导的不同程度，可以把专门的教育活动分为预定性教育活动、选择性教育活动和偶发性教育活动。

1）预定性教育活动

预定性教育活动是指教师根据教育的目标和任务，有计划、有目的地选择课题，决定学习的内容、学习的方法和技能，并提供相应的材料，以达到教育目标的形式，是在教师指导下开展的教育活动，也称为正规性教育活动。教师在组织活动之前，预先制订活动计划、确定活动目标，教师在整个活动中起着重要作用，整个活动过程都离不开教师的指导，每一个幼儿都要参与到预先设计好的活动中。

预定性教育活动的组织形式可以是全班集体进行或分组进行，也可以是个别指导。不管采用哪种组织形式，都要保证幼儿参与到教师计划好的活动中，并且全力达到教育目标。幼儿园的预定性教育活动一般有观察认识活动、实验操作活动、讨论探究教育活动、科学游戏活动、分类活动、测量活动等。

2）选择性教育活动

选择性教育活动是指幼儿在活动室的区角等场地内进行的教育活动，又称非正规性教育活动。选择性教育活动需要教师为幼儿创设一个宽松和谐的环境，提供丰富的材料和设备，供幼儿按照自己的意愿和兴趣，从自己的发展水平出发选择活动的内容，决定学习方法。在这样的活动中，幼儿比较自由，教师可提供少量指导。当幼儿在活动中遇到困难时，教师可以适当提供帮助。由于是幼儿自己选择的活动，所以幼儿在活动中的积极性与主动性非常高。这种形式往往是幼儿自己或者是几名幼儿一起选择的活动形式，幼儿是通过独立操作来完成任务的。所以，在不断的独立操作、积极探索、获得发现、表达交流的过程中，能够培养幼儿的独立能力，使其学习如何合作、如何交流表达，这对提高幼儿的交往能力和社会适应性都有很大的促进作用。

选择性教育活动没有固定的组织形式，能够以个别的或者小组的形式进行活动。

3）偶发性教育活动

偶发性教育活动是指由外界情景诱发引起，并围绕偶然发生的事物、现象进行的探索活动，是教育活动中特有的一种活动。偶发性教育活动与幼儿的日常生活、周围物质世界紧密联系，在任何时间、任何地点都有可能发生。这种活动持续的时间由幼儿的探索兴趣和教师的指导来决定。偶发性教育活动对参加的人数没有限制，完全根据幼儿的意愿进行组合。

偶发性教育活动是由外界情景中偶然发生的事件引起的，内容十分广泛，周围环境中的各种事物现象都可以成为幼儿观察、探索的对象。所以，教师没有活动计划，不能提供任何材料。偶发性教育活动没有固定的组织形式。

综上所述，上述三种形式是密不可分的，都对幼儿完成幼儿园教育目标起着重要作用。三种活动形式在幼儿教育活动中既互为补充，又可以相互转换。选择性教育活动可以是事先预定的，偶发性教育活动、选择性教育活动可以转化成预定性教育活动。例如，预定性教育活动"沉与浮"的延伸就是选择性教育活动；偶发性教育活动"蚂蚁搬家"，教师可以把这一活动纳入预定性教育活动中，进行讨论探究。

2. 渗透性教育活动

渗透性教育活动是在幼儿园的一日生活中进行的教育活动。渗透性教育活动没有计划、没有具体内容，随机性、灵活性比较大。

1）日常生活中的教育活动

在幼儿的一日生活中，处处会遇到有关各个领域的问题。例如，午餐吃的蔬菜，散步时看到的花草、自然现象等。日常生活中的教育活动使幼儿在生活的同时，学习一些知识，通过日积月累获得大量经验，从而形成概念，培养相应的能力及态度。

2）五大领域教育活动内容的相互渗透

幼儿园教育活动的五大领域不是彼此独立的，其教育活动内容是相互渗透的。例如，语言领域中的许多故事包含许多科学原理,教师要善于利用其他领域的活动渗透科学知识;语言活动为幼儿讨论探究科学活动奠定了一定的基础,没有语言的交流,幼儿在活动中就不能表述自己的发现、探索的结果等。同样,在其他领域活动中,也可以进行科学教育。

3)游戏活动中的教育

游戏是幼儿阶段的主导活动,是通过模仿和想象对现实生活创造性的反映。幼儿在游戏过程中,为了使游戏顺利进行,必定对周围世界进行仔细观察和了解,在此过程中,幼儿的观察、思考能力提高,同时对周围环境的认识也更加丰富。

(三)幼儿园教育活动的实施

幼儿园教育活动的实施是指按照教育活动设计方案,完成各环节之间的流程。即一个步骤向后一个步骤流畅地过渡,使内容与目标之间具有自然连贯性,促进幼儿的学习从低一层次向高一层次发展,保证活动目标有效实现。幼儿园教育活动的实施一般包括开始部分、基本部分、结束和延伸部分,不同的部分完成的任务、形式、时间都各不相同。

1. 开始部分

在活动开始阶段,教师主要是引导幼儿发现问题,并引发幼儿的思考,调动幼儿学习的兴趣,为下一步学习做好准备。开始部分最主要的目标是集中幼儿的注意力,调动幼儿学习的主动性和积极性。教师恰当的导入策略非常重要,可以在较短的时间内吸引幼儿的注意力,引导幼儿主动探究、思考,保证教育活动的顺利实施。导入策略有:

1)利用语言导入课题

利用语言导入课题是幼儿园教育活动运用比较多的导入方式。其特点是比较简单,教师容易掌握。在利用语言导入课题时,教师要注意语言的趣味性、生动性、形象性,以引起幼儿的想象,激发幼儿探索的欲望。

例如,认识西瓜。教师提出问题:"小朋友,在炎热的夏天,我们可以吃些什么来防暑降温呢?"引出主题——西瓜。小班幼儿年龄小,简单的语言描述就可以把他们带入有趣的活动情景中,也可以直接进入主题。又如,小班活动"认识五官",教师开始就让幼儿照照镜子,看看自己脸上都有什么。短短几句话,就把幼儿的观察欲望调动起来了。

2)利用游戏导入课题

游戏是幼儿喜欢的活动,利用游戏导入课题可使幼儿在愉快、自然的状态下进入学习状态。在游戏中,可以是带着问题的或设计相关情境。因为中、大班幼儿已经开始有问题意识、任务意识,所以教师可以创设简单的问题或任务,调动幼儿观察的热情。

例如,会变的影子。教师可以让幼儿猜影子,从而引出主题"影子是哪里来的"。

3)利用多媒体导入课题

多媒体具有直观的特点,而且声音和画面相结合容易吸引幼儿的注意力,引起幼儿参与的兴趣。运用多媒体课件来展示需要长期系统性观察才能得到的结果,或者是不容易找到的真实的物体,是不错的选择。例如,蝌蚪变青蛙、种子发芽等。

4)利用环境、情境导入课题

一年四季的变化为幼儿观察自然现象创造了条件。教师要善于利用环境的变化,激发幼儿观察的欲望。例如,春天来了、秋天到了等。要为幼儿创设相关的情境,让幼儿在情境中发现问题,从而引起幼儿进行交流、探究的欲望。例如,设计"小朋友互相撞到了,应该怎么办？"的情境，让幼儿进一步分析。

  5）利用演示导入课题

  利用演示导入课题，可以在一定程度上弥补幼儿感性经验的不足。一般在认识一些物理、化学、生物等方面的知识时运用较多。教师先对实验内容进行演示，幼儿掌握操作方法后，按照教师的演示操作进行实验操作。也可以是教师操作部分内容，其他类似的内容由幼儿完成，使幼儿自然地进入课题。此种方法一般在小班或者中班上学期运用。在演示前，教师要进行预备性实验，以便妥善安排实验过程中的每个环节，避免活动时发生意外，影响实验效果。

2. 基本部分

  教育活动的基本部分是完成教育目标的主要部分，主要是教师引导幼儿参与到学习中，使幼儿成为学习的主体。这一部分是整个活动中最重要的阶段，占时也最多，大多数活动均在此阶段展开，是活动过程设计的主体。幼儿年龄小，不能独立地进行认知活动，因此，实施教育活动应强调教师外部的推动力。同时，幼儿是活动的主体，任何外在的教育环境都要通过幼儿主体的努力，促进其自身的发展。因此，在进行认知活动时，要把幼儿放到主要地位。在这一过程中，教师要安排如何让幼儿活动，用什么方式、方法进行活动。在实施活动这一过程中，教师要注意以下几个方面：

  1）教师的提问要有趣

  幼儿活动实施的过程要有趣味性，教师的提问就应该建立在趣味性的基础上，这样才能激发幼儿的学习兴趣，并且考虑教师提问的启发性和发散性，使幼儿在获得认知经验的同时，发展各方面的能力。教师在这一环节中，要提出合理的问题，例如启发诱导、设置悬念等，掀起幼儿学习的高潮。

  2）发挥语言的交流作用

  幼儿可以在学习的过程中表达自己的愿望、发现、结果。教师可以通过恰当的回答行为对幼儿做出有效的回应，或者进一步拓展幼儿的思路。在幼儿交流方面，教师要注意培养幼儿的倾听能力和理解能力，这样才能提高交流表达的有效性。教师还可以发挥语言情绪感染性，在语言活动中融入浓浓的情感色彩，使幼儿入情，从而获得强烈的情感体验，达到活动目标。

  3）注重结果的整理

  在认识活动的基本部分，还要注意记录、整理观察的结果。例如科学活动中的观察、小实验等，幼儿不能很好地用口头语言来表达，不能很好地描述观察对象的状况，尤其是长期系统性的观察、科学实验等。简单的图标、符号更方便幼儿表达观察中的发现。再加上幼儿兴趣转移快、记忆力差、爱幻想等特点，简单记录是非常重要的，同时也能培养幼儿对科学严谨、认真的态度。例如，在进行沉浮小实验的过程中，幼儿可以用上下箭头的方法来记录哪些物体是沉的、哪些物体是浮的。

  4）注重多媒体的作用

  在认识活动的基本部分，可以充分发挥多媒体的作用。投影、电视、录像等具有生动、形象、感染力强的特点，易于激发幼儿兴趣，并打破时间、空间的限制，弥补幼儿直接经验的不足，可促使幼儿积极地参加到活动中。例如，"认识花生"活动，利用动画展示花生从种植到开花、结果的过程，幼儿就会比较形象地感知到花生的生长过程了。还有一些故事，可以运用动画片、幻灯片等进行讲述，效果比简单的教师讲述好。

3. 结束和延伸部分

结束和延伸部分是实施部分的整理阶段。

结束部分主要是归纳和总结活动的主要内容。在主要活动过程中，幼儿已经获得了丰富的直接感知经验，这时候教师要让幼儿发表自己的见解。在这一过程中，对于中、大班幼儿，教师要有意识地让幼儿整理小结，提升经验。幼儿展示自己的收获或成果，是分享和交流的重要手段。分享和交流的过程是幼儿通过他人的表现，再回顾、再认知、再学习的过程。作品的展示、生动的讲述、已有的经验、获得的关注与赞扬等，都能使幼儿享受成功的喜悦。

对于小班幼儿，教师可以采取分段整理或教师整理的方法。不管用什么方法整理，持续时间都要短，因为对幼儿来说，经过前两个阶段的活动，此时精力已不足，注意力也开始分散，因此，不适合再进行长时间的整理小结。整理小结的形式可以是多样的，如语言、图表、动作姿势等。具体小结时间可以灵活掌握，有时可以让幼儿休息一会儿再进行交流和整理，有时可以即时进行。

活动延伸部分是指在日常生活中对学习内容的巩固和运用，可以在家里，也可以在幼儿园的区角活动中完成。一般是教师在整个活动结束时，根据幼儿在本次活动中的情绪来判断他们对所学知识的兴趣。

（四）集中教育活动设计的表述格式

集中教育活动是整个幼儿园教育活动体系中最具体、最详细的计划。幼儿园集中教育活动设计是直接指导幼儿教师进行教育活动的依据，教育活动设计详细地表述了幼儿教育活动的目标、内容以及教育活动的过程，也就是我们常说的教案。

1. *活动名称*

活动名称要包括活动班级，要详细说明是哪个领域，便于考核活动目标是否符合幼儿的年龄特点。

2. *活动目标*

活动目标应该是幼儿园的结构目标（横向目标），要包括认知目标、情感目标、动作技能目标。

3. *活动准备*

活动准备要包括教师、幼儿的知识、经验准备，物质材料准备，活动场地准备。

4. *活动过程*

活动过程包括：

（1）开始部分：主要是导入教育活动的内容，吸引幼儿的注意力。

（2）基本部分：教育活动的主体部分，完成教育活动目标的部分。

（3）结束部分：小结、讲评部分。

5. *活动延伸*

根据幼儿的兴趣和教育活动的内容，适当地进行活动延伸，以补充和提高活动的效果。

6. *活动反思*

活动反思是教师在教育活动实施过程中对教育活动设计进行自我评价的一种方式，是自我提高、自我成长的过程。教师可以针对自己的设计思路进行评价和反思，还可以对幼儿预设的教育效果进行反思。

四、教育活动的评价

幼儿园教育活动评价是根据一定的标准，在搜集、分析资料的基础上，对幼儿园教育活动的目标、内容、实施过程和效果等做出的有价值判断的过程。幼儿园教育活动评价是教育活动发展的一个重要环节，是完整的教育活动不可缺少的一个要素。幼儿园教育活动从制订到选择教育内容，再到活动的设计以及计划的实施，其教育效果如何、是否达到预期目标、是否促进幼儿发展，都需要进行客观的评价。

（一）幼儿园教育活动评价的意义[1]

1. 促进幼儿的发展

幼儿是幼儿园教育活动的直接体验者、受益者。幼儿园教育活动评价的最终目的在于促进幼儿身心的和谐发展。在幼儿园教育活动评价过程中，凭借观察、测验等方式，记录、分析幼儿的成长过程，给予及时的指导，以促进幼儿的健康发展。

2. 提升教师专业水平

教师是幼儿园教育活动的实施者，是幼儿发展的促进者。教师的实践行为直接决定幼儿园教育活动的实施与幼儿的发展水平。在对幼儿园教育活动各方面做出的价值判断中，蕴含着对教师道德、知识、技能等改善的期待。通过对幼儿园教育活动的评价，有助于改进教师实践行为，提升教师专业发展水平。

3. 提高幼儿园教育质量

幼儿园教育质量的优劣，是否拥有适合幼儿成长的教育活动内容，与促进幼儿发展的教育活动实施等有直接关系。对幼儿的教育活动做出价值判断，无疑能推动幼儿园教育质量的进步。教育活动评价可以完善教育活动设计、增强教育活动的实效，实现幼儿园教育质量的整体提升。

（二）幼儿园教育活动评价的内容

幼儿园教育活动评价的内容从不同的角度，可以提出不同的观点、不同的内容。在幼儿学习领域以及教育活动的设计、实施过程中，既要考虑教育活动的因素，又要考虑教育活动内容的实施。因此，幼儿园教育活动评价内容包括以下四个方面。

1. 幼儿园教育活动设计的评价

幼儿园教育活动的设计是幼儿园全部或单一教育活动设计的总体规划，是指导课程实施的主要依据。教育活动设计中包括教育活动目标、组织与实施的过程、评价的建议。对幼儿园教育活动设计做出评价，可以对教育活动的理论基础、预设的教育活动目标、教育活动的实施与评价的指导做出价值判断。

对幼儿园教育活动设计进行评价时，要看教育活动设计是否明确了幼儿适宜性发展理念、是否与社会需求有关、是否与幼儿经验与学科知识有关，以及教育活动设计的预设目标

---

[1] 王雁，司秀月. 幼儿园教育评价 [M]. 北京：北京出版集团公司，北京出版社，2014：185.

是否是教育活动目标的具体化。幼儿园教育活动的领域都对认知、情感、动作技能三方面幼儿所要达到的目标做了阐述。因此,在评价教育活动设计时,要考虑《纲要》《指南》中的目标是否与预设目标方向一致,相关的教育活动内容、组织与实施、评价是否一致。

2. 幼儿园教育活动内容的评价

幼儿园教育活动内容要符合幼儿的年龄特点,要兼顾群体需要和个别差异,使每个幼儿都能得到发展。教育活动内容必须有利于实现教育活动目标,确保教育活动内容协调了幼儿与社会、幼儿与学科知识的矛盾,综合反映幼儿身心发展规律、社会的需要、知识的更新。

教育活动内容要依据不同的教育对象、年龄阶段和领域内容来组织安排,学科的性质不同,决定了教育内容要根据科学的逻辑展开。总之,教育内容要体现出科学性。

3. 幼儿园教育活动实施的评价

教师是幼儿园教育活动实施的关键,幼儿园教育活动实施的过程是教师把教育活动设计付诸实践的过程。评价幼儿园教育活动的实施主要是了解幼儿在教育活动过程中的反应,即幼儿参与的主动性、情绪情感的体验等;教师的态度和行为,即教师对幼儿的控制程度、教育方法、教育机制等;师生互动的质量,即能否调动幼儿参与活动的积极性,能否激发幼儿学习的兴趣,幼儿能否积极地反馈教师的提问等;学习的物质材料准备,即适宜的教育活动材料,安全温馨的活动环境等。幼儿园教育活动实施的评价主要是教师通过不断的反思,发现活动目标、活动内容、活动方式、活动方法与幼儿发展水平之间的适应度来实现的。

4. 幼儿园教育活动效果的评价

幼儿园教育活动的首要对象是幼儿,所以幼儿在教育活动中获得的发展是衡量教育活动效果最好的标尺。一方面,在教育活动实施之后,通过观察、测验等方法,检验幼儿对于预定的教育活动目标的达成度。《纲要》中明确指出了幼儿园各领域中的各项目标,并提出了教育评价的标准。在具体的教育活动实施效果评价中,要对照相应的教育活动领域,将总目标转化成具体的行为目标;围绕行为目标为幼儿设置具体的发展情境;记录幼儿在情境中的具体表现,并量化成一定的分数或登记;最后解释这些分数,以评定、诊断幼儿的发展是否与预定的目标相适应。同时还要对幼儿在活动过程中的个性化表现进行评价。多种方法的综合评价能够比较全面地反映幼儿在教育活动实施之后的发展,从而判定幼儿园教育活动实施的有效性。

相关链接

幼儿园教育活动评价标准如表1-2所示。

表1-2 幼儿园教育活动评价标准

评价项目	具体评价内容	得分
教育活动目标和内容(每项5分,共计20分)	能注重幼儿的全面发展和良好行为习惯的培养	
	目标明确、具体,符合幼儿实际	
	能结合主体选择幼儿感兴趣的内容	
	内容具有针对性,难度与量适中	

续表

评价项目	具体评价内容	得分
教学过程方法（40分）	活动组织有序，层次清晰，重点突出，时间安排合理（5分）	
	能充分发挥幼儿的主动性、参与性和操作性（5分）	
	既面向全体，又注重个别差异，尊重幼儿发展的差异性（10分）	
	注意观察幼儿，并根据实际情况做出恰当的反馈（10分）	
	方法手段合理、恰当、有效，能针对教学目标，确保幼儿的主体性，有较高的效益（10分）	
教师基本素质（每项5分，共计20分）	教态亲切、自然，既尊重幼儿，又严格要求	
	语言简练规范、生动，富有感染力，易于幼儿理解	
	教具制作恰当、实用，演示操作准确熟练	
	有较强的沟通能力与教学机制	
教学效果（每项10分，共计20分）	幼儿态度积极，情绪良好，注意力集中，思维活跃	
	幼儿的能力得到发展，目标达成度高。在教学方面有特色或特长者，可酌情加1～5分	
总　　计		

第三课　幼儿园教育活动的模式

　　幼儿园教育活动的形式是多种多样的，不同的教育内容可以由不同的教育模式来完成。幼儿园教育活动的模式是根据其实际情况来制订的。本单元主要介绍学科领域教育活动、主题教育活动、区域教育活动、游戏教育活动四种教育模式。四种教育模式相互融合，完成幼儿园的教育目标。

　　幼儿园教育活动是实现幼儿园教育目标的基本形式，是幼儿园课程的实施载体，是以教师与幼儿双方共同参与为存在条件，并以双方的相互作用为基本过程展开的。《纲要》中指出："幼儿园的教育活动，是教师以多种形式有目的、有计划地引导幼儿生动、活泼、主动活动的教育过程。"从中可以看出，幼儿园教育活动是对幼儿进行德、智、体、美全面发展的教育，是实现幼儿园保教目标的基本途径。

　　幼儿园教育活动设计是一个活动的具体规则，也就是教师为了完成一定的教育任务，在进行了一定的活动背景分析之后，创造性地对幼儿园教育活动目标、内容、实施策略、评价方法进行思考和构建的一个完整过程。幼儿园教育活动设计的主体是教师，这就要求教师对幼儿园教育目标有足够的认识，活动设计要符合幼儿生理和心理的发展需要，根据幼儿园的实际情况，设计不同的教育活动，以满足幼儿身心发展的特点、需要和兴趣。

一、学科领域教育活动

(一) 学科领域教育活动概述

1. 学科领域教育活动的含义

学科领域教育活动课程的历史,要追溯到20世纪50年代,也就是中华人民共和国成立初期,一直到80年代。受苏联学前教育思想的影响,按照学科划分的课程,是我国普遍采用的一种课程模式。自20世纪90年代以后,由于教学改革的不断深入,幼儿园教学活动呈现出多元化的趋势。学科领域也吸收了大量的教学信息,截至目前,学科领域已成为一种比较成熟的课程模式。

学科课程是指以学科为中心的课程,就是把知识系统化,形成一定的科目或学科,又称分科教学。

2. 幼儿园学科领域教育活动的含义

幼儿园学科领域教育活动就是将幼儿园教育活动分成若干学科领域,以学科领域为单位组织和实施教育的活动。

20世纪80年代以前,我国学前教育基本上是采用这一模式。这种教育活动组织的课程强调知识和技能的分门别类,强调为设计、组织知识和技能提供模式,常常较少顾及幼儿的学习兴趣和需要;学科目标不是很明确,内容也比较笼统,知识面比较狭窄,与小学的课程模式相近,没有体现出幼儿园教学的特点。《纲要》颁布以后,分科领域教学有了新的内容。即根据《纲要》的思想,把幼儿园教育活动分为健康领域、语言领域、科学领域、社会领域、艺术领域,五个领域按照各自领域内容进行教学,也称为分科领域教学活动。

按照学科领域体系来设计幼儿园教育活动的优点是:教育活动内容一般是有内在逻辑结构的;教育活动能为幼儿提供各学科领域中的关键概念。按学科领域来设计教育,在我国已有相当长的历史,教师在这方面有丰富的经验。

按照学科领域体系来设计幼儿园教育活动的缺点是:由于学科教育强调知识和技能的分门别类,强调为设计、组织知识和技能提供模式,强调为理解世界提供关键概念、探索的工具以及认识的方法,所以常常是以较少顾及幼儿的兴趣和需要,较少顾及幼儿在不同水平上的发展为代价的,对幼儿而言,这些代价是沉重的。

学科领域教学适合刚参加工作的新教师,在此基础上再运用其他课程理论。

(二) 幼儿园学科领域教育活动的目标与内容

20世纪80年代以前,幼儿园学科领域教育分为:数学、语言、常识、体育、音乐、美术。《纲要》颁布以后,幼儿园学科领域教育分为健康领域、语言领域、科学领域、社会领域、艺术领域。《纲要》阐述了五大领域的具体教育目标,是幼儿园教学工作的总目标。2012年9月教育部颁布《指南》,进一步明确了五大领域的目标,每个领域按照幼儿学习与发展的最基本、最重要的内容划分具体的学习与发展目标。

《纲要》中明确指出幼儿园五大领域的教学目标与内容,各领域还有相应的指导要点。

(三) 幼儿园学科领域教育活动设计步骤

幼儿园学科领域教育活动一般来说计划性比较强,教育过程以教师为主导,目标比较明确，教学形式多以集体教学活动为主，大致可以分为如下几个步骤：

1. 幼儿园学科领域教育活动目标的设计

幼儿园学科领域教育活动目标的设计，要根据知识本身的内在逻辑和幼儿心理发展的顺序，在充分考虑幼儿需要、兴趣的前提下，按照循序渐进的原则，逐渐将教育活动目标层层具体化，最后变成具体可操作的目标，表现为：

学年目标──→学期目标──→月目标──→周目标──→日目标──→具体教育活动目标

传统的幼儿园学科领域教育活动目标，各科教育目标独立，没有横向的联合，强调知识的体系性和完整性。五大领域活动涵盖的目标比较宽泛，没有系统的知识传授，而是考虑幼儿在原有能力水平上的发展，关注幼儿身心方面的发展，以及能够促进幼儿哪些能力的发展。所以，在设计学科领域教育活动目标时，不要只是注重学科的目标，还要结合五大领域的目标，要充分考虑幼儿发展的前提。在设计学科领域教育活动之前，一定要了解该学科领域的总目标、分目标、阶段目标及其对幼儿全面发展的价值，不要人为地忽视某些价值的存在。如体育活动除了有"育体"功能外，还有"育心"功能，因此在设计体育活动时，不但要考虑如何通过体育活动来促进幼儿身体素质的发展，还要考虑如何通过体育活动来促进幼儿心智的发展；不但要发展幼儿的知识技能，而且要发展幼儿的情感态度。

2. 幼儿园学科领域教育活动内容的设计

教育内容的设计首先要考虑为完成教学目标而选择内容，也就是需要解决的问题是怎样组织课程内容使之概念化。一般来说，学科领域教育活动内容要注意课题的教育潜能，要包括较多的教育内容，同时也要包括丰富的教育资源。其次，教育内容是否符合幼儿的年龄特点，是否符合幼儿学习与发展的需要，是否与幼儿已有的经验相匹配，知识是否有连续性。再次，学科领域课程的内容要符合本地、本园的实际情况，包括当地的风土人情、文化传统、教学资源等。如南方和北方的实际情况不同，虽然学科领域要求的是同一目标，但为完成活动目标可以选择不同的内容。最后，内容的选择要注意学科领域的知识、技能和学科本身的逻辑性、系统性、基本规律。这也是学科领域教育活动的优势所在。

3. 幼儿园学科领域教育活动过程的设计

在学科领域教育活动过程的设计中，由于不同学科本身的规律和特点不同，因此教师在设计教育活动时，只有按照不同学科的规律、特点选用不同的教学方法，才能充分发挥学科领域教育活动的优势。在设计学科领域教育活动时，应侧重知识体系的安排，突出教师的主导作用，教学形式多以集体教学为主。活动过程可以分为以下几个步骤：

（1）教学前：教师要激发幼儿学习的兴趣，集中幼儿的注意力，组织教学。

（2）教学中：教师通过启发、引导、提问等方法，引导幼儿学习相关的知识，形成相关的概念。其中，教师讲解概念，传授相关知识，帮助幼儿形成一定的知识体系是教学中的重点。

（3）教学中的延伸：教师指导幼儿运用所学知识解决生活中的实际问题，把知识与实际生活联系在一起，提高幼儿的能力。

（4）教学结束：教师启发联想，提高幼儿的思维水平和再创造能力。

在学科领域教育活动过程是以教师为主导的，所以教师对知识的理解要准确，因为其传授的知识对幼儿的影响是非凡的，它将直接影响幼儿的一生。

（四）幼儿园学科领域教育活动设计需要注意的问题

幼儿的发展是全面的、整体的，幼儿的心理发展水平决定了幼儿对事物的理解和认识往往是粗浅的、表面的、幼稚的。幼儿的概括能力比较弱，学科领域教育分化了学科之间的联系，而幼儿的许多经验是在生活中获得的，涉及多方面的内容。因此，在设计学科领域教育活动时要注意以下几点：

1. 注意学科领域教育目标和内容的需求化

幼儿的学习是一个主动建构的过程，教育活动就是为幼儿主动建构提供相应的环境。虽然学科领域教育目标强调知识的系统性，教师是教育活动的主角，但是在设计教育活动时，教师要时刻牢记教学目标，并且做到眼中要有幼儿，从幼儿的实际情况和兴趣出发，分析和判断幼儿的需求，掌握幼儿已有的经验，采取一定的教育策略，唤起幼儿主动建构的需求。

2. 注意学科领域教育方式的活动化和教育结果的经验化

幼儿认识事物是具体形象性占优势，幼儿的知识、经验往往是从直接感知的过程中获得的。因此，教师在设计学科领域教育活动时，不要将知识和概念直接讲解告知幼儿，而是努力在相关的活动过程中让幼儿亲身体验，获得更多的直接经验，从而得知科学的概念或原理。

3. 注意学科领域教育活动计划的弹性化和活动过程的灵活化

学科领域教育活动一般计划性较强，具有一定的程序。但是，无论计划得如何严谨，学习的主体（幼儿）总是不断变化的。幼儿的无意注意，使其极易受到干扰，从而打乱计划。幼儿的兴趣、经验、需求，教师预先把握得也不一定准确。因此，在设计教学活动时应具有一定的弹性，灵活掌握活动过程，处理好幼儿的突发问题。

案例三

活动领域：科学领域。

活动班级：大班。

活动名称：神奇的中草药。

活动目标：

（1）知道菊花、枸杞、胖大海等几种生活中常见中草药的名称和特征，了解它们简单的保健、治病作用。（重点）

（2）观察并说出中草药的神奇之处，尝试根据药方简单配药、泡药、尝药。（难点）

（3）感受中草药的神奇以及与人们健康生活的关系，萌发对中草药的兴趣。

活动准备：

（1）经验准备：提前请家长与幼儿交流，了解有关常见中草药的知识。

（2）物质准备：视频"鹿茸救母""神奇的中草药""走进大药房"；课件"常见的中草药""这些药材从哪里来""老中医互动"等；幼儿操作材料：杯子、勺子每人一份；常见的中草药：菊花、枸杞、胖大海、炒山楂、莲子心、陈皮若干。

活动过程：

观看"鹿茸救母"的视频，感受鹿茸的神奇，产生对中药的兴趣。

（1）教师引出故事视频，幼儿观看并感受鹿茸的神奇作用。

(2) 引导幼儿回忆"鹿茸救母"的故事，提问：故事中发生了一件什么事情？是什么治好了母亲的病？

小结：青阳是一个孝顺的孩子，七彩鹿鹿茸熬制的中药把母亲的病治好了，鹿茸真神奇。

运用多种感官探究操作，认识菊花、枸杞、胖大海等几种生活中常见中草药的名称、特征及来源。

(1) 请幼儿运用看、捏、闻、尝等方法观察中草药，引导幼儿说出中草药的名称及外形、味道等特征。

(2) 结合课件"常见的中草药"相互交流自己的发现，讲述菊花、枸杞、胖大海等中草药的简单特征。提问：你发现了哪些中草药？它是什么样子的？有什么味道？

小结：中草药有红有绿；有的捏上去软软的，有的是硬硬的；味道有甜的也有酸的，有的闻起来还有清香味。

(3) 出示课件"这些药材从哪里来"，感受普通的植物经过加工能变成中草药的神奇性。提问：你发现它们是用什么做的？

小结：生活中一些普普通通的植物的花、果实等，经过加工居然可以做成中草药，真神奇。

和"老中医"互动，知道中草药的保健、治病作用，并根据药方尝试配药、泡药、尝药，感受中草药与人们健康生活的关系。

(1) 请幼儿猜想并咨询"老中医"，结合课件介绍枸杞、胖大海等常见中草药的作用。

(2) 请幼儿回忆自己生病、治病的经历，并猜想中草药搭配治病的作用，观看"药材搭配图"，知道药材相互搭配能治病的作用。

小结：身体不舒服的时候，配几副中药，就可以治好病，中草药真神奇。

(3) 出示"老中医的药方"，引导幼儿看懂药方，尝试配药、泡药。

要求：根据药方准确配药；泡药时，把握好水的位置；泡好后，仔细观察中草药在水里的变化。

(4) 请幼儿观察、品尝，相互交流中草药在水中的变化，了解中草药的保健作用。

小结：有些中草药可以泡，是保健药，但有些中草药是不能随便泡的，更不能乱吃。

观看视频"神奇的中草药"，了解几种奇特的中草药，感受中草药的神奇，萌发对中草药的兴趣。

(1) 观看视频"神奇的中草药"，了解几种中草药的奇特之处。

(2) 引导幼儿说出人参、蜈蚣、蝉衣等几种中草药在外形、毒性、蜕皮等方面的奇特之处。

小结：中草药不仅有植物药、动物药，一些石头矿物也是珍贵的中草药，因为植物药最多，所以中药也叫中草药。

视频演示"走进大药房"，进一步萌发对中草药的兴趣。

(1) 观看视频"走进大药房"，了解存药、抓药、配药、包药、熬药等情节，萌发对中医药文化的兴趣。

(2) 简单了解中医药文化的悠久历史，进一步感受神奇的中草药与人们健康生活的关系。

活动评析：

中草药是我国医学的宝贵财富，是我们健康的守护神，也是幼儿从小感受中华医药文化博大精深的好教材。幼儿在生活中接触过中草药，如喝过枸杞熬的粥、菊花茶，在嗓子疼时喝过胖大海等；生病时，家长也经常带幼儿看中医、吃中药，幼儿有一定的感性经验。《纲要》指出，教育活动内容的选择应既符合幼儿的现实需要，又有利于其长远发展；既贴近幼儿的生活来选择幼儿感兴趣的事物和问题，又有助于拓展幼儿的经验和视野。因此，本活动能根据幼儿具体形象思维的学习特点，运用视频，选取生活中常见的中草药，引导幼儿感知观察、探索体验，从感兴趣的中草药入手，了解中草药的神奇，并通过视频展示幼儿不常见的中草药，萌发幼儿对中草药的兴趣。

作者：安仲凯，王友红。

来源：海军青岛示范幼儿园。

活动领域：科学领域——数学。
活动班级：大班。
活动名称：排序。
活动目标：
（1）让幼儿学会按物体的特定规律排序。
（2）让幼儿初步理解依次排列的物体之间的传递性关系。
活动准备：
用吹塑纸剪成各种几何图形或各种自然物、排序板或塑料布、水、海绵、范例、改错卡片、填空卡片等。
活动过程：
（1）引导幼儿通过观察范例，发现其排列规律。
（2）通过改错和填空，帮助幼儿进一步发现物体的排列规律。
（3）帮助幼儿理解序列的传递性关系，引导幼儿观察范例。帮助幼儿理解如果 $A>B$、$B>C$，那么 $A>C$。
（4）幼儿动手操作活动，引导幼儿用海绵蘸点水涂在用吹塑纸剪成的几何图形的背面，贴在教室周围的瓷砖墙面等光滑的地方，练习排序。
（5）指导幼儿做《计算》（幼儿用书）第28页。
【课堂讨论】通过这两节案例可以看出学科领域教育包括哪些步骤？
文章来源：莲山课件
原文地址：http://rj.5ykj.com/HTML/14437.htm

二、主题教育活动

（一）幼儿园主题教育活动的含义

主题教育活动是指在一段时间内，围绕一个中心（即主题）来组织的教育教学活动，是在学科教育活动基础上，适当扩宽知识领域，将多门学科有机结合在一起的课程模式。其特点是打破学科之间的界限，围绕一个中心，将各种学习内容有机连接起来，让学习者通过该单元的活动，获得与"中心"有关的较为完整的经验。作为教育活动的一种组织形式，幼儿园主题活动的展开一般以学科知识作为背景，主题的展开以主题所蕴含的基本事件、事实、现象等为中心。

我国幼儿园主题教育活动的发展，受杜威的儿童经验论思想影响较大。杜威针对19世纪末20世纪初美国的教育现状，结合其经验主义哲学，批判了当时课程与幼儿作为对立面存在的现状，并在消解传统幼儿与课程二元论的基础上，提出了课程与幼儿及教师之间是一种相互依赖与彼此维系的关系，并通过经验把具有个人兴趣、完整性与生成性的幼儿的生活世界，与以事实与规律为核心的学科及教材联系起来。

受杜威这一思想的影响，陈鹤琴先生开展了实践教学的研究，以"五指活动"为幼儿教育的主要内容，以自然和社会常识为中心，将各门功课连在一起，进行整体教学，我们称之为"单元教学"。1963年，著名的教育家赵寄石教授进行了综合主题教育研究，20世纪90年代在中国传播，改变了幼儿教师的儿童观和教育观。2001年7月，《纲要》的颁布标志着我国幼儿教育改革迈进了一个新阶段。《纲要》鲜明地体现了"以幼儿发展为本"的理念，而以主题为核心的幼儿主题探究活动，充分体现了《纲要》的精神。

幼儿园主题教育活动又称综合活动，顾名思义，就是在一段时间内，围绕一个主题来组织幼儿的教育教学活动。它是以某方面的教育为主，打破幼儿学科之间的界限，以主题或活动为中心，组织课程，挖掘深层次教育价值的综合活动。

（二）幼儿园主题教育活动的目标与内容

幼儿园主题活动强调幼儿生活的经验，以具体的自然事件为本位，而不是以学科知识体系为本位。活动以一个主题为中心，进行延伸扩展，进而形成多个话题和活动，通常包括多个学科领域，注重知识的横向联系，在活动中贯穿语言、数学、空间、运动、音乐、人际交往等能力的培养。所以，幼儿园主题活动的目标应体现：

1. 以某方面的教育为中心，进行浅层次的综合

这一目标主要体现为手段和方法的综合。能否把各领域教学内容综合在一起，形成一个完整的主题，关键要看能否促进幼儿对主题概念的理解，而不是强行地把各科内容纳入主题。

2. 建立各学科领域教育内容之间的自然联系，使其更具系统性

幼儿园主题活动的实质是把本来具有内在联系而被人为割裂的内容重新整合为一体的教育模式，这种联系必须是自然的、真实的，不是牵强地联系在一起，还要让其主题贯穿教学始终。

3. 注重形式与内容的有机结合，把学习内容融汇成一种新的体系，进行深层次的综合

各个领域都有促进幼儿发展的关键经验或知识，主题的展开可能会以知识或经验为背景。但主题活动是一种形式，只有形式没有内容的东西是没有意义的，相反也是一样的。所以，只有将两者结合才能发挥最大的教育意义。

4. 充分利用和发挥与主题相适应的环境

根据主题活动创设相应的墙面环境、区角活动，使主题更贴近幼儿生活。同时可通过多功能的材料，将主题目标物化。幼儿在感知材料不同、操作方法不同的同时获得经验。

幼儿园主题活动的主要特点是综合，教学内容比较宽泛，主要体现在：

（1）以学科知识为线索的幼儿园主题活动内容。

（2）以技能训练为主的幼儿园主题活动内容。

（3）以幼儿的兴趣为主的幼儿园主题活动内容。

（4）以突发事件为主的幼儿园主题活动内容。

从主题引发的活动可能又有不同的侧重点，但这几类活动不是绝对割裂开的，更多时候它们是综合体现的。在一个主题中，不同的活动内容又是以主题为核心相互关联的，就是以主题为整体，进行多个领域活动内容的整合。

（三）幼儿园主题教育活动的设计步骤

幼儿园主题教育活动设计是针对一个具体主题进行的开发活动，它对整个主题活动进行分阶段的预设，明确主题活动目标及各阶段活动者参与活动的主要内容和方式以及指导重点和评价建议等。

在进行幼儿园主题教育活动设计之前，要选择和确定主题的来源。主题的来源要考虑四个方面，即《纲要》、教师、幼儿、可利用的教育资源等。

1. 主题的来源

（1）来源于学科领域教学或者五大领域活动。即主题是以一定的学科或五大领域为基础来设计的，主题往往是某学科或某领域中幼儿关注的话题。如"快乐的六一儿童节""秋天来了"等。这些主题明显与特定的学科或领域有关，以其内容为主，围绕一个核心，把相关内容组织在一起，但在组织与实施过程中，不仅限于该学科或领域中的内容。

（2）来源于社会生活事件或幼儿自身的生活事件。在两者中应该以幼儿自身的生活事件为主。因为只有与幼儿有关的主题，才能真正引发幼儿学习的兴趣。作为主题来源的社会生活事件，也应该是与幼儿有关或幼儿感兴趣的事件。如"地震来了我不怕""全运会在我家乡""高铁在我家门口"等，它们就是生活中的大事件，也是与幼儿密切相关的、幼儿关注的话题，这就可以定为主题。

（3）来源于幼儿能够理解的文学作品。文学作品作为主题来源不同于语言领域作为主题的来源。文学作品具有整合的功能，这是因为文学作品本身就涉及艺术和语言两个领域，尤其是故事、寓言等，其内容往往是与科学、社会等领域相关的。如果将文学作品作为主题的来源，可以进一步扩大文学作品的整合功能。如"小马过河"中，第一次装的是盐，掉到河里会越来越轻，第二次装的是棉花，掉到河里会越来越重。这就涉及科学领域的"溶解"、社会领域的"诚信"等有价值的话题。

（4）来源于概念、原理、变化规律等。日常生活里有许多普遍的规律和原理，我们可以从理性上讨论它，也可以从感性上把握它。幼儿园的主题活动主要是从感性上去发现不同事物发展的共同过程、规律，并把相关事物和活动串联在一起，构成一组相关的活动。如"变"，没有说明实质问题，但包含了一切。这个主题有很大的发展空间，如"天气在变""动物在变""人在变"等，与之相似的还有"长大""熟了"等。

2. 主题的选择

主题生成之后，教师要考虑幼儿的实际水平与需要，有目的地选择能够促进幼儿发展的主题活动。选择主题要依据：

（1）发现幼儿有价值的兴趣点，确定教学主题。

（2）主题的选择要蕴涵教育价值，要完成一定的教育目标。

(3) 主题包含哪些教育内容，让幼儿掌握哪些知识、经验。

(4) 主题内容之间既有联系性，又有相对的独立性。

(5) 主题要根据幼儿的生活经验、季节确立，考虑连续性。

3. 主题活动的设计与实施

(1) 确定主题活动的目标，阅读和搜集有关该主题的内容和相关材料。

(2) 拟定主题活动纲要，整理教育网络，均衡各领域的学习活动内容。

(3) 设计为完成核心主题活动而派生的每个活动内容，包括环境创设、家园联系、社区资源等。

(4) 具体实施各层次主题内容，直到完成整个核心主题。

(5) 检验或评价主题活动方案。

(四) 幼儿园主题教育活动设计的注意事项

1. 目标的设想

幼儿园主题教育活动设计是一个预想性的设计，在设计时要考虑哪些因素可设计，哪些因素不可设计。

2. 实施过程的调整

幼儿园主题教育活动实施的过程应根据幼儿的生成性特点，对设计进行不断的调整，不可拘泥于设计方案。在实施过程中，要不断反思，这对调整设计是很有益的。

3. 活动形式丰富

幼儿园主题教育活动设计要建立在幼儿认知的基础上，活动主题切口要小，更容易操作，挖掘才会深。在一个主题活动设计中，要尽可能地丰富活动形式。

4. 活动的可操作性

可操作性是主题教育活动设计的重点。在设计时要充分考虑各种限制条件，一个设计方案具有可操作性，才有落实的可能。

案例四

主题教育活动名称：菊花。

设计思路：如今正是菊花开得正艳的时候，为了让美丽的花儿不但停留在纸上，而且印刻在孩子们的心灵里，教师们特意组织了此次活动。教师们首先收集了绿牡丹、千头菊、大叶菊等十几个菊花品种。通过展览让孩子们观察菊花的颜色、花瓣、叶子、形状等，培养孩子们的观察能力，激发他们的探索兴趣。接着，为了让孩子们对菊花有更深的了解，还通过视频观看菊花知识的介绍，带领他们用不同的绘画方式画菊花。孩子们在愉快的活动中加深了对菊花特征的了解，培养了想象能力和动手能力。

一、爱护幼儿园里的菊花

活动目标：

(1) 愿意在教师的引导下参与观察活动，观察时专心、认真。

(2) 了解菊花的主要外形特征，能叫出名称。

(3) 能关心、爱护幼儿园里的花，增强幼儿的环保意识。

活动准备：户外正开放的菊花。

活动过程：

（一）开始部分

(1) 教师带领幼儿来到园内观察花卉，运用语言、表情诱发幼儿观察的兴趣。

(2) 提问："这里的花漂亮吗？它们是什么颜色的？"

(3) 幼儿自由交谈。

（二）基本部分

(1) 教师指着远处的菊花问："那是什么花？我们一起去看看好吗？"

(2) 师："让我们看一看、摸一摸、闻一闻，说说菊花是什么样子的。"

（这是活动的重点，对于能力强的幼儿，教师要引导他们运用多种感官去感知菊花的外形特征；对于能力弱的幼儿，教师要时刻提醒、引导他们参与观察活动，能发现同伴找出的菊花的特征）

(3) 提问："菊花是什么样子的？什么颜色？像什么？菊花的叶子是什么颜色？像什么？"

(4) 引导幼儿讲述自己所看见的菊花的外形特征。

（这是难点，能力强的幼儿要能说出菊花的主要特征，能力弱的幼儿要知道这种花叫菊花）

（三）结束部分

(1) 提问："花儿真美，我们应该怎样爱护它呢？"（激发幼儿爱护花的情感）

(2) 师生一同念儿歌："秋天到，菊花开，红的红，白的白。像面条，像火焰，还像妈妈的卷发。"

二、秋天菊花开（语言）

活动目的：

(1) 知道菊花在秋天开放，感受菊花的美与香。

(2) 比较菊花的外形特征。

(3) 乐意与同伴交流自己对菊花的感受。

(4) 用自己喜欢的方式表现菊花的美，激发幼儿的审美情感。

活动准备：

(1) 菊花的图片、菊花实物、菊花茶、小杯子若干。

(2) 准备幼儿分组活动的材料。

活动过程：

（一）谈话引题

让幼儿说说秋天什么花开，引入菊花的课题。

（二）幼儿通过分组观察比较，感受菊花的美与香

(1) 提供各种菊花的图片，让幼儿比较菊花的颜色、花瓣形状等外形特征。

(2) 提供菊花茶，让幼儿通过闻一闻、尝一尝，感受菊花的香味。

(3) 提供实物——菊花，让幼儿感受菊花的美。

（三）集中交流、讨论

(1) 请幼儿与同伴互相交流观察的感受，说说菊花美在哪里。

（2）请个别幼儿说说菊花的美，并引导幼儿用好听的句子说出来。

（四）教师引导幼儿一起观察图片

（五）提供各种材料，让幼儿制作菊花

（1）插花：提供各种实物的菊花、花泥，让幼儿进行创意插花。

（2）画菊花：提供油画棒、白板纸、棉签和颜料，让幼儿自由地画菊花。

（3）制作菊花：提供各种彩色纸、剪刀、固体胶、铅笔等，让幼儿学习制作菊花。

（4）菊花粘贴画：提供各色毛线、双面胶、剪刀，让幼儿用毛线粘贴菊花。

【课堂讨论】如何通过案例分析确定主题？主题确定后如何围绕主题安排系列活动？

文章来源：妈咪爱婴网（主题教案栏目）

原文地址：http://www.baby611.com/jiaoan/db/zt/201303/24104388.html

三、区域教育活动

（一）区域教育活动的含义

区域教育活动，也叫"活动区活动"，是20世纪70年代从美国引进中国教育界的新名词。当时美国正流行"开放教育"，对国内的影响比较大。区域教育活动在英文中有多种名称，如游戏区、学习区等。在我国，该概念更多地称为"区角活动"。

1. 对区域教育活动的理解

（1）区域教育活动就是幼儿园为丰富幼儿一日生活而创设的课堂以外活动、游戏的区域。如"娃娃家""医院""超市""理发店"等。

（2）区域教育活动是幼儿一种重要的自主活动形式。它是以快乐和满足为目的，以操作、摆弄为途径的自主学习活动。它是幼儿主动地寻求解决问题的一种独特方式，其活动动机由内部动机支配而非来自外部的命令。如科学桌、自然角、种植园等。

（3）区域教育活动是一种小范围的活动，也被称为活动区活动或开放教育，幼儿在活动中可以根据自己的意愿选择角落、材料，决定操作的次数，在独立的活动中主动地感知和思考，建立自己表象的概念，并通过语言、动作、图画等形式来表达自己的想法，蕴含松散性、愉悦性，顺应幼儿求知天性的种种特点，是培植幼儿创造力的土壤。如建筑区、音乐区、美工区等。

（4）区域教育活动是指幼儿在活动区内进行的以自由游戏为特征的活动，是幼儿在园一日生活中的主要活动。它通过游戏满足幼儿交往的需要，丰富幼儿的生活经验，让幼儿勇于尝试和探索，培养幼儿积极的活动态度，促进幼儿创造性和个性的发展。如表演区、"银行"等。

2. 从教师、幼儿两个维度，理解区域教育活动

1）从教师的维度

（1）区域教育活动是"集中教育活动"的延伸。"集中教育活动"是集体活动，教师不能满足所有幼儿的需求，无法兼顾个体的发展，不能满足因材施教的原则。利用区域活动的时间，可以做个别辅导。

（2）区域教育活动是教学材料的重新演练。教学设备有时不能满足所有幼儿的需求，

在集体教学中，多数是以小组为单位，只能看。区域教育活动解决了这一问题，感兴趣的幼儿可以利用自由活动的时间，自己操作，并且可以互相交换区域活动。

（3）区域教育活动是其他教育活动的一部分。如主题教育活动，需要区域活动配合，才能完成教学目标。

2）从幼儿的维度

（1）区域教育活动是自由游戏活动。幼儿按照自己的爱好、兴趣，自由选择活动的区域、活动的材料、活动的伙伴。幼儿可以脱离"束缚"，在游戏和自由交往的过程中得到新经验。

（2）区域教育活动是学习性活动。幼儿进入区域活动以后，需要解决一些问题，有一定的目标制约，探究事物的一些现象、本质，所以是有学习目的的。

其实以上这些观点并无严格的对错之分，只是各自理解的角度不同，价值取向不同。区域教育活动是一个整体的概念，应该对其进行全面的、综合的理解。

（二）幼儿园区域教育活动设计的原则

幼儿园区域教育活动创设不是创设具体的活动，而是创始活动的材料和环境。将教育目标转化为活动材料或环境，来影响幼儿的活动，使之达到教育目标。由于对区域教育活动目标的认识不足，长期以来，许多教师在教学实践中往往把区域教育活动当作第二课堂，在区域教育活动中剥夺幼儿探索的权利，演变为教学活动，干涉幼儿的操作活动。还有的教师与之相反，对区域教育活动采取纯粹的自由态度，没有任何的约束。其实两者都是不对的。区域教育活动的材料是定期更换的，目标也是随着材料更换定期调整的，或者是根据主题活动等的需要而调整的，是一种动态的管理。所以，区域教育活动设计不是单纯的幼儿"放羊式"的游戏，而是要有一定的目标和原则。

1. 幼儿园区域教育活动设计要重视幼儿已有经验，关注相关经验的积累与培养

在设计区域教育活动之前，教师要了解幼儿对该区域教育活动内容掌握的程度，然后根据情况投放相应的材料，使幼儿的经验具有连续性。

2. 幼儿园区域教育活动设计要尊重幼儿的兴趣和发展需要，选择适宜的活动材料

区域教育活动的设计是为了给幼儿一个自由、宽松的学习环境，更好地促进幼儿的身心发展。所以，区域教育活动创设应尽量满足幼儿认知、情感、社会性、语言、动作技能的发展需要。教师要了解幼儿这些方面的兴趣和需要，选择区域教育活动中相对稳定的基本材料。因为材料是教育目标实现的基本物质载体，材料的性质决定了幼儿在区域教育活动中获得什么样的经验。当幼儿有需要时，当教师有特殊教育目标时，区域教育活动的材料要有相应的调整。

3. 幼儿园区域教育活动设计要考虑目标和内容的协调统一

虽然区域教育活动是幼儿自主活动，但不排斥教育者的影响。区域教育活动是一种有目的、有计划的活动，它将教育内容分为几个区域，将教育目标渗透其中。所以，教师在保证幼儿自由活动的同时，应发挥幼儿的积极性、主动性、创造性，使幼儿的知识、能力在原有水平上得到发展。

4. 幼儿园区域教育活动设计要保证幼儿的自主性活动具有方向性

区域教育活动为幼儿提供了比较充分的自主行为，幼儿可以在较大范围内自由选择游戏

类型、材料、玩伴，从而促进自主性的发展。但教师应该明确，自主性不是任意的自发行为。自主性是具有方向性的，主体能够对自己的行为结果负责，能够支配自己的行为。所以，在设计区域教育活动时，要有相应的规则来保证幼儿的自主性。

（三）幼儿园区域教育活动的指导

幼儿园区域教育活动虽然是幼儿自由活动、自主学习的地方，但是，教师不能撒手不管。教师要清楚区域教育活动的实质与功能，不同的活动区域有不同的功能、不同的规则要求，教师指导也不同。区域教育活动不仅需要教师的指导，而且对教师的指导要求更高、难度更大。教师只有对区域教育活动积极关注、细心指导，才能使其功能充分发挥出来。

1. 教师要对区域教育活动进行介绍，并提出规则

对刚进入区域教育活动的幼儿来说，区域教育活动是新鲜的、刺激的，幼儿很愿意进入。但是，幼儿往往不知道该怎么做。因此，教师在第一次介绍区域教育活动时，就要向幼儿讲解区域教育活动的内容、活动规则等，促使幼儿自觉遵守游戏规则。教师应通过各种各样的方式，对幼儿的活动施加影响，支持、帮助幼儿顺利过渡到活动阶段。

2. 教师要掌握区域教育活动学习与游戏统一的思想，协调好游戏性大于学习性的指导原则

教师通过创设区域教育活动来影响幼儿的游戏和学习活动。区域教育活动既是幼儿的游戏活动，也是幼儿的学习活动。但区域教育活动的"学习"，不是传统意义上的"教学"，而是幼儿在操作中，直接感知得到相应的经验、概念。区域教育活动更多强调的是幼儿自主选择活动区活动，幼儿自己决定或伙伴之间商量决定活动的内容、方式。同样的材料，不同的幼儿会有不同的玩法，会对材料赋予不同种意义。这就要求教师不要一味地将区域教育活动学习化，应该更加强调区域教育活动的游戏性。

3. 教师要使区域教育活动既有开放性，同时又要有联系性

区域教育活动应该是开放的，方便幼儿出入，方便区域之间的联系。教师在介绍区域教育活动的内容和活动方式时，应选择最基本、最主要的，但不是固定的、模式化的。区域教育活动在开放初，应该逐个进行开发，以提高区域活动的功效，增强有序性。区域教育活动开放之后，可以让各个区域之间建立联系，便于各个区域之间的合作。例如，可以以"家庭"为单位，"上班"去"挣钱"，然后去"银行"取"钱"，到"超市"买东西，再送"孩子"去"幼儿园"等，这样就把各个区域教育活动变成了全班的游戏活动。在活动中，幼儿的兴趣、主动性、积极性都很高；同伴之间的交往也大大加强，幼儿的多方面能力都能得到发展。

4. 教师在区域教育活动指导过程中，注意区域教育活动内容的整合，避免单一教具的机械练习

区域教育活动的教具虽然是按照区域内容投放的，但在幼儿活动中要进行综合的练习，不能只是强调教具的操作方法，还要结合教具本身进行多方面的挖掘。例如，"建筑区"，幼儿不仅仅是进行"搭房子""搭桥梁"等建构活动，也可以进行艺术活动，思考如何搭得完美；语言活动，介绍建筑事物的性质及作用；数学活动，用了多少积木；社会活动，同伴之间的交流、分工、合作等。教师要对各区域有研究，发掘各区域的教育潜能，注意活动材料的多领域性。

5. 教师在区域教育活动中的主要任务是观察、记录幼儿的活动状况

教师要评估各个区域的使用频率，以此来考虑材料的投放和调整。观察分析后，教师要明确对哪一个区域进行指导和指导的方法。指导的方法一般有：

（1）教师介入法。就是教师以自身为媒介，教师参与到活动中去，在活动中担任的角色要有控制地位，以此了解幼儿的想法、需要和问题，帮助幼儿解决问题或扩展情节。采用教师介入法时要注意，教师不能剥夺幼儿参与活动的主动性，对幼儿的想法采取积极、鼓励的态度，对于不当的地方，教师要斟酌用词、用句。

（2）材料介入法。就是教师在活动中提供相应的材料，来解决幼儿在活动中出现的问题，及时帮助幼儿在活动中学习。

（3）伙伴介入法。就是教师利用同伴中能力比较强的幼儿，参与到活动中，对于活动中出现的问题、需要进行排解。这一方法在幼儿中容易被接受，并且能够促进同伴之间的交流。

（四）幼儿园区域教育活动设计的注意事项

（1）教师要有意识地培养幼儿的自主性，减少幼儿的自发性行为。引导幼儿在活动中建立和执行规则，培养幼儿"尊重他人""学会分享""不干扰别人""做事有始有终"等良好品德。

（2）教师要注意活动内容的整合，避免活动单一化。教师要研究、挖掘各活动的教育潜能，注意活动材料的多领域性，注重隐形环境的作用。

（3）教师提供活动材料、创设环境时，要注意事物的具体形象性、游戏性，便于幼儿认同。

案例五

活动班级：中班。

活动目标：

（1）大胆选择喜欢的游戏内容和材料，自主、愉快地游戏。

（2）在活动中发展幼儿的交往能力，提高幼儿自己发现问题、解决问题的能力。

（3）帮助幼儿在角色游戏中提高角色意识并自己发展游戏情节，在科学活动中发展观察能力，大胆动手操作。

（4）发展幼儿的口语表达能力和培养幼儿对音乐表演的兴趣。

活动准备：

（1）同一首歌。

（2）城幼电视台：废旧图书、图片、幼儿自制广告牌、自制电视机、话筒。

（3）美工区：绘画工具、托盘、乒乓球、胶水、彩色纸、布置一个展示台。

（4）观察区：小锤子、钉子、泡沫、海绵、花生、弹性物体、小蜗牛、大蒜、葱、土豆植物、观察记录单。

（5）新闻发布区：小棍、宜昌水电名城剪报、话筒。

（6）娃娃快餐厅：环境布置、餐桌、餐具、厨师、服务员工作服、冷饮、橡皮泥。

（7）积木区：各种积木、幼儿设计玩具城搭建示意图、各种玩具、花、树、泡沫板、小印章。

活动过程：
1. 介绍活动内容，提出活动要求
出示区域教育活动自评表，让幼儿通过活动评价自己的行为，并盖上自己的小印章。
2. 幼儿按意愿选择活动区，进行分区活动
（1）同一首歌：幼儿自选主持人，自己安排节目顺序。
合唱：《欢乐颂》《小火车》。
故事剧：《花头巾》《勇敢的小刺猬》。
英语童话剧：《小猫钓鱼》。
节奏乐：《小星星》。
（2）城幼电视台：中文台小小故事会、天天饮食，请快餐厅厨师教做美食，配乐诗朗诵：《路》《我们的家》《梳子》《画房子》；教你学英语，聘请主持人中间穿插广告。
（3）美工区：制作乒乓球娃娃、托盘画。
（4）观察区：试试小锤子、认识弹性、给植物浇水、观察小蜗牛并做好相应的观察记录。
（5）新闻发布区：讲讲宜昌水电名城的一些报刊资料，谈谈自己的想法，设计并画出自己心中的水电名城。
（6）娃娃快餐厅：推出特价优惠周外卖活动。
（7）积木区：搭建玩具场。
3. 教师指导
（1）观察幼儿在活动中的表现并适时介入。
（2）鼓励幼儿遇到问题时先想一想，再试一试。
（3）重点观察指导城幼电视台和同一首歌。
（4）帮助个别游戏中有困难的幼儿，鼓励幼儿大胆交往。
师：今天，小印章特别忙，我猜你们一定学会了许多本领。不过，我还不知道你们学会了什么，请给大家讲讲。
（1）幼儿展示自己的作品，增强自信心及成功感，并体验、分享自己和别人的快乐。
（2）幼儿说说自己的新发现，怎么发现的，以及结果怎么样，鼓励幼儿大胆尝试。
（3）讲讲幼儿在活动中遇到的困难，以及是怎样解决的。
（4）教师小结今天幼儿游戏的情况，收拾玩具、材料。
【课堂讨论】幼儿园区域教育活动如何设计？如何把各区域之间的活动联系起来？
文章来源：妈咪爱婴网（幼儿园中班计划总结栏目）
原文地址：http://www.baby611.com/jiaoan/jhzj/zb/201207/1089828.html

四、游戏教育活动

（一）游戏教育活动概述

1. 游戏的含义

对于游戏的解释有很多，我国《尔雅》《说文解字》将游戏解释为"游，戏也"，放在一起解释为"游乐、嬉戏"。古希腊伟大的哲学家柏拉图将游戏定义为：游戏是一切幼子

（动物和人的）为了生活和能力跳跃需要而产生的有意识的模仿活动。科学家、教育家亚里士多德对游戏的解释为：游戏是劳作后的休息和消遣，是本身不带有任何目的性的一种行为活动。那么究竟什么是游戏呢？辞海的定义为：游戏是以直接获得快感为主要目的，且必须有主体参与互动的活动。《教育词典》认为：游戏是以一定形式有目的、有系统地反映人类社会劳动、军事、文化、生活等方面的游乐活动。其属于体育活动的一个项目，是一种文娱活动，有以发展智力为主的游戏和发展体力为主的游戏。

虽然给游戏下个可行的、公允的定义很难，但游戏对于人的成长、认识世界的作用是不容忽视的，是"认识世界的途径"（高尔基）。游戏的本质在于：游戏是内在的自愿活动，是"日常生活"的表征，富有选设性的自足乐趣，是有规则的活动。这些特征表明，游戏既区别于动物的嬉闹，也区别于日常生活。

2. 幼儿游戏的含义

成人游戏与幼儿游戏一样都有本质特征，也有基本特征，幼儿游戏是以兴趣为导向的，是自发性的自主活动，是重过程、不注重结果的自娱自乐活动。所以，我们给幼儿游戏下的定义为：游戏是幼儿的基本活动，是幼儿与周围环境相互作用的基本形式，是他们基本的对象性活动，通过这一特殊的活动形式实现教育价值。正像德国生物学家谷鲁斯所说的："游戏不是没有目的的活动，游戏并非与实际生活没有关联。游戏是为了将来面对生活的一种准备活动。"

（二）幼儿游戏教育活动的特点与功能

幼儿园游戏教育活动的本质是幼儿围绕一个主题，自主观察、探究周围现象和事物，教师给予帮助和指导的游戏活动。其主要目的是改变幼儿被动接受知识传播的学习方式，形成一种对知识主动探索，并重视实际问题解决的积极的学习方式。

1. 幼儿游戏教育活动的主要特点

1）幼儿游戏活动的趣味性

游戏之所以被幼儿喜欢，从根本上说是幼儿的身心特点决定的。幼儿高级神经活动的特点是抑制过程发展不够完善，兴奋过程强于抑制过程。游戏与其他活动不同，它不是强制性的活动，而是一种娱乐活动。游戏本身固有的就是趣味性，每种游戏都有自身的趣味性。趣味性能够激起幼儿良好的情绪和积极从事活动的欲望，吸引幼儿主动参加活动，并在活动中获得愉快的体验，使幼儿喜欢游戏。

2）幼儿游戏教育活动的主动性

游戏是幼儿自主、自愿的活动。由于游戏形式、材料和过程符合幼儿身心发展的特点，因此幼儿会产生兴趣，主动游戏。在游戏中，幼儿总是在自己能力和兴趣的基础上选择和决定做什么游戏、怎么做、和谁做。幼儿的各种活动几乎没有限制，他们可以充分地活动，并从中得到快乐和发展。正是游戏的自主性，使幼儿在游戏中的态度是积极的。

3）幼儿游戏教育活动的社会性

游戏是幼儿社会生活的反映，周围的现实生活是幼儿游戏的源泉。幼儿不是天生就会做游戏，游戏不是幼儿的本能活动。只有当幼儿的体力、智力发展到一定的水平，积累了一定的生活经验时，才会游戏，游戏基本上是生活情景的再现。不同的生活背景会影响幼儿的游戏，幼儿游戏归根结底是对周围生活的反映。但是，幼儿的游戏不是完全的生活"翻版"，而是将日常生活中的表象，加上自己的想象，升华成新的形象，然后借助游戏来学习成人社会的生活经验。

4）幼儿游戏教育活动"重过程"

游戏教育活动的关键是看幼儿能否从活动中体验到快乐和满足。对于游戏教育活动，虽然幼儿的自主性比较强，但是游戏也有其目的，幼儿游戏的目的完全是由游戏本身决定的。幼儿游戏的目标不是强加给幼儿的，因此幼儿在游戏中的随意性会更多，没有过多的束缚，幼儿关注的仅仅是游戏本身。随着年龄的增长，幼儿会关注游戏的结果，并对游戏的结果感兴趣，尤其是体育游戏。

幼儿游戏教育活动是在虚构下完成的，带有具体性。幼儿的游戏大多是在假想的情况下完成的，游戏的表现非常具体，但是这些要与幼儿的探究性活动和工具性行为分开。探究性活动具有问题性，是在对事物不理解、不熟悉的情况下产生的。游戏活动与探究性活动不是平行的，也不是对立的。游戏可以从探究开始，探究也可以从游戏开始，两者可以互相伴随，探究也可能被游戏中断。工具性行为是按照物体的实际用途来使用物体的行为。而幼儿在游戏中，往往不按照物体的实际用途使用，赋予物体新的意义。例如，一根棍子，可以是各种东西，既可以是一把长剑，也可以是骑的马，只要幼儿在游戏中需要。

2. 幼儿游戏教育活动的主要功能

幼儿游戏的种类不同，其主要功能也会有差异。但是，游戏作为幼儿教育的一种重要手段，其主要功能表现在：

1）幼儿游戏的教育功能

游戏是幼儿主动学习的重要形式。在游戏过程中，幼儿运用感官系统，直接感知和探索周围世界，对社会行为进行演练。在游戏活动中，幼儿能够获得直接知识、经验，能够开发潜能，是幼儿自身学习生长的过程。

2）幼儿游戏的认知功能

游戏是幼儿的自主性活动，幼儿在游戏过程中始终处于积极状态。幼儿运用已有的知识、经验来解决游戏中的问题，思维一直处在积极、活跃的状态。同时，幼儿在操作材料的过程中，能够加强对物体之间联系的认识，对幼儿认知能力的发展具有促进作用。

3）幼儿游戏的社会性功能

幼儿在游戏的过程中，需要同伴的介入。在游戏中的分工和合作，能够促进幼儿之间的交往，使幼儿学会沟通，并且逐渐学会与人相处的技巧，懂得如何去照顾、尊重他人；消除幼儿以自我为中心的倾向，使其社会性得到发展。

4）幼儿游戏的情感功能

游戏是在幼儿没有压力、轻松安全的情绪下活动的，在游戏活动中总是伴随愉悦的情绪体验。在游戏过程中，同伴之间的交流是互相商量、愉快的合作。在这种氛围中，幼儿很容易体验到成功、自信，能力和技巧也得以提高。所以，游戏有助于消除幼儿的消极情绪，有助于帮助幼儿控制自己的行为。

5）幼儿游戏对身体生长、发育的促进功能

游戏能够促进幼儿身体的生长、发育，能够使幼儿身体的各器官得到活动，有利于幼儿内脏和神经系统的发育。尤其是体育游戏，对幼儿的大运动和小运动都有促进作用，并且在运动中大、小肌肉能够得到锻炼，幼儿的运动技能和技巧也能够得到提升。同时，在游戏的过程中总获得愉快的情感体验，对于幼儿的心理健康发展也是有重要作用的。

（三）幼儿园游戏教育活动设计的形式及要求

1. 教师有组织的、有明确目标的集体游戏

教师组织的集体游戏，一般在幼儿园集中教育时间内完成。游戏的目标指向明确，游戏设计周密，与学科领域教育活动设计一样，有开始部分、基本部分、结束部分。游戏以集体或分组方式进行，游戏过程以教师为主导，游戏的进程受教师教学计划的制约。

2. 具有一定指向的定向性游戏

定向性游戏一般有一定的任务，带有指向性，是在教师创设的游戏环境中进行的游戏，游戏区域封闭性和开放性并存。在游戏设计上，教师要按照每一阶段的学习，有顺序、有内在联系地安排游戏材料，并给予幼儿专门的时间和空间，让幼儿体验感性的经验。在定向性游戏的环境中，学习内容要求外显一些，提供幼儿的材料更为集中一些，幼儿游戏的时间相对固定。

在定向性游戏中，教师的主要任务是观察幼儿的游戏过程，了解游戏结果，并调整游戏的内容，游戏中的目标始终与幼儿的原有水平保持一种学习的最近发展区，同时注意幼儿个体发展的差异性。

3. 日常生活中的自由游戏

自由游戏，幼儿参与的方式是以自愿为前提的，以个别或小组为主。幼儿在游戏中的学习活动以自发兴趣为导向，通过操作材料等方式进行。此种游戏活动是幼儿游戏中游戏性最强的，教师对游戏过程干预得最少。

在自由游戏中，教师要布置好环境，提供游戏材料，设计的游戏活动应该是多层次的，注重幼儿个体的差异，符合幼儿发展需要。

4. 其他游戏活动

根据幼儿园的课程体系，还可以创设与幼儿园课程相配套的游戏活动，如区域游戏、主题游戏等。这些游戏的创设主要能够支持幼儿兴趣活动的物质环境，能够启发幼儿探索的兴趣，促进幼儿养成合作、研究的习惯，保证幼儿素质潜能的开发和个性的充分发展。

教师在设计这类游戏时，要包含幼儿园基本的教学任务，目标各有侧重，还要有重合。

（三）幼儿园游戏教育活动设计的注意事项

1. 要为幼儿创设相对比较固定的游戏场地

游戏的性质不同，要求的场地也不同。教师要注意合理安排游戏的场地，便于幼儿把游戏进行下去。如体育游戏，多数是在室外。如果在室内，就要选择场地比较宽敞的综合活动室，这样才能完成体育游戏的目标。又如角色游戏，要在室内提供一个可以放置道具的地方，这样幼儿在游戏的时候就能很自然地到固定的游戏活动区了。

2. 要为幼儿游戏提供丰富的材料，保证充分的游戏时间

在游戏的创设过程中，要让幼儿有意识地参与到材料的准备中。幼儿在参与游戏材料收集的过程中，更能激发游戏的欲望。同时要注意材料的定期更换或增添。

在游戏时间上，教师不要要求时间的长短，主要是看幼儿投入的程度和游戏的过程。如果时间太短，幼儿没有进入游戏的高潮，则会影响游戏的效果。

3. 注意引导幼儿遵守游戏规则，做好游戏后的整理工作

游戏是有一定的规则的，不管幼儿参加哪种游戏，教师都要指导幼儿遵守游戏的规则，尤其是自由游戏。自由，不代表没有规则，是在规则制约前提下的自由，包括不干扰别人、注意环境卫生等。

游戏结束后，整理场地、收拾玩具既是方便下次游戏开展的必要条件，也是培养幼儿良好生活习惯的重要时机，教师千万不能代替。教师可以做指导，让幼儿参与其中，逐步学会如何整理。

案例六

活动名称：种子分类。

活动班级：大班。

活动目标：认识各种种子，知道种子的名称及用途。

活动准备：玉米、花生、大豆、高粱、绿豆等各种种子，盘子，小星星若干。

玩法：

（1）认识各种种子，知道种子的名称。

（2）老师引导幼儿说出各种种子的用途。

（3）老师介绍分法。（必须把同一类种子放在一起）。

（4）幼儿在自己的位置坐好。老师将准备好的各种种子混合后，分给每个幼儿一盘，放在幼儿面前。老师发出口令：开始分类。

（5）幼儿听到口令后，迅速将各种种子进行分类。分得快并且没有错误的，为胜者，老师奖励他一颗小星星。根据幼儿的活动兴趣，游戏可以反复进行。看谁的小星星最多，谁就是冠军。

注意事项：分类时不要将种子撒在地上。

案例七

活动班级：大班。

游戏名称：体育游戏——勇救小动物。

游戏目标：

（1）练习蹬脚踏车，发展幼儿动作的协调性和灵敏性，提高平衡能力。

（2）培养幼儿勇敢、爱护小动物的精神。

游戏准备：脚踏车2辆，变形平衡木2个，大纸箱2个，活动前与幼儿共同收集的小动物玩具若干（为幼儿人数的2或3倍）。

游戏玩法：

将幼儿分成人数相等的2路纵队，站在场地一端；每队之间放置1个大纸箱；场地中间设置山洞；场地另一端的变形平衡木两侧放置小动物玩具若干。老师发令后，各队第1名幼儿蹬脚踏车钻过山洞、到达浮桥。上桥救起1个小动物，并带着小动物蹬脚踏车原路返回，第2名幼儿再出发。在规定时间内，哪一队救到的小动物数量多，就为胜队。

游戏规则：

（1）必须双手扶把、蹬脚踏车至浮桥；待上桥后才能救小动物。

（2）若游戏中途发生意外情况或未带小动物成功返回，则应在原地重新通过。

【课堂讨论】结合幼儿游戏的特点，分析上述游戏活动具有哪些功能，并分析规则在体育游戏中的作用。

文章来源：莲山课件

原文地址：http://rj.5ykj.com/HTML/14513.htm

思考与练习

1. 幼儿园教育活动的概念是什么？
2. 幼儿园教育活动目标确立的依据有哪些？
3. 幼儿园教育活动目标的层次结构是什么？
4. 幼儿园教育活动的内容范围如何选择？
5. 幼儿园教育活动内容制订的原则有哪些？
6. 幼儿园教育活动的组织形式有哪些？
7. 幼儿园教育活动的模式有哪些？

试一试

1. 根据幼儿园的实际制订幼儿园教育活动模式，能够把四种模式交叉使用。
2. 设计一节专门的教育活动，并写出活动设计方案。

第一单元

健康领域

【知识目标】

1. 掌握幼儿健康教育的概念;
2. 掌握幼儿健康的标准;
3. 掌握幼儿健康教育活动的目标、内容、途径、方法;
4. 重点掌握幼儿健康教育活动的设计与指导。

【能力目标】

1. 能够设计身体的自我保护意识和自理能力、心理健康、体育活动等教育活动计划,并能够组织与实施。
2. 能够运用多种途径、方法,在日常生活中进行健康教育活动。

2001年5月国务院颁布的《中国儿童发展纲要（2001—2010年）》强调:"儿童期是人的生理、心理发展的关键时期。为儿童成长提供必要的条件,给予儿童必需的保护、照顾和良好的教育,将为儿童一生的发展奠定重要的基础。"《纲要》明确指出:"幼儿园必须把保护幼儿的生命和促进幼儿的健康放在工作的首位。树立正确的健康观念,在重视幼儿身体健康的同时,要高度重视幼儿的心理健康。"这些充分说明健康教育在幼儿园教育中的重要地位。

第一课　健康领域的概述

一、健康教育的内涵

（一）健康

不同时代及不同国家的经济、文化、卫生法规、保健要求的不同,导致人们对健康的理解不同。在比较长的一段时期中，人们对健康的理解仅仅是指身体的无病状态，只要身体（包括组织、器官、细胞）没有疾病就称为健康。

1948 年，世界卫生组织（World Health Organization，WHO）将健康定义为：身体、心理和社会适应的完满状态，而不仅仅指没有疾病或虚弱现象。随着自然科学和社会科学的迅速发展，人与环境的关系、心理与生理的关系的重要性逐渐为人们所认识。各种社会事件可通过人的心里反映到机体上，引起心理、生理方面的种种变化，进而影响健康，引起疾病。

生物医学已不能很好地解释所有资料和现象，随着医学模式从传统的生物医学模式向生物—心理—社会医学模式的转变，健康的含义也发生了相应的改变。1989 年，世界卫生组织将健康的概念调整为：应包括躯体健康、心理健康、社会适应良好和道德健康。1992 年，世界卫生组织发布了健康的新概念：一个人只有在躯体健康、心理健康、社会适应良好和道德健康四方面都健全，才算是完全健康的人。

（二）健康教育

1981 年，世界卫生组织提出的健康教育的定义为：帮助并鼓励人们有达到健康状态的愿望，知道怎样做才能达到这样的目的，每个人都尽力做好本身或集体应做的努力，并知道在必要时如何寻求适当的帮助。

1988 年，第十三届世界健康教育大会关于健康教育的定义为：一门研究传播健康知识和技术、影响个体和群体行为、消除危险因素、预防疾病、促进健康的科学。

2009 年 3 月 8—12 日，世界卫生组织在印度孟买召开第十四届世界烟草及健康会议，对健康教育的定义为：帮助人们通过系统的、有计划的社会行动和学习经验的综合，获得控制健康和健康相关行为的决定因素，控制影响个人和他人健康的环境条件的能力。

世界卫生组织关于健康的这一定义，把人的健康从生物学的意义扩展到了精神和社会关系（社会相互影响的质量）两个方面的健康状态，把人的身心、家庭和社会生活的健康状态均包括在内。

随着健康教育定义的不断补充和完善，人们可以清晰地看到，健康教育是教育活动，是有目的、有计划、有组织、有评价的教育活动，关系到人们的知识、态度和行为的改变。健康教育可引导人们提高自我保健能力、养成健康行为、改正不良习惯、消除危险因素、防止疾病发生，最终促进人类的健康发展。

二、幼儿健康教育的内涵

（一）幼儿健康

《指南》中对健康的定义是：人在身体、心理和社会适应方面的良好状态。也就是说，幼儿健康是指幼儿的各个器官生长发育正常，能较好地抵抗各种疾病；性格开朗，无心理障碍，对环境有较好的适应能力。

幼儿身体健康是指幼儿各个器官与系统发育正常，具有一定的抵御疾病的能力。身体健康是幼儿健康的基础。

幼儿心理健康是指幼儿的生理、心理与社会处于相互协调的和谐状态。表现为幼儿人格发展正常、具有强烈的求知欲、无任何心理障碍，以及合理的需要与愿望得到满足后，情绪方面所表现出来的稳定平静状态。

幼儿的社会适应是指幼儿的自我意识发展正常，乐于交往；具有初步的规则意识和互助、合作、分享的品质，对周围环境有较好的适应能力。

(二) 幼儿健康的标准

世界卫生组织对健康下的定义包括三方面的内容，即身体、心理、社会三方面的健康。由此看来，健康是立体的、全方位的概念，并且对成人有具体的健康标准。据此，专家们提出，要根据以下几个标准来衡量幼儿的健康。

1. 健康的躯体

躯体健康的表现是以身高、体重为主要依据的。自20世纪90年代以来，我国统一应用世界卫生组织提供的0~7岁幼儿身高、体重的标准，来衡量幼儿的身体状况。通过对0~7岁幼儿12年的监测，发现幼儿的身高比11年前，平均增长了23厘米，体重平均增长了1公斤①多，这表明我国幼儿的身高、体重正处于发展期，躯体健康状况有所改善。但是，肥胖幼儿不断增多，这是不健康的身体状况。

2. 良好的抗病能力

幼儿对各种疾病的抵抗能力是体现幼儿身体素质好坏的重要方面。随着人们生活水平的提高，医疗卫生条件的改善，目前我国小儿肺炎、腹泻等传染性疾病已大幅度减少，儿童死亡率与过去相比，减少了一半以上。从总体上看，目前我国少儿抗病能力在不断提高，但有些过敏性疾病，如小儿哮喘、荨麻疹等有所增多，加上环境、食品的污染，形势并不乐观。

3. 健康的五官

五官中的重点是视力、听力和口腔。自20世纪90年代以来，人们发现幼儿的听力障碍、视力不良的患病率较高（占10%~20%），并有逐年增长的趋势。对幼儿口腔状况的调查更令人担忧，幼儿乳牙龋齿率高达40%~80%，恒牙患病率达60%等，这些会对幼儿的消化与营养吸收造成很大影响。

4. 良好的心理和社会适应能力

每个幼儿都要从出生时的自然人逐步转化为社会人。幼儿只有具备健康的心理和较强的社会适应能力，长大后才能很好地适应飞速发展的社会。尽管目前幼儿的生活条件和身体条件都有一定提高，但是幼儿的心理素质和社会适应性普遍较低，独立生活能力、团队精神和群趋性等相对较差，有的甚至出现心理障碍，这些都会影响幼儿的健康成长。

(三) 幼儿健康教育

幼儿健康教育是以健康为目标，以卫生科学、体育科学为内容的教育，也是向幼儿进行身体保健、身体锻炼以及促进其心理健康的教育。幼儿健康教育是幼儿教育整体结构中的重要组成部分，也是健康教育的基础。

幼儿健康教育的目的是通过实施健康教育，促进幼儿各个器官、组织的正常生长发育，能较好地抵抗各种急、慢性疾病；性格开朗，无心理障碍；对环境有较快的适应能力，以达到身体、心理、社会适应的良好状态。

(四) 幼儿健康教育的意义

健康是幼儿幸福快乐的源泉，是人类生命质量得以提高的基石，是人类社会发展得以继续的条件。在幼儿发展的过程中，通过健康教育的实施，可以保障幼儿生命的健康状态，促进其成年后的健康，改良世代的遗传素质，最终提高人类的生命质量。同时，社会的可持续

---

① 1公斤=1千克。

性发展首先是人的可持续性发展、幼儿生命的可持续性发展，正是这种可持续性发展推动着人类社会的进步。所以，幼儿健康教育对幼儿的发展具有独特的价值。

1. 对幼儿进行健康教育，可以促进幼儿身心发展

幼儿时期是人体生长发育旺盛的时期，更是建立人的全面发展的身体素质和健康的行为方式的关键时期。幼儿时期，幼儿的器官、系统发育不完善，自我保护意识和对疾病的抵抗能力较弱，对环境的变化非常敏感，容易受到各种伤害。幼儿健康教育与幼儿的身体、日常生活等内容密切相关，能够通过一日生活的各个环节，对幼儿实施科学有效的教育。通过对幼儿进行健康教育，培养幼儿积极的、健康的生活态度，养成良好的生活习惯，学会保护和珍惜自己的生命。这些良好的行为习惯，不仅可以促进幼儿身心的健康发展，而且健康的生活信念和生活方式也会为幼儿一生的发展奠定基础。

2. 对幼儿进行健康教育，可以促进幼儿健康行为的形成

健康行为是指人体在身体、心理、社会等各方面都处于良好状态时的行为表现。健康行为可分为团体健康行为和个体健康行为。团体健康行为是指社会群体作为行为主体而采取的旨在保证公众健康的行为。个体健康行为是指个体作为主体而采取的旨在保证自身健康的活动。例如，按时进行体育锻炼、不挑食、多吃绿叶蔬菜、营养搭配均衡等良好行为习惯；没有抽烟、喝酒、暴饮暴食等不良行为。健康行为带有理想色彩，实际上，现实生活中没有十全十美的健康行为，人们只能以渐进的方式去接近健康行为。

对幼儿进行健康教育，把健康教育的内容寓于幼儿的实际生活中，经过反复的实践活动，促进幼儿在潜移默化中形成健康的行为方式。幼儿时期，为幼儿创设一定的条件和环境，让幼儿自觉或不自觉地形成健康的行为习惯。

3. 对幼儿进行健康教育，可以促进幼儿的情感教育

幼儿健康教育应促进幼儿的情感教育，促进幼儿健康行为的养成。按照情感教育的目的与任务，可以把情感教育分为情感教学和情感培养两个方面。

（1）情感教学是指教师借助一定的教育手段，通过激发、调动和满足幼儿的情感需要，积极促进教学活动的过程。情感教学使幼儿在健康教育过程中，情绪情感活动的性质由消极状态变为积极状态，促进幼儿全身心地投入健康教育活动过程中，使幼儿处于自觉能动的积极状态。

（2）情感培养是指通过一定的教育教学手段，促进幼儿产生有利于健康的各种情感，并形成良好的情感品质的过程。一般来说，幼儿通过学习健康知识形成健康行为是不够的。只有采用各种策略和方法改善幼儿的态度，转变幼儿的价值观，才能形成健康行为。

幼儿对于胡萝卜的营养价值都了解，并且老师也一再教育幼儿吃饭不挑食。但是由于幼儿不喜欢吃胡萝卜，所以坚持不吃。教师在培养幼儿吃胡萝卜的行为习惯时，要采用多种方法，让幼儿了解不吃胡萝卜会缺少哪些营养素的同时，还要激发幼儿对胡萝卜认识的积极性，从而改变对胡萝卜的看法，养成不挑食的健康行为习惯。

4. 对幼儿进行健康教育，可以促进幼儿审美的发展

身体美是健康的自然美的具体表现，所以幼儿健康教育是在为幼儿创造美的身体。除此之外，在幼儿健康教育过程中，改变不良习惯、学习自我服务技能等，需要意志努力，幼儿会表现出意志美；在体育活动中，与同伴团结合作、完成比赛、坚持锻炼等，会表现出情感美；关心公共环境、讲究秩序等，幼儿会表现出责任美、公德美等。

第二课 幼儿园健康教育目标、内容、方法

健康是生理、心理和社会的健全状态。幼儿园健康教育包含健康的生理、心理及其他层面。幼儿园在进行健康教育时，必须强调"完整性"，要对幼儿进行身体锻炼、身体保健和心理健康全方位的教育，对幼儿进行有目的、有计划、有组织的影响活动，促进幼儿的主动发展，充分发挥幼儿的潜能，达到身心健康发展的境界。

一、幼儿园健康教育的目标

（一）幼儿园健康教育总目标

《纲要》中健康领域的目标是幼儿园健康教育的总目标。
（1）身体健康，在集体生活中情绪安定、愉快。
（2）生活、卫生习惯良好，有基本的生活自理能力。
（3）知道必要的安全保健常识，学习保护自己。
（4）喜欢参加体育活动，动作协调、灵活。

相关链接

《纲要》中健康领域教育的目标、内容与要求、指导要点

（一）目标
1. 身体健康，在集体生活中情绪安定、愉快。
2. 生活、卫生习惯良好，有基本的生活自理能力。
3. 知道必要的安全保健常识，学习保护自己。
4. 喜欢参加体育活动，动作协调、灵活。

（二）内容与要求
1. 建立良好的师生、同伴关系，让幼儿在集体生活中感到温暖，心情愉快，形成安全感、信赖感。
2. 与家长配合，根据幼儿的需要建立科学的生活常规。培养幼儿良好的饮食、睡眠、盥洗、排泄等生活习惯和生活自理能力。
3. 教育幼儿爱清洁、讲卫生，注意保持个人和生活场所的整洁和卫生。
4. 密切结合幼儿的生活进行安全、营养和保健教育，提高幼儿的自我保护意识和能力。
5. 开展丰富多彩的户外游戏和体育活动，培养幼儿参加体育活动的兴趣和习惯，增强体质，提高对环境的适应能力。
6. 用幼儿感兴趣的方式发展基本动作，提高动作的协调性、灵活性。
7. 在体育活动中，培养幼儿坚强、勇敢、不怕困难的意志品质和主动、乐观、合作的态度。

（三）指导要点
1. 幼儿园必须把保护幼儿的生命和促进幼儿的健康放在工作的首位。树立正确的健康观念，在重视幼儿身体健康的同时，要高度重视幼儿的心理健康。
2. 既要高度重视和满足幼儿受保护、受照顾的需要，又要尊重和满足他们不断增长的独立要求，避免过度保护和包办代替，鼓励并指导幼儿自理、自立的尝试。
3. 健康领域的活动要充分尊重幼儿生长发育的规律，严禁以任何名义进行有损幼儿健

康的比赛、表演或训练等。

4. 培养幼儿对体育活动的兴趣是幼儿园体育的重要目标，要根据幼儿的特点组织生动有趣、形式多样的体育活动，吸引幼儿主动参与。

(二) 健康领域教育的年龄阶段目标

《指南》根据健康教育的不同内容，具体地、明确地规定了幼儿在各个年龄阶段应该达到的目标。

1. 身心状况

目标1　具有健康的体态
目标2　情绪安定、愉快
目标3　具有一定的适应能力

2. 动作发展

目标1　具有一定的平衡能力，动作协调、灵敏
目标2　具有一定的力量和耐力
目标3　手的动作灵活、协调

3. 生活习惯与生活能力

目标1　具有良好的生活与卫生习惯
目标2　具有基本的生活自理能力
目标3　具备基本的安全知识和自我保护能力

相关链接

《指南》中健康教育的目标、教育建议

(一) 身心状况

目标1　具有健康的体态

3~4岁	4~5岁	5~6岁
1. 身高和体重适宜。 参考标准： 男孩： 身高：94.9~111.7厘米 体重：12.7~21.2公斤 女孩： 身高：94.1~111.3厘米 体重：12.3~21.5公斤 2. 在提醒下能自然坐直、站直	1. 身高和体重适宜。 参考标准： 男孩： 身高：100.7~119.2厘米 体重：14.1~24.2公斤 女孩： 身高：99.9~118.9厘米 体重：13.7~24.9公斤 2. 在提醒下能保持正确的站、坐和行走姿势	1. 身高和体重适宜。 参考标准： 男孩： 身高：106.1~125.8厘米 体重：15.9~27.1公斤 女孩： 身高：104.9~125.4厘米 体重：15.3~27.8公斤 2. 经常保持正确的站、坐和行走姿势

注：身高和体重数据来源：《2006年世界卫生组织儿童生长标准》4、5、6周岁儿童身高和体重的参考数据。

教育建议：

1. 为幼儿提供营养丰富、健康的饮食。如：
- 参照《中国孕期、哺乳期妇女和0~6岁儿童膳食指南》，为幼儿提供谷物、蔬菜、水果、肉、奶、蛋、豆制品等多样化的食物，均衡搭配。
- 烹调方式要科学，尽量少煎炸、烧烤、腌制。

2. 保证幼儿每天睡11~12小时，其中午睡一般应达到2小时左右。午睡时间可根据幼儿的年龄、季节的变化和个体差异适当减少。

3. 注意幼儿的体态，帮助他们形成正确的姿势。如：
- 提醒幼儿要保持正确的站、坐、走姿势；发现有八字脚、罗圈腿、驼背等骨骼发育异常的情况，应及时就医矫治。
- 桌、椅和床要合适。桌子的高度以写画时身体能坐直，不驼背、不耸肩为宜；椅子的高度以幼儿写画时双脚能自然着地、大腿基本保持水平状为宜；床不宜过软。

4. 每年为幼儿进行健康检查。

目标2 情绪安定、愉快

3~4岁	4~5岁	5~6岁
1. 情绪比较稳定，很少因一点小事哭闹不止。 2. 有比较强烈的情绪反应时，能在成人的安抚下逐渐平静下来。	1. 经常保持愉快的情绪，不高兴时能较快缓解。 2. 有比较强烈的情绪反应时，能在成人提醒下逐渐平静下来。 3. 愿意把自己的情绪告诉亲近的人，一起分享快乐或求得安慰。	1. 经常保持愉快的情绪。知道引起自己某种情绪的原因，并努力缓解。 2. 表达情绪的方式比较适度，不乱发脾气。 3. 能随着活动的需要转换情绪和注意。

教育建议：

1. 营造温暖、轻松的心理环境，让幼儿形成安全感和信赖感。如：
- 保持良好的情绪状态，以积极、愉快的情绪影响幼儿。
- 以欣赏的态度对待幼儿。注意发现幼儿的优点，接纳他们的个体差异，不简单与同伴做横向比较。
- 幼儿做错事时要冷静处理，不厉声斥责，更不能打骂。

2. 帮助幼儿学会恰当表达和调控情绪。如：
- 成人用恰当的方式表达情绪，为幼儿做出榜样。如生气时不乱发脾气，不迁怒于人。
- 成人和幼儿一起谈论自己高兴或生气的事，鼓励幼儿与人分享自己的情绪。
- 允许幼儿表达自己的情绪，并给予适当的引导。如幼儿发脾气时不硬性压制，等其平静后告诉他什么行为是可以接受的。
- 发现幼儿不高兴时，主动询问情况，帮助他们化解消极情绪。

目标3 具有一定的适应能力

3~4岁	4~5岁	5~6岁
1. 能在较热或较冷的户外环境中活动。 2. 换新环境时情绪能较快稳定，睡眠、饮食基本正常。 3. 在帮助下能较快适应集体生活	1. 能在较热或较冷的户外环境中连续活动半小时左右。 2. 换新环境时较少出现身体不适。 3. 能较快适应人际环境中发生的变化。如换了新老师能较快适应	1. 能在较热或较冷的户外环境中连续活动半小时以上。 2. 天气变化时较少感冒，能适应车、船等交通工具造成的轻微颠簸。 3. 能较快融入新的人际关系环境。如换了新的幼儿园或班级能较快适应

教育建议：

1. 保证幼儿的户外活动时间，提高幼儿适应季节变化的能力。

● 幼儿每天的户外活动时间一般不少于2小时，其中体育活动时间不少于1小时，季节交替时要坚持。

● 气温过热或过冷的季节或地区应因地制宜，选择温度适当的时间段开展户外活动，也可根据气温的变化和幼儿的个体差异，适当减少活动的时间。

2. 经常与幼儿玩拉手转圈、秋千、转椅等游戏活动，让幼儿适应轻微的摆动、颠簸、旋转，促进其平衡机能的发展。

3. 锻炼幼儿适应生活环境变化的能力。如：

● 注意观察幼儿在新环境中的饮食、睡眠、游戏等方面的情况，采取相应的措施帮助他们尽快适应新环境。

● 经常带幼儿接触不同的人际环境，如参加亲戚朋友聚会、多和不熟悉的小朋友玩，使幼儿较快适应新的人际关系。

（二）动作发展

目标1 具有一定的平衡能力，动作协调、灵敏

3~4岁	4~5岁	5~6岁
1. 能沿地面直线或在较窄的低矮物体上走一段距离。 2. 能双脚灵活交替上下楼梯。 3. 能身体平稳地双脚连续向前跳。 4. 分散跑时能躲避他人的碰撞。 5. 能双手向上抛球	1. 能在较窄的低矮物体上平稳地走一段距离。 2. 能以匍匐、膝盖悬空等多种方式钻爬。 3. 能助跑跨跳过一定距离，或助跑跨跳过一定高度的物体。 4. 能与他人玩追逐、躲闪跑的游戏。 5. 能连续自抛自接球	1. 能在斜坡、荡桥和有一定间隔的物体上较平稳地行走。 2. 能以手脚并用的方式安全地爬攀登架、网等。 3. 能连续跳绳。 4. 能躲避他人滚过来的球或扔过来的沙包。 5. 能连续拍球

教育建议：

1. 利用多种活动发展身体平衡和协调能力。如：

● 走平衡木，或沿着地面直线、田埂行走。

- 玩跳房子、踢毽子、蒙眼走路、踩小高跷等游戏活动。
2. 发展幼儿动作的协调性和灵活性。如：
- 鼓励幼儿进行跑跳、钻爬、攀登、投掷、拍球等活动。
- 玩跳竹竿、滚铁环等传统体育游戏。
3. 对于拍球、跳绳等技能性活动，不要过于要求数量，更不能机械训练。
4. 结合活动内容对幼儿进行安全教育，注重在活动中培养幼儿的自我保护能力。

目标2　具有一定的力量和耐力

3~4岁	4~5岁	5~6岁
1. 能双手抓杠悬空吊起10秒左右。 2. 能单手将沙包向前投掷2米左右。 3. 能单脚连续向前跳2米左右。 4. 能快跑15米左右。 5. 能行走1公里①左右（途中可适当停歇）	1. 能双手抓杠悬空吊起15秒左右。 2. 能单手将沙包向前投掷4米左右。 3. 能单脚连续向前跳5米左右。 4. 能快跑20米左右。 5. 能连续行走1.5公里左右（途中可适当停歇）	1. 能双手抓杠悬空吊起20秒左右。 2. 能单手将沙包向前投掷5米左右。 3. 能单脚连续向前跳8米左右。 4. 能快跑25米左右。 5. 能连续行走1.5公里以上（途中可适当停歇）

教育建议：
1. 开展丰富多样、适合幼儿年龄特点的各种身体活动，如走、跑、跳、攀、爬等，鼓励幼儿坚持下来，不怕累。
2. 日常生活中鼓励幼儿多走路、少坐车；自己上下楼梯、自己背包。

目标3　手的动作灵活、协调

3~4岁	4~5岁	5~6岁
1. 能用笔涂涂画画。 2. 能熟练地用勺子吃饭。 3. 能用剪刀沿直线剪，边线基本吻合	1. 能沿边线较直地画出简单图形，或能边线基本对齐地折纸。 2. 会用筷子吃饭。 3. 能沿轮廓线剪出由直线构成的简单图形，边线吻合	1. 能根据需要画出图形，线条基本平滑。 2. 能熟练使用筷子。 3. 能沿轮廓线剪出由曲线构成的简单图形，边线吻合且平滑。 4. 能使用简单的劳动工具或用具

教育建议：
1. 创造条件和机会，促进幼儿手的动作灵活、协调。如：
- 提供画笔、剪刀、纸张、泥团等工具和材料，或充分利用各种自然、废旧材料和常见物品，让幼儿进行画、剪、折、粘等美工活动。
- 引导幼儿生活自理或参与家务劳动，发展其手的动作。如练习自己用筷子吃饭、扣

---

① 1公里=1千米。

钮扣，帮助家人择菜叶、做面食等。

● 幼儿园在布置娃娃家、商店等活动区时，多提供原材料和半成品，让幼儿有更多机会参与制作活动。

2. 引导幼儿注意活动安全。如：

● 为幼儿提供的塑料粒、珠子等活动材料要足够大，材质要安全，以免造成异物进入气管、铅中毒等伤害。提供幼儿用安全剪刀。

● 为幼儿示范拿筷子、握笔的正确姿势以及使用剪刀、锤子等工具的方法。

● 提醒幼儿不要拿剪刀等锋利工具玩耍，用完后要放回原处。

(三) 生活习惯与生活能力

目标1　具有良好的生活与卫生习惯

3~4岁	4~5岁	5~6岁
1. 在提醒下，按时睡觉和起床，并能坚持午睡。 2. 喜欢参加体育活动。 3. 在引导下，不偏食、挑食。喜欢吃瓜果、蔬菜等新鲜食品。 4. 愿意饮用白开水，不贪喝饮料。 5. 不用脏手揉眼睛，连续看电视等不超过15分钟。 6. 在提醒下，每天早晚刷牙、饭前便后洗手	1. 每天按时睡觉和起床，并能坚持午睡。 2. 喜欢参加体育活动。 3. 不偏食、挑食，不暴饮暴食。喜欢吃瓜果、蔬菜等新鲜食品。 4. 常喝白开水，不贪喝饮料。 5. 知道保护眼睛，不在光线过强或过暗的地方看书，连续看电视等不超过20分钟。 6. 每天早晚刷牙、饭前便后洗手，方法基本正确	1. 养成每天按时睡觉和起床的习惯。 2. 能主动参加体育活动。 3. 吃东西时细嚼慢咽。 4. 主动饮用白开水，不贪喝饮料。 5. 主动保护眼睛。不在光线过强或过暗的地方看书，连续看电视等不超过30分钟。 6. 每天早晚主动刷牙，饭前便后主动洗手，方法正确

教育建议：

1. 让幼儿保持有规律的生活，养成良好的作息习惯。如：早睡早起、每天午睡、按时进餐、吃好早餐等。

2. 帮助幼儿养成良好的饮食习惯。如：

● 合理安排餐点，帮助幼儿养成定点、定时、定量进餐的习惯。

● 帮助幼儿了解食物的营养价值，引导他们不偏食、不挑食、少吃或不吃不利于健康的食品；多喝白开水，少喝饮料。

● 吃饭时不过分催促，提醒幼儿细嚼慢咽，不要边吃边玩。

3. 帮助幼儿养成良好的个人卫生习惯。如：

● 早晚刷牙、饭后漱口。

● 勤为幼儿洗澡、换衣服、剪指甲。

● 提醒幼儿保护五官，如不乱挖耳朵、鼻孔，看电视时保持3米左右的距离等。

4. 激发幼儿参加体育活动的兴趣，养成锻炼的习惯。如：

● 为幼儿准备多种体育活动材料，鼓励他们选择自己喜欢的材料开展活动。

- 经常和幼儿一起在户外运动和游戏，鼓励他们和同伴一起开展体育活动。
- 和幼儿一起观看体育比赛或有关体育赛事的电视节目，培养他们对体育活动的兴趣。

目标 2　具有基本的生活自理能力

3～4岁	4～5岁	5～6岁
1. 在帮助下能穿脱衣服或鞋袜。 2. 能将玩具和图书放回原处	1. 能自己穿脱衣服、鞋袜、扣纽扣。 2. 能整理自己的物品	1. 能知道根据冷热增减衣服。 2. 会自己系鞋带。 3. 能按类别整理好自己的物品

教育建议：

1. 鼓励幼儿做力所能及的事情，对幼儿的尝试与努力给予肯定，不因做不好或做得慢而包办代替。

2. 指导幼儿学习和掌握生活自理的基本方法，如穿脱衣服和鞋袜、洗手洗脸、擦鼻涕、擦屁股的正确方法。

3. 提供有利于幼儿生活自理的条件。如：
- 提供一些纸箱、盒子，供幼儿收拾和存放自己的玩具、图书或生活用品等。
- 幼儿的衣服、鞋子等要简单实用，便于自己穿脱。

目标 3　具备基本的安全知识和自我保护能力

3～4岁	4～5岁	5～6岁
1. 不吃陌生人给的东西，不跟陌生人走。 2. 在提醒下能注意安全，不做危险的事。 3. 在公共场所走失时，能向警察或有关人员说出自己和家长的名字、电话号码等简单信息	1. 知道在公共场合不远离成人的视线单独活动。 2. 认识常见的安全标志，能遵守安全规则。 3. 运动时能主动躲避危险。 4. 知道简单的求助方式	1. 未经大人允许不给陌生人开门。 2. 能自觉遵守基本的安全规则和交通规则。 3. 运动时能注意安全，不给他人造成危险。 4. 知道一些基本的防灾知识

教育建议：

1. 创设安全的生活环境，提供必要的保护措施。如：
- 要把热水瓶、药品、火柴、刀具等物品放到幼儿够不到的地方；阳台或窗台要有安全保护措施；要使用安全的电源插座等。
- 在公共场所要注意照看好幼儿；幼儿乘车、乘电梯时要有成人陪伴；不把幼儿单独留在家里或汽车里等。

2. 结合生活实际对幼儿进行安全教育。如：
- 外出时，提醒幼儿要紧跟成人，不远离成人的视线，不跟陌生人走，不吃陌生人给的东西；不在河边和马路边玩耍；要遵守交通规则等。
- 帮助幼儿了解周围环境中不安全的事物，不做危险的事。如不动热水壶，不玩火柴或打火机，不摸电源插座，不攀爬窗户或阳台等。

- 帮助幼儿认识常见的安全标识，如：小心触电、小心有毒、禁止下河游泳、紧急出口等。
- 告诉幼儿不允许别人触摸自己的隐私部位。

3. 教给幼儿简单的自救和求救的方法。如：
- 记住自己的家庭住址、电话号码、父母的姓名和单位，一旦走失时知道向成人求助，并能提供必要信息。
- 遇到火灾或其他紧急情况时，知道要拨打110、120、119等求救电话。
- 可利用图书、音像等材料对幼儿进行逃生和求救方面的教育，并运用游戏方式模拟练习。
- 幼儿园应定期进行火灾、地震等自然灾害的逃生演习。

（三）健康领域的分类目标

依据《纲要》《指南》的目标内容，可以把健康领域的教育目标分成健康教育和体育活动两部分。健康教育包括心理健康和身体健康。

1. 健康知识的目标

《纲要》中健康教育的知识目标是"知道必要的安全保健常识"，《指南》中提出"具备基本的安全知识"，这些都是对幼儿基本健康知识的要求。健康领域对幼儿知识的要求是简单地掌握生活中常用的保健常识。

2. 动作技能目标

动作技能在体育活动中表现得比较多。《纲要》中指出"喜欢参加体育活动，动作协调、灵活"，《指南》关于动作发展提出了"具有一定的平衡能力，动作协调、灵敏""具有一定的力量和耐力""手的动作灵活、协调"等比较具体全面的目标。幼儿的动作发展是身体机能发展状况的重要表现，同时也与幼儿心理发展有内在联系。幼儿期是身体发展的重要时期，幼儿身体动作的发展是适应社会生活必备的基本能力。

《纲要》中强调，要"用幼儿感兴趣的方式发展基本动作，提高动作的协调性、灵活性"。因为对体育活动的兴趣是幼儿积极参加体育活动和自觉进行体育锻炼的原动力。

"有基本的生活自理能力""学习保护自己"，这些目标也是技能目标，是与幼儿生活活动密切相关的技能，是维护和促进幼儿自身健康的积极方式和重要途径。

3. 情感态度目标

"在集体生活中情绪安定、愉快""有一定的适应能力"，这些情感态度目标在幼儿心理健康教育中占有主导位置。健康领域的情感目标和心理健康教育目标相辅相成。例如在体育活动中，培养幼儿坚强、勇敢、不怕困难的意志品质和主动、合作、分享的良好态度，发展幼儿活泼开朗的性格等。

二、幼儿园健康教育的内容

幼儿园健康教育的活动内容分为幼儿健康教育和体育教育两方面。健康教育的内容包括身体健康和心理健康两方面；体育教育包括基本动作、基本体操、队列练习、器械类活动等。幼儿健康教育的内容要从幼儿实际情况出发，培养幼儿良好的生活习惯和生活态度；幼儿体育教育要从幼儿身体健康状况出发，符合幼儿年龄特点和身体发育状况，强调热爱体育活动，对体育活动感兴趣，遵守体育活动的规则。

1. 幼儿自我保护的意识和能力

《纲要》中指出："密切结合幼儿的生活进行安全、营养和保健教育，提高幼儿的自我保护意识和能力。"让幼儿了解身体的外形，认识和保护五官，有保护身体的初步意识和能力；能够掌握一些生活中必要的安全常识和规则，例如遵守交通规则，认识一些安全标志等。这些知识的掌握能够使幼儿避免日常生活中可能出现的一些不安全因素，培养愿意接受预防接种与疾病治疗的态度和行为。

2. 养成良好的生活习惯

幼儿的健康教育与生活密切相关，引导幼儿养成良好的生活与卫生习惯，是幼儿园健康教育的重要内容。幼儿一日生活中包含许多健康教育的内容，例如良好的作息、睡眠、排泄、整理等习惯是在幼儿园的生活活动中潜移默化地形成的，不是一节教学活动就能够实现的。因此，应在日常生活中引导幼儿了解粗浅的卫生常识，形成基本的讲卫生技能，提高生活自理能力；知道常见食物的名称、种类及养成不挑食等良好的饮食习惯，以及学习正确的坐、立、行姿势。

3. 关注幼儿心理健康

幼儿心理健康教育是幼儿健康领域中不可缺少的一部分。《纲要》中强调：身体健康和心理健康是密切相关的，心理健康教育是幼儿健康教育的重要组成部分。实施心理健康教育，使幼儿从小具有健康的心理素质，是人发展的需要，也是社会发展的需要。《指南》中建议为幼儿"营造温暖、轻松的心理环境，让幼儿形成安全感和信赖感""帮助幼儿学会恰当表达和调控情绪"。所以，幼儿园的心理健康教育内容包括：帮助幼儿形成良好的情绪与情感，初步学会表达和控制自己的情感；培养幼儿适应幼儿园的集体生活，主动地参与各项运动，情绪愉快，性格活泼；鼓励幼儿正确地对待自己的成功与挫折，逐步形成勇于克服困难、不怕挫折等的健康心理品质。

4. 喜欢体育活动，形成基本运动素质

"开展丰富多彩的户外游戏和体育活动，培养幼儿参加体育活动的兴趣和习惯，增强体质，提高对环境的适应能力。"这是《纲要》对体育活动提出的内容与要求。让幼儿掌握有关体操、队形和队列变化的基本能力；学会利用多种运动器材锻炼身体，养成整理运动器材的良好习惯；促进幼儿大肌肉动作协调、灵活，小肌肉动作逐步协调、精细；鼓励幼儿参加体育活动，能在体育活动中表现出主动、积极、遵守规则、坚强、勇敢、不怕困难等品质，并能与同伴友好、团结地游戏；发展幼儿的动作与体能，形成基本的运动素质。

在选择和确定各年龄班的健康教育活动内容时，由于各年龄班幼儿身心发展的特点不同，发展目标也不同，因而健康教育活动内容的侧重点和具体的教育活动内容都会有较大的差异。例如，在人体认识与保护方面，各年龄班的教育内容分别是：

小班：身体主要外部器官的名称、主要功能及简单的保护方法，疾病预防和治疗的简单知识及态度，等等。

中班：身体主要内部器官的名称、主要功能及简单的保护方法，预防接种的有关知识和

态度，疾病预防和治疗的态度及行为，处理常见外伤的简单方法，有关心理健康的最简单的知识，等等。

大班：预防龋齿的有关知识和方法，换牙的有关知识，心理健康的有关知识和方法，等等。

三、幼儿园健康教育的方法

在健康教育活动中，教师要根据幼儿的年龄特点和身心发展的进程，选择教育活动的方法，同时还要考虑健康教育的目标和内容。

1. 示范讲解法

示范讲解法是教师通过自己的动作或表现为幼儿提供学习的范例。教师的示范是帮助幼儿掌握技能的主要方法。教师在做示范的同时，还要讲解示范的要领和相关内容，帮助幼儿形成正确的概念。示范可以是教师自己边做边讲解，也可以是幼儿来做，但都应该清楚、准确，要有相应的步骤，要让幼儿看清楚每一个步骤的动作，并伴有相应的讲解。

幼儿的模仿能力很强，容易受不良行为习惯的影响，所以教师要明确示范的重要性，要在生活、学习等活动中，时刻注重自身示范作用对幼儿的影响。

2. 行为练习法

幼儿的思维、记忆、注意等特点，决定了幼儿对学习的内容记得快，忘得也快。行为练习法可以让幼儿对已经学习过的基本动作、基本技能、健康行为、生活技能等进行反复练习，从而加深理解，形成稳定的动作和生活习惯。例如盥洗的基本顺序，衣服的穿脱、整理，体育活动的动作等，都必须在老师的具体指导下反复练习，幼儿才能真正掌握。

3. 游戏法

游戏在幼儿教育中占有极为重要的地位，也是对幼儿进行健康教育的主要方法。通过游戏形式进行学习，比单纯的说教更容易让幼儿接受。一些健康教育的知识、卫生态度、行为习惯等，可以运用游戏的形式表现出来，让幼儿在游戏中评价，提高幼儿的认识水平。例如幼儿在玩"在餐厅就餐"的游戏中，就能掌握就餐的礼仪、就餐时不挑食等良好饮食习惯。还可以利用文学作品中的角色表演的游戏形式，让幼儿评判游戏当中健康行为的对与错。例如故事"大公鸡和漏嘴巴"。

4. 讨论评议法

讨论为幼儿提出问题、发表意见以及与人交流思想提供机会，并能帮助幼儿理解和尊重他人的观点和情感。讨论评议法能有效地帮助幼儿表达自己的真实想法，能鼓励幼儿对他人的言行加以评价，从而提高幼儿辨别是非的能力。在组织幼儿对健康领域的内容进行讨论时，要鼓励幼儿联系自己的生活经验，允许幼儿发表不同的意见，给幼儿留有思考的余地。讨论评议法有"提问和回答"的方式，例如教师提问、幼儿回答，促进教师与幼儿之间的交流；"小组讨论"，例如将一个班的幼儿分成几个小组，讨论同一话题，得出不同结论；"主题讨论"，例如预防接种后的感受。

5. 情境表演法

情境表演法是指教师或幼儿创设特定的生活情境、故事情节等加以表演，然后让幼儿分析哪些是生活中健康的教育行为，哪些不是。例如一名幼儿表演正确的吃饭行为，另一名幼儿表演挑食、讲话、打闹等不正确的行为，让其他幼儿进行评价。情境表演来源于幼儿的现实生活，能激发幼儿的兴趣，所以这种方法能较好地帮助幼儿认识生活中可能遇到的问题和冲突，了解应该做出的合理要求。

幼儿健康教育活动的方法还有很多，各种方法既有优势也有局限性。教师应根据幼儿园健康教育的实际情况、幼儿的年龄特点、生活实际，选择和运用多种教育方法，使之有机结合，提高教育效果。

第三课　幼儿健康教育活动的设计与指导

幼儿健康教育涉及的范围比较广泛，健康教育的目标通过保育和教育活动得以实现，与幼儿园各个领域之间有密切的联系。健康教育可以在幼儿园一日生活活动中进行，形式是多种多样的。但是在进行教育活动设计时，要考虑幼儿的年龄特点和发展水平，教育活动应与幼儿群体的需要相结合。

一、幼儿自我保护意识和自理能力的设计

幼儿身体保护和生活自理能力教育，主要是培养幼儿科学地认识、使用、养护和锻炼身体器官以及生活卫生、良好习惯等方面的生活能力。幼儿身体保护教育就是要帮助幼儿正确地认识自己的身体，掌握初步的自我保护的技能和方法。生活自理能力教育是要抓住关键期，实施与幼儿发展相适应的生活自理能力教育，养成良好的习惯，使幼儿受益终身。

（一）幼儿自我保护意识和自理能力教育的内容

幼儿自我保护意识和自理能力教育涉及的内容很多，主要内容有生活卫生、清洁卫生、环境卫生、器官保护卫生等方面。

1. 认识自己的身体及保护常识

（1）认识自己身体的器官，如眼睛、鼻子、口、耳朵、手、脚等外部器官和脑、心脏、肺等内部器官的名称及功能。知道初步的保护常识，学习保护身体、维护健康的方法、常识和技能。

（2）探索身体的奥秘。知道幼儿换牙是正常的经历，知道换牙的常识。可以运用科教片帮助幼儿对自己的身体进行正确的认识，消除幼儿认为自己身体充满神秘的感觉。

2. 生活卫生、环境卫生等教育

（1）生活卫生方面。教会幼儿正确的进餐、盥洗、如厕、喝水、午睡等基本生活方面的知识并养成良好习惯。

（2）环境卫生方面。环境卫生是指幼儿在对待周围环境方面应养成的习惯。主要内容有：东西要放在固定的位置，并摆放整齐；不乱丢果皮、纸屑；不随意乱写乱画；不随地大小便；不随地吐痰等，并且能够主动维护公共场所的卫生。

（二）幼儿自我保护意识和自理能力教育的途径

幼儿自我保护意识和自理能力教育的内容是具体的、多方面的，对幼儿进行教育的途径是多元的。可以通过专门的教育活动来完成，但是习惯还是在日常生活中养成的，所以借助

灵活的、分散的日常生活，对幼儿进行自我保护意识和自理能力的教育是重要的途径。

1. 专门的教育活动

专门的教育活动可以将有关自我保护和生活自理能力教育的知识传授给幼儿，让幼儿在学习、体验、完成教学内容的过程中，获取有关方面的教育。这是针对幼儿健康领域教育的具体内容来设计的，是以维护和促进幼儿身体健康为目的的。

2. 日常生活

日常生活中的各个环节都是随时随地进行自我保护和生活自理能力教育的重要途径。幼儿的良好习惯是通过生活环节养成的，同时也是通过生活环节表现出来的。因此，将自我保护和生活自理能力的教育融入日常生活中，可以在轻松自然的氛围中完成，同时在生活中容易看见成效。

3. 游戏活动

游戏是幼儿喜闻乐见的，也是幼儿愿意接受的教育形式。教师可以根据教育内容的需要，利用故事、情境表演等活动形式，对幼儿进行自我保护和生活自理能力方面的教育。这样能在愉悦的氛围中，变讲道理、说教的教育形式为幼儿喜欢的游戏，让幼儿从中获得知识，知道简单的道理。

4. 家园互动

对幼儿进行自我保护和生活自理能力的教育不是在幼儿园一天就能完成的，在日常生活中，幼儿有很大一段时间是在家庭中度过的，所以家庭的教育是不可替代的。依靠家庭资源、家长的力量，可以巩固、练习幼儿园正在培养的某种行为，打破幼儿在幼儿园所受教育的局限性。例如早晚刷牙、洗澡、剪指甲等。

(三) 幼儿自我保护意识和自理能力教育的指导

幼儿自我保护意识和自理能力的教育是一个综合实施、整体影响的过程，不是一蹴而就的，所以在进行教育的过程中，教师要严格指导，随时纠正幼儿出现的问题，使幼儿养成良好习惯。

1. 持之以恒

幼儿自我保护意识和自理能力是一个逐渐养成、不断巩固提高的过程，所以要长时间坚持。让幼儿理解和执行幼儿园中合理的作息制度和必要的规则，可以帮助幼儿形成良好的习惯。

2. 要求一致

在培养幼儿良好行为习惯的过程中，对幼儿有统一的要求是十分重要的。教师与教师之间、与家庭之间要保持一致性。一个统一的规则要求，是增加幼儿练习的机会。如果要求随时变化，会使幼儿无所适从，不知道该怎么办，结果是随心所欲，永远也达不到目标。因此，对幼儿提出的要求不能过多，目标要一致，不能经常变化。幼儿问题的存在，有很大的原因是提出的要求不明确，所以对幼儿提出的要求要注意一致性。

3. 以身作则

幼儿年龄小，模仿能力强，在行为习惯养成的过程中，教师和家长的言行举止具有很大的感染力，成人的一言一行都会成为幼儿的榜样。故事、诗歌、影视作品中的艺术形象对幼儿来说也有很强的榜样力量。教师可以有意识地通过这些作品，培养幼儿的自我保护意识和生活自理能力等良好习惯。同时教师也要使自己的行为成为幼儿的典范，及时地寻找、挖掘与教育内容相关的榜样，加强教育的有效性。

4. 因人施教

幼儿养成良好习惯的一条重要途径是与同伴相处。同伴之间的讨论、商量、模仿、争辩等是幼儿获取信息、调节行为的主要依据。在幼儿园中，应充分利用集体、小组的形式对幼儿施加影响，对幼儿的行为进行及时的表扬或纠正，让幼儿通过相互沟通来学习和调整自己的行为。在教育的过程中，如果有个别幼儿不能及时地接受新的知识和养成良好的行为习惯，就要根据幼儿的实际情况，有针对性地对其施加影响，处理好幼儿集体与个人之间的关系，从而帮助幼儿有效地实现教育目标。

5. 家园一致

自我保护意识和自理能力的培养不是一朝一夕就能完成的，需要家园的配合，形成良好的氛围，促使幼儿养成良好的习惯。幼儿园可以将教育目标告知家长，及时与家长沟通幼儿在幼儿园的情况，向家长提出要求，指导家长掌握正确的教育方法，并且提出相互配合的建议，让家长积极支持，形成合力，方能取得教育效果。

案例一

活动名称：牙齿上的洞洞。

活动班级：大班。

活动目标：

(1) 知道酸会腐蚀牙齿，能说出三种以上龋齿的危害。

(2) 学习牙防五步曲，知道正确的护牙常识，培养幼儿良好的卫生习惯。

活动准备：

(1) 鸡蛋壳、饼干、杯子、醋、镜子。

(2) 课前两天和幼儿一起将鸡蛋壳浸在醋里。

(3) 产生龋齿的过程图片和牙防五步曲的图片。

(4) 牙模型、牙刷各1个，动画片《聪聪王子牙防历险记》。

活动过程：

一、律动进场，引出情景表演

牙宝宝在哭，原来他的小主人喜欢吃甜食，又不刷牙，时间长了，细菌在牙宝宝的身上钻了几个洞洞。

二、寻找龋齿产生的原因

(1) 牙宝宝请小朋友吃饼干，然后漱口，观察干净的水有了什么变化（出示图片）？(知道人们吃完东西后会有食物残渣留在牙缝里)

(2) 我们的嘴里有一种细菌会使这些食物残渣变酸（出示图片），如果时间长了，我们原来健康的牙齿会怎样呢？（出示图片）

(3) 小朋友的桌子上有一个鸡蛋壳，用筷子轻轻地敲一敲，感觉怎样？（硬硬的）再看看杯子里是什么？那是我们前两天浸在醋里的鸡蛋壳，看看现在怎样了？

（4）讨论：为什么鸡蛋壳会变黑变软了呢？（醋是酸的，会腐蚀鸡蛋壳中的钙，所以鸡蛋壳就变黑变软了）

（5）小结蛀牙的原因。

三、龋齿的危害

学习牙防五步曲，知道正确的护牙方法。

四、游戏"保护牙齿有佳佳"

案例二

活动名称：饭前饭后不剧烈运动。

活动班级：大班。

活动目标：

（1）知道吃饭前后不能做剧烈运动，否则会影响身体健康。

（2）通过谈话、讨论等方式，了解吃饭前后适宜的和不适宜的活动。

（3）提高对人体的认识，懂得自我保护。

活动准备：

（1）教学挂图：小朋友运动——不想吃饭；小朋友吃饭——小朋友追逐跑——手捂着肚子。

（2）纸和笔。

活动过程：

一、出示图片，引导幼儿观察画面，了解吃饭前后剧烈运动带来的危害

（1）教师：图上有谁？小朋友在干什么？为什么他们不想吃饭？

（2）教师：图上的小朋友吃饭后，在场地上干什么？为什么他捂着肚子？

二、教师进行简单小结

（1）剧烈运动需要大量的体力，在吃饭前进行剧烈运动，人会出很多的汗，容易使人疲劳，感觉不舒服，所以人就不想吃饭。

（2）在吃饭后剧烈运动，容易使肠胃中的饭粒掉到阑尾中，出现肚子疼、阑尾炎等症状。

三、组织幼儿开展小组讨论，并用自己的方式记录讨论结果

（1）教师：饭前我们做哪些活动比较好呢？

（2）教师：饭后我们又可以做哪些事呢？启发幼儿想象从事各种较安静的活动。

四、记录幼儿的想法，师生分享新的经验

（1）饭前：听音乐、看书、听故事。（总结：安静的、运动量小的活动都可以在饭前开展）

（2）饭后：散步、和朋友说话、玩安静的小玩具等。

五、教师总结

适当地进行小运动量的活动，有利于消化。但不适宜看书等智力活动，因为血液要供应消化。

在记录讨论结果时，幼儿都能认真记录，并且幼儿记录了很多安静的活动，但饭前和饭后的活动幼儿有点分不清。

活动反思：

小朋友在幼儿园吃饭，是家长比较关心的问题，但大部分家长无论是在家，还是在幼儿园，都只关心孩子的进食量，而忽略了一个问题，就是饭前饭后不剧烈运动，特别是饭前，因此我觉得让幼儿进行这方面的学习是很重要的。

活动中幼儿都很认真，都能积极举手回答问题，正确率也比较高，这也许是因为我们平时比较重视饭前饭后活动，经常对幼儿进行这方面的教育，所以幼儿在这一方面积累了一些知识，对这方面有了初步的了解，回答问题的时候才会有这种表现。而且经过这次的学习，幼儿的印象会更深，相信幼儿在这方面会做得更好。最后我希望各位老师在工作过程中能真正地用心来对待每一个幼儿，为他们健康地成长起来做一点微薄的事情。

二、幼儿（学前儿童）心理健康教育的设计

(一) 学前儿童心理健康

心理健康是指个人心理方面的良好状态，是指个人的认知能力、情感表达、行为表现等各方面都应该维持在一个正常且平衡的状态下，使得个人对自己以及对环境的调试能够达到最好的效能，进而获得快乐、满足以及产生合乎社会文化要求的行为。

学前儿童心理健康是指儿童的生理、心理与社会处于相互协调的和谐状态。表现为学前儿童人格发展正常、具有强烈的求知欲、无任何心理障碍，以及合理的需要与愿望得到满足后，情绪方面所表现出来的稳定平静状态。

(二) 学前儿童心理健康的标准

学前儿童心理健康应表现为整个心理活动和心理特征的相对稳定、相互协调、充分发展，并与客观环境相统一。学前儿童心理健康主要有以下几个重要标准：

1. 智力发展正常

智力活动是心理活动的认知功能，是心理健康的主要标准。智力发展正常是指与正常的生理发展，特别是与大脑的正常发育相协调的各种能力的发展正常，一般包括认知能力、语言能力、社会能力等。智力发展正常的儿童应该表现出与其年龄段相符的行为和能力。例如，能够认知周围日常事物，有数的概念；能够自理简单的日常生活，自己穿衣、吃饭；能够用语言与他人进行交流，表达自己的意愿或想法；能够较客观地了解和评价他人，与同伴合作等。

2. 情绪反应适度

情绪会影响学前儿童多方面的发展，情绪对心理活动常常起到推动或阻碍作用。只有情绪稳定，对外界的反应才会适度。情绪健康稳定是指儿童能够对不同的外界刺激做出相应的情绪反应和身体行为，且其反应和行为具有一定的控制性和稳定性。情绪健康稳定的儿童不会无缘无故感到不满意、痛苦、恐惧，也不会无缘无故从一极端的情绪状态迅速转向另一极端的情绪状态。心理健康的儿童能够经常保持愉快、开朗、自信、满足的心情，能够合理发泄消极的情绪，保持与周围环境的动态平衡。心理健康的儿童能够体验基本情绪，表现出相应的反应行为，不会表现出对外界事物的淡漠、无动于衷，或过度焦虑和恐惧。

3. 人际关系和谐

和谐的人际关系是保障儿童心理健康的重要条件。人际关系和谐是指儿童在一定的情境下能够表现出亲社会行为，在现实生活中会扮演不同的角色。虽然儿童的人际关系简单，人际交往的技能较差，但是心理健康的儿童愿意与人交往，与同伴友好相处，通过交往获得信任和尊重。具体表现为：有良好的亲子关系、同伴关系、师生关系，有一定的人际交往能力，会分享，会合作，会保护自己和别人。心理不健康的幼儿会常常表现出孤独、高傲、不合群、攻击性、交往不良等心理与行为特征。

4. 动作发展正常

动作发展与脑的形态及功能的发育有着密切关系。学前儿童躯体大动作和手指精确动作的发展水平处于正常范围是心理健康的基本条件。儿童动作发展与身体发育规律类似，体现自上而下、自中心到边缘、由整体到部分、从无意识到有意识等规律。

5. 性格特征良好

性格是指人对现实稳定的态度以及与之相适应的习惯化的行为方式。儿童的性格一旦形成，就会出现相对的稳定性。性格特征良好是指儿童在对现实的态度和日常的行为方式中表现出积极稳定的心理特征。具体表现为：对新鲜事物感到好奇，勤奋好学；具有一定的自我意识，寻求独立；开朗、热情、大方，尊重他人，乐于助人等。心理不健康的儿童则常常表现出胆怯、冷漠、固执、自卑等不良的性格特征。

6. 没有严重的心理问题

学前儿童由于发育不完善，很容易出现一些心理问题。学前儿童心理问题往往以各种行为方式表现出来，例如吮吸手指、口吃、多动等。心理健康的学前儿童应该没有严重的心理问题。

（三）学前儿童心理健康教育

学前儿童心理健康教育是根据学前儿童心理发展特点，有目的、有计划、有组织地开展以改善和提高学前儿童心理认知、培养学前儿童心理健康行为为核心的一系列教育活动。儿童心理健康教育是系统的、完善的心理素质启蒙教育，在幼儿园中占有重要位置。对儿童进行心理健康教育，使每个儿童都能受到良好的心理健康培养，才能使儿童逐步形成健康的心理和良好的心理素质。心理健康教育的目的是提高儿童的心理素质，不是解决心理问题。因此，对所有儿童进行心理健康教育而不只是针对有心理问题的儿童，就显得尤为重要。

学前儿童心理健康教育是指导和帮助儿童以健康、积极的心态去面对生活、面对生活中的人和事；以合理的、正确的方式去解决生活中发生的事；学会调整自己的心态，化解自己的不良情绪；指导儿童用正确的方式进行社会交往，学会合作、分享；逐步建立自信、乐观、积极向上的生活、学习态度，形成良好心理品质的实践活动。

（四）幼儿心理健康教育的目标

《纲要》中强调：身体健康和心理健康是密切相关的，心理健康教育是学前儿童健康教育的重要组成部分。实施心理健康教育，使儿童从小具有健康的心理素质，是人发展的需要，也是社会发展的需要。也就是说，学前儿童心理健康教育的总目标是促进全体学前儿童心理健康发展，充分开发学前儿童的潜能，培养学前儿童积极、乐观、向上的心理品质和健全的人格，提升其幸福感，为其终身幸福奠定基础。具体表述为：

（1）积极关心周围世界的各种事物和现象，有良好的观察、注意、想象、概括分析能力，有较强的求知欲望，能认识自己与周围世界中各种事物、现象的关系，具有良好的自我意识和社会意识。

（2）帮助幼儿形成良好的情绪和情感，初步学会表达和控制自己的情感，能和同伴积极友好地相处，善于表现自己，懂得调控自己的言行，能听取父母和教师的教导。

（3）知道必要的心理健康常识，学习保护自己。有爱心，懂得帮助他人，有恒心，遇到困难能坚持或想办法解决。

（4）培养幼儿的生活自理能力、学习能力，初步养成良好的卫生习惯。

（五）学前儿童心理健康教育的内容

心理健康教育内容的选择一般有三种形式。一种是从已经出版的健康领域的正式课程中选择。例如，辽宁师范大学出版社出版的《健康生活》，从小班一直到学前班都有关于心理健康教育的活动，但是内容比较少，学前班包括"失败了怎么办""快乐的心情""感受表情""我快乐"等。第二种是从幼儿在班级中发生的事情入手进行心理健康教育。第三种是结合其他领域教育活动进行心理健康教育。学前儿童心理健康教育的内容包括：

1. 情绪情感的表达和调整

情绪是指个体对事物的态度体验以及相应的反映。心理学家把心理过程划分为三个方面，即认识过程、情绪过程、意志过程。情绪过程是伴随着认识过程和意志过程而出现的，是对这两个过程得出的结论做出主观判断的过程，最突出的特点是带有鲜明的主观色彩。每个人都有情绪的表达，不同的人表达的方式存在差异。情绪和情感虽然不尽相同，但二者关系密切。情绪是情感的基础和外部表现，情感是情绪的深化和本质内容。情感是在多次情绪体验的基础上形成的，通过情绪表现出来。

情绪出现得较早，侧重于生理的反应和外部表现。例如婴儿生下来就有哭、笑的情绪反应，多与温饱等生理需要有关。情感出现得较晚，随着心智的成熟和社会认知的发展而产生，多与求知、交往、艺术陶冶、人生追求等社会性需要有关。3~6岁是幼儿情绪情感迅速发展的时期，发展幼儿积极的情绪情感，避免消极的情绪情感，是学前儿童心理健康教育的重大议题。

1）学习对情绪情感的恰当表达

（1）认识各种表情脸谱，知道表情与情绪感受的联系。让幼儿认识喜、怒、哀、乐等人类特有的表情，丰富幼儿的情绪体验。可以通过故事、日常生活中的事件来认识表情。

（2）学会通过表情表达情感，丰富幼儿的情绪情感体验。可以利用游戏的形式，让幼儿互相猜表情，并且说出不同表情时，内心的体验。

（3）能用歌曲、舞蹈、绘画等形式表达自己的情绪情感。

2）学习发泄不良情绪

（1）引导幼儿用语言表达自己消极的情绪情感。

（2）尝试让幼儿用语言表达自己的想法，可以通过哭诉宣泄自己的不满。

（3）学习正确发泄自己情绪情感的方法。

3）学习控制调节情绪的能力

（1）学习转移自己情绪情感的方法。能够在察觉不良情绪时，用故事、表演、和同伴游戏的方法，调整自己的情绪。

（2）能够用自己喜欢的方式调整心态。受到挫折、委屈时，要用合理的方式宣泄，以减轻心理上的压力。知道自己情绪不好时，用其他游戏、活动转移自己的情绪，转换环境，及时调整自己的情绪情感。

（3）发现自己和同伴的不良情绪情感。培养幼儿用乐观、积极的心态宽容自己，帮助他人；能够发现同伴的不良情绪，同情、关心他人，能用语言和行动帮助其他幼儿进入良好的心理状态。

2. 社会交往的技能

学前期是幼儿人际交往发展的关键时期，人际交往是人与人之间心理上产生相互影响的过程。随着幼儿生活环境的不断扩大，幼儿的人际关系越来越复杂。通过交往，可以培养幼儿了解他人情感和需要的能力、解决生活中实际问题的能力，达到互相交流信息、协调彼此之间的关系、共同友好活动的目的。在幼儿园中，教师要为幼儿提供交往的机会、沟通的良好环境、丰富的交往内容，充分发展幼儿的社会交往能力。

（1）懂得基本的礼貌礼节。认识老师、同伴、周围的邻居，知道有礼貌地称呼和打招呼。帮助幼儿学习不同情境下的礼貌用语，例如看望病人、恭贺喜事、拜访答谢、招待客人等。可以运用角色游戏、区角游戏等方式，教小班幼儿学习正确地称呼周围的人，用故事、情景表演等，教小班幼儿学会礼貌用语。

（2）学会分享、与同伴友好合作。培养幼儿学习分享，可以让幼儿带自己喜欢的玩具到幼儿园，然后互相交换；还可以利用生日、运动会、节日等，带生日蛋糕、食品与其他幼儿一起分享，感受与表达与人分享的快乐。

在生活和活动中，学会和同伴平等合作、乐于助人。小班可以进行抛接球的游戏，体验只有两个人才能完成的游戏，感受初步的合作关系。中、大班的幼儿应逐步体会通过合作完成一些任务的优势，以及遇到问题同伴之间可以互相商量的快乐。

（3）学习处理同伴之间的矛盾，用积极的心态理解、关心和帮助他人。在活动中学习合作的技能，并且乐于助人，同样自己有困难的时候会请求帮助；能主动用语言、行动等方式去关心需要帮助的同伴，发现同伴的优点、长处时，相互学习，共同进步。

（4）恰当的自我评价。幼儿的自我评价能力是逐步发展起来的，反映幼儿对自己在环境中所处地位的认识和评价自身能力的价值观念，在个性形成中占重要地位。幼儿自我评价的定位是在平常生活中通过活动获得的。例如，进行专门的自我评价的教育活动，或者在科学实验中通过操作、探究活动的成功，培养幼儿对自我的认同感。

（5）学习社会交往的技巧和方法。社会交往水平最高的就是合作性游戏，因为有共同的目的、计划，所以幼儿容易友好相处。教师要利用游戏活动，有意识地培养幼儿在游戏中相互合作、关心他人、帮助他人、互相尊重等品质，并且要接受指挥、遵守游戏规则。

3. 独立生活和学习的能力

独立性的培养起始于学前阶段，针对这一阶段幼儿渴望"独立"的需要，在教育中要尽可能满足幼儿的要求，培养幼儿不依赖他人、在日常生活中有主见、独立思考解决问题的个性心理品质。

（1）培养幼儿独立生活的能力，学习自己的事情自己做。把握幼儿的活动兴趣，及时创设条件并放手让幼儿做自己力所能及的事。教师在培养幼儿独立性的过程中，一定要让幼儿自己决定"做什么"，注重"做"的过程。如幼儿选择"娃娃家"，就让幼儿自己整理床铺、洗脸、洗手，锻炼幼儿的自理能力。

为幼儿提供一个独立的空间，在空间里，让幼儿自己管理自己。让幼儿自己的事自己做，遇到困难尝试自己解决。对于幼儿自己想出的解决困难的方法，教师要及时给予肯定，从而使幼儿学会独立思考。

（2）培养幼儿自主、探索学习。利用幼儿的各种感官来感知事物。例如通过看看、听听、尝尝、做做等操作性活动，让幼儿在自己动手操作的过程中发现问题、动脑思考、探索解决的办法，培养幼儿独立思考、自主学习的能力。

4. 良好的行为习惯

习惯是一定情况下比较固定的、完成自动化动作的倾向，是一种心理和行为定式，具有稳定和持久的特点。培养幼儿良好的行为习惯，需要家庭和幼儿园配合，形成合力。幼儿园要定期向家长宣传科学的教育方法，同时告知幼儿在幼儿园养成的良好习惯。家长应树立正确的教育思想，密切配合幼儿园的教育成果，目标一致，使幼儿在幼儿园形成的良好习惯在家里得到巩固和发展。良好习惯的培养是一种长期的、日积月累的、循序渐进的、耐心细致的教育工作，需要教师和家长投入更多的时间和精力去完成。

（1）有规律的生活习惯。热爱生活，遵守生活常规；按时作息，养成科学的、规律的生活习惯；做事井然有序，能够自我约束。例如，在幼儿园能按时午睡，晚上在家的时候也能够按时入睡，没有睡眠障碍。

（2）良好的卫生习惯。帮助幼儿学习正确的洗手方法，知道一些简单的卫生常识，如早晚刷牙、勤洗澡、勤理发、勤剪指甲等；知道爱清洁、讲卫生是良好的习惯；安静地进餐，不挑食、不暴饮暴食等。

（3）品德行为习惯。品德行为是在日常生活中体现出来的，如讲礼貌、爱集体、与同伴友好相处、爱护公共设施、爱护花草树木、爱护小动物等。

5. 性教育

研究表明，3~6岁的幼儿是性别意识发生、发展的关键期。幼儿早期形成的性概念和性准则，将影响幼儿成年后的性观念和性行为。所以，幼儿期性教育是幼儿心理健康教育的一个重要内容，它将很大程度上决定幼儿今后一生的"性观念"，影响幼儿的性别认识、性别自我表现、性别角色行为建立，从而对幼儿心理健康产生极大的影响。适当的性教育可以促进幼儿心理的健康发展。

（1）性别认同和性别角色。性别认同是个体对性别角色的自我体验，而性别角色是性别的公开表现。性别角色认识应该从幼儿时期开始，由家长在日常生活中帮助幼儿逐步形成。3岁以前的幼儿已有明显的性别认同，能自我认同和区分性别角色。5岁是幼儿以自己的性别角色适应社会生活的起始年龄。正确的性别认同和性别角色意识，有利于幼儿更好地适应社会生活，形成健康的性心理基础。教师在设计性教育内容时，应了解幼儿性别特征和生理结构，使幼儿有正确的性别认同和性别角色意识。

（2）科学简洁的生理发育教育。几乎所有的幼儿都问过父母自己是从什么地方来的，为什么男孩和女孩小便不一样等，幼儿对性问题表现出好奇和兴趣。对于幼儿的疑问，教师和家长应该让幼儿知道婴儿出生的知识，给幼儿看生理构造挂图，还可以借助传媒的动画等，简要说明人体结构，告诉幼儿性器官也是人体的重要器官，一定要好好爱护，不能随意玩弄，更不能让其他人伤害。

（3）正确处理学前儿童的性游戏。幼儿通常是以模仿和游戏对性别角色进行体验。如男孩和女孩互相拥抱、亲吻，玩新娘子游戏或扮演爸爸、妈妈的娃娃家游戏，这些仅仅是幼儿的性游戏和性模仿。教师和家长要正确对待幼儿的这种性游戏，不能粗暴制止，更不能羞辱，否则会损害幼儿性心理的健康发展。要因势利导，帮助幼儿认识男孩和女孩之间的差异，培养男孩和女孩之间的友好相处、相互帮助，帮助幼儿形成健康的性心理。

（4）自我保护教育。儿童性侵害问题越来越受到人们的关注。儿童性侵害是导致身体健康问题、社会适应不良的一个很重要的因素。《纲要》中指出，应使儿童知道必要的安全保健常识，学会保护自己，提高儿童自我保护意识和能力。要使儿童避免受到性侵害，成人对儿童的保护是必不可少的，但儿童自身保护意识的培养更为重要。要培养儿童较强的保护意识，初步具有自我保护的能力。

6. 学前儿童心理障碍和行为异常的预防

预防是学前儿童心理障碍和行为异常的基本策略。教育是预防的主要手段。在教育活动中，教师要善于观察。如果发现某学前儿童有一些行为问题的症状，不要随便下结论，应及时提醒家长带孩子去医院检查，以免错过最佳治疗的年龄。学前儿童心理障碍和行为异常的预防分为三个阶段，即：

（1）教育为主，防止学前儿童心理障碍和行为异常的发生。

（2）早期发现，及时治疗心理障碍和行为异常，防止进一步发展。

（3）进行心理咨询和心理治疗。

（六）心理健康活动实施的步骤

（1）教学前，教师要激发儿童学习的兴趣，集中儿童的注意力，组织教学。

（2）教学中，教师要通过启发、引导、提问等方法，指导儿童学习相关的心理健康知识，形成相关的心理经验和行为。其中，教师讲解心理健康的相关知识，帮助儿童形成良好的心理健康行为是教学中的重点。

（3）教学中的延伸，教师指导儿童运用所学的心理健康知识，解决生活中遇到的实际问题，把心理健康知识与实际生活行为联系在一起，加深儿童对心理健康行为的理解。

（4）教学结束，教师启发联想，促使儿童在生活中体现心理健康的行为。

专门的心理健康教育以教师为主导，所以在教学过程中，要求教师对心理健康知识的理解要准确。在教学过程中，教师传授的知识对儿童心理健康的影响是非凡的，它将直接影响儿童的一生。

（七）学前儿童心理健康教育活动的方法

对学前儿童进行心理健康教育，要根据学前儿童的年龄特点和心理健康教育的内容，科学、合理、灵活地运用教育方法，保障学前儿童心理健康教育目标的实现。对学前儿童进行心理健康教育的常用方法有以下几种：

1. 讲解法

讲解法是指用具体、形象、生动的口头语言，结合直观的教具向儿童传递、说明、解释有关心理健康的一些粗浅知识，告诉儿童一些简单的道理，以提高儿童的认知水平，帮助儿童改善对心理健康的态度。运用讲解法时可以结合谈话法，在与儿童谈话的过程中，使儿童认识自己的行为正确与否，适合个别教育和矫正，帮助儿童形成良好的、健康的心理品质。在运用讲解法和谈话法时，要注意由浅入深、循循善诱，让儿童认识到自己的言行正确与否，是否会给同伴带来不良影响等，语言要符合幼儿的认知水平。

2. 榜样示范法

儿童的模仿能力很强，树立榜样，让儿童通过模仿从无意到有意，自觉地学习榜样的行为和习惯，这是儿童心理健康教育行之有效的一种方法。在运用榜样示范法时，教师和家长要注意自身言行对儿童潜移默化的影响。因为教师和家长是儿童接触最多、最亲近的人，尤其是教师，儿童对教师的信任、崇拜，使儿童认为教师的一切做法都是对的，所以教师尤其要注意自己的一言一行。因为一次不经意的谈话、一个不小心的失误都会对儿童造成很大的伤害，成为影响儿童人格发展的重要因素。

榜样也可以是小伙伴的良好行为，或者是儿童喜欢的电影、电视剧、动画片中人物形象的良好言行。但是要注意，教师和家长在为儿童选择榜样时，要注意榜样的典型性、权威性和情感性，使榜样和范例对儿童行为起到启发、控制、矫正的作用。

3. 行为练习法

行为练习法是指让儿童对已经学过的技能和行为进行反复的练习，加深儿童对某个行为或技能的理解和掌握，从而形成稳定的行为习惯。儿童的行为练习应直接、具体、典型，符合儿童心理年龄的特点，注意行为练习的兴趣性、持续性和指导性。在进行行为练习时，要针对不同的练习内容，提出不同的要求。在反复练习的过程中，逐步提高要求，使儿童的心理健康技能和行为得到不同程度的提高。

4. 情境演示法

情境演示法是指创设一定的情境，让儿童以表演的方式，思考和表现在不同的社会情境中做出行为决策的方法。例如模拟帮助老人过马路，帮助同伴扣纽扣、梳头，照顾比自己小的小朋友等。儿童通过体验不同角色，对遇到的问题和冲突进行分析和思考，说出感受，从而做出符合社会规范的反应。情境演示的内容应该源于儿童的实际生活，符合儿童心理健康发展的特征，演示的内容应该具体、形象、有感染力，易于儿童接受。同时教师要及时对儿童的反应和感受进行指导。

5. 讨论评议法

讨论评议法是指组织儿童参与心理健康方面的现象或问题讨论，通过提问、发表自己的意见和感受，促进相互沟通、理解，取得一致的认识。讨论评议法可以提高儿童辨别是非的能力，使他们拥有广阔的空间、尊重他人的情感和观点，有利于培养儿童的社会交往能力和口头表达能力。讨论评议法可以在同伴之间运用，也可以在儿童与成人之间运用。讨论评议时，应当允许儿童发表不同的看法，鼓励儿童表达自己的真实感受和对他人发表评议。

6. 游戏法

游戏是儿童的基本活动，在儿童心理健康教育中占有极其重要的地位。在进行心理健康教育活动时，将心理健康教育的内容融于游戏中，有益于儿童接受和理解，可以最大限度地调动儿童的积极性，发挥儿童的主动性，优化教育效果。例如体育游戏活动，可以培养儿童的合作精神、规则意识；角色游戏，可以培养儿童社会交往、解决困难的能力。

对儿童进行心理教育和矫正时，可以考虑用游戏法。游戏法可以为儿童提供一条安全的情绪发泄途径，实现现实生活中不能实现的愿望和冲动，使儿童心理得到补偿。通过游戏，儿童将对自己和自己的社会交往以新的方式思考，学习新的应对策略。利用游戏法对儿童进行心理健康教育和矫正的步骤有：

（1）建立良好的关系。教师要与儿童建立一个温馨和谐的关系，让儿童消除隔阂。与儿童的关系越融洽，儿童越愿意经常地、更多地表露自己的情感。这些表露有助于教师掌握儿童的心理动态。

（2）情感的宣泄。在安全的前提下，让儿童在游戏中尽可能地宣泄自己的情绪情感，缓解紧张、压力。例如宣泄屋、谈话角等。教师要集中精力加入儿童的游戏中，努力理解儿童的表述，并且对儿童的表述要有所回应。

（3）再现重要事件。教师要探讨儿童生活中产生心理问题的原因，游戏的过程中再现以前让儿童感到不舒服的事件。让儿童感到在游戏的过程中，不舒服的感觉在逐渐消失。

（4）解决问题。儿童可以表达对存在问题的理解，并尝试多种不同的解决方法。在游戏中，让儿童感到安全，消除戒备，体验轻松真实的感受。

案例三

活动名称：养成好习惯。

活动班级：大班。

一、活动目标

（1）进一步了解在进餐、睡眠、学习、游戏中健康方面的习惯要求。

（2）愿意并坚持在寒假生活中养成健康的行为习惯。

（3）能积极地和同伴合作，用简笔画的形式完成记录单。

二、活动准备

（1）进餐、睡眠、学习、游戏的PPT图片。

（2）大卡纸1张（粘在黑板上）、纸、记号笔。

三、活动过程

（一）师生回忆假期生活

师：就要放寒假了，你会怎样度过愉快的一天？请1~2名幼儿说一说。

幼儿可以结合以往经验，说说自己每天会做哪些事情。

（二）出示图片，提出要求

（1）当幼儿说到进餐、睡眠、学习、游戏时出示相应的图片。

（2）教师：刚才有小朋友说了吃饭（出示第一张图片），有哪些是我们可以学习的地方（不挑食），有哪些是我们不应该学习的地方，正确的吃饭又是什么样的呢？（出示第二张图片，幼儿边说，教师边以简笔画的形式呈现)

（3）教师进行进餐小结：吃的时候要一只手拿筷子，一只手捧好碗。一口饭、一口菜。不能一次吃太快，更不能挑食。也不能边吃边讲，不利于消化。

(4) 教师：那我们睡觉时要注意什么习惯要求呢？（幼儿进行讨论）

(5) 幼儿边说，教师边以简笔画的形式呈现。最后教师进行睡眠小结：要有正确的姿势，平躺或是右侧睡。趴着睡不利于呼吸，左侧睡会压迫心脏。小朋友们要按时入睡。

(6) 教师：老师也为你们准备了学习和游戏方面的记录单，请你们来说说学习包括哪些？游戏包括哪些？

（三）幼儿进行操作

(1) 以小组为单位进行合作，请幼儿商量一下谁负责画、谁负责想办法，并以简笔画的形式展现。

(2) 幼儿进行分组合作：第一到第四组合作完成学习记录表，第五到第八组合作完成游戏记录表。

3. 幼儿进行操作，教师进行巡回指导。

（四）师生讲评

(1) 教师将幼儿的记录表粘在黑板上进行讲解。首先让幼儿进行介绍，教师再进行总结，并出示正确的图片。

(2) 进行学习小结并出示相应图片。

教师：看书、写字要保持一定的距离。正确的写字姿势是：上身坐正，两肩齐平；头正，稍向前倾；背直，胸挺起，胸口离桌沿一拳左右；两脚平放在地上与肩同宽；左右两臂平放在桌面上，左手按纸，右手执笔；眼睛与纸面的距离应保持在 1 尺①左右。

(3) 进行游戏小结并出示相应图片。

教师：看电视的最佳位置是，人距电视机 2.5～8 米远，其高度要略低于眼睛视平线。过高时，由于抬头，眼睛向上看很容易引起疲劳；过低时，因为需要低头向下看也容易产生疲劳。

（五）制订合理的假期生活记录表

(1) 教师：这里有一张小明的假期生活记录表。我们一起来看一下。（师生共同观看记录表）

(2) 教师：那你们每天的假期是怎么样安排的呢？回去和你们的爸爸妈妈商量一下，共同完成假期生活记录表，好吗？

四、活动延伸

家园共育：回家和爸爸妈妈一起制订假期生活记录表。

案例四

活动名称：我是怎么来的。

活动班级：大班。

一、活动目标

(1) 用幼儿的口吻了解"我是怎么来的"。

(2) 初步了解妈妈在自己成长过程中付出的艰辛劳动。

二、活动准备

(1) "我是怎么来的" PPT 课件。

---

① 1 尺≈33 厘米。

(2)"我是怎样长大的"PPT课件。
三、活动过程
1. 提问
你喜欢和妈妈在一起吗？和妈妈在一起是什么感觉？
引出课题妈妈生育了我，很辛苦。
2. 观看"我是怎么来的"课件
(1) 提问：你在妈妈的肚子里是什么样子的？宝宝在妈妈肚子里时，妈妈为他们做了些什么事情？准备了哪些东西？
(2) 交流：妈妈为肚子里的宝宝做了些什么？准备了哪些东西？
(3) 小结：小宝宝在妈妈肚子里时，为了让宝宝更聪明，妈妈要给宝宝听音乐、讲故事，为了宝宝的健康，要去医院体检，要和宝宝一起做操、晒太阳，还要为宝宝准备衣服、毛巾、洗澡盆、奶瓶、床等许多东西。
3. 观看"我是怎样长大的"课件
初步了解在自己成长过程中妈妈付出的艰辛劳动。
4. 知道宝宝出生后，妈妈每天要为他做些什么
宝宝出生后，妈妈要给他洗澡、穿衣服、换尿片、喂奶、哄他睡觉等。
5. 小结
知道"我"是妈妈生育的，爸爸妈妈相爱有了"我"。
每个宝宝出生后，妈妈都要为他做这么多的事情，还要教他学本领。现在你们上幼儿园了，妈妈还一直为你们付出艰辛的劳动，呵护、关爱着你们的成长。虽然妈妈很辛苦，可是她一点也不觉得累，因为每位妈妈都很爱自己的孩子。
6. 结束部分：萌发幼儿爱妈妈、感激妈妈的情感
可以亲亲、抱抱妈妈，帮妈妈做事，关心、照顾妈妈，自己的事情自己做等。

三、幼儿体育活动的设计

幼儿体育活动是幼儿全面和谐发展教育的一个有机组成部分，是健康领域的重要内容之一，是保护和促进幼儿身心健康的重要途径和手段，为幼儿的生存和良好的生活提供重要的物质基础，是幼儿接受全面发展教育的重要保障。

"体育"的概念有广义和狭义之分。广义的体育是指现代体育，是社会文化的组成部分，是一种社会活动，旨在增强人的体质、提高运动技术水平、丰富社会文化生活。狭义的体育是指学校系统的体育，是实现人的全面发展教育的重要组成部分，即按照年轻一代生长发育的特点与基本规律，以促进学生正常的生长发育、增强体质、提高健康水平为目的所进行的一系列教育活动。幼儿教育是学校教育的预备阶段和基础环节。幼儿体育的性质类似于学校体育，但有其独特性。幼儿体育是在遵循幼儿身心发展特点和规律的基础上，融保育与教育为一体的特殊的教育领域。幼儿体育活动以游戏为基本活动形式，注重个体差异，没有达标和测验。

幼儿体育活动的设计是指依据幼儿体育活动的目标和体育活动的内容，运用一定的方法对幼儿进行一系列身体锻炼教育的活动方案。

(一) 幼儿体育活动的组织形式

幼儿体育活动的形式是丰富多彩的，按照不同的分类标准，幼儿体育活动的形式也有多种分类方法。例如按照活动地点，可以分成室外活动和室内活动；按照教师主导性，可以分为专门体育活动和渗透性体育活动；按照一日生活中体育活动的时间和内容，可以分为以下几种：

1. 早操活动

早操活动是幼儿体育活动的一种基本组织形式。所谓的早操不是专指晨间的体操锻炼。早操内容包括一些简单的模范动作、律动、简单的舞蹈动作；慢跑或散步，尤其是北方地区的冬天；幼儿基本体操，这是早操的主要内容，可以起到全面锻炼幼儿身体的作用；还有根据幼儿园的实际情况自编的一些轻器械操等。

早操一般是30分钟，可以在室外也可以在室内，根据天气情况而定。夏天在早上8：30—9：00进行，冬天在早上10：00—10：30进行，活动量安排不宜过大，要具有持续性。早操以集体活动的形式出现，是幼儿专门体育活动的一种形式。早操一般都有音乐，气氛比较轻松。早操可以振奋精神、培养幼儿遵守纪律、锻炼幼儿的意志。

2. 户外体育活动

户外体育活动是指非专门性的幼儿体育活动。户外体育活动不强调活动组织的严密性，教师一般采用间接指导的方式来组织与开展活动，幼儿活动的随意性较大，活动安排、活动内容更加灵活、广泛。

户外体育活动一般的安排为上午、下午各1个小时，基本上要保证幼儿每天2个小时的户外活动时间。活动内容可以是幼儿园的大型体育活动器械，例如攀登架、平衡木、秋千、滑梯；还可以是教师自制的一些小型的体育活动器械，例如沙包、轮胎，以及钻爬游戏的材料等。

户外体育活动一般以幼儿自由选择为主，教师可以指定幼儿在一定范围内自己选择喜欢的活动，便于掌握幼儿活动的频率，保证幼儿的安全。例如教师在观察幼儿活动时，当发现某些幼儿活动量过大时，要引导幼儿参加活动量小一些的活动，避免幼儿运动负荷过大。户外体育活动可以弥补集中教育活动等限制性较强的活动方式的不足，更好地满足不同幼儿的不同发展需要；通过幼儿自由选择活动，提高幼儿的自主性、自律性。

3. 集中教育的体育活动

集中教育的体育活动是指幼儿在教师有目的、有计划的指导下，发展动作、增强体质、增长知识、培养品德、发展能力和形成个性的过程。集中教育的体育活动是完成幼儿体育活动总目标的一种基本组织形式，是幼儿身体全面锻炼和发展必不可少的组成部分。

幼儿园集中教育的体育活动主要通过幼儿的身体练习来实现教育目标，需要幼儿身体各部位的直接参与。集中教育的体育活动必须合理安排幼儿的运动量，运动量是否合理是决定体育学习与锻炼效果的主要因素之一。同时，在进行活动时还要注意幼儿的保育工作。体育活动一般在户外进行，环境比较复杂、干扰因素多，幼儿注意力容易分散、情绪易受影响、安全问题比较突出，所以在设计集中教育的体育活动时，要考虑多方面的问题。

集中教育的体育活动是专门的教育活动，教师要进行专门的教育设计，要有完整的设计步骤，并注意在组织与实施中的正确指导。

4. 室内体育活动

室内体育活动是指在教室或专门的体育活动室内进行的体育活动。例如室内的游戏池、舞蹈房、体育馆、感觉统合活动室等。

室内体育活动一般在下午进行，或者在离园活动时进行。室内活动一方面能够保障幼儿在天气不允许进行户外活动的情况下进行体育锻炼，另一方面能够缓解幼儿离园活动的枯燥，安抚幼儿的情绪。教师要注意根据场地安排幼儿活动人数，注意幼儿安全，不干扰其他幼儿的活动。

幼儿体育活动的形式不仅仅局限于以上四种，可以根据幼儿园的实际情况，创设园本的体育活动形式，例如农村的幼儿园，可以组织幼儿走田埂，培养幼儿的平衡能力。幼儿园可以根据沙地、树林、山坡等已有的条件，对其进行合理的开发和利用。还有一些野趣活动、运动会、远足等，都是幼儿体育活动的形式。

（二）幼儿体育活动过程的设计

身体练习是幼儿体育活动最基本也是最重要的途径和手段。所谓身体练习，是指为锻炼身体、增强体质、增进健康所采取的各种动作过程。幼儿身体练习的基本动作主要包括身体活动的基本动作、基本体操、器械类活动。幼儿体育活动的目的在于培养幼儿自主参与体育锻炼的兴趣和良好习惯，体验运动的快乐，增强体质，提高幼儿身心素质和发展初步的运动能力，提高健康水平。因此，幼儿体育活动的设计要以幼儿的身体和心理所承受的负荷量为原则，达到增强体质的目的。

1. 开始部分

幼儿体育活动的设计与其他活动设计一样，开始部分是集中幼儿的注意力，激发幼儿参与身体锻炼活动的兴趣。但要注意的是，幼儿体育活动要在开始部分做一些有针对性的准备活动，为基本部分的活动做好适应性准备。例如进行队列练习，做基本的体操、模仿活动或简单的舞蹈动作、律动、专门性的运动量小的体育活动。通过一些准备性的身体活动，帮助幼儿逐渐克服身体各器官的惰性，提高机体的活动能力。准备活动的时间可以短些，活动量可以稍快地加大，一般占用的时间是整体活动时间的 10%~15%。

2. 基本部分

基本部分是完成教育目标的重要部分。通过准备活动，幼儿各器官的活动能力已经逐渐达到了较高的水平，处于积极的工作状态，可以学习新的体育活动内容，巩固和提高已经学过的各类练习和游戏活动，也可以将运动强度较大的、较激烈的或难度较高的活动内容安排在这一部分。例如发展体能的游戏、基本体操、器械类活动以及体育游戏等。在内容和方式安排上力求多样化，以激发幼儿积极高昂的情绪。在幼儿活动过程中，要注意急缓结合、动静交替，保证活动量的适宜性。幼儿通过身体练习，能够提高身体素质、发展能力、养成良好的品质。基本部分一般占用整体活动时间的 70%~80%。

3. 结束部分

结束部分主要是做一些身体放松的活动。因为幼儿经过一段时间的身体运动后，尤其是进行活动量较大的活动之后，体内的能量消耗较多，体力恢复不足，身体开始出现疲劳的感觉或现象，机体的活动能力逐渐降低。放松活动有利于抑制幼儿大脑的兴奋性，使幼儿的身体由运动的紧张状态逐渐恢复到相对安静的状态。例如简单轻松的韵律活动、轻松自然的走步等。结束部分一般占用整体活动时间的10%。

在组织和开展幼儿体育活动时，活动量安排的总趋势是由小到大，然后再由大到小，一定要注意幼儿活动的负荷量。身体准备活动和放松活动都是不可忽视、不可或缺的环节。

(三) 幼儿体育活动的指导

从幼儿身体发展的特点上看，幼儿身体各器官、系统的技能尚未发育成熟，组织比较柔嫩。但是幼儿时期是生长发育十分迅速和旺盛的时期，是促进幼儿身体健康发展的关键期，是实现幼儿健康、和谐、全面发展的基础和重要条件。因此，幼儿体育活动的指导要建立在符合幼儿年龄特点、遵循幼儿生长发育规律的前提下。

1. 合理调控体育活动过程中的运动量

运动量，即运动负荷是否恰当，是决定幼儿体育活动效果的主要因素之一。运动量的大小直接影响幼儿身体的发展与健康，影响幼儿体育活动的成效。如果运动量太大，超出了幼儿的生理负荷，就会有损幼儿的健康；如果运动量太小，对幼儿施加的刺激太小，就不能达到锻炼幼儿身体的目的。因此只有在体育活动中，合理掌握幼儿的运动量，才能达到促进幼儿身体正常发育和机能协调发展、增强体质的目的。教师要根据幼儿生长发育的情况、动作发展的水平、每次活动的内容，科学地分配，合理地组织安排。在一节体育课中，运动量一般由小逐渐加大，到基本部分的后半部分达到高潮，然后逐渐下降，到结束时应恢复到相对平静状态。

2. 注意安全和保育工作

在幼儿体育活动中，教师既要及时提醒幼儿注意安全，教幼儿一些自我保护的方法，提高幼儿的自我保护能力，又要给予幼儿必要的保护和帮助。对年龄较小、能力较弱、胆小和动作迟缓的幼儿更要特别关照。教师既要注意给幼儿充分活动的时间和空间，鼓励幼儿大胆、勇敢地去参加各类活动，又要保证活动场地、器械的清洁、平整、稳固，对幼儿活动的方向、路线做出选择，还要对幼儿的着装、情绪、擦汗、喝水的适时适量进行指导和调控，以提高幼儿的自我保护能力，保证幼儿的体育活动能有序、安全地开展。

3. 组织形式多样，手段、方法合理有效

体育活动不一定都要集体进行，可以按照学前儿童的不同发展水平进行分组教学活动，因材施教。应根据活动内容的需要，充分使用各种媒体手段，通过多种途径提高学习效率。活动内容与材料不一定统一，即使同一内容也可区分多种层次，以便幼儿选择。活动内容不一定全部指定，可让幼儿充分行使自由选择的权利，这是实现因材施教最基本的方法。活动过程中，对于幼儿提出的"计划外"问题，没有完成"预定目标"的问题，教师要灵活掌握，发挥教育活动的弹性，调动幼儿参与活动的主动性和创造性。体育活动不一定在幼儿园里进行，还可以选择社区、公园、社会机构等。

4. 加强基本动作正确性的指导

只有基本动作的姿势正确，才能提高动作的质量，达到锻炼的目的。教师应注意指导幼儿学习分析动作，例如新学动作与哪些已经掌握的动作有联系，完成动作时身体哪些部位和

器官参与，身体各部分肌肉是怎样协调配合的。教师的讲解和示范是动作正确的保障，每教一个动作，教师都要有意识地采用讲解、提问、评价及语言强化等多种形式促进幼儿记住所学动作的名称、要领、连接方法、节奏等，帮助幼儿形成运动表现，再与练习紧密结合，使幼儿快速、准确地掌握动作。在体育游戏中，幼儿往往由于过于兴奋，只注意体育游戏的情节，而忽视动作的准确，尤其是竞赛性游戏，在评定胜负时，姿势的正确与否也应考虑在内。

5. 做好活动前的准备工作

课前准备包括物质材料和知识、技能准备。应做好活动前的场地、器材和玩具的置备与布置工作，熟悉活动计划并保证幼儿及场地的安全。同时，教师要认真了解幼儿知识、技能的准备情况。此外，教师还应对场地、器材的性能有充足的了解，做到心中有数；在开展活动前选择适合运动的服装，并把自己的精神状态调整到最佳点，以饱满的精神、良好的情绪状态出现在幼儿面前，用自己的活力带领幼儿积极地投入活动中。

6. 照顾个体差异

注重对幼儿进行全面、和谐的教育。活动既要面向全体，又要注意个体差异，因为不同幼儿的健康、体质、活动能力等都有所不同。应灵活运用多种指导方式，对不同水平的幼儿提出不同要求，让每一位幼儿都能在自己原有的基础上有所提高，促进幼儿身体机能的协调发展。例如，体育活动"有趣的气球"，要求每个幼儿都想一想"气球有多少种玩法"，然后组织幼儿进行活动。在活动中，全班大多数幼儿都主动参与、积极表现，想出各种玩法，教师及时发现并组织幼儿互相学习。但是有个别幼儿能力较弱，没有什么新鲜的玩法。在活动中，教师应有意识地安排这一部分幼儿表演示范，增强幼儿的信心，提高幼儿对自己的认识。

7. 严格遵守体育游戏规则

严格遵守游戏规则，不仅是顺利进行游戏、提高动作质量的保证，同时也是在游戏中进行思想品德教育的有效方法。教师在介绍游戏的玩法时，应强调游戏规则，并将其作为评定胜负的重要条件。例如，中班小朋友户外滑滑梯时，首先教育小朋友要遵守纪律，排好队，不能推挤和打闹，否则就会从滑梯上摔下来，危险性很大。在一位老师的看护下，每个小朋友按照顺序往下滑，另一位老师维持秩序和纪律。这样小朋友们在游戏中既能够锻炼意志，又能够互相帮助、友好相处，从而达到游戏与体育锻炼的目的。

案例五

活动名称：炸果子。

活动班级：中班。

活动目标：

(1) 喜欢玩纸棒，体验游戏的乐趣，练习钻、翻。

(2) 在游戏过程中，感受手、纸棒、眼、头、手臂的关系，提高机体的协调能力，锻炼手眼协调的能力和动作的灵活性。

活动准备：

长约50厘米的纸制彩棒。

活动过程：

(1) 教师让幼儿自己找一个伙伴，两人组成一组。

(2) 小朋友们两人一组，手拿纸棒的两端，两根纸棒呈平行状。

(3) 游戏开始，两个小朋友一起念儿歌："炸，炸，炸果子，咱俩一起炸果子，你开，我开，哗啦过来。"边念儿歌边做动作，念"炸，炸，炸果子，咱俩一起炸果子"时，两只手臂有节奏地左右摆动，念"你开，我开"时，两个小朋友同时举起同侧的一根小棒，念"哗啦过来"时，两人的头同时从举起的纸棒下面钻过去，这时两人背对背站立。小朋友再念第二遍儿歌，用同样的方法翻回来，这时两人面对面站立。

案例六

活动名称：小青蛙捉害虫。

活动班级：中班。

设计意图：

《纲要》指出：培养幼儿对体育活动的兴趣是幼儿体育的重要目标，要根据幼儿的特点组织生动有趣、形式多样的体育活动，吸引幼儿主动参与。因此，我们在设计"小青蛙捉害虫"活动时，特别注重用幼儿感兴趣的方式发展幼儿的基本动作，提高他们动作的协调性、灵活性，促使其获得成功体验。

第一，游戏化贯穿始终。我们先利用方垫玩开汽车的游戏，激发幼儿兴趣，再引导幼儿一物多玩，一方面让幼儿热身，另一方面为立定跳远活动做好准备。然后在此基础上，通过游戏"小青蛙跳田埂"和"小青蛙捉害虫"两个情节，重点引导幼儿练习立定跳远的动作要领，最后用垫子当荷叶进行放松活动。这样的安排不仅能通过游戏达到教学目标，而且能把方垫的一物多玩渗透在活动的全过程中，充分发挥材料的作用。

第二，层层推进地完成目标（1）和（2），帮助幼儿掌握动作要领，克服动作难点。从教师的示范到幼儿集体练习跳一个方垫（便于教师观察幼儿是否能按动作要领练习），再到幼儿两两结伴，将垫子拼起来散点练习（分散练习的方法使幼儿的练习密度加大，有利于幼儿掌握新动作），然后到练习跳多个方垫（加大运动量），最后到跳几个不同难度的方垫（有的加宽了，有的加高了），充分满足了不同层次幼儿的发展需求。

第三，在本次活动中，我们采用了"分散、集中、再分散、再集中"这种交替循环的形式组织教学，不仅使教学气氛活跃，而且使幼儿的练习机会增加，活动密度加大，达到了很好的教学效果。

目标：

(1) 练习立定跳过30～60厘米的障碍，掌握动作要领。

(2) 不怕困难，愿意选择跳过不同宽度与高度的障碍物，以增强腿部力量。

(3) 积极参与活动，尝试结伴练习基本动作，体验到愉快的情绪。

准备：

(1) 边长30厘米的方垫人手一个、小虫替代玩具若干、青蛙胸饰一个、贴有大肚子青蛙图片的小筐一个、哨子一个。

(2) 录音机、《小青蛙》《春天》的音乐磁带。

过程：
一、开始部分
1. 利用方垫玩开汽车游戏，能根据教师提示的信号及时变换或调整自己的运动状态

师：小朋友们，你们拿的是什么？好，让我们把方垫变成方向盘，玩开汽车的游戏。老师来做信号灯，车多时你们就慢慢地开，车少时你们就快快地开；红灯亮了就停下，绿灯亮了就继续开。(幼儿听教师提示的信号交替走、跑200米左右。)

2. 热身活动：探索方垫的多种玩法

(1) 师：方垫除了可当方向盘玩开汽车的游戏外，还可以怎么玩？请你们找个空地方玩一玩，看谁玩得好，我们跟他学。

(2) 交流、分享方垫的不同玩法。

师：看，某某小朋友会用垫子玩骑马游戏了，我们一起跟他学一学。

(以此类推，引导幼儿相互学习垫子的玩法。)

二、基本部分
1. 产生活动兴趣

师：(出示青蛙头饰) 瞧，老师变成谁了？

师：那你们就是青蛙宝宝了。宝宝们，今天妈妈要教你们跳田埂的本领。瞧，妈妈是怎么跳的？

2. 学习基本动作

(1) 教师讲解示范立定跳远的基本动作。

师：我们把小方垫放在地上当田埂，跳的时候要并并脚、弯弯腿，用力摆臂向前跳。(教师边念儿歌边示范双脚并拢、屈膝、摆臂跳过方垫的动作。)

(2) 教师带领幼儿在圆圈上集体练习，帮助幼儿初步掌握立定跳远的基本动作。

师：你们想不想试一试？来，把垫子放在大圆圈上，站在垫子后面边念动作要领边跳过方垫，然后向后转，再跳回去，练习两次。

(3) 幼儿两两自由结伴，将垫子拼起来，散点练习。教师巡视并指导个别幼儿掌握立定跳远的基本动作。

师：请小青蛙找个朋友，到空一点的地方把田埂变宽一些，看看能不能跳过去。(播放电子琴音乐《春天》，教师重点提醒幼儿要双脚并拢、屈膝、摆臂跳过垫子。注意要等前一个幼儿回到自己身后，自己才能起跳。)

(4) 游戏"小青蛙跳田埂"，增加基本动作练习的密度。

A. 请幼儿把垫子放在点子上，自然排成三个一样的小田埂。

B. 幼儿站在梯形线后，教师示范连续跳田埂。

C. 幼儿分三队，在《春天》音乐的伴奏下连续跳过四五个方垫，到达前面的"池塘"。教师与幼儿在"池塘"里"游泳"后，一起从边上按梯形线游回家。

3. 游戏"小青蛙捉害虫"，提高跳跃难度，鼓励幼儿选择不同宽度与高度的障碍物进行立定跳远练习

(1) 师：现在妈妈带宝宝们去捉害虫。我们要跳过一个个田埂才能捉到害虫，有的田埂比较高，有的比较宽，你们能跳过去吗？我请一只青蛙先试一试。

（2）一幼儿示范，教师强调动作要领。跳过去的幼儿可拿一个小虫替代玩具放进一边的筐里，并从边上"游"回原地。

（3）幼儿自选跳过不同的田埂去捉害虫。（有的是两个垫子横着拼起来的，有的是两个垫子竖着拼起来的，有的是四个垫子垒在一起拼起来的。幼儿在《春天》音乐的伴奏下，自选适合自己的练习项目跳过垫子、捉虫，从两边"游"回来。）

（4）反馈游戏中出现的问题，再次进行练习。（请两名幼儿分别演示跳加宽、加高的田埂并引导幼儿注意靠近田埂再跳，要用力摆臂、屈膝蹬地跳。示范后，请幼儿换一个刚才没跳过的田埂尝试。《春天》音乐伴奏。）

三、结束部分

1. 播放《小青蛙》音乐，师生一起做放松腿部的游戏和舞蹈

师：捉了那么多害虫，真能干！现在我们把方垫变成荷叶玩一个青蛙找家的游戏。你们和妈妈一起在水里游泳、玩耍、跳舞，等听到结束的音乐时就快快跳到荷叶（垫子）上。

2. 结束活动

师：太阳出来了，我们顶着荷叶（垫子）回家吧！

思考与练习

1. 幼儿健康教育、心理健康教育的概念是什么？
2. 幼儿健康的标准有哪些？
3. 幼儿健康领域的总目标是什么？
4. 幼儿健康领域教育的途径有哪些？
5. 幼儿健康领域教育的方法有哪些？
6. 在幼儿健康教育活动中，体育活动设计的步骤有哪些？
7. 幼儿心理健康的标准有哪些？

试一试

结合幼儿园的实际，尝试运用多种途径、方法，在日常生活中对幼儿进行健康教育活动。

第二单元

语言领域

【知识目标】

1. 掌握幼儿语言教育的概念；
2. 掌握幼儿语言教育的意义；
3. 掌握幼儿语言教育活动的目标、内容、途径、方法；
4. 重点掌握幼儿语言教育活动的设计与指导。

【能力目标】

1. 能够设计幼儿文学、讲述、谈话等教育活动，并能够组织与实施；
2. 能够运用多种途径、方法，在日常生活中进行语言教育活动。

语言是人类特有的社会现象，是交流和思维的工具。语言是幼儿认识世界的工具，也是接受教育的重要工具。幼儿期是人一生掌握语言最迅速的时期，是语言发展，特别是口语发展的重要时期。对幼儿进行语言教育可以帮助幼儿更好地发展语言能力，使幼儿能够自如地运用语言表达自己的情感、见闻。语言教育能够更好地促进幼儿积极主动地与人交谈，与周围语言环境不断交互作用，学习倾听和表达，从而不断获得语言经验，提高语言交流与生动表达的能力。

第一课 语言领域的概述

一、幼儿语言教育的内涵

语言是人类社会中客观存在的现象，是一种社会上约定俗成的符号系统。人们借助语言保存和传递人类文明的成果。语言是民族的重要特征之一。一般来说，各个民族都有自己的语言，汉语是世界上使用人口最多的语言。

（一）语言

语言是以语音为物质外壳，以词汇或字形为建筑材料，以语法为结构规律而构成的体系。语言因物质化的语音或字形而被人感知，语言的词汇标示着一定的事物，语言的语法规则反映着人类思维的逻辑规律，因此语言是人类最重要的交际工具，是人们进行沟通交流的主要表达方式。

语言是人们交流思想的媒介，必然会对政治、经济和社会、科技乃至文化本身产生影响。语言这种文化现象是不断发展的，其现今的空间分布也是过去发展的结果。根据语音、语法和词汇等方面的共同之处与起源关系，把世界上的语言分成语系，每个语系都包含数量不等的语种，这些语系与语种在地域上有一定的分布区，很多文化特征都与此有密切的关系。

语言就广义而言，是一套共同采用的沟通符号、表达方式与处理规则，符号会以视觉、声音或者触觉方式来传递；狭义来说，语言是指人类沟通所使用的语言。一般人都必须通过学习才能获得语言能力，语言的目的是交流观念、意见、思想等。

（二）幼儿语言教育

幼儿语言教育是专门研究0~6岁幼儿语言发生、发展的现象、规律及其训练和教育的一门学科，是理论性与实践性结合、应用性较强的学科。主要通过探索幼儿语言学习中的普遍现象，寻找其中的规律，使用科学的方法对幼儿进行有效的教育，从而达到促进幼儿语言能力提高的目的。

幼儿语言教育有广义和狭义之分。广义的幼儿语言教育是把0~6岁幼儿所有语言获得和学习现象、规律以及训练与教育作为主要研究对象，对0~6岁幼儿加强听、说、读、写的训练。广义的幼儿语言教育也着重于幼儿语言运用能力的培养，提高幼儿运用语言进行交际的能力。语言能力是指在人的大脑中形成的一种能够按照本族语言规则把声音和意思联系起来的能力，即语言使用者对语言内容内在规则的了解。语言运用能力则是语言能力的实际运用，是指在一定的语言环境中对于语言的具体运用。

狭义的幼儿语言教育是指3~6岁幼儿掌握母语口语的过程，特别是把3~6岁幼儿早期掌握母语的听说训练和教育作为主要研究的对象，对3~6岁幼儿加强口语的听说训练。

二、幼儿语言教育的意义

幼儿语言教育活动是幼儿集中学习语言和发展语言能力的机会，是幼儿互相交流自己已经获得的语言经验的途径，能够增强幼儿在同伴和成人面前用口头语言表达自己思想的勇气和信心。幼儿语言教育对提高幼儿综合素质、发展认知能力具有重要意义。

（一）幼儿语言教育能够促进文化启蒙

语言是人类最重要的交际工具，是文化的载体，是文化的表现形式，而且语言本身也是一种文化现象。人类文化有许多种延续方式，通过语言、文字记录保存是其中重要的方式。任何一种文化的富有生命力的延续都要通过教育才能实现，这是教育传递渠道与其他文化传递渠道的区别之一。幼儿阶段由于种种原因，大部分文化传递只能通过语言来进行，幼儿语言教育则是其中的主渠道。幼儿语言教育是对文化中的信息进行重组，根据幼儿的年龄特征与接受能力，以一种浓缩、简洁和有效的方式进行传递。例如在幼儿文学作品中应充满对幼儿的知识启蒙和智力启蒙以及思想教育的内容，教师在运用文学作品对幼儿进行教育时，往往不自觉地传递社会文化中的真、善、美等经典内容。

幼儿园是传播新文化、新知识的重要场所，承担对幼儿进行早期启蒙教育的责任，语言教育是重要的传播文化知识的工具之一。任何一种语言都承载着民族的思维方式、思想感情，传承着民族绵延不息的文化。一代接一代，把各种深刻而热烈的运动结果、历史事件，信仰、见解、生活中的忧患和欢乐的痕迹，全部积累在语言的宝库里，把全部精神生活的痕迹都珍藏在民族的语言里。幼儿在学习本族语言的同时，能够了解本民族人民的思想、情感和生活领域，了解人民的精神领域。所以，语言教育不仅仅是听、说、读、写能力的培养，而且对继承人类文化、弘扬民族精神、培养高尚情操、提高文化修养有着巨大的影响。

（二）幼儿语言教育能够促进幼儿综合素质的提高

语言在幼儿成长过程中起着不可或缺的作用。幼儿认识世界、接受教育都离不开语言。在语言的获得和发展过程中，不仅仅是学习简单的语音、词汇，而是接受一定意义的内容。在各种形式的语言教育活动中，幼儿逐渐能够判断出"对的""不对的"，随着语言和认识的发展，幼儿的道德认识开始形成。这样，在进行语言教育的同时，也可提高幼儿的道德认识。

儿童文学作品中优美的语言、生动的描写、有趣的情节，会直接或间接地影响幼儿的审美能力，影响幼儿身心的和谐发展。童话故事中美好的结局，能让幼儿对生活充满乐观和自信，获得快乐期盼与肯定的积极情绪体验，会促进幼儿身心的健康成长。语言教育使幼儿有能力与同伴交流，表达自己的感受，理解他人的想法。

（三）幼儿语言教育能够促进幼儿认知能力的发展

智力是认知能力的总称，核心是思维能力。语言作为思维的外化、材料和工具，两者有着密不可分的关系。随着幼儿语言水平的提高，语言与认知能力的结合也日渐密切。随着语言的发展，幼儿思维逐渐减少对行动的依赖，并逐渐摆脱行动的直接支持，幼儿大脑开始对事物做出概括性反映，对动作的依赖减少，对语言的依赖增加，这使幼儿的思维从直觉行动思维逐渐发展到具体形象性思维，进而逐渐产生抽象思维。

语言的发展可以帮助幼儿更全面、更深入地认识世界。幼儿对文学作品中的故事角色与情节的感知、理解和想象，可以调动幼儿的思维能力和创造力，能够更好地认识生活中美好的事物，更深刻地感知世界。同时语言活动中对儿歌的记忆、对散文的欣赏，绕口令中语音、词汇的练习，对古诗词的感悟等，都能极大地调动幼儿的记忆力、想象力、理解力，这些能力都可在无形中促进幼儿认知能力的发展。

（四）幼儿语言教育能够促进幼儿社会性的发展

语言是一种社会现象，是社会生活中进行交际活动的重要手段。语言是伴随着人类社会的产生而产生的，而且随着社会生活的变化而发展。人们通过语言表达思想感情，完成与他人的交流与沟通。幼儿学习语言的过程也是学习和掌握交际工具的过程。语言教育能够促进幼儿社会适应能力的发展。

幼儿在学习语言的过程中，逐步掌握运用语言进行交际的社会规则，掌握语言交往的技能。例如讲话要文明、要有礼貌；说话要清楚，能够表达自己的意见，使对方能够听明白。

语言的交往技能则表现在幼儿常常与同伴一起玩，一起商量游戏规则。幼儿口语能力强，容易取得交际的成功。幼儿学会运用语言，就能够与周围的人进行交际，交际经验的获得又会促进幼儿语言的发展，并促进幼儿社会行为的发展，从而促进幼儿社会性的发展。

幼儿获得语言是幼儿社会化进程中的一个里程碑，幼儿接触社会、融入社会、与社会相互作用的主要方式就是语言交流。幼儿学习语言时会接触大量的以社会生活为内容的语言材料。幼儿在感知、理解和体会语言材料时，常常观察和学习成人的社会行为。例如家里来了客人，应该如何对待；同伴之间如何相处；遇到不顺心的事情时，同伴之间如何安慰。幼儿交际成功与失败的经验，使幼儿懂得如何处理与自己有关的事情，这对幼儿社会交往能力的发展，以及道德情感和行为的发展将产生积极的影响。

（五）幼儿语言教育为幼儿学习书面语言奠定基础

学前期是幼儿语言发展的关键期。语言分为口头语言和书面语言。人类掌握语言的规律决定了幼儿语言教育的主要任务是发展幼儿的口语表达能力。书面语言以口头语言为基础，只有掌握了口头语言，才能更好地学习书面语言。听、说是读、写的基础，是幼儿顺利过渡到正式学习阶段的重要条件。

幼儿在学习口头语言的过程中，可以学会准确的读音、掌握大量的词汇，具有一定的沟通能力。当幼儿再学习认字、读书时，把看到的字形和相应的语音联系起来，理解文字的内容和用文字表达意思就比较容易了。幼儿口头组词、组句、表达能力的训练，可以促进幼儿思维敏捷性、灵活性和逻辑性的发展，这些因素能够为幼儿以后学习书面语言打下坚实的基础。

第二课　幼儿语言教育的目标、内容

幼儿语言教育活动是指教师有目的、有计划、有组织地开展的，以促进幼儿语言学习与发展为宗旨的教育活动。语言教育活动的根本目的是在教师指导下，促进幼儿积极主动地与人交谈，与周围的语言环境不断地交互作用，学习倾听与表达，从而不断获得语言经验，提高语言交流与表达能力。幼儿语言教育的目标和内容是根据幼儿语言发展的规律和特点，有针对性地提出的。

一、幼儿语言教育的目标

幼儿语言教育的目标是对幼儿语言教育目的和要求的归纳，是实施语言教育的方向和准则。幼儿语言教育目标是依据幼儿教育的总体要求、社会的要求、语言发展的要求确立的，是学前教育目标在语言领域的具体化。

（一）幼儿语言教育的总目标

《纲要》从五个方面对幼儿语言领域教育提出目标要求：
(1) 乐意与人交谈，讲话礼貌。
(2) 注意倾听对方讲话，能理解日常用语。
(3) 能清楚地说出自己想说的事。
(4) 喜欢听故事、看图书。
(5) 能听懂和会说普通话。

> **相关链接**

《纲要》中语言领域的目标、内容与要求、指导要点

（一）目标

1. 乐意与人交谈，讲话礼貌。
2. 注意倾听对方讲话，能理解日常用语。
3. 能清楚地说出自己想说的事。
4. 喜欢听故事、看图书。
5. 能听懂和会说普通话。

（二）内容与要求

1. 创造一个自由、宽松的语言交往环境，支持、鼓励、吸引幼儿与教师、同伴或其他人交谈，体验语言交流的乐趣，学习使用适当的、礼貌的语言交往。
2. 养成幼儿注意倾听的习惯，发展语言理解能力。
3. 鼓励幼儿大胆、清楚地表达自己的想法和感受，尝试说明、描述简单的事物或过程，发展语言表达能力和思维能力。
4. 引导幼儿接触优秀的儿童文学作品，使之感受语言的丰富和优美，并通过多种活动帮助幼儿加深对作品的体验和理解。
5. 培养幼儿对生活中常见的简单标记和文字符号的兴趣。
6. 利用图书、绘画和其他多种方式，引发幼儿对书籍、阅读和书写的兴趣，培养前阅读和前书写技能。
7. 提供普通话的语言环境，帮助幼儿熟悉、听懂并学说普通话。少数民族地区还应帮助幼儿学习本民族语言。

（三）指导要点

1. 语言能力是在运用的过程中发展起来的，发展幼儿语言的关键是创设一个能使他们想说、敢说、喜欢说、有机会说并能得到积极应答的环境。
2. 幼儿语言的发展与其情感、经验、思维、社会交往能力等其他方面的发展密切相关，因此，发展幼儿语言的重要途径是通过互相渗透的各领域的教育，在丰富多彩的活动中去扩展幼儿的经验，提供促进语言发展的条件。
3. 幼儿的语言学习具有个别化的特点，教师与幼儿的个别交流、幼儿之间的自由交谈等，对幼儿语言发展具有特殊意义。
4. 对有语言障碍的儿童要给予特别关注，要与家长和有关方面密切配合，积极地帮助他们提高语言能力。

（二）幼儿语言教育的分类目标和年龄阶段目标

《指南》中对幼儿语言总目标进行分类，并根据幼儿的年龄特点，为确立年龄阶段目标提供依据。具体内容如下：

（1）倾听与表达。

（2）阅读与书写准备。

相关链接

《指南》中语言领域教育的目标、教育建议

（一）倾听与表达

目标1　认真听并能听懂常用语言

3~4岁	4~5岁	5~6岁
1. 别人对自己说话时能注意听并做出回应。 2. 能听懂日常会话	1. 在群体中能有意识地听与自己有关的信息。 2. 能结合情境感受到不同语气、语调所表达的不同意思。 3. 方言地区和少数民族幼儿能基本听懂普通话	1. 在集体中能注意听老师或其他人讲话。 2. 听不懂或有疑问时能主动提问。 3. 能结合情境理解一些表示因果、假设等相对复杂的句子

教育建议：

1. 多给幼儿提供倾听和交谈的机会。如：经常和幼儿一起谈论他感兴趣的话题，或一起看图书、讲故事。

2. 引导幼儿学会认真倾听。如：

- 成人要耐心倾听别人（包括幼儿）的讲话，等别人讲完再表达自己的观点。
- 与幼儿交谈时，要用幼儿能听得懂的语言。
- 对幼儿提要求和布置任务时要求他注意听，鼓励他主动提问。

3. 对幼儿讲话时，注意结合情境使用丰富的语言，以便于幼儿理解。如：

- 说话时注意语气、语调，让幼儿感受语气、语调的作用。如对幼儿的不合理要求以比较坚定的语气表示不同意；讲故事时，尽量把故事人物高兴、悲伤的心情用不同的语气、语调表现出来。
- 根据幼儿的理解水平有意识地使用一些反映因果、假设、条件等关系的句子。

目标2　愿意讲话并能清楚地表达

3~4岁	4~5岁	5~6岁
1. 愿意在熟悉的人面前说话，能大方地与人打招呼。 2. 基本会说本民族或本地区的语言。 3. 愿意表达自己的需要和想法，必要时能配以手势动作。 4. 能口齿清楚地说儿歌、童谣或复述简短的故事	1. 愿意与他人交谈，喜欢谈论自己感兴趣的话题。 2. 会说本民族或本地区的语言，基本会说普通话。少数民族聚居地区幼儿会用普通话进行日常会话。 3. 能基本完整地讲述自己的所见所闻和经历的事情。 4. 讲述比较连贯	1. 愿意与他人讨论问题，敢在众人面前说话。 2. 会说本民族或本地区的语言和普通话，发音正确清晰。少数民族聚居地区幼儿基本会说普通话。 3. 能有序、连贯、清楚地讲述一件事情。 4. 讲述时能使用常见的形容词、同义词等，语言比较生动

教育建议：

1. 为幼儿创造说话的机会并体验语言交往的乐趣。

- 每天有足够的时间与幼儿交谈。如谈论他感兴趣的话题，询问和听取他对自己事情的意见等。
- 尊重和接纳幼儿的说话方式，无论幼儿的表达水平如何，都应认真地倾听并给予积极的回应。
- 鼓励和支持幼儿与同伴一起玩耍、交谈，相互讲述见闻、趣事或看过的图书、动画片等。
- 使用方言地区和少数民族地区应积极为幼儿创设用普通话交流的语言环境。

2. 引导幼儿清楚地表达。如：
- 和幼儿讲话时，成人自身的语言要清楚、简洁。
- 当幼儿因为急于表达而说不清楚的时候，提醒他不要着急，慢慢说；同时要耐心倾听，给予必要的补充，帮助他理清思路并清晰地说出来。

目标3　具有文明的语言习惯

3~4岁	4~5岁	5~6岁
1. 与别人讲话时知道眼睛要看着对方。 2. 说话自然，声音大小适中。 3. 能在成人的提醒下使用恰当的礼貌用语	1. 别人对自己讲话时能回应。 2. 能根据场合调节自己说话声音的大小。 3. 能主动使用礼貌用语，不说脏话、粗话	1. 别人讲话时能积极主动地回应。 2. 能根据谈话对象和需要，调整说话的语气。 3. 懂得按次序轮流讲话，不随意打断别人。 4. 能依据所处情境使用恰当的语言。如在别人难过时会用恰当的语言表示安慰

教育建议：

1. 成人注意语言文明，为幼儿做出表率。如：
- 与他人交谈时，认真倾听，使用礼貌用语。
- 在公共场合不大声说话，不说脏话、粗话。
- 幼儿表达意见时，成人可蹲下来，眼睛平视幼儿，耐心听他把话说完。

2. 帮助幼儿养成良好的语言行为习惯。如：
- 结合情境提醒幼儿一些必要的交流礼节。如对长辈说话要有礼貌，客人来访时要打招呼，得到帮助时要说谢谢等。
- 提醒幼儿遵守集体生活的语言规则，如轮流发言，不随意打断别人讲话等。
- 提醒幼儿注意公共场所的语言文明，如不大声喧哗。

（二）阅读与书写准备

目标1　喜欢听故事，看图书

3~4岁	4~5岁	5~6岁
1. 主动要求成人讲故事、读图书。 2. 喜欢跟读韵律感强的儿歌、童谣。 3. 爱护图书，不乱撕、乱扔	1. 反复看自己喜欢的图书。 2. 喜欢把听过的故事或看过的图书讲给别人听。 3. 对生活中常见的标识、符号感兴趣，知道它们表示一定的意义	1. 专注地阅读图书。 2. 喜欢与他人一起谈论图书和故事的有关内容。 3. 对图书和生活情境中的文字符号感兴趣，知道文字表示一定的意义

教育建议：
1. 为幼儿提供良好的阅读环境和条件。如：
- 提供一定数量、符合幼儿年龄特点、富有童趣的图画书。
- 提供相对安静的地方，尽量减少干扰，保证幼儿自主阅读。

2. 激发幼儿的阅读兴趣，培养阅读习惯。如：
- 经常抽时间与幼儿一起看图书、讲故事。
- 提供童谣、故事和诗歌等不同体裁的儿童文学作品，让幼儿自主选择和阅读。
- 当幼儿遇到感兴趣的事物或问题时，和他一起查阅图书资料，让他感受图书的作用，体会通过阅读获取信息的乐趣。

3. 引导幼儿体会标识、文字符号的用途。如：
- 向幼儿介绍医院、公用电话等生活中的常见标识，让他知道标识可以代表具体事物。
- 结合生活实际，帮助幼儿体会文字的用途。如买来新玩具时，把说明书上的文字念给幼儿听，了解玩具的玩法。

目标 2　具有初步的阅读理解能力

3～4 岁	4～5 岁	5～6 岁
1. 能听懂短小的儿歌或故事。 2. 会看画面，能根据画面说出图中有什么、发生了什么事等。 3. 能理解图中的文字是和画面对应的，是用来表达画面意义的。	1. 能大体讲出所听故事的主要内容。 2. 能根据连续画面提供的信息，大致说出故事的情节。 3. 能随着作品的展开产生喜悦、担忧等相应的情绪反应，体会作品所表达的情绪情感。	1. 能说出所阅读的幼儿文学作品的主要内容。 2. 能根据故事的部分情节或图书画面的线索猜想故事情节的发展，或续编、创编故事。 3. 对看过的图书、听过的故事能说出自己的看法。 4. 能初步感受文学语言的美。

教育建议：
1. 经常和幼儿一起阅读，引导他以自己的经验为基础理解图书的内容。如：
- 引导幼儿仔细观察画面，结合画面讨论故事内容，学习建立画面与故事内容的联系。
- 和幼儿一起讨论或回忆书中的故事情节，引导他有条理地说出故事的大致内容。
- 在给幼儿读书或讲故事时，可先不告诉名字，让幼儿听完后自己命名，并说出这样命名的理由。
- 鼓励幼儿自主阅读，并与他人讨论自己在阅读中的发现、体会和想法。

2. 在阅读中发展幼儿的想象和创造能力。如：
- 鼓励幼儿依据画面线索讲述故事，大胆推测、想象故事情节的发展，改编故事部分情节或续编故事结尾。
- 鼓励幼儿用故事表演、绘画等不同的方式表达自己对图书和故事的理解。
- 鼓励和支持幼儿自编故事，并为自编的故事配上图画，制成图画书。

3. 引导幼儿感受文学作品的美。如：
- 有意识地引导幼儿欣赏或模仿文学作品的语言节奏和韵律。

- 给幼儿读书时，通过表情、动作和抑扬顿挫的声音传达书中的情绪情感，让幼儿体会作品的感染力和表现力。

目标3　具有书面表达的愿望和初步技能

3～4岁	4～5岁	5～6岁
喜欢用涂涂画画表达一定的意思	1. 愿意用图画和符号表达自己的愿望和想法。 2. 在成人提醒下，写写画画时姿势正确	1. 愿意用图画和符号表现事物或故事。 2. 会正确书写自己的名字。 3. 写画时姿势正确

教育建议：

1. 让幼儿在写写画画的过程中体验文字符号的功能，培养书写兴趣。如：
- 准备供幼儿随时取放的纸、笔等材料，也可利用沙地、树枝等自然材料，满足幼儿自由涂画的需要。
- 鼓励幼儿将自己感兴趣的事情或故事画下来并讲给别人听，让幼儿体会写写画画的方式可以表达自己的想法和情感。
- 把幼儿讲过的事情用文字记录下来，并念给他听，使幼儿知道说的话可以用文字记录下来，从中体会文字的用途。

2. 在绘画和游戏中做必要的书写准备，如：
- 通过把虚线画出的图形轮廓连成实线等游戏，促进手眼协调，同时帮助幼儿学习由上至下、由左至右的运笔技能。
- 鼓励幼儿学习书写自己的名字。
- 提醒幼儿写画时保持正确姿势。

(三) 幼儿语言教育的分类目标

对于幼儿语言教育目标要求，可以从语言认知、语言技能培养、语言情感培养几方面来表述。

1. 语言认知目标

教师要支持、鼓励、吸引幼儿与同伴或其他人交谈，表达自己的感受与想法。只有懂得表述的作用、愿意向别人表达自己的见解，并且具备表述能力，才能真正地进行语言交流。在交流的过程中，幼儿会掌握词汇、句式、汉语拼音、各类故事、诗歌、儿歌、散文、绕口令等。

2. 语言技能培养目标

应养成幼儿注意倾听的能力，发展幼儿的语言理解能力，以及对文字符号的兴趣。倾听是幼儿感知和理解语言的行为表现，是不可或缺的一种行为能力。语言的理解能力表现为能理解语言所表达的意思，会运用、会复述、会背诵、会创编。早期阅读的主要目标是帮助幼儿从口头语言向书面语言过渡，包括知道图书和文字的重要性，愿意阅读图书和辨认汉字，掌握一定的阅读和书写的准备技能等。培养幼儿在倾听、欣赏、早期阅读方面的能力，也就是听、说、读、写的能力。

3. 语言情感培养目标

引导幼儿接触优秀的儿童文学作品。幼儿通过欣赏优秀的儿童文学作品,感受语言的丰富和优美,加深对作品的体验和理解,想象文学作品丰富的情景,感受理解文学作品中各种人物的个性和情感特征,培养对真、善、美的追求。

二、幼儿语言教育的内容

幼儿语言教育的内容是指幼儿园传授给幼儿的语言形式、语言内容、语言运用的总和,是教给幼儿一套特定的语言符号系统,并指导幼儿学习运用这套符号系统进行交际。幼儿语言教育的基本任务是学会运用本民族语言进行交际。幼儿语言教育的内容可以分为:教给幼儿本民族的语言符号系统,以及学会运用语言。幼儿语言教育的内容是实现语言教育目标的手段,是幼儿教师设计和开展语言教育活动的主要依据。幼儿语言教育的主要内容有:

(一)学说普通话

我国地域辽阔,各个地区都有自己的方言。普通话是幼儿接受教育必不可少的一项语言政策。因此,学习说普通话,独立用普通话进行交流是幼儿语言教育中的一项重要内容。

(二)谈话

幼儿运用语言与人沟通是从交谈开始的。谈话在培养语言交际意识、情感、能力方面有特别重要的意义。谈话中发展起来的听和说的能力与习惯,为幼儿语言交际能力的发展奠定了良好的基础。幼儿园中的谈话分为谈话活动和日常生活中的谈话。谈话活动是幼儿园语言教育中一种有目的、有计划地组织幼儿学习语言的教育活动,旨在创造一个良好的语言环境,帮助幼儿学习倾听别人的谈话,围绕一个主题进行交流,习得与别人交流的方式、规则,培养与人交往的能力。谈话根据不同的划分条件可以分为不同的内容:依据人群可以分为个别谈话和集体谈话;依据内容可以分为主题谈话、经验谈话、信息谈话、总结性谈话。

(三)讲述

讲述是发展幼儿独白言语的形式,主要是指运用完整的句子、连贯的语言,围绕一个主题描述事物、表达思想,是一种更为复杂、周密的口头语言表达形式。讲述在语言的内容、形式和思维的逻辑性方面,要求比较高。所以要根据幼儿的年龄特点,选择多种讲述内容、形式、方法进行训练,发展幼儿的讲述能力。讲述的主要内容有:经验讲述、看图讲述、实物讲述、情景讲述、拼图讲述、续编故事等。

(四)文学作品的学习

幼儿文学作品的学习是以幼儿文学作品为基本教育内容,设计组织的语言教育活动。幼儿文学作品的学习是从一个具体的文学作品教学入手,围绕该作品展开的一系列相关的活动,帮助幼儿理解作品所展示的丰富、优美的艺术语言和生动、有趣的情节。幼儿文学作品包括童话、幼儿生活故事、自然故事、儿童诗歌、散文、谜语、绕口令等。学习的主要形式有聆听与感受文学作品、朗诵与表演文学作品、仿编与创编文学作品。

（五）早期阅读

早期阅读是指幼儿对简单的文字、图画、标记等的阅读活动。早期阅读是幼儿由口头语言向书面语言的过渡，是理解口头语言与文字之间关系的重要途径。从语言教育的角度来看，图书是幼儿从理解图画符号到文字符号，从学习口头语言向书面语言过渡的有效工具。早期阅读在帮助幼儿顺利完成上述两个过渡的过程中起着重要的作用。早期阅读的主要内容有：翻阅图书的基本技能、喜欢阅读和爱护图书的良好习惯；成人朗诵图书中的文字，幼儿能够边看边听，理解图书的内容；能够对单幅画面进行讲述并能够适当地扩句或缩句；了解汉字，认识简单的独体字，认识自己的名字并会书写。

第三课 幼儿语言教育的途径和方法

《纲要》中指出："幼儿语言的发展与其情感、经验、思维、社会交往能力等其他方面的发展密切相关，因此，发展幼儿语言的重要途径是通过互相渗透的各领域的教育，在丰富多彩的活动中去扩展幼儿的经验，提供促进语言发展的条件。"可以说，语言教育的途径广、方法多，可以通过幼儿园的任何环节对幼儿进行语言教育。

一、幼儿语言教育的途径

幼儿语言教育是幼儿学习语言、获得语言经验的载体，幼儿语言教育可以通过多种途径进行，有语言参与的活动都可以进行语言教育。

（一）专门性的语言教育活动

专门性的语言教育活动是指教师根据幼儿语言教育目标，有目的、有计划地设计和组织幼儿系统学习语言的教育活动，是语言教育的基本途径。在专门性的语言教育活动中，教师为幼儿提供比较正式的语言交际环境，并向幼儿示范新的语言经验，帮助幼儿获得基本的语言知识、能力和情感态度。

1. 语言教育活动

语言是一个复杂的符号系统，有自身的结构要素和结构规则，幼儿除了通过活动和交往，在不知不觉中获得有关的语言知识外，还需要有专门的语言教育活动，让幼儿有集中学习语言知识和发展语言能力的机会。有组织的教育活动是根据幼儿语言教育的目标，有针对性地设计的集中教育活动。语言教育活动应安排具体的听、说、读、写训练，有顺序、有步骤地训练幼儿的语言能力，或提供语言知识作为学习对象，从而保证幼儿语言教育计划的全面落实。

案例一

活动名称：儿歌——《骑上我的小红马》。

活动班级：大班。

活动目标：

在初步了解马的基本特征后理解和学念儿歌，体验骑马游戏的快乐。

活动准备：

小马、树林、草原图片，人手一匹小马（颜色不同）系在一根竹竿上。

重点与难点：
重点：理解儿歌内容并学会念儿歌。
难点："得儿驾"的儿化音发音。
活动过程
一、说说我见过的马
——教师用手指在桌上发出马儿跑的声音问：咦，是谁来了？它是怎么过来的？你是怎么知道的？
——你见过马吗？在哪里见到过？它在干什么？你见过的马儿是怎么样的？
——（出示小红马）看，到底是谁跑来了？这匹马长什么样子？（师：对，我有一匹小红马）
——它的脖子和尾巴是什么样子的？（师：长长的脖子，大尾巴）
——你们想不想骑骑这匹小红马呢？那谁知道骑马的时候有什么办法让马儿听你的话向前跑呢？（重点指导幼儿"得儿驾"的发音）
——小红马跑呀跑，会跑到哪儿去呢？去干什么？（师：穿过树林奔向草原，带着我去看妈妈）
——教师完整念一遍儿歌，引导幼儿一起跟着念。
二、说说、骑骑我的小马
——引导每个幼儿挑选一匹自己喜欢的小马，说说小马的颜色，将"小红马"改编成自己的小马。
——带着幼儿边念儿歌边玩骑马的游戏。

2. 语言活动区的教育活动

幼儿园的语言活动区包括语言角、阅读区、角色表演区等。在幼儿园活动室的一角可以设置与语言教育有关的活动区域，作为专门的语言教育活动场所，教师可以利用区角活动时间，培养幼儿的语言表达能力。

（1）语言角就是在活动室的一角准备一些图片、儿童画报、录音机、电脑等，让幼儿练习口语表达。在语言角中，幼儿可以根据自己的需要，有选择地观看或阅读文学作品和有关内容，丰富自己的语言练习素材。教师还可以在语言角中投放一些识字图片或填图游戏卡，准备一些书写工具，以便有兴趣的幼儿认读汉字或练习运笔。

（2）阅读区就是创设一个相对比较安静、光线比较充足、适合幼儿读书的地方。阅读区要准备适合幼儿年龄特点的图书，图书摆放在幼儿拿取方便的地方，让幼儿自由挑选。图书要视幼儿的兴趣和需要及时添置和更换。要考虑幼儿的个体差异，既要有幼儿读过的旧图书，又要有新图书。教师要及时向幼儿介绍新图书，激发幼儿阅读的兴趣，教给幼儿正确的阅读方法，促进幼儿掌握阅读的有关技能，同时还要鼓励幼儿将阅读的内容讲述出来。

（3）角色表演区是幼儿喜欢的区域，幼儿可以在里面表演自己喜欢的故事，在表演的同时练习故事中人物的对话，发展口语表达能力。

（二）渗透性的语言教育活动

日常生活、游戏、其他领域等为幼儿提供了大量语言交往的机会，使幼儿通过实践，练习、巩固、理解和运用语言。这些活动为幼儿提供了有关各种事物和人际交往的丰富经验，为幼儿的语言活动积累了素材，教师还可以有针对性地对幼儿的语言学习进行指导。

1. 日常生活中的语言教育活动

语言是人们在日常生活中建立良好人际关系的工具，可以起到调节和指导人际关系的作用。日常生活中的语言交往，可以帮助幼儿学习在不同场合，运用恰当的语言形式进行表述和交流。在日常生活中，教师可以自然地了解幼儿语言发展的实际水平以及语言表达的态度和行为习惯。教师可以在与幼儿的交往中，为幼儿提供语言示范，丰富幼儿的词汇、句式等。

2. 在活动区中进行语言教育活动

幼儿园的活动区是多种多样的，在活动区活动的时候，幼儿需要通过语言开展游戏、进行自由交谈。教师可以利用活动区的活动，鼓励同伴之间相互商量解决游戏中出现的问题，分配游戏中的角色，引导幼儿拓展谈话内容。在活动区的活动结束时，可以请幼儿讲述自己活动的过程、活动后的感受以及收获，谈谈自己在与同伴交往过程中的新发现。

3. 在其他领域中渗透语言教育

幼儿园除了语言教育活动，还有其他领域的教育活动。这些活动虽然不以语言活动为主要内容，但是其中包含着大量的语言教育因素，幼儿在这些教育活动中，不断地学习新词、新句，尝试用语言与同伴或周围的成人交往。因此，教师可以在这些教育活动中对幼儿进行适当的语言教育。

二、幼儿语言教育的方法

幼儿语言教育的方法是指成人为发展幼儿的语言创设条件和提供机会，让幼儿参与各种丰富多彩的活动。让幼儿在与人、物、环境、材料等的交互作用中学习语言、发展语言。幼儿语言教育的基本方法有：示范法、练习法、游戏法、表演法、评议法。

（一）示范法

示范法是指教师通过自身规范化的语言，为幼儿提供语言学习模仿的榜样，让幼儿始终在良好的语言环境中自然地模仿学习。教师的示范语言是幼儿进行模仿的基础，所以幼儿教师在进行语言教育活动时要注意：

1. 教师的示范语言一定要规范、准确

教师的规范语言包括语言形式、语言内容、语言运用三个方面。要求教师无论何时、何地都要运用规范语言，这样才能为幼儿创设良好的语言环境，成为幼儿模仿学习的典范。教师言语的示范必须发音准确、咬字清楚、声音响亮，还要辅以自然的表情和恰当的手势，要注意语言的表现力和感染力。

2. 教师的示范语言要把握时机和力度

在语言教育中，教师要善于察觉幼儿不易理解和掌握的学习内容，要反复强调、重点示范，让幼儿有意识地模仿。例如新词、发音难的字词、人物的对话、连贯的讲述、仿编的原句等。

3. 教师的示范语言要妥善运用强化原则

教师要善于发现幼儿语言发展的差异，因材施教。要及时鼓励幼儿正确的语言行为和习惯，加以强化。对于幼儿不正确的语言，教师要反复示范，进行强化，也可以让幼儿做示

范，缩短幼儿之间学习语言的距离。

（二）练习法

练习法是有意识地让幼儿多次使用同一个言语因素（如语音、词汇、句子等）或训练幼儿某方面言语技能技巧（如讲述、朗诵、表演故事等）的一种方法。在幼儿语言教育中，口头练习是大量的。只有通过练习，幼儿才能掌握言语因素和言语的技能技巧，并能正确运用到自己的言语中去。这种练习不是简单的重复，而是要求幼儿在理解内容的基础上有一定的独创性。

（1）根据幼儿语言发展的特点，明确练习的要求，逐步提高对幼儿练习的要求。

（2）练习的形式应生动活泼、变换多样，避免简单的、机械的重复。

（三）游戏法

游戏法是指教师通过有规则的游戏，训练幼儿正确发音、丰富幼儿词汇、帮助幼儿学习句式的一种方法。游戏是符合幼儿年龄特点的活动，是幼儿语言教育中常用的方法之一。运用游戏法的目的在于提高幼儿的学习兴趣、集中幼儿的注意力、促进幼儿各种感官和大脑的积极活动。

（1）根据幼儿语言教育的目标和内容选编游戏。游戏要有明确的语言目标，规则具体，幼儿能够理解，以达到训练幼儿语言的目的。

（2）在运用游戏法时，可配合游戏的内容，准备相应的教具或学具等直观材料。随着年龄的增加，可以开展纯语言的游戏。

（3）针对个别学习困难的幼儿，应通过游戏法给予帮助，使幼儿在轻松、愉快的氛围中进行强化训练。

（四）表演法

表演法是指在教师的指导下，幼儿学习表演文学作品，以提高口语表达能力的一种方法。例如再现文学作品中的故事情节、人物对话，加以肢体表演等。运用表演法时要注意：

（1）教师必须在幼儿理解诗歌、散文、绕口令等作品内容，并能熟练朗诵的基础上，指导幼儿正确地运用声调、韵律、节奏、速度等进行诗歌、散文、绕口令的朗诵和表演。

（2）教师必须在理解童话、幼儿故事等内容，熟悉人物之间的对话以及人物内心活动的基础上，指导幼儿正确运用语言、动作、表情等扮演角色，再现故事情节，进行童话、故事等的表演。

（3）教师要鼓励幼儿在表演中创新内容、增加情节与对话、大胆发展故事情节，运用肢体语言对人物进行心理刻画和渲染。

（4）教师要为全体幼儿提供参与表演的机会。对于语言能力较差的幼儿，可以安排一些简单的人物对话，或者参与情节的表演。

（五）评议法

评议法是指教师在语言教育中，对幼儿谈话、朗诵、表达的技能技巧进行评议。评议法可以明确幼儿言语技能掌握的程度。评议一般在幼儿语言活动后及时做出，便于引起幼儿的注意，加深幼儿的印象。评议法的重点是鼓励、表扬幼儿，讲优点。当指出不足时，教师要注意最好以建议的口吻提出练习要求，并配合示范，这样既可以鼓励幼儿学习的积极性，又可以给予幼儿具体帮助。

第四课 幼儿语言教育活动的设计与指导

不同类型的语言教育活动有不同的设计方法、不同的设计思路。在教育活动中，不同的活动内容可以选择相同的活动方式，同一个活动内容也可以选择不同的活动方式。在设计和组织语言教育活动时，必须充分考虑活动内容和活动方式相适应，组织适合幼儿年龄特点、适合教育要求的语言教育活动。

一、幼儿文学作品活动的设计

幼儿文学作品是指那些与0~6岁幼儿心理发展水平及接受能力和阅读能力相适应的各类文学作品的总称，具体包括童话、寓言、儿童故事、儿歌、儿童诗、谜语诗、绕口令、儿童散文、儿童小说、儿童科学文艺等多种体裁。幼儿文学教育活动的目的是引导幼儿积极主动地学习语言文学作品，感知语言文学作品，并能创造性地运用所学语言。

幼儿文学作品是用语言塑造文学形象的艺术。文学的真、善、美形式隐含在语言中。幼儿必须通过对语言文字信息进行理解和想象，才能在头脑中产生画面，因此文学的形象不在时空中，而是在人的头脑中。人头脑中的形象越细腻、越丰满、越鲜活，就越激动人心。

（一）幼儿文学作品内容的选择

幼儿文学的本质是审美。幼儿文学作品按照美的规律和审美理想，通过艺术语言塑造想象、描绘意境、表达感情来反映现实、社会，集中表现生活美、自然美和艺术美。幼儿文学的一切教育功能都是建立在幼儿文学审美的基础之上的。幼儿文学作品既是教育目标的载体，又是活动的依据。选择幼儿文学作品时，既要考虑幼儿文学作品本身的教育功能，又要考虑幼儿的欣赏趣味和欣赏能力。

1. 幼儿文学作品的形象要鲜明生动

幼儿文学作品塑造的形象要活灵活现、生动可爱，不论是人物还是动物，都要有形象化的语言和动作。这些语言和动作能够更清楚、更准确、更具体形象地表达人对各种事物、人物、情境的思想和观点，是幼儿学习语言的重要内容。例如儿歌《春雨》，"滴答滴答下小雨了，种子说：'下吧！下吧！我要发芽！'麦苗说：'下吧！下吧！我要长大！……'小朋友说：'下吧！下吧！我要种瓜！'"这些生动形象的描写，增加了作品的艺术感染力和表现力，提高了幼儿学习的兴趣。

2. 幼儿文学作品的情节要简单、有趣

幼儿的年龄特点决定了幼儿对事物相互关系的理解往往比较简单，且停留在表面，因此，给幼儿讲的故事情节不要太复杂。一部作品通常主要讲一件事，而且这件事涉及的人物不要太多，人物之间的关系也不要太复杂。例如故事《三只蝴蝶》《小猪盖房子》等。

3. 幼儿文学作品的语言要浅显易懂、具体生动

幼儿学习的文学作品是由各种词汇组合起来的语言艺术作品，为幼儿学习说话提供了成熟的语言样本。在学习文学作品的过程中，幼儿能够掌握不同的词汇、句式。但是，幼儿不能准确地理解抽象水平很高的词汇，不容易理解一些反映事物特征的词汇。所以，教师在为幼儿选择文学作品的时候，一定要对文学作品的词汇进行分析，对于很难理解的词汇，教师

要进行简单的处理，在不影响作品原意的基础上，用幼儿能够理解的词汇讲解给幼儿听。文学作品的句子要尽量口语化，多用简单句、主动句、短句，少用复杂句、被动句、长句。

4. 幼儿文学作品的题材要符合幼儿生活的实际

幼儿文学作品的题材要以幼儿熟悉的生活为主，主题和主要情节应取材于幼儿熟悉的事物，可以是发生在日常生活中的逸闻趣事、四季景色的变化、周围环境的特点等。

为了更好地让幼儿在文学作品教育活动中得到一定的语言发展和智力启蒙，形成正确的思维方式以及养成良好的品德行为习惯，可以选择一些经典或传统的文学作品。除此之外，从审美学的角度可以选择儿童诗、儿歌、散文等，集中体现文学语言的形式美。还可以选择一些名人名著。

案例二

活动名称：故事——聪明的乌龟。
活动班级：大班。
活动目标：
(1) 理解故事内容，重点了解乌龟是怎样机智地对付狐狸的。
(2) 学习用语言、动作大胆地表达自己对作品的理解，尽量表现作品所蕴含的幽默感。
活动准备：
故事磁带、图片。
活动过程：
1. 完整欣赏故事
——有一只聪明的乌龟战胜了狡猾的狐狸。今天，老师就讲一讲聪明的乌龟的故事。
——完整欣赏故事录音一遍。
——故事里有谁？乌龟对付狐狸的办法聪明吗？
2. 幼儿看图片分段讨论
——观察第一、第二、第三幅图，说说狐狸和乌龟发生了什么事。
——观察第四幅图。狐狸想吃乌龟，乌龟怎么办？
——观察第五幅图，引导幼儿重点讨论：乌龟怕摔、怕火，为什么还让狐狸把它摔到天上、扔进火盆呢？（鼓励幼儿两两结伴有表情地分角色对话）
——观察第六幅图，引导幼儿讨论：乌龟喜欢水，为什么狐狸说要把它扔到水里，它反而哭了呢？你认为乌龟听了狐狸的话心里会怎么想？它的心情又会是什么样的呢？
——观察第七、第八幅图，引导幼儿看看最后的结局是什么。
3. 角色对白
——教师既当叙述人，又当狐狸，与理解力、表现力都比较强的幼儿进行绘声绘色的对白。
——在前一轮对白的示范下，教师引导幼儿学习对白。重点引导幼儿注意讲述时的语气、语调和表情，帮助幼儿理解乌龟的聪明机智。
建议：
(1) 活动前幼儿已对乌龟的身体特征和生活习性有了一些了解，这样幼儿就能理解乌龟的聪明与机智了。

(2) 为了使讨论的问题情境集中在乌龟如何机智地对付狐狸上，开头的乌龟救青蛙这一部分可以一带而过。

(3) "角色对白"要将狐狸貌似狡猾、实乃愚蠢，乌龟表面可怜、实则机智的内涵表现出来。角色对白可集中在"狐狸实在饿慌了"直到结尾这部分进行。

附：聪明的乌龟

一只狐狸，肚子饿得咕咕叫，它东奔西跑地找东西吃，看见一只青蛙正在捉害虫，心里想，先拿这只青蛙当点心，填填肚子也好。

狐狸一步一步轻轻地跑过去，再跑上两步就要捉到青蛙了，可是，青蛙正在捉害虫，一点儿也不知道。

这事儿让乌龟看见了，它急忙伸长脖子，一口咬住狐狸的尾巴。

"哎哟，哎哟，谁咬我的尾巴？"狐狸叫了起来。

乌龟回答了吗？没有。它张嘴说话，不是就放了狐狸吗？乌龟不说话，一个劲儿地咬住狐狸的尾巴不放。

青蛙听见背后狐狸在叫，就连蹦带跳地跑到池塘边，"扑通"一声跳到水里去了。

狐狸没吃到青蛙，气坏了，回过头来一看："啊，原来是一只乌龟，我没吃到青蛙，吃乌龟也行。"

乌龟可聪明了，把头一缩，缩到硬壳里去了。狐狸没咬着它的头，就去咬它的腿，乌龟又把四条腿一缩，缩到硬壳里去了。狐狸没咬着它的腿，一看，还有条小尾巴呢，就去咬它的小尾巴，乌龟再把小尾巴一缩，也缩到小硬壳里去了。

狐狸实在饿慌了，就去咬乌龟的硬壳，咬得牙齿都发酸了，还是咬不动。

狐狸说："乌龟，乌龟，我要把你扔到天上去，'啪嗒'一下摔死你。"

乌龟说："谢谢你，谢谢你，你扔吧，我正想到天上去玩玩呢！"

狐狸说"乌龟，乌龟，我要把你扔到火盆里去，'呼啦'一下烧死你。"

乌龟说："谢谢你，谢谢你，你扔吧，我身上发冷，正想找个火盆来烤烤火呢！"

狐狸说："乌龟，乌龟，我要把你扔到池塘里去，'扑通'一下淹死你。"

乌龟听到狐狸这么一说，"哇"的一声哭了："狐狸，狐狸，你行行好，千万别把我扔到池塘里去，我最怕水，掉在水里就没命了！"

狐狸才不理它呢，抓起它的硬壳壳，走到池塘旁边，"扑通"一声，把乌龟扔到水里去了。

乌龟下了水，就伸出四条腿来，划呀，划呀，一直划到青蛙身边。两个好朋友，一边笑，一边说："狐狸，狐狸，你还想吃我们吗？说呀，说呀！"

狐狸气昏了，身子一纵，向青蛙和乌龟扑去，"扑通"一声，掉到池塘里去了。青蛙和乌龟看见水面上冒了一阵子气泡，再没看见狐狸露出水面来。

(二) 幼儿文学作品活动的类型

幼儿文学作品是指那些与 0～6 岁幼儿心理发展水平及接受能力和阅读能力相适应的各类文学作品的总称。幼儿文学作品包括寓言、童话、儿童故事、儿歌、儿童诗、谜语诗、绕口令、儿童散文、儿童小说、儿童科学文艺等多种体裁。在幼儿语言教育活动中，幼儿文学活动主要包括童话故事、生活故事、诗歌、散文活动。

1. 童话故事活动

童话故事活动是幼儿最喜欢的语言活动，也是幼儿文学活动中最基本的、最重要的题材。童话是有着浓厚幻想色彩的虚构的故事，故事内容、情节贴近幼儿生活，易于理解和领会，例如"三只小猪""没有牙齿的大老虎""小猫钓鱼"等。

案例三

活动名称：故事"萝卜回来了"。

活动班级：中班。

设计意图：

把中国经典的文学作品，特别是适合幼儿阅读的图画书传递给幼儿，让他们在最适当的时候阅读最优秀的故事，感受图画故事独特的魅力。故事情节虽然简单，但水墨画的画面效果和四个小动物传递萝卜和友谊的温馨画面会让人过目不忘、久久回味。故事的语言和节奏具有一定的重复性和节奏感，适合目前中班年龄段的幼儿进行阅读。

活动目标：

(1) 体验伙伴之间团结友爱的美好情感。

(2) 在倾听、观察、讲述和表演中培养良好的倾听习惯，发展较连贯的语言表达能力和初步的表现力。

(3) 理解故事内容，记住故事中小兔子、小猴、小鹿和小熊的出场顺序并能进行简单的讲述和表演。

重点与难点分析：

重点：在倾听、观察、讲述和表演中理解故事内容，感受小伙伴之间团结友爱的美好情感。

难点：记住故事中小兔子、小猴、小鹿和小熊的出场顺序和故事中的重复性语句，尝试运用肢体语言和简单的道具进行故事表演。

活动准备：

物质准备：

(1) 图画书《萝卜回来了》和PPT课件。

(2) 场景道具：布置小兔子、小猴、小鹿和小熊的家，萝卜、花生、南瓜和红薯模型。

(3) 幼儿围坐一圈。

心理准备：事先将图画书《萝卜回来了》投放在阅读区供孩子们自主阅读。

活动过程：

一、导入：出示图画书，观察封面，引出故事

提问：看看封面上有什么小动物？是什么季节？让我们来听一听小动物之间发生了什么故事。

二、展开

(1) 教师运用PPT有感情地讲述故事，引导幼儿边听故事边观察画面，理解故事中小动物团结友爱的美好情感。

①故事中都有哪几个小动物？它们是怎么给同伴送萝卜的？

②为什么萝卜又回来到小白兔家了呢?

(2) 教师和幼儿一起复述故事，学说故事中重复的语句："天气这么冷，雪这么大，我要把这个萝卜给××送去。"

(3) 布置表演场地，运用简单道具，邀请个别幼儿分别扮演小兔子、小猴、小鹿和小熊，表演故事"萝卜回来了"，提示幼儿表演出各个动物的角色特点。

三、延伸

(1) 把图书放在阅读区，继续延伸阅读。

(2) 将表演用的教具投放在角色区，幼儿可继续表演故事或创编。

2. 生活故事活动

生活故事取材于社会现实生活，以叙述实际为主，反映幼儿熟悉的生活，向幼儿讲述经过提炼或虚构的人物和事件，贴近幼儿的生活。例如"圆圆和方方"可以让幼儿通过故事了解生活中圆形物体与方形物体的特征；"瓜瓜吃瓜"可以让幼儿知道不能乱扔瓜皮等道理。

案例四

活动名称：故事"我和我的外婆"。

活动班级：中班。

活动目标：

(1) 理解故事内容，用简明的语言说出故事的主要情节。

(2) 初步学习故事的对话，大胆讲述。

(3) 幼儿懂得：要尊敬老人。

活动准备：

大书《我和我的外婆》。

活动过程：

一、谈话导入，激发兴趣

(1) "小朋友们，你们喜欢外婆吗？为什么？"

(2) "大家都很喜欢自己的外婆。听，电话响了！"

二、初次欣赏，感受意境

教师有感情地讲述故事，引导幼儿初步了解故事的主要内容。

(1) "故事的题目叫什么？"

(2) "外婆为什么要打电话给我呢？"

三、分段欣赏，学习内容

(1) "外婆甜甜的声音是怎样传到我的耳朵里的？"

(2) "小姑娘穿着怎样的鞋子，沿着什么走到外婆家？"

(3) "外婆在家干什么？你是从哪里知道的？她要送给我什么礼物？"

(4) "织围巾的毛线是哪来的？"

(5) "我送了什么礼物给外婆？外婆脸上长长的'阳光线'是什么？"

(6) "外婆的声音好听吗？为什么？"

四、情感提升，结束活动

(1) "外婆这样喜欢我们，那我们应该怎么做呢？"
(2) 教师小结，结束活动。

活动评析：

每一个孩子都喜欢自己的外婆，《我和我的外婆》这本书正好把孩子们对外婆的爱体现了出来。孩子们对这本书也非常感兴趣，学说对话也非常积极，如果在活动中加入角色表演，会使课堂气氛更加活跃。

3. 诗歌活动

幼儿诗歌包括儿歌、儿童诗、绕口令、谜语以及古诗等。谜语、古诗都比较简单、便于幼儿理解，诗歌活动能提高幼儿的分辨能力以及联想能力。

儿歌和儿童诗都源于"童谣"，朗朗上口，趣味性强，能增添幼儿的生活情趣，陶冶幼儿的性情，促进幼儿语言的发展。儿童诗是适合幼儿听赏诵读的自由体短诗。儿童诗注重情感的抒发、意境的创造和表达的含蓄，更利于培养幼儿的想象力和创造力。

绕口令是利用一些读音相近的字词形成语音拗口的儿歌，特点是结构巧妙、简短活泼、幽默风趣，深受幼儿喜欢。绕口令能够提高幼儿思维的敏捷性，训练幼儿的口语发音能力。

案例五

活动名称： 诗歌《雪地里的小画家》。
活动班级： 中班。
设计思路：

本次活动符合冬季的气候特征，冬天里，幼儿最盼望的是能早点见到"下雪"和"雪地"这样的场景，希望能走进雪地里和小伙伴一起堆雪人、打雪仗……尽情感受冬季的美丽和玩雪的快乐。可是对南方的幼儿来说，这种美好的愿望却很难实现。诗歌《雪地里的小画家》不仅能让幼儿通过动画欣赏冬天下雪的景色，感受冬季的美丽，还能通过诗歌朗诵，了解几种小动物爪子（蹄子）的形状和青蛙冬眠的特点，活动的内容适合中班幼儿的年龄特征和心理发展需求。

本次活动共分三个环节：第一个环节通过观察雪景图片并回忆已有经验，初步感受冬日雪景的美丽；第二个环节在观察脚印及想象中引出诗歌并初步理解内容；第三个环节在完整欣赏并理解的基础上学念、尝试仿编，在共念儿歌的基础上进一步感受冬日美景。

活动目标：

(1) 在看看、猜猜、说说中理解诗歌内容，学习诗歌。
(2) 尝试仿编诗歌，感受冬日雪景的美丽及创编的乐趣。

活动准备： 课件。

活动过程：

一、感受讨论——冬日雪景的美丽

（出示雪景图）

(1) 你看到了什么，感受到了些什么？

（2）看到这厚厚的白雪，小朋友们现在最想干什么？说说自己心中的想法。

二、观察想象——引出话题，初步理解诗歌

（1）有几个小动物也和小朋友们一样，在家里待不住了。你们瞧，它们来了。它们是谁啊？

（2）它们来干什么？

（3）它们在雪地上留下了什么？（脚印）猜猜是谁？

（4）它们的脚印像什么？

三、学念仿编——进一步理解并学习诗歌，尝试仿编

（1）欣赏诗歌。

（2）小鸡、小狗、小鸭真的是画家吗？它们是怎么画的呢？画的是什么？

（3）青蛙怎么不参加呢？（冬眠去了）原来，小青蛙躲在洞里睡着了。

（4）看到小动物们在雪地里画画这么开心，还有很多小动物也要来了。谁会来呢？

（5）这些动物会画什么呢？引导幼儿按"……画……"的句式编诗歌。

（6）还有什么动物也要冬眠呢？

（7）共念仿编诗歌。

4. 散文活动

幼儿散文以记叙真人真事、真情实景为主要内容，真实地抒发作者的心灵感受和生命体验，情感真挚，意境优美，是便于幼儿吟唱的诗歌体文学作品。幼儿散文的欣赏主要在中、大班进行。

案例六

活动名称：散文《圆圆的春天》。

活动班级：中班。

设计意图：

《圆圆的春天》是中班下学期语言领域的教材，在此时运用这个教材可以帮助孩子们进一步梳理、理解春天的特征。更重要的是，作为语言活动，孩子们能通过对这首散文的学习，发现原来平时看到的十分平常的事（如下雨、青蛙叫、小鱼游）在文学作品中通过不同的表达方式可以变得更加美丽、更加有趣，从而感受到语言的魅力与奇妙。《纲要》指出，文学活动应侧重指导幼儿理解和使用叙述性语言。本次活动将分为两个课时开展，本次活动是第一课时，教学重点放在了引导幼儿理解和感受上。在具体活动中，主要运用了两个策略帮助幼儿更好地理解与感受散文意境。

1. 添画的形式

散文描绘的意境是很美的，如何让幼儿感受到美呢？添画的形式帮助幼儿将深奥的语言转化为直观的画面，从而让幼儿理解原来散文中描写的是一幅美景。同时这样的形式也增加了活动的趣味性，更加吸引了幼儿的注意力。

2. 图谱的运用

通过图谱将散文中的语句细化，逐字逐句帮助幼儿欣赏与理解，同时为幼儿跟读提供帮助。

下一课时，可以选择一些春天的图片让幼儿观察，学习仿编这篇散文。通过观察、讨论让幼儿进一步感知、了解春天的景色，领略春天的美丽、祥和。

活动目标：

（1）理解散文内容，感受散文中富有情趣的画面美和意境美。

（2）进一步理解与感受春天的季节特点，热爱大自然。

（3）愿意和教师一起朗诵，感受散文优美、抒情的语言特点。

活动准备：

知识准备：在班级开展有关春天的活动，引导幼儿了解春季特征，请家长带幼儿到池塘边观察蜻蜓点水的样子并丰富有关的知识。

材料准备：唱片实物、唱片挂图、诗歌图谱、小蜻蜓图片、彩笔、春天的图片、配乐录音，幼儿人手一张自制唱片、贴贴纸。

活动过程：

（一）开始部分

出示唱片实物，激发幼儿兴趣。

师：这是什么？你们认识吗？（帮助幼儿理解什么是"唱片"）

（二）基本部分

1. 出示自制唱片，引发幼儿的猜想和兴趣

（1）向幼儿介绍"这是一张小蜻蜓在春天里灌的唱片"。

（2）引导幼儿猜想，唱片里的"圆圈圈"究竟是什么？

2. 完整欣赏散文，初步理解散文内容

（1）教师完整朗诵散文。

师：这些圆圈圈究竟变成什么了？

幼1：圆圈圈是荷叶。

幼2：圆圈圈是水波。

3. 教师一边添画一边朗诵散文，帮助幼儿理解"圆圆的春天"的含义，感受幼儿的画面情趣

师：一起来说说，圆圈圈变成了什么？

（幼：圆圈圈变成了蜻蜓，圆圈圈变成了青蛙，圆圈圈变成了小鱼在跳芭蕾舞。）

4. 出示小蜻蜓及图谱，引导幼儿再次欣赏散文，通过分句欣赏帮助幼儿理解散文内容，进一步感受散文中的意境美

（1）教师逐一出示图谱并朗诵散文。

（2）通过提问，帮助幼儿理解散文内容。

①师：谁知道我是用什么办法灌唱片的？（帮助幼儿理解蜻蜓点水的经验，理解散文1~2句）

师：小蜻蜓的尾巴是什么样的？

幼：尖尖的。

师：用唱片里好听的话完整地说。

幼：小蜻蜓，尾巴尖，弯弯尾巴点点水。

师：我们把食指伸出来当小蜻蜓的尾巴，这时发现水面怎么样了？

幼：有水波。

师：跟这唱片像不像？所以可以说小蜻蜓在做什么？

幼：灌唱片。

②师：唱片里有哪些好听的声音？要用完整的话说——我听到了什么？（帮助幼儿理解青蛙和春雨的声音特性，理解散文3~4句）

幼1：青蛙"呱呱"。

幼2：雨点"叮咚"。

③师：我的唱片里有哪些好玩的、有趣的事情呢？要用完整的话说——我看到了什么？（帮助幼儿理解小鱼的动作特点，理解散文5~6句）

幼1：小鱼在跳芭蕾舞。

师：在哪里跳？

幼2：小鱼在跳水上芭蕾舞。

师：这是一只什么样的小鱼？

幼1：活泼的。

幼2：可爱的。

5. 鼓励幼儿与教师一起朗诵散文，感受优美、抒情的语言特点

（1）幼儿与教师一起看图谱朗诵散文。

（2）讨论：你觉得唱片里的哪一句最好听？

幼：我最喜欢活泼可爱的鱼娃娃跳起水上芭蕾舞……

（3）请个别幼儿回答问题，教师在选出的答案旁贴上"笑脸"。

（4）幼儿配乐朗诵散文。

活动延伸：

（1）出示第二张唱片，激发幼儿创编的兴趣。

（2）与幼儿一起欣赏春天的图片，在下次活动中鼓励幼儿替换散文中的部分语句。

（三）幼儿文学作品活动的设计与实施

幼儿文学作品的形式多种多样，教学活动设计应该依据作品的形式，从语言领域的教育目标出发，遵循幼儿的年龄特点、作品的特点设计与实施。幼儿文学作品活动的设计包括：

1. 感知幼儿文学作品

感知作品是幼儿文学活动的重要环节。教师应引导幼儿通过多种方式感知文学作品，欣赏文学作品，使幼儿对文学作品有一个完整的印象，然后通过多种角度的疑问，帮助幼儿理解文学作品。教师可以示范朗诵文学作品，可以讲述文学作品，可以用多媒体完整演示文学作品，可以使用挂图等。

感知文学作品是教学活动的开始部分，可以有效地引起幼儿的注意，激发幼儿学习的欲望。导入活动的方式有问题导入、观察导入、游戏导入等。教师要精心设计导入部分，用较短的时间吸引幼儿的注意力，使幼儿以良好的状态投入学习活动中。

2. 引导幼儿理解文学作品

文学活动的基本部分就是教师依据文学作品的内容，让幼儿进行讲述、表演、仿编、游

戏等，通过体验进一步理解文学作品的内容和主题思想，帮助幼儿获得生活经验，借助原有的生活经验，真正理解作品的内容。

由于文学作品呈现的是书面的语言信息，幼儿需要通过聆听、朗诵、阅读图画、观看动画等方式，接受、理解文学作品传递出的信息，因此，教师应引导幼儿积极地与文学作品发生交互作用，通过多种途径促进幼儿发展，将书面语言信息转化为口头语言信息，让幼儿真正理解文学作品中承载的丰富有趣的信息。同时在文学活动中体验美、感受美、欣赏美、理解美、表现美，深入理解作品。

朗诵和表演是幼儿进一步感受幼儿文学语言的节奏和韵律，并用身体动作和语言节奏大胆去表达和表现的过程。表演是幼儿文学活动中，幼儿喜欢程度较高的一种活动方式。幼儿文学作品中鲜活而有趣的角色是幼儿模仿的对象，虽然作品中的语言简单、重复、零碎，幼儿却乐此不疲。教师可引导幼儿进行分角色的表演或朗诵，体会作品的内涵。通过复述作品进行作品中的对话，提高幼儿的口语表达能力。

3. 创造性地对文学作品进行口语表述

在幼儿对文学作品学习、理解的基础上，引导幼儿用自己的语言表达自己的想法，挖掘幼儿语言的潜力。幼儿创造性的想象和语言表述，仍然立足于已学的文学作品内容的基础上。在深入的学习中，教师可以让幼儿学习续编故事、仿编儿歌，还可以让幼儿围绕文学作品内容进行想象讲述。通过这样创造性的学习活动，让幼儿尝试进行语言材料的想象和创造，培养幼儿对语言艺术的敏感性，增强幼儿的艺术思维能力和创造能力。

4. 对语言技能的总结

在文学作品活动的结束部分，教师要注意对幼儿语言能力的发展进行小结，例如学习了新词、掌握了新的句式、讲述完整等，并引导幼儿把这些新的语言知识和技能运用到日常生活中。

5. 特殊形式的文学活动设计

文学活动是语言领域教育活动中形式最多的一种教育形式。例如谜语、绕口令、古诗等的学习。这些语言学习活动设计与基本的活动设计相似，重点是强调字音、词等。此类教学活动应在幼儿具有一定的生活经验，以及分析事物能力的基础上进行。教师应根据幼儿的年龄特点，选择适合幼儿的文学活动形式。

在一些诗歌、散文、故事等学习的基础上，还可以进行各种形式的创编活动。创编活动是在幼儿对作品的认识、理解的基础上，进行迁移、再造的活动。幼儿文学作品创编可以分为扩编、续编、仿编、独立完整编构。创编活动应遵循从理解到表达的原则，满足文学教育活动的整体要求。例如在仿编散文、诗歌，创编、续编故事等活动中，教师引导幼儿懂得不同内容可通过同一种语言结构表达出来，鼓励幼儿大胆想象，表达丰富的思想内容。

案例七

活动名称：仿编儿歌《比尾巴》。

活动班级：中班。

活动目标：

(1) 归纳概括动物尾巴的突出特点，看图学习朗诵儿歌。

(2) 对问答式的儿歌感兴趣,并能尝试仿编儿歌。
教学准备:
课件、小动物头饰。
活动过程:
一、游戏激趣
(1) 师:小朋友们,今天有这么多老师和我们一起上课,我们该怎么做呢?
(2) 师:中班的小朋友们真能干,×老师想和你们交朋友,你们愿意和×老师交朋友吗?愿意就伸出你们的小手,我们大手小手握一握,马上就是好朋友了。
(3) 师:我们已经是好朋友了,我们一起玩一玩,放松好了就有精神上课了。
游戏"摸尾巴":摸摸你的眼睛,摸摸你的嘴巴,摸摸你的鼻子,摸摸你的脑袋,摸摸你的耳朵,摸摸你的尾巴。
师:刚刚我们玩了一个有趣的游戏"摸尾巴",小朋友们玩得很开心,有些小朋友还哈哈大笑,能告诉我,你们为什么笑得这么开心吗?
师:我们没有尾巴,可是我们身边很多小动物都有尾巴,它们正举行比尾巴大赛呢。这节课,我们继续来学习——比尾巴。
二、课件演示
师:这么多小动物都来参加比尾巴大赛,它们都是谁啊?这些小动物的尾巴都有什么特点、有什么作用呢?小猴的尾巴:小猴子的尾巴长什么样子?(长长的,能倒挂在树枝上)小兔的尾巴:小兔子的尾巴长什么样子?(短,遇上大灰狼能很快地逃走)松鼠的尾巴:松鼠的尾巴像什么?(像把伞,让幼儿学一学小松鼠怎样走路)小鸭子的尾巴:小鸭子的尾巴是什么样子的?(扁,来回摆动,游泳时可以掌握方向)公鸡的尾巴:公鸡的尾巴是什么样子的?(弯,让幼儿学一学公鸡怎样走路)孔雀的尾巴:孔雀的尾巴像什么?(孔雀尾巴真好看,像一把大扇子)
师:可是,有一天这些小动物把自己的尾巴弄丢了,它们可伤心了,你们能帮它们找到尾巴吗?
(出示课件:找一找)师:小朋友们真聪明啊,这么快就帮小动物们找到了尾巴。
师:为了让小动物们记住自己尾巴的特点,老师根据它们尾巴的特点编了一首儿歌,你们想不想听一听?
播放课件中的儿歌《比尾巴》,在听的过程中要求幼儿发挥想象力,可以根据内容联系实际自由表演,展现小动物尾巴的不同特点。
师:儿歌听完了,你们想不想学一学?下面就和老师一起来说一说吧。(齐说)
师:下面老师问,你们答。
(出示课件:说一说)幼儿分组,一组幼儿拍手问,另一组幼儿表演回答。两组互换。
三、续编儿歌
师:除了这几种小动物,还有一些小动物的尾巴也很有特点,老师这里还有几只小动物呢,你们想看看它们是谁吗?(出示动物课件)燕子的尾巴像什么?(燕子的尾巴像剪刀)黄牛的尾巴像什么?(黄牛的尾巴像鞭子)大马的尾巴像什么?(大马的尾巴像辫子)小鱼的尾巴像什么?(小鱼的尾巴像树叶)
师:我们还可以换一种问的方式,大家听好:谁的尾巴像剪刀?(燕子的尾巴像剪刀)

谁的尾巴像鞭子？（黄牛的尾巴像鞭子）谁的尾巴像辫子？（大马的尾巴像辫子）谁的尾巴像树叶？（小鱼的尾巴像树叶）

师：小朋友们说得真好，其实我们在一问一答中已经编了一首新的儿歌了，下面我们一起来做个小游戏吧。

四、做游戏

森林里的小动物们迷迷糊糊地把自己的尾巴弄丢了，要去找自己的尾巴了。幼儿分组带好头饰和尾巴，带头饰的幼儿寻找和自己头饰上小动物相对应的尾巴，找到尾巴的小朋友互相牵着手回到自己的座位上。

五、拓展延伸

师：小朋友们学习了《比尾巴》这首儿歌，回家以后可以说给爸爸妈妈听，我们还可以按照对答形式，编一首《比耳朵》的儿歌，等下次上课的时候，我们一起来听听你们是怎么编儿歌的，好不好？

二、幼儿讲述活动的设计

讲述是发展幼儿口语表达能力的重要形式，是幼儿语言教育的重要方式，为发展幼儿独白语言提供重要条件。幼儿讲述活动是一种有目的、有计划地培养幼儿独白语言能力的语言教育活动。独白语言是比谈话更为复杂、周密的一种口头语言的表达形式，要求幼儿有良好的记忆力，能更加准确地运用词，会用一些复合句，在语言的内容、形式和思维的逻辑性方面，有更深的要求。

（一）幼儿讲述活动的特点

幼儿讲述活动以培养幼儿独立构思和表达一定内容的语言能力为基本目的，以促进幼儿语言表达能力的发展为主。讲述活动的主要特点是要用比较完整连贯的语言表达自己的思想，讲述自己经历过的事情，使所有听讲人都能明白讲述的内容，帮助幼儿逐步获得独立构思和表达的语言经验。

1. 讲述活动要有一定的凭借物

凭借物就是讲述的素材，包括教师为幼儿开展讲述活动而准备的，或幼儿参与准备的图片、实物、玩具、情景、幻灯片、多媒体课件等内容。幼儿可以从具体的认识角度去讲述相同或相似的内容，并且产生相互交流和相互影响的作用。

幼儿的生活经验贫乏，头脑中积累的表象经验不足，因此，在讲述时不能像成人一样凭借记忆在大脑中顺利地组织语言，准确地表达内容。这就需要教师给幼儿提供一定的凭借物，将讲述的中心和内容确定下来，让幼儿围绕这个凭借物，按照一定的顺序，有目的、有条理地进行讲述，使讲述具有明显的指向性。讲述中的凭借物要符合幼儿讲述学习的需要，要求幼儿就相同的凭借物表达个人的见解。

2. 讲述活动要有正式的语境

幼儿讲述活动的语境是指为幼儿提供和创造的一个运用正式语言表达个人观点的场合和环境。幼儿讲述活动为幼儿提供的是表达自己对人、事、物的认识的途径，为幼儿提供的是一种学习和运用比较正式的语言的场合，幼儿要使用组织较为严密、比较正规的语言来表达，这就是正式的语境。

正式的语境要求幼儿根据讲述的凭借物，进行较为完善的构思，运用正确、准确的语言，讲述的语言要合乎语法规则。幼儿在讲述活动中不能自由地交谈，不能有很大的随意性，要围绕题目慎重思考，用词要正确，词语搭配要恰当，还要考虑是否有条理，前后是否连贯，同时要兼顾讲述内容的全面丰富，用词的生动形象，讲话的声调、语速、停顿适宜等。

3. 讲述活动要运用独白语言

独白语言是在一定情境影响下对某件事情进行表达的一种言语方式，幼儿独白语言更多地表现为复述、讲故事等。独白语言要求幼儿独自完成一段完整话语的讲述过程，幼儿语言的讲述对象是不明确的，可以是讲给一个人听，也可以是讲给多人听，说的话语相对较长，句子成分比较完整，而且每段话都是相对独立、完整的。

讲述活动中的独白语言要求凭借所提供的材料和相关的语境，经过自己大脑的独立构思，组建语言，按照自己的理解将所见所闻进行加工、整理，然后选用恰当的词语连贯而有条理地叙述出来。讲述活动是培养、锻炼幼儿独白语言的特别途径，有着独特的存在价值。

4. 讲述活动能够培养幼儿的多种能力

幼儿讲述活动是在幼儿的生活经验范围内，围绕一个主题，要求幼儿用比较完整、连贯的语言表达思想、叙述事物的一种教学活动，对培养幼儿的多种能力具有重要影响。

在讲述活动中，幼儿要感知和认识凭借物，了解凭借物的名称、形状、材质、用途等基本特征，清楚讲述的顺序，在头脑中用准确的词汇对凭借物进行概括，这样才能形成一个完整、清晰的讲述。这个过程可以提高幼儿的语言概括能力，促进幼儿认知能力的发展。

在讲述活动中，幼儿需要观察和分析事物的特征、事件发生的原因和顺序，领会人物在不同状态下的思想感情，需要独立思考、构思讲述的内容、顺序，考虑如何让别人理解自己的讲述。在这样的活动过程中，幼儿的观察力、想象力、创造性思维能力、口语表达能力都会提高。如果幼儿缺乏这些能力，讲述水平也不会提高。因此，讲述活动能够调动幼儿的多种能力，促进多种能力的协调发展。

（二）幼儿讲述活动的类型

幼儿讲述活动按照不同的方式进行划分，具有不同的类型。依据凭借物的特点进行划分，可以把讲述活动分为看图讲述、生活经验讲述、实物讲述、情境讲述、拼图讲述、构图讲述、续编故事、写信等类型。依据语言的主要表达方式划分，可以把讲述活动分为叙事性讲述、描述性讲述、说明性讲述、议论性讲述等类型。幼儿的讲述活动通常依据凭借物的特点进行讲述，以下介绍几种。

1. 看图讲述

看图讲述是指幼儿在教师的启发和引导下，观察图片、理解图意，并运用恰当的语句完整、流畅地表达图意的语言教学活动。讲述活动中使用的图片既可以是现成的，也可以是教师自制的；既可以是单图的，也可以是多图、排图、拼图等形式的。这些图片形象生动、色彩鲜艳、情节简单，能引起幼儿的共鸣，符合幼儿具体形象思维和想象发展的特点，是幼儿喜欢的艺术形式。看图讲述的凭借物都是静止的具象画面，在指导幼儿讲述时，需要帮助幼儿联想静止画面之外的活动形象和连接的情节，讲出事物的发展和因果关系，促进幼儿观察、思维和口语表达能力的发展。

案例八

活动名称：看图讲述教案"请大家保护水"。

活动班级：大班。

活动目标：

(1) 引导幼儿看图讲述。

(2) 引导幼儿了解周围的环境，增强幼儿的环境保护意识。

活动准备：

(1) 与水有关的录像或照片。

(2) 有关人类生存、动物生长、植物生长、机器生产等离不开水的图片。

活动过程：

一、谈话引入

师：小朋友们，你们看看老师给你们带来了什么？（拿出一杯水）你们知不知道水有哪些用处呢？（请幼儿回答）对了，水的用处可多了。干净的水大家都喜欢，如果水被污染了，我们该怎么办呢？（保护水）

板书课题：请大家保护水。

二、新授

1. （看图讲述）师出示图一

师：小朋友们，你们看这里的景色美吗？

幼：美。

师：谁来说一说这幅图上都有些什么呢？

幼：清清的水、绿绿的草，还有蹦蹦跳跳的青蛙和游来游去的小鱼。

师：你们从这幅图中还发现了什么？

幼：小鱼和青蛙都高兴地笑了。

师：是啊！小鱼和青蛙都高兴地笑了，说明这里是适合它们生存的乐园，可是好景不长，一件可怕的事情发生了。

2. 师出示图二

师：小朋友们，你们看发生了什么事呢？

（可以先让幼儿互相讨论，然后再请幼儿说）

旅游的人乱扔垃圾，破坏了环境，污染了水质，水变得浑浊了，荷叶也黄了，就连青蛙也离开了。

3. 师出示图三

师：谁来说说最后一幅图呢？

幼：水变黑了，小鱼也死了，就连小草也黄了，周围的环境也遭到了破坏。

师：哪位小朋友愿意把这几幅图连起来讲一讲呢？（指定幼儿讲述）

三、讨论

师：小朋友们，你们说说这些人的做法对吗？为什么？

（幼儿可以有不同的答案）

四、思维拓展

师：那我们应该怎样保护水的干净呢？（同桌之间可以互相说说，然后给大家说说自己的意见）

五、观看图片或录像

观看有关人类生存、动物生长、植物生长、机器生产等离不开水的图片或录像，让幼儿知道水的重要性。

六、小结

七、组织幼儿离开教室

2. 生活经验讲述

生活经验讲述是指幼儿在教师的启发和引导下，利用凭借物，围绕一个主题，流畅、完整地讲述生活经验的教学活动。生活经验讲述不仅能训练幼儿按照主题要求，完整、连贯地讲话的能力，还可以激发幼儿的观察热情和认真对待生活的态度，有利于培养幼儿积极的生活态度和良好的性格，形成良好的社会行为。

生活经验讲述需要幼儿有较为丰富的生活经验，然后根据自己的理解，对自己的经历进行思考、加工，最后用恰当的词句将其完整、连贯地讲述出来。生活经验讲述对幼儿思维的抽象概括能力要求较高，比较适合中班、大班幼儿。

3. 实物讲述

实物讲述是指对当前的真实物象进行的讲述活动，往往是伴随着观察进行的。例如科技产品、日常用品、玩具、动物、植物等。在观察中，幼儿将实物的基本特征、用途、使用方法等多方面的内容清楚地描述出来。实物讲述要侧重于描述、倾听实物的有关特征、用途等语言方面的目标。

4. 情境讲述

情境讲述是指幼儿在教师的启发和引导下，观看情境表演，然后完整、流畅地讲述情境表演内容的教学活动。情境表演包括真人表演、木偶表演、录像展示的一段情境等。情境讲述要求幼儿在观看表演后立刻把内容讲述出来，因此幼儿要有一定的记忆力，要记住人物和情节，要记住人物的对话、动作，以及事件的发展过程，还要有一定的想象力和思维能力，要能感受到人物内心情绪情感的体验和心理动态，并准确地讲述出来。由于这种讲述难度较大，因此一般在中班、大班进行。

5. 续编故事

续编故事是指教师先把事件发生的地点、主要任务和部分情节告诉幼儿，故事的转折部分或者其他关键部分，由幼儿根据自己的理解进行续编，把它编成完整的故事。续编故事是一种有利于培养幼儿创造思维能力和创造想象能力的讲述活动。

续编故事虽然给幼儿提供了一些已知条件，但续编的部分需要幼儿借助自己的知识和生活经验，对已知条件进行分析、整理，通过自己的思维与想象活动，合理地组织语言，将故事补充完整。所以，这种讲述活动只适合在中班、大班进行。

（三）讲述活动的设计与实施

讲述活动的类型多种多样，但是有共同的特点，在设计和实施时，应遵循稳定的规律。

掌握讲述活动的程序步骤是进行讲述活动的重要基础，也是幼儿教师应该具备的基本技能。

1. 确定讲述活动的目标

讲述活动是否科学，目标是关键。目标要明确、具体、主次分明、突出重点和难点。整个目标设计得要周密，具有可行性。

2. 选择讲述活动的内容

讲述的内容要符合幼儿的兴趣与独白语言的特点，根据幼儿的年龄特点与经验水平，在相对正式的语言环境中，使幼儿的独白语言得以发展。幼儿讲述的内容要多元化，符合幼儿讲述的特点，符合幼儿身心发展的特点。

3. 做好讲述前的准备

讲述活动前要做好物质准备和经验准备。物质准备即教具。在讲述活动中必须考虑凭借物的准备，例如图片、视频等。经验准备即知识经验、讲述经验。知识经验是把与活动相关的知识经验准备充分；讲述经验是不断积累新的讲述经验，从而丰富幼儿的独白语言。

4. 设计讲述过程

讲述活动的设计涉及整个活动过程的安排，包括开始部分、基本部分、结束部分。具体如下：

（1）开始部分：感知、理解讲述对象，即导入部分。帮助幼儿感知、理解讲述的凭借物，引导幼儿先观察图片、实物、情境等，再进行讲述。

（2）基本部分：在感知、理解的基础上，教师引导幼儿运用已有的经验进行讲述。在让幼儿进行讲述前，要交代清楚讲述的要求，提醒幼儿要围绕感知的对象进行讲述；注意倾听幼儿的讲述，不要过多地干扰幼儿的讲述。引进新的讲述经验，新的讲述经验主要包括讲述思路和讲述方式。讲述思路指的是讲述过程中是否逻辑清楚、有条理；讲述方式包括讲述对象的重点、难点和主要内容、讲述的顺序等。

（3）结束部分：巩固新的讲述方法。教师运用新的讲述经验后，应及时引导幼儿用同一种方法或思路进行讲述，使幼儿获得新经验并得到练习机会，进一步迁移新的讲述经验。

在讲述过程中，教师要注意调动幼儿讲述的积极性，引导幼儿讲述的方法，通过提问帮助幼儿整理讲述的思路，突破思维定式。应采取多种多样的方式鼓励幼儿参与讲述，指导幼儿开展丰富的想象，完整地讲述事件的内容，扩展讲述的经验。

案例九

活动名称：讲述教学活动——螃蟹小裁缝。

活动班级：大班。

设计思路：

教师在分析作品的基础上，依据作品情节的转换点、大班幼儿生活经验和幼儿认知心理特点，设计了"螃蟹小裁缝"这一集体活动，并预设了以下关键提问，以此引导幼儿讨论。

（1）螃蟹小裁缝为什么要写告示？

（2）螃蟹小裁缝认为自己吃亏了，你觉得呢？为什么？

（3）大象和大蟒蛇为什么要送水果给螃蟹小裁缝？

（4）螃蟹小裁缝为什么一开始要贴告示？为什么后来又要撕掉告示？

(5) 如果你是小裁缝，你会怎么做？你要不要收费？（追问：你们认为赚钱重要还是帮助别人重要？说说你的理由）

这些提问的设计旨在通过"讨论"给予幼儿更多主动思考、自主表达的机会，在集体教学活动中引发多元互动（人际互动、材料互动）和多向互动（师生互动、生生互动）。

活动目标：

(1) 感受故事的情趣，能在情节展开的过程中积极思考，大胆表达自己的观点，并尝试用阅读的方式寻找故事的结局。

(2) 初步理解小螃蟹与动物朋友们的心理变化，体验朋友之间的友谊和快乐。

活动准备：课件、故事书。

活动过程：

一、教师讲述故事，引发幼儿讨论

师：大象拿出10元钱，说："那可没办法，你自己说的，按件算。"

师：你认为大象的话有道理吗？为什么？（引发幼儿讨论）

幼：大象说得对，因为螃蟹小裁缝的告示上就是这样写的。

幼：这叫信守诺言，我妈妈教我的，就是说话要算数，不能赖皮。

师：哦，"信守诺言"就是说话算数，答应别人的事情就一定要做到，对吗？（幼儿呼应"对的"）

幼：不对的。

师：哦，你认为谁不对？

幼：大象不对，因为螃蟹小裁缝做大象的衣服花了整整一个星期。

师：那你认为大象付了10元钱，是付多了还是付少了？

幼：付少了。

师：现在有两种观点，有的小朋友认为大象说得有道理，因为螃蟹小裁缝在告示上写了什么？（幼儿集体回答"做衣服，不论大小，按件算，每件10元"）说话要算数，要"信守诺言"。但也有小朋友认为螃蟹小裁缝做大象的衣服花了整整一个星期，大象只付了10元钱，好像太少了。

师：接下来又会发生什么事情呢？我们继续看下去。（播放课件，出示大蟒蛇）

设计意图：面对幼儿的两种观点，教师不应该急于表态，而应通过适时追问，给予幼儿真正发表自己观点的权利，让幼儿更加大胆、自主地表达自己的观点。此外，教师在教学现场及时捕捉到个别幼儿表达的"信守诺言"一词，马上请幼儿将自己对它的理解介绍给大家，然后在小结中非常自然地引用了"信守诺言"，充分体现了教学中教师与幼儿的教学相长。

二、继续讲述故事，引导幼儿深入讨论

师：大象来了，它带来了很多香蕉……大蟒蛇也来了，它的头上顶着一篮苹果。大蟒蛇说："这篮苹果送给你，为了感谢你给我做了这么好的裤子。"

师：大象和大蟒蛇为什么要送水果给螃蟹小裁缝？（引发幼儿讨论）

幼：因为大象觉得衣服好看，所以来谢谢螃蟹小裁缝。

幼：蟒蛇也是来谢谢螃蟹小裁缝的。

师：大象和大蟒蛇送给螃蟹小裁缝水果，除了表示感谢，还有别的原因吗？

幼：大象觉得钱付得太少了，所以送来很多香蕉。
师：你们认为请别人做衣服或者做裤子要付钱吗？
幼：要付钱的。
师：螃蟹小裁缝看到朋友们送来了那么多水果，心里会怎么样呢？
幼：非常快乐。

设计意图：教师始终耐心倾听幼儿的回答，并顺势追问，在引导幼儿讨论的过程中不仅让幼儿感受作品传递的美好友情，还让幼儿明白了基本的生活准则、买卖规则。这样的讨论能使每个幼儿都得到赞赏、得到认可、得到鼓励、得到指导。

三、进入故事高潮，激发幼儿自主思考

师：晚上，螃蟹小裁缝悄悄地把那张告示撕了下来。它对自己说："帮助朋友才是最快乐的啊！"从此以后，到螃蟹小裁缝这里做衣服的顾客就更多了。
师：如果你是螃蟹小裁缝，你会怎么做？（引发幼儿讨论）
幼：我不收钱。（有幼儿呼应）
幼：不收钱怎么养活自己和孩子呀！
师：这话也有道理。那你认为赚钱重要还是帮助别人重要？
幼：都重要。
幼：我认为帮助别人重要，但是也要收钱。
师：你们知道生活中的裁缝帮别人做衣服或者做裤子是怎么收费的吗？
幼：不知道。
师：这个问题我也不是很清楚，留给大家去打听一下，然后我们再来讨论，好吗？

设计意图：教师抛出的问题使文学作品回归到了现实生活。在问题讨论中，面对不同认知经验、生活经验的幼儿的发言，教师不是简单重复或者肯定，而是在不同回应语中拓宽幼儿的思维角度，拓展幼儿的认知经验。最后，教师抛出一个"我也不是很清楚"的问题，体现了教师"智者的糊涂"，使讨论可以延伸到集体教学活动结束后。

四、活动结束

三、幼儿谈话活动的设计

《指南》中强调："幼儿的语言能力是在交流和运用的过程中发展起来的。应为幼儿创设自由、宽松的语言交往环境，鼓励和支持幼儿与成人、同伴交流，让幼儿想说、敢说、喜欢说并能得到积极回应。"这给谈话活动指明了方向，谈话是帮助幼儿学习在一定的范围内运用语言与他人进行交流的活动。在各种类型的语言教育活动中，谈话具有独特的促进幼儿语言发展的功能。

（一）幼儿谈话活动的特点

幼儿谈话活动的目的在于创造一个良好的语言环境，帮助幼儿学习倾听别人的谈话，围绕一定话题与人进行交谈，习得与别人交流的方式、规则，培养与人交往的能力。谈话主要是帮助幼儿学习运用口头语言与他人进行交谈的活动，重在培养幼儿口语交谈的兴趣和能力。要合理地设计和实施幼儿的谈话活动，就必须分析和理解幼儿谈话活动的基本特点。

1. 谈话活动要有明确的主题

谈话活动要有明确的主题，也就是谈话的话题。谈话的话题主导幼儿交流的方向，界定幼儿交流的范围，使幼儿的交流带有一定的谈论性质。谈话活动的话题多种多样，凡是幼儿熟悉的、感兴趣的都可以作为谈话话题。话题可以是预设的，也可以是幼儿随时提及的，甚至可以是活动中自然生成的。

幼儿谈话的话题要新颖，能够引发幼儿谈话的兴趣，是幼儿喜欢的；话题要明确具体，以便更好地限定幼儿的谈话范围，使幼儿在一定方向的主导下，有针对性地进行交流，这样谈话的效率会更高；话题要从实际出发，有一定的教育意义。

2. 谈话活动要有丰富的素材

幼儿谈话活动在确定中心话题时，应该考虑幼儿是否拥有与谈话话题有关的知识经验，引导幼儿准备与话题有关的谈话素材。幼儿的谈话经验越丰富，谈话积累的素材越多，谈话的内容就越丰富，谈话活动就越容易展开，气氛也会越热烈，幼儿的积极性也会越高。因此教师在确定谈话的话题后，应该引导幼儿通过观察、交流、寻找材料、参与活动等途径，获得相关的素材，为谈话活动的有效进行做好充分准备。

3. 谈话活动要有宽松自由的语境

谈话活动的主要目的是鼓励幼儿大胆地与人交流，用语言表达自己的意见和看法。所以在谈话活动中，教师要创设自由、宽松的谈话语境，让幼儿根据自己的感受，针对谈话的主题说出自己想说的话，分享自己独特的经验，允许幼儿表达自己认为合理的观点和认识，不追求统一的答案和看法；不强求规范化语言，不要求幼儿一定使用准确无误的句式、完整连贯的语言。在谈话活动中，教师要尊重幼儿，重在调动幼儿参与谈话的积极性，营造一种积极表达和交流的良好氛围。

4. 谈话活动要有多方互动交流

谈话活动主要是培养幼儿的交往语言或对白语言，重点是师生之间、同伴之间的信息交流与补充。当幼儿围绕中心话题进行交谈时，幼儿的思路是呈辐射状向外发散的，不同幼儿的经验也多种多样，因此幼儿在谈话中获取的信息量都比较大。谈话活动可以两个人进行，也可以多人进行，谈话对象的范围比较广。因此，谈话活动是一种多方位的语言交流过程，为幼儿提供学习、运用语言的机会，是其他语言教育活动无法代替的。

5. 谈话活动中教师的引导作用

幼儿的谈话活动是由教师设计和组织实施的，是由教师发挥主导作用来完成的。在谈话活动中，教师是认真的倾听者和积极的参与者，主要起间接的引导作用。教师在谈话活动中以参加者的身份出现，并不表明谈话是无计划的交谈，要按照预定目标和内容，紧扣谈话的中心话题，有效地影响谈话的进程。同时教师要以积极的态度帮助幼儿畅所欲言地表达自己的观点和看法，这有助于幼儿产生自信、成就感和价值感。

教师的间接引导作用主要体现在：教师通过提问、转换角色、暗示及平行谈话的方式给予幼儿隐性示范，帮助幼儿明确谈话主题，开拓幼儿思路，引导幼儿学习谈话的规则，提高谈话水平。

(二) 幼儿谈话活动的主要类型

谈话活动根据不同的标准，可以分成不同的类型。根据谈话的组织形式，可分为日常生活中的谈话、有计划的谈话活动和开放性的讨论活动；根据谈话的内容，可分为看图谈话、文学欣赏的谈话、活动后的谈话等。以下介绍幼儿谈话活动运用组织形式划分的类型。

1. 日常生活中的谈话

日常生活中的谈话是发展幼儿口语的重要途径，是谈话活动中的重要形式。日常生活中的谈话带有极大的情境性和感情色彩，交谈的话题丰富，交谈的对象经常变化，交谈不受时间、空间等的限制，交谈可以在任何情况下开始或结束。这种谈话活动在小班、中班、大班都适用。日常生活中有个别谈话和集体谈话两种形式。

（1）个别谈话，顾名思义，就是和一个人谈话，也可以是和几个人谈话，谈话的人数不宜过多。教师可以利用一日生活的各个环节，根据不同幼儿的特点和出现的实际问题，有目的、有计划、有针对性地与幼儿交谈。在自然轻松的状态下，幼儿能够大胆地表达自己的想法，教师可以准确地纠正幼儿的发音，丰富幼儿的词汇量，有效地促进幼儿口语表达能力的发展。

（2）集体谈话，就是指教师利用生活中的各种机会，有目的、有计划地为幼儿创设一个自由谈话的情境，围绕话题，采取"自由参加"的原则展开谈话。集体谈话的话题自由，可以同时有多个话题；形式活泼，可以是师生之间的谈话，也可以是幼儿之间的谈话。集体谈话既可以锻炼幼儿的语言表达能力，又可以促进幼儿观察力和注意力等的发展，还可以培养幼儿的交往和合作能力。

2. 有计划的谈话活动

有计划的谈话活动是指教师制订一定的计划和教育方案，依据事先确定的话题，有目的地组织幼儿进行谈话活动。因为有计划，所以谈话的话题一般由教师拟定，是幼儿熟悉或者是与幼儿生活紧密相关的各种话题。有计划的谈话活动面向全体幼儿，按照规定的时间和内容进行谈话，对幼儿的有意注意、有意记忆及言语能力的要求较高，所以应从中班开始进行。

在有计划的谈话活动中，教师要精细设计和准备，努力创设良好的语言环境，鼓励每一个幼儿都能积极发表自己的看法和见解；增加幼儿语言交往的密集度，要让幼儿积极地与同伴、教师交谈，在交谈中学习有用的经验，不断提高语言运用的能力。

3. 开放性的讨论活动

讨论活动是一种特殊的谈话活动形式。讨论活动在话题形式、语言交往和教师指导上都有开放性的特点。讨论活动的话题一般都是开放性的问题，同时讨论所涉及的事物，应与幼儿已有的生活经验相符合，但是对幼儿有一定的难度。讨论活动是一种开放性的语言交往活动。在讨论中，幼儿可以就自己的观点与其他幼儿进行充分的语言交往。幼儿既要清晰地表达自己的见解，又要善于倾听其他幼儿的看法。这种语言交往的对象可以是一一对应的，也可以在小群体中进行。

（三）谈话活动的设计与实施

谈话活动是发展幼儿对话能力的教学形式之一，是一种重要的语言教育活动类型。在进行教学活动设计时，教师要从幼儿谈话活动的目的、对象等方面出发，进行精心的策划和指导，创造性地完成谈话活动的目标。

1. 明确谈话活动的话题

话题的选择关系到谈话活动是否能发挥教育作用，所以话题要鲜明，要让幼儿明确知道本次活动围绕什么进行交谈；话题的确定要考虑幼儿的年龄特点以及语言发展的实际经验和水平。话题范围应是在幼儿生活经验之内的，让幼儿有内容可谈、愿意谈，从而为谈话活动的顺利开展提供前提条件。

2. 创设宽松、自由的谈话环境

营造一个宽松、自由的谈话氛围是开展谈话活动的精神环境。要创设适当的、良好的谈话情境，打开谈话思路。教师在谈话活动中要让周围的气氛轻松、自然，使幼儿的情绪稳定，将注意力集中到话题上。同时用直观材料、语言、游戏、表演等，创设谈话情境，为谈话活动的顺利展开奠定基础。

3. 做好谈话活动的准备工作

为保证谈话活动的顺利进行，活动前要进行必要的准备。准备活动包括物质准备和经验准备。物质准备需要教师凭借一些物质条件，创设一定的情境。经验准备对于幼儿谈话的进行至关重要。如果幼儿缺乏话题方面的知识经验，就会感到无话可说，不能积极参加谈话。因此，在设计谈话活动时，要考虑幼儿谈话活动中所需要的知识信息，使谈话活动顺利进行。同时要考虑幼儿的语言水平是否有利于交谈，需要对幼儿进行怎样的锻炼和提高。

4. 围绕话题，自由交谈

教师向幼儿提出话题后，要让幼儿围绕话题自由交谈，目的在于调动幼儿已有的话题经验和相互交流个人见解的积极性。教师在设计谈话活动时，要考虑让幼儿围绕一个主题，自由地进行交谈。交谈的内容、对象都可以是自由的。教师不要干涉幼儿谈话的自由，只要幼儿能够积极地投入谈话活动，就达到了语言教育的目的。

5. 围绕主题话题，拓展谈话思路

在幼儿运用已有的经验充分交谈后，教师要适时地将幼儿集中起来，以启发式提问的方式帮助幼儿学习新的谈话技能和谈话规则，掌握正确的谈话思路和方法。这个过程是谈话活动的重点。

拓展谈话思路是逐步进行的。当幼儿进行基本的谈话后，教师应把新的谈话技能和规则引入谈话活动中，引导幼儿在谈话过程中会按照新的思路去说，这样谈话的技能、态度规则就会在谈话中逐步建立起来。在设计谈话活动时，教师应当重视语言教育的要求和谈话活动的特点，强化教师在语言教育中的隐性示范作用。在拓展谈话内容的过程中，引导幼儿学习新的谈话经验。

6. 注重谈话活动的总结

谈话活动结束时，教师要总结谈话活动中幼儿说出的新的词汇、语句，帮助幼儿掌握新的谈话经验。注重总结在谈话活动中，幼儿参与谈话的热情，不断改进谈话活动，提高幼儿谈话的技能。

案例十

活动名称：了不起的人。

活动班级：大班。

设计思路：

我们周围有许多了不起的人，如身边的消防员叔叔、幼儿园的老师们、周围的好朋友，他们身上都有了不起的地方，需要我们去寻找、去了解。因此活动"了不起的人"应运而生，旨在帮助幼儿通过关注身边了不起的人物，大胆地在活动中进行交流，抒发感想。

活动共分为三个环节：第一环节，观看录像，发现消防员叔叔了不起的本领；第二环节，说说身边了不起的人；第三环节，说说自己了不起的地方。

活动目标：

1. 回顾和交流消防员叔叔"了不起"的本领，激发幼儿敬佩和喜爱消防员叔叔的情感。

2. 提醒幼儿关注其他人所具有的"了不起"的本领，增进幼儿体谅成人、尊重成人劳动成果的情感。

活动准备：有了解消防队的前期经验，消防员工作的录像

活动过程：

一、了不起的消防员叔叔（观看录像）

（1）你们从刚才的录像中有没有发现消防员叔叔"了不起"的本领？

（2）为什么消防员叔叔做事首先要快？

小结：消防员叔叔都很勇敢，动作十分迅速，如果我们遇到困难、遇到危险，尤其是发生火灾时，他们会很快赶来救助，所以消防员叔叔是了不起的人。

二、身边了不起的人

（1）在我们身边认识的人中也有很多有了不起的本领的人，你知道他们是谁吗？

（2）你认为他们有哪些了不起的本领？

小结：原来，我们身边有很多有了不起的本领的人，有的是与我们住在一起的亲人，有的是和我们一起做游戏的好朋友。

三、了不起的我

（1）你觉得自己有没有了不起的地方？

（2）请幼儿说说同伴有哪些了不起的地方。

小结：有的小朋友能看到自己的长处，有的小朋友通过别人的帮忙也明白了自己了不起的地方，老师希望大家能多学本领，让自己变得了不起，好吗？

四、幼儿语言游戏活动的设计

语言游戏活动是将幼儿的发音、听、说、读、写等能力的培养融入游戏之中，用游戏的方式组织幼儿进行的语言教育活动，含有较多的角色游戏的成分，能够较好地吸引幼儿参与到语言学习的活动中去，并在积极愉快的活动中充分完成语言学习的任务。语言游戏在幼儿园的各个年龄班中都可以运用，可根据幼儿语言活动的任务和内容，选择不同的游戏。各种游戏可以单独运用，也可以配合起来运用，同一游戏可以在不同年龄班进行。年龄越小的班级，运用得越多。

（一）幼儿语言游戏活动的特点

1. 游戏活动有明确的目的性

游戏活动中有明确的语言教育目的，语言游戏的目的是对幼儿进行听说练习。听说游戏

是以培养幼儿倾听和表达能力为主的一种语言教育活动。活动的主要内容集中在听和说的理解和表达方面。"听"就是在游戏中培养幼儿的几种倾听能力：有意识的倾听、辨析性倾听、理解性倾听。"说"是指在游戏中让幼儿积极主动地学习正确恰当的口语表达，从语音、语法、语义、语用四个方面掌握语言的表达功能。同时语言游戏还能培养幼儿对前阅读、前识字、前书写活动的学习兴趣，学习基本的书写姿势、书写技能等，为小学阶段的学习打好基础。

2. 游戏活动规则是语言学习的重点内容

语言游戏带有明确的学习任务，活动开始时，教师需要帮助幼儿理解游戏的内容，交代游戏的规则，并且示范游戏的玩法。教师带领幼儿开展游戏时，要让幼儿熟悉游戏规则，逐步掌握游戏规则，再让幼儿独立进行游戏。当幼儿参与游戏时，必须遵守一定的游戏规则，按照游戏规则进行游戏，并在游戏中锻炼语言听说、表达能力。

3. 游戏活动的丰富性、趣味性

语言游戏的丰富性体现在其内容涉及语音、语汇、语句表达以及阅读、识字书写等多个方面。语言游戏的组织形式可以是集体的也可以是小组的，可以在室内也可以在室外。丰富性还体现在语言游戏的情境设置可以是幼儿熟悉的题材，也可以是实物、图片等。

语言游戏的趣味性体现在幼儿对语言活动产生浓厚的兴趣并获得精神的愉悦。真正意义上的愉悦，是隐含极大的教育性和发展性的一种愉悦。这些充分体现了游戏是幼儿时期的基本活动，也体现了语言游戏在培养幼儿健康乐观、积极向上的人格方面的独特价值。

(二) 幼儿语言游戏活动的类型

1. 语言练习的游戏

语音游戏是以练习正确的发音、提高幼儿辨音能力为目的的一种活动。语音游戏的形式和结构都比较简单。在听说游戏中，教师要重点提供幼儿练习发音的机会，以利于幼儿学习或复习巩固发音。语音游戏可以让幼儿重点练习自己感到困难或容易发错的语音，也可以组织幼儿进行普通话声调、发声用气的练习等。每次练习的语音不要过多，以免难点过于集中，影响幼儿的学习效果。游戏的组织形式应该是多种多样的，练习的方式也要多样，练习的时间不宜过长。

2. 词汇练习的游戏

词汇练习以丰富幼儿的词汇量和正确运用词汇为目的。幼儿语言学习的一个重要方面是大量积累词汇，增强口语表达能力。学习词汇的游戏，重点在于引导幼儿积累词汇运用的经验。幼儿的词汇量是在日常生活经验积累的过程中逐步增长起来的。

3. 句子和语法练习的游戏

幼儿在语言学习过程中，大量地积累句型，按语法规则组词造句，这是幼儿语法习得和发展的重要阶段。幼儿在日常生活中获得运用句法的机会，可以让幼儿通过专门的集中学习，迅速地把握某一种句法的特点规律，并在尝试运用中提高熟练使用的水平。在游戏中学习句型，有一定的激励机制，幼儿可以产生较高的积极性。这种游戏主要在中班、大班进行。

4. 口语表达能力练习的游戏

口语表达能力练习的游戏主要是训练幼儿用比较连贯的语言，具体形象地描述事物，以提高幼儿口语表达能力为目的。这类游戏要求幼儿能够用完整、连贯且具有一定描述性的口语形式表达事物。

（三）幼儿语言游戏活动的设计与指导

语言游戏包含对幼儿语言学习的具体要求。教师通过对语言游戏的设计和实施，将根据幼儿语言发展水平和语言学习需要所提出的语言教育目标，内隐于语言游戏活动中。语言游戏的设计与指导有独特的规律，幼儿语言游戏活动的设计是对活动环节的安排，包括游戏活动内容的选择、目标的确立、材料的准备、过程的安排等方面。设计好语言游戏，对幼儿语言能力的提高可以产生更好的教育效果。

1. 游戏内容的选择

语言游戏要有明确的目标，根据语言游戏的目标选择游戏的内容，设计语言游戏的教育方案。游戏的内容要从幼儿的年龄特点出发，既要让幼儿在游戏中真正玩好，又要让幼儿掌握语言方面的技能。要有明确的、幼儿能够掌握的游戏规则。

2. 游戏目标的确立

语言游戏的目标要遵循语言领域活动的总目标，并参考幼儿年龄阶段目标，结合游戏内容提出有针对性的目标，要体现游戏活动的可操作性。

3. 游戏材料的准备

游戏材料是幼儿进行语言活动的凭借物，所以游戏材料必须满足幼儿在游戏活动中的需要。游戏材料要与游戏活动目标相符，要保证每名幼儿在活动中的需要。游戏材料的特征要明显，要有助于游戏的生动展开，以帮助幼儿在脑中形成表象，从而获得语言经验。

4. 游戏过程的安排

游戏活动的过程在开始部分要设置游戏情境，激发幼儿参与游戏的兴趣。在此基础上交代游戏规则，实际上就是教师给幼儿布置任务，并讲解要求的过程。然后引导幼儿游戏，教师参与并在游戏中帮助幼儿掌握游戏的规则和进程。在幼儿逐渐熟悉游戏的玩法后，教师应放手让幼儿自己开展活动。

5. 游戏活动的指导

教师在游戏活动中的指导是至关重要的，是游戏能否顺利进行、幼儿能否得到语言训练的关键。教师要注重游戏的可行性，在满足幼儿好奇心、解决幼儿语言方面的问题中进行学习和创新。

教师在指导语言游戏的过程中，应通过讲解和示范相结合的方式，引导幼儿理解游戏的玩法和规则。教师应带领幼儿开展游戏，使教师的主导作用贯穿于幼儿游戏过程中。教师可以参与游戏过程的一部分，也可以让全体幼儿参加游戏的一部分，待幼儿熟悉游戏的规则和玩法后再全部参加游戏。

教师指导幼儿游戏，有利于幼儿掌握在游戏中运用语言交往的基本思路，从而为幼儿独立开展游戏活动做好充分准备。

案例十一

活动名称：语言游戏"颠倒词"。

活动班级：中班。

活动目标：

(1) 感知和理解颠倒词的含义。

(2) 幼儿学会如何颠倒词并讲清楚普通话。

(3) 幼儿在颠倒词游戏中感受游戏的快乐，并积极大胆地参与到游戏中。

活动准备：

(1) 幼儿对小精灵这个卡通人物有一定的认识和了解。（经验准备）

(2) 幼儿知道蜜蜂、蜂蜜这些常见物。（经验准备）

(3) 魔杖1个（物质准备）。

(4) 小精灵装饰（物质准备）。

(5) 颠倒词挂图10张（物质准备）。

(6) 颠倒词PPT等（物质准备）。

(7) 小动物胸饰人手1个。

活动内容：

1. 游戏导入

小朋友们佩戴好胸饰后依次根据自己的小组做动作。

师：大家好，我是你们的新朋友××，现在我想请小动物们介绍一下自己，会跳的小动物们在哪里？你们是怎么跳的呀？会飞的小动物们在哪里？你们是怎么飞的呀？会游的小动物们在哪里？你们是怎么游的呀？小动物们真棒！我偷偷地告诉你们一个小秘密，今天呀，小精灵要找搭档啦，你们想做吗？它呀，会选表现得最棒的小动物来做搭档。那让我们去看一看，小精灵的要求是什么吧！

2. 基本部分

小精灵：小动物们好，我是你们的精灵姐姐，我呀，想给自己找搭档，但是我的搭档必须会一些小魔法，小动物们，你们会吗？你们不会呀，那学会了再来找我吧。

师：小动物们，刚刚小精灵的要求你们知道了吗？那你们想学习魔法吗？好吧，那老师教你们一个小小的魔法——颠倒魔法，你们要好好地看清楚，老师是怎么变的。

师：乌拉乌拉变，蜜蜂变蜂蜜！（PPT切换）

师：你们看，我用颠倒魔法把蜜蜂变成了什么呀？（蜂蜜）那你们知道什么是颠倒吗？颠倒呀，就是把东西反着读，蜜蜂反过来就是蜂蜜，牛奶反过来就是奶牛，小朋友们知道颠倒是什么意思了吗？那现在我要考考小朋友们，（出示挂图）这是什么呀？那我们用颠倒魔法能把它变成什么呀？请大家和我一起念出颠倒魔法，把它变过来吧。乌拉乌拉变，牛奶变奶牛！（PPT）

师：现在老师要给小动物们布置一项任务了，要求小动物们把这些东西用颠倒魔法变过来，小动物们准备好了吗？准备好了就和老师一起念咒语吧。（PPT）

师：我刚刚听到有一些小动物的读音不太标准，这样咒语就没有用了，现在老师带小动物们一起把这些词语念一念，好不好？

老师带读词语（挂图）。师：现在小动物们的读音标准多了，我们再来练习练习咒语吧。小动物们可以和边上的好朋友互相变一变，看看能不能把他的名字颠倒过来，一会儿，老师会请两个小动物上来表演一下，看看他们变得怎么样。

（请几组小朋友上台演示）师：小动物们说说看，他们变得好不好呀？那老师要给他们一点小奖励（贴纸）。小动物们，你们觉得还有什么东西可以用颠倒魔法来变呢？（讨论）

师：小动物们今天学习得真棒，现在要请出小精灵来选它的搭档了。小朋友们，我们一起大声地把小精灵叫出来吧，小精灵！

小精灵：哎哎哎，我来了，小动物们，你们学会魔法了吗？那我要挑选几个小朋友上来比赛一下了（兔子、蝴蝶、小鱼队各一人）。

（游戏竞赛）小精灵：小朋友们，你们觉得谁表现得更棒一点呀？我觉得呀，每个小动物都很棒，你们就都做我的搭档吧（每人一个戒指）。

3. 结束部分

师：今天在魔法课上，小动物们都表现得非常棒，现在我要给每个小动物一点小奖励，我们请小精灵发给我们，好吗？（发贴纸）

师：今天学了一天的颠倒魔法，小动物们都累了，要回家休息了，等我们回家以后也把颠倒魔法教给爸爸妈妈，好吗？小动物们，再见！

五、幼儿早期阅读活动的设计

幼儿早期阅读活动主要是为幼儿提供阅读图书经验、早期识字经验和早期书写经验。《纲要》中指出："培养幼儿对生活中常见的简单标记和文字符号的兴趣。利用图书、绘画和其他多种方式，引发幼儿对书籍、阅读和书写的兴趣，培养前阅读和前书写技能。"这些要求体现出早期阅读的重要，早期阅读在促进幼儿获得优异的语言运用经验、提高幼儿语言能力等方面具有重要作用。

（一）幼儿早期阅读的基本特点

幼儿早期阅读是指0~6岁幼儿凭借变化着的色彩、图像、文字或成人形象生动地读、讲来理解读物的活动。早期阅读活动重在为幼儿提供阅读经验、培养幼儿阅读的兴趣，所以要把握幼儿早期阅读的特点、丰富幼儿阅读的内容。

1. 早期阅读要有良好的阅读环境

良好的阅读环境是幼儿早期阅读的基本特点，是区别于正规阅读的主要标志。早期阅读环境重在为幼儿提供阅读经验，需要向幼儿提供含有较多阅读信息的教育环境。早期阅读环境包括精神环境和物质环境。

（1）精神环境是指教师或家长应为幼儿创设宽松、自由的阅读氛围。幼儿既可以自己阅读图书，也可以与同伴一起阅读，可以全身心地投入阅读环境中，在阅读中获得无尽的乐趣。教师要为幼儿创设阅读的氛围，要树立阅读的榜样，让幼儿在浓厚的阅读氛围中潜移默化地养成阅读的好习惯。

（2）物质环境是指为幼儿提供阅读的时间和空间。早期阅读的经验不是几次专门性的阅读活动就能获得的，而是需要在大量的日常阅读中习得并获得巩固和发展。因此，教师在安排幼儿一日活动中，要保证幼儿有一定的阅读时间，这种时间可以是随机的、不固定的；还要有一定的阅读空间，阅读空间要相对安静。教师要培养幼儿充分利用各种机会阅读图书的习惯，要提醒幼儿阅读时保持安静、不要大声喧哗，鼓励幼儿将图书内容讲给其他幼儿听。

2. 早期阅读活动与讲述活动相结合

早期阅读活动与图书是分不开的，不同类型的图书对幼儿的阅读具有不同的作用，因此阅读材料应该是丰富多彩的，文体也应该是多种多样的。幼儿在阅读过程中不仅要理解图书的主要内容，还要将图书的主要内容以口头表达的形式表现出来。因此，阅读活动要与讲述活动紧密联系起来，幼儿可以边看边说，也可以在看完之后把图书的主要内容讲述出来。但是要注意，早期阅读的重要功能在于让幼儿理解图书，理解各个画面之间、画面与整个故事之间的关系。因此，早期阅读更注重让幼儿理解图书的基本结构、理解图书故事情节的发展，并对图书的结尾进行预测，再将理解的内容以口头表达的形式表现出来。

3. 早期阅读活动应具有整合性

早期阅读活动是一种整合性教育活动，贯穿于幼儿教育活动中，与其他领域的教育活动紧密结合。例如阅读活动与美术活动相结合，幼儿在阅读图书后，可以将图书内容画出来，分角色进行表演。美术活动后，幼儿可以将自己画的内容讲给幼儿听，这些都是提高幼儿阅读能力的好方法。

早期阅读活动是以促进幼儿口头表达能力的发展和获得有关书面语言的初步知识为目标的。因此，整合性体现在书面语言与口头语言相结合方面。阅读活动必定会促进幼儿口头语言表达能力的提升，在阅读活动中，幼儿也会认识一些文字，了解书面语言的特点。但是，教师要注意，培养幼儿良好的阅读习惯、正确的阅读方法和必要的阅读技能是主要方面，而认识文字及文字结构是次要的，不要把阅读活动变成识字活动。

4. 早期阅读活动的形式多样

早期阅读活动的形式不仅仅局限在阅读语言方面的图书上，阅读的题材应该是多样的，可以是生活、科学、环境、生命教育、亲情、友情、奇幻等。还可以引导幼儿阅读广告招牌、街上的标志、玩具说明书等。在每一种阅读活动中，教师都要引发幼儿对生活中常见的简单标记和文字符号的兴趣，引发幼儿对书籍、阅读和书写的兴趣，培养幼儿前阅读、前识字和前书写的技能。

(二) 幼儿早期阅读的类型

早期阅读活动的形式多种多样，根据不同的标准可以分为不同的类型。根据阅读的组织形式，可以分为自由阅读和师生共读；根据阅读的指导形式，可以分为专门阅读活动和日常生活中的阅读活动；根据阅读的领域，可以分为幼儿园语言领域的阅读活动和其他领域的阅读活动。教师应该根据幼儿的具体情况选择合适的早期阅读教育活动。

1. 集体阅读活动

集体阅读活动是指教师组织开展的图书阅读、前识字和前书写等活动，有意识地培养幼儿的阅读兴趣、阅读习惯和阅读能力。集体阅读是教师有目的、有计划、有组织地开展的，面向全体幼儿的集中阅读活动。教师选择的图书应该是经典的，开展的阅读过程应是开心快乐的，进行的前识字和前书写活动应是与幼儿的生活需要密切相关的、与图书阅读相互结合的。集体阅读活动是在生活中和游戏中自然轻松地开展的，是为了让幼儿获得粗浅的文字和书写意义的经验。

2. 阅读区活动

阅读区活动是指在园内或班级内创设阅读区域，定期更新阅读材料，指导幼儿自主开展阅读活动。阅读区活动是幼儿日常生活中最主要的阅读活动。阅读区应设在光线充足的地方，书架设置应便于幼儿取放图书。在阅读区活动中，教师的指导应该是间接的，但在幼儿的全面观察和个别指导等方面，都需要发挥教师的主导作用。在阅读区中投放的图书应该根据幼儿的年龄差异而有所区别。只有适合幼儿阅读经验和阅读水平的图书，才能调动幼儿阅读的积极性，保证阅读的质量。

3. 领域教育中的阅读活动

早期阅读活动不仅可以在语言领域中进行，也可以在其他领域中进行，与其他领域教育相互结合，促进领域教育活动的开展和幼儿阅读能力的提高。例如阅读健康、艺术、科学等内容的图书，可以使幼儿习得各领域的教育内容，从中受到全面的教育，延伸阅读的内容，增进各领域教育的成效。

4. 日常生活中的阅读活动

日常生活中的阅读活动是指幼儿在日常生活中，随机开展的阅读活动，即在幼儿园的一日生活环节中，自然结合、随机开展的活动。例如在自由活动时间、游戏活动中的阅读活动。

教师可在游戏活动中渗透阅读内容，利用阅读手段、结合阅读要素，强化阅读的教育功能。例如角色表演，可以结合图书的内容进行表演；活动区域标志图能够促使幼儿通过辨识各种图示顺利开展游戏活动。

（三）幼儿早期阅读活动的设计与实施

早期阅读活动是有目的、有计划地发展幼儿阅读能力、培养幼儿良好的阅读习惯和阅读态度的活动。幼儿早期阅读活动的设计，要考虑阅读的具体类型。只有合理地设计出阅读活动，才能调动幼儿的积极性、主动性，使幼儿投入阅读活动中。

1. 阅读前的准备活动

阅读前的准备活动直接影响阅读活动的效果。幼儿理解一本图书不是简单的一次阅读活动就能实现的。因此，在阅读活动前期，如果阅读的内容是幼儿不熟悉的，教师有必要让幼儿先阅读一下图书，为正式阅读活动的开展奠定基础，但是不能代替正式的阅读活动，只要幼儿对阅读内容有大概的了解就可以，否则会影响正式活动的质量。

阅读前的准备活动还包括阅读材料的选择、阅读环境的设置，以及了解幼儿的阅读习惯、方法及相关经验等问题。

2. 幼儿自由阅读

幼儿自由阅读是阅读活动的第一阶段，是培养幼儿阅读能力的重要环节，是在教师提出阅读要求后，让幼儿自由阅读，教师观察、指导的过程。

参与阅读活动的幼儿人数不宜过多，便于教师个别指导。教师在简单介绍完图书的名称和封面的内容后，就要提供机会让幼儿自由阅读。幼儿可以一边翻图书一边小声讲述，主要是幼儿独自讲述。这样可以使幼儿在正式阅读时，重新回忆曾经看过的重要情节，在此基础上再度对同一内容进行理解。教师在巡回指导时，要注意观察每个幼儿的表现，可以用提问的方式引导幼儿的思路，帮助幼儿理解图书中的重点和难点。对于阅读速度快的幼儿，要鼓励他们仔细阅读图书中的细节部分，了解内容发展线索，更好地掌握故事情节；对于阅读速度慢的幼儿，要重点观察，了解他们在哪些方面、哪些环节出现了问题，哪些内容幼儿不容易掌握，为下一步的学习活动提供必要的依据。

3. 师生共同阅读

师生共同阅读是阅读活动的一个重要步骤。在阅读过程中，教师与幼儿对阅读内容都具有一定的熟悉度，教师可以和幼儿边阅读、边讲述、边交流。教师可以用提问的方式帮助幼儿理解图书的大致内容，问题涵盖面要广，并组织幼儿讨论问题，共同感受阅读的情趣，共同理解阅读的内容。

每个阅读活动都有自身的重点、难点问题，应围绕问题开展阅读活动。图书具有前后联系和连续性强的特点，因此如果幼儿对一个重点或难点画面没有正确理解，就会影响到对整本图书主要内容的把握。教师要结合图书的重点和难点对幼儿进行必要的指导，使幼儿能够将图书的细节与内容结合起来，理解图书的主要内容，并能体验图书中人物的内心感受。

4. 幼儿讲述阅读的主要内容

幼儿对图书的主要内容有了深入的理解之后，教师要鼓励幼儿将主要的内容总结、归纳出来，从而巩固和消化所学的内容。这一过程主要是幼儿讲述图书的内容，并且加上幼儿本身对图书内容的理解。在讲述图书内容的基础上，总结图书的主要内容。

幼儿阅读讲述是将幼儿所理解的图书内容以口头语言的形式表达出来，是幼儿将图画符号转化为语言符号的阶段，是阅读活动中不可缺少的一个环节。幼儿既可以在小组内讲述，也可以在集体中讲述，还可以在同伴之间讲述。

在讲述过程中，教师要鼓励幼儿大胆想象，将与情节有关的人物、动作、对话和内心体验讲述出来。主要是促使幼儿围绕图书重点、主要情节，尽可能讲得生动、详细，将图书的主要内容完整连贯地表达出来。在讲述时要注意幼儿的个别差异。

5. 围绕阅读主题延伸

阅读活动的延伸一般放在阅读活动之后，以活动区的形式展开，可以续编、扩编、表演、讨论等；也可以扩展到其他领域，以此迁移和拓展阅读经验，深化阅读内容，充分发挥阅读的教育功能。

案例十二

活动名称：阅读活动——《贪吃的哈罗德》（共3篇）。

活动班级：大班。

篇一：阅读活动——《贪吃的哈罗德》

活动目标：

（1）初步感知故事的幽默、有趣，学习重点字词：吞、喷、马戏团。

(2) 初步表演并乐意大胆想象哈罗德的自由旅行。

活动准备：图书、大头饰、小头饰。

活动过程：

一、观看图书封面，介绍书名，阅读第4页，设置悬念

(1) 封面上有什么？（蛇）

(2) 这条蛇叫哈罗德，它可是一条贪吃的蛇。我们一起来看看它发生了什么事？

(3) 咦，这条蛇怎么了？它有什么不一样？

二、自由阅读图书并讨论

(1) 它到底吃了什么？

(2) 老师与幼儿一起翻阅图书。要求：右手扶书，左手翻书，一页一页地捏着"数字宝宝"翻。

(3) 哈罗德都吞下了哪些小动物呢？

(4) 一起看完后，把图书合上，让幼儿自由发挥。在书里看到了什么？都有哪些小动物出现了？

(5) 让幼儿回忆，当幼儿说出一个小动物时，老师出示头饰。

三、集体看图书，结合头饰理解故事内容

(1) 到底是不是这些小动物呢？我们一起来看一下。

(2) 翻一页讲一页，让幼儿想想刚才说得对不对。

(3) 小动物最后被吃了没有啊？那它们去了哪里啊？

小结：原来这条蛇不是想把小动物吃掉，它是想把这些小动物带到马戏团里表演给我们看，它可真"贪吃"啊！

四、再次看图书，听老师完整朗读故事

你喜欢这个故事吗？为什么？

五、初步表演故事，老师负责旁白

(1) 要求：表演小动物的时候记得做相应的动作。

(2) 哈罗德的肚子又空荡荡的了，你们觉得它接下来会去哪里呢？会做些什么让人意想不到的事情？下课后想一想，明天我们再来讨论！

篇二：早期阅读活动——《贪吃的哈罗德》

活动目标：

(1) 通过观察图书画面，理解故事的主要内容。

(2) 懂得看书要一页一页地翻阅。

(3) 体验幽默、有趣的故事情节，喜欢阅读图书。

活动准备：PPT、图画书。

活动过程：

一、出示PPT，引导幼儿观察图书画面，初步认识图书画面内容

引导语：老师带来了一本有趣的图书和小朋友们分享。请小朋友们仔细看，待会儿请小朋友们来说说图书上有什么、发生了什么事。

二、展示所有图片，请幼儿选择自己喜欢的图片进行讲述

提问：我们把图书看完了，请小朋友们来说说自己最喜欢哪一幅图，为什么？你们能说说这幅图上发生了什么事吗？谁能完整说说这幅图的故事？

三、幼儿结合图片完整讲述故事，教师归纳故事主要情节

引导语：小朋友们说得都很精彩，哪个小朋友能看着老师的图片按顺序把故事完整地讲一遍呢？

小朋友们都很厉害，现在我们一起来看看写这本书的姐姐是怎么讲这个故事的。（出示带字图片）

看完了图书，你们知道为什么叫哈罗德是一条贪吃的蛇吗？

小朋友们平时贪吃吗？你们觉得贪吃好不好？为什么不好？

教师小结：贪吃就是除了吃饭以外还吃了很多不营养的食物，吃完很多不营养的食物以后就会消化不良，这样就会肚子痛了，而且贪吃的小朋友很容易变胖，这样是不健康的。

四、请幼儿为图书起名字

引导语：我们看完了这本有趣的图书，现在请小朋友们为这本有趣的图书起一个好听的名字吧。我们先看看写这本书的姐姐给这本书起了什么名字。

五、幼儿自由阅读图书，引导幼儿学习正确看书的方法

引导语：大班的小朋友们很爱读书，那你们平时是怎么看的呢？有哪位小朋友说说你是怎么看书的？

小结：看书先要从封面开始看，然后一页一页地仔细看每一页的图画，知道每一页说的是什么。

今天老师在桌面上都放了图书，请小朋友们轻轻地把小椅子搬到相应位置上和你旁边的小伙伴说说故事吧！

活动延伸：

在表演区进行故事表演。

篇三：早期阅读活动——《贪吃的哈罗德》

活动目标：

（1）通过观察图书画面，理解故事的主要内容。

（2）懂得看书要一页一页地翻阅。

（3）体验幽默、有趣的故事情节，喜欢阅读图画书。

活动准备：

材料配套：教育挂图、《贪吃的哈罗德》图画书。

活动指导：

1. 谈话引入，引导幼儿猜想

引导语：有条蛇的名字叫哈罗德，它是一条贪吃的蛇，总是想吃东西。大家想想这条蛇会吃哪些东西？

2. 出示《贪吃的哈罗德》图画书，师生一起观看，完整欣赏故事

（1）引导语：现在贪吃的哈罗德肚子饿了，它要去找东西吃了，我们一起来看看，它能找到东西吃吗？

（2）引导幼儿翻看图画书，讨论：
①你怎么知道小兔子是被哈罗德吞下去的？
②小动物们会在哈罗德的肚子里做什么？
③哈罗德吞完了动物，它就怎么样了？
④哈罗德为什么会打喷嚏？
⑤哈罗德把小动物们喷到哪里去了？最后马戏团的老板开心吗？为什么？

3. 幼儿自由阅读图画书

（1）引导语：请小朋友们坐在座位上，把这本好看的图画书再看一遍吧！

（2）提出阅读要求：提醒幼儿一页一页地翻阅图画书；提醒幼儿坐姿，注意观察幼儿看画面时的表情、动作等。

（3）讨论：故事的名字叫什么？哈罗德先后吞下了哪些小动物？

4. 引导幼儿选出自己认为最有趣的一张画，并讲给同伴听

活动延伸：

区域活动：在表演区引导幼儿表演故事（用大块的布罩在哈罗德扮演者的身上，被吃掉的人可以装进去），以进一步感受故事的乐趣。

六、幼儿语言教育活动的指导

（一）创设宽松的语言学习环境

幼儿的语言是在与人的交往中发展起来的。要使幼儿的语言获得发展，就必须为幼儿创设一个宽松的语言环境，要让幼儿敢说、爱说、会说。轻松无压力的语言环境，是调动幼儿说的内部动机的必要条件。教师在进行语言活动时，要尊重幼儿，为幼儿创造自主表达的机会，使幼儿成为活动的主体，同时教师在活动中是幼儿的支持者、是活动的参与者。教师在活动中应平等地与幼儿对话、沟通，对幼儿的活动要给予支持，帮助幼儿获得成功；鼓励幼儿大胆表达，不轻易打断幼儿的谈话，不讥讽、挖苦幼儿，耐心倾听幼儿的讲话，巧妙纠正幼儿的失误。敢说先于正确，大胆表达是幼儿正确表达的前提。

（二）创设语言活动的情境

幼儿的语言活动充满童趣，例如童话、诗歌、散文等都是幼儿喜闻乐见的。教师可以把活动形式变成现实的情境，通过真实的场景，调动幼儿感官参与活动，让幼儿能够主动表达、愿意表达，并且能够有话说。这样，幼儿就可以通过丰富的生活经验做到有话可说、有话能说。教师应根据幼儿思维的特点，为幼儿组织多种多样的情境活动，让幼儿在游戏中获得选择、扮演角色的体验并产生交流的愿望。

（三）关注不同发展水平的幼儿

由于幼儿语言的发展受多方面因素的影响，因此是有差异的。教师应尊重每个幼儿的特点和心理需求，让每个幼儿都有语言锻炼的机会，接纳幼儿的差异性、独特性和创造性，在语言活动中尽可能为幼儿提供运用语言的机会。对于能力强的幼儿，教师可以让幼儿多说；对于能力差的幼儿，教师要多鼓励幼儿，并且多与幼儿谈话，引导幼儿产生交流的愿望。

在语言活动中，幼儿的情感体验、联想、表达是不同的、多元的、可变的，有很大的自

由度。要让幼儿按照自己的方式表达，发挥自己的想象，表达所见、所想，教师要鼓励幼儿敢于在语言活动中表达自己的独特认识和感受。

（四）引导幼儿获得正确运用语言的技能

幼儿语言教育的方法有很多种，教师要借助多种方法，让幼儿进行语言练习，并且掌握运用语言的技能。

1. 教师要有正确的示范

幼儿善于模仿，教师是幼儿模仿的对象，教师的语言表达直接关系到幼儿的语言发展。教师要注意口齿清晰、语言准确、表达有条理、说话精练，这些对幼儿语言的发展都有重要作用，可以让幼儿在潜移默化中学习说话的技巧。

2. 教会幼儿观察的方法

会观察是思考和表达的基础和前提。幼儿的观察能力较弱，因此说话没有条理性，也没有顺序性。教师要教会幼儿观察的方法，并根据观察得到的线索和自己的理解，创造性地将观察到的内容讲出来，并有一定的顺序性，使幼儿做到言之有序。

3. 创设交流互动的机会

幼儿交流的对象一个是教师，一个是同伴。教师与幼儿之间的交流可为幼儿提供语言的示范，让幼儿观察、学习、模仿、感受、运用语言的基本规则和积极作用，通过师生之间的交往，调整幼儿的表达方式。教师与幼儿之间的交流还能使教师了解幼儿的内心世界，引发幼儿表达的愿望。幼儿与同伴之间的交流能通过相互作用主动地创造、调整自己的语言，从而获得主动的发展。幼儿在交往的过程中，会主动依据对方的态度和行为，选择交往的策略，不断调整自己的语言，以达到自己的目的。幼儿在交流的过程中，充分运用自己已有的经验，解决生活中的实际问题，这样就在语言的运用中提升了语言交往的能力。

（五）将语言教育融于其他领域的教学活动之中

语言是对幼儿进行全面教育的载体，各领域的教育活动都可与语言融为一体。在各领域的教育活动中，将语言教育因素有机结合，做到相互渗透，时时有运用语言的机会，幼儿语言的综合能力才能提高。在幼儿园的各个领域中，语言都是不可缺少的工具，语言的发展能够帮助幼儿逐步加深对外部世界、对他人和对自己的认识。教师要利用各领域的教育活动，随时对幼儿进行语言教育，使幼儿的语言真正得到发展。

思考与练习

1. 幼儿语言教育的概念是什么？
2. 幼儿语言教育的意义有哪些？
3. 幼儿语言领域的总目标是什么？
4. 幼儿语言领域教育的途径有哪些？
5. 幼儿语言领域教育的方法有哪些？

试一试

结合幼儿园的实际，尝试设计幼儿文学、讲述、谈话等教育活动计划，并在幼儿园中实施。

第三单元

社会领域

【知识目标】

1. 掌握幼儿社会化、幼儿社会教育的概念；
2. 掌握幼儿社会性发展的特点；
3. 掌握幼儿社会教育活动的目标、内容、途径、方法；
4. 重点掌握幼儿社会教育活动的设计与指导。

【能力目标】

1. 能够制订自我意识、社会交往、社会适应等教育活动计划，并能够组织与实施；
2. 能够运用多种途径、方法，在日常生活中进行社会教育活动。

人具有两种属性：一种是自然属性，一种是社会属性。社会属性是人作为社会存在的最大本质。幼儿是生活在社会中的人，与社会的各个方面有着千丝万缕的联系。幼儿的社会教育是幼儿园教育的重要组成部分。社会领域的学习与发展是幼儿社会性不断完善和建构人格的基础。社会领域的学习可以使幼儿懂得如何与人友好相处，学习如何看待自己、对待他人；体验规则的公正与互惠，不再以自我为中心，形成规则意识。良好的社会性发展对幼儿身心发展具有重要影响。

第一课 社会教育概述

一、幼儿社会教育的内涵

（一）幼儿社会化

1. 社会化的含义

社会化是社会学、心理学和文化人类学等多学科研究的课题。各国学者从不同的角度对社会化的概念做出了界定。一些学者认为：社会化关注的是人们的相似性，是个体在发展过程中从文化和社会中学习到、又反过来适应文化和社会的那些东西。北京师范大学发展心理研究所教授、博士生导师陈会昌提出，社会化是个体由于参与社会生活、与人交往，在固有的生物特性的基础上形成的独特的社会特性。社会学注重的是自然人成长为社会人的过程，心理学注重的是幼儿在特定的社会和文化环境中，形成适应该社会与文化的人格，掌握该社会与文化公认的行为方式。

结合上述观点，我们认为：幼儿的社会化是指幼儿在特定的文化和社会环境中，通过与环境的相互作用和良好教育的引导，不断掌握社会规范、社会行为技能，内化道德价值观念，形成良好品质，适应社会生活的过程。

2. 社会化的内容

社会化的内容是指个人在社会化过程中需要掌握或学习的各种技能、行为规范等。人与社会总是处在复杂的相互联系和相互制约中，而社会化在形成与维持人与社会的这种相互关系中具有重要作用。在幼儿阶段，社会化的主要内容包括社会认知、情绪、性别角色、成就动机与成就行为、社会技能等方面。

婴儿刚刚出生时只是一个自然人，只有一些基本的生理本能，没有社会观念与社会技能。所以，幼儿必须通过社会化的途径来认知社会文化、学习社会技能、掌握社会生活方式，才能适应社会，并在一定的社会生活环境中得到发展。人类总是处在不断的发展变化之中，幼儿为了适应社会环境，必须有意识地、积极主动地适应社会生活，学习新的社会技能。

社会化是人类社会发展和文化延续的前提条件。社会化是保证社会正常运转与发展的基础。只有具备与社会发展水平相适应的知识、能力与素质的社会人，才能维持社会的正常运转。社会化是传递人类知识、延续社会文化的重要途径。

（二）幼儿社会性

1. 幼儿社会性发展的含义

"社会性发展"的概念在心理学的教学和研究中被广泛应用，但是要对其进行界定并非易事。我国学者从广义和狭义、先天与后天合成说等方面对社会性发展的概念做了定义。

广义：社会性被视为与人格、非智力因素等具有相同意义的词汇，是指除生理和认知以外的一切心理特征。

狭义：社会性是指人际关系中的情绪、性格等人格侧面，表现为在社会生活中形成的比较稳定的对人、对己、对社会的认识、情感态度、行为等方面的特征。

先天与后天合成说：社会性是指由人的社会存在所获得的一切特性。

从发展心理学和幼儿教育学的角度来说，幼儿社会性发展是指幼儿在自身生物特性的基础上，与社会生活环境相互作用，掌握社会规范、社会技能，扮演社会角色，获得社会需要，发展社会行为，由自然人成长为社会人。

"社会化"的概念，注重的是人向社会的接近，注重个人融入社会群体的过程。"社会性发展"的概念，是从个体成长的角度，强调个体发展的一个主要侧面。"社会性发展""体格发展""认知发展"共同构成幼儿个体发展的三大主题，也是"儿童心理学"研究的三大领域。实际上，社会化与社会性发展所指的都是幼儿个体成长和步入社会的同一过程，幼儿社会性发展的过程，也就是幼儿社会化的过程。

2. 幼儿社会性发展的心理结构

幼儿社会性发展的心理结构就是其所包括的成分及这些成分之间的相互关系。幼儿社会性发展心理结构的各成分之间不是机械地结合，而是有机地联系、相互作用，并构成一个多维度、多层次、多关联的纵横交错的整体结构。幼儿社会性发展的心理结构包括自我意识、社会认知、社会情感、道德品质、社会行为技能、社会适应六大系统。

（1）自我意识是指幼儿对自我及自我与周围关系的意识。包括自我认识，诸如自我概念、自我形象、自我评价、独立性等；自我情感体验，诸如自尊心、自信心、自我价值感、成就感、进取心等；自我控制，诸如自制力、自觉性、坚持性、自我延迟满足等。

（2）社会认知是指幼儿对自我与社会中的人、社会环境、社会规范等方面的认知。包括行为动机和对后果的分辨能力，对他人的认知（对同伴意见的理解和采纳能力，对成人要求的理解和采纳能力），对社会环境和现象的认知（家庭、幼儿园、社区机构、国家及民族、重大社会事件等），对性别角色、行为方式的认知和对社会规范的认知（文明礼貌、生活习惯、公共规则、集体规则、交往规则等）。

（3）社会情感是指幼儿在社会生活、社会交往中的情感体验，包括积极情绪、情绪表达与控制、依恋感、愉快感、羞愧感、同情心、责任感等。

（4）道德品质是指社会道德现象在幼儿身上的反映，即内化道德规范、养成良好的道德行为习惯。包括关心他人、诚实、谦让、懂得分享、乐于助人、有奉献精神、勇敢、爱护环境、讲礼貌、守纪律等良好的品德和道德行为习惯，以及爱亲人、爱集体、爱家乡、爱祖国等道德情感。

（5）社会行为技能是指幼儿在与人交往，在参与社会活动时表现出的行为技能，包括交往技能、倾听交谈的技能、非言语交往技能、辨别和表达自己感情的技能，以及合作、遵守规则、解决冲突等技能。

（6）社会适应是指幼儿能够逐渐学会接受新环境，适应矛盾冲突的能力。包括初步形成对新环境的适应能力，对陌生人的适应能力，对同伴交往的适应能力，独立地克服困难、解决实际生活中简单问题的能力，学会做事、学会生活。

（三）幼儿社会教育

幼儿社会教育是指以发展幼儿的社会性为目标，以幼儿的社会生活事务及相关的人文社会知识为基本内容，以社会及人类文明的积极价值为导向，在尊重幼儿生活、遵循幼儿社会性与品格发展的规律和特点的基础上，由教师、家长及相关教育人员通过多种途径，创设有教育意义的环境和活动，陶冶幼儿性情，培育幼儿初步的社会生活能力与良好的品德、习性，促进幼儿健康、完整发展的教育。幼儿社会教育是幼儿全面发展的重要组成部分，是由社会认知、社会情感以及社会行为技能三方面构成的有机整体。

二、幼儿社会教育的意义和特点

（一）幼儿社会教育的意义

《纲要》中明确指出，在幼儿教育中，应避免只注重知识与技能的发展，忽略幼儿情感、社会性和实际生活能力的发展。相反，应把情感和态度作为幼儿发展的第一要素，凸显自主、自信的主体精神，培养幼儿的独立性、自制力、专注性、合作精神。学前期幼儿的社会化程度对将来其能否适应所在的社会具有决定性的影响。

1. 幼儿社会教育有助于幼儿心智的发展

幼儿社会教育能够帮助幼儿的社会性得到较好的发展，社会性发展好的幼儿，适应能力和自制力都比较强。入园后，这些幼儿能够很快熟悉老师和同伴，更容易与老师和同伴相处，有更多的机会与老师和同伴交往，从而在老师和幼儿身上获得大量信息。这些信息能够促进幼儿心智的发展。例如，小班幼儿入园后，社会性发展好的幼儿，没有哭闹现象，很快就能和同伴一起学习、游戏，认知能力也能很快提高。相反，一些幼儿哭闹的时间比较长，情绪很难稳定，没有时间进行相应的学习和游戏，认知能力的发展就会滞后。

2. 幼儿社会教育有助于幼儿自我发展能力的提高

学前期是幼儿人际交往能力发展的关键时期，人际交往是人与人之间心理上产生相互影响的过程。对幼儿进行社会教育，最关键的是要提高幼儿社会交往的技能。随着幼儿生活环境的不断扩大，幼儿的人际关系越来越复杂。通过交往，可以培养幼儿了解他人情感和需要的能力，解决生活中实际问题的能力，达到互相交流信息、协调彼此之间的关系、共同友好活动的目的。

3. 幼儿社会教育有助于加快幼儿社会化的进程

社会化是个体通过与周围环境的相互作用，由自然人转化为社会人的过程。通过学习群体文化，学习承担社会角色，逐渐充实自己，从而形成个性，融于社会，成为社会成员。幼儿社会教育就是把社会文化知识、社会规范、社会技能以幼儿能够接受的方式传授给幼儿，使幼儿内化为自身的规则。例如，利用参观、访问、沟通、实验、操作等多种形式，引导幼儿形成自己的个性，分辨并欣赏别人的个性。

4. 幼儿社会教育有助于幼儿良好品格的形成

幼儿社会教育的要点就是为幼儿创设宽松、自由的环境，引导幼儿主动参与、自主选择，使幼儿逐步产生主体意识，内在需要得到满足，其内在动力得到激发，逐步将外部规则内化，从他律走向自律。幼儿自律性的发展有助于幼儿形成良好的品格。

(二) 幼儿社会教育活动的特点

幼儿社会性的发展是在幼儿发展过程中呈现方式最多的一种活动。社会性活动蕴涵在幼儿生活的方方面面，贯穿在幼儿生活的各个环节。幼儿学习社会行为规范、掌握社会知识、体验社会情感，这些都要以幼儿能够接受的活动方式进行，必须符合幼儿的发展特点。

1. 教育活动的生活性

幼儿社会性的发展离不开周围的社会生活。幼儿对社会知识的掌握、社会情感的激发、良好社会行为的培养，大多是在生活中完成的，幼儿正是通过日常生活逐步完成社会化的过程。因此，生活本身就是课堂，生活本身就是教材，生活本身就是过程，幼儿社会教育是与生活紧密联系在一起的。幼儿社会性的培养应该在生活中完成，让幼儿在生活中感受、领悟。

2. 教育活动的渗透性

幼儿社会教育是一个潜移默化的过程，应该有目的、有意识地利用良好的环境，为幼儿创设一个能使幼儿感受到被接纳、归属、关爱和支持的氛围，避免简单的说教。幼儿的无意注意占优势，在生活中也总是无意识地受教育的影响，大量的社会教育都是以渗透性教育的方式传递的。教师的行为举止、对幼儿的态度、甚至幼儿之间的交往活动也都隐含着大量的社会性活动。幼儿通过生活中良好的氛围和有目的的教育环境，可以获得社会文化的知识和经验，这对幼儿社会化发展的作用是不可低估的。

3. 教育活动的整合性

幼儿社会教育不仅仅停留在社会领域，在幼儿的其他教育领域中也都有体现。《纲要》中指出，幼儿教育活动的组织应注重综合性、生活性和趣味性，应充分挖掘和利用各领域之间的内在联系，对课程内容进行合理、有效的整合。在语言、科学、艺术、健康领域的教学活动设计中，教师要注意深入挖掘社会教育的内容，把社会领域的教学内容融入其中，并组织相应的教育活动形式，在对幼儿进行各方面教育的同时，真正促进幼儿社会性的发展。

4. 教育活动的长期性

幼儿社会性的培养需要一个长期的过程，要不断重复。幼儿社会教育的内容不是静止的条条框框和道理，也不是通过一次教学活动就能够完成和形成的。幼儿社会教育活动是在日常的不断强化、练习、感受等活动中，形成规范化、习惯化行为。因为只有习惯化、规范化的行为，才能称得上是社会性的特点，所以幼儿社会教育需要长期地去巩固、去提高，从而形成良好的社会性行为。

5. 教育活动的正面教育性

幼儿对于教育能够接受的是正面教育，不能讲"反话"。所谓正面教育，就是教师直接告诉幼儿怎样做、做什么、按照什么方式做。幼儿年龄小，不能理解"反话"的意思。例如，幼儿站在椅子上，老师害怕幼儿摔倒，急忙生气地说："你真行，还上椅子上了！你还能上哪去！"幼儿回答说："老师，我还能上桌子上。"这就是典型的幼儿把教师责怪的话，当作鼓励的话。

第二课　幼儿社会教育的目标、内容

幼儿社会教育是教师有目的、有计划地对幼儿施加教育影响，引导幼儿积极主动地参与活动，并促进幼儿社会认知、社会情感和社会行为等健康发展的过程。幼儿社会教育目标是依据《纲要》《指南》中的社会性培养目标确定的。幼儿社会教育目标是社会教育内容的方向，社会教育内容是幼儿社会教育目标的具体体现。

一、幼儿社会教育目标

设定幼儿社会教育目标的主要目的是为幼儿提供有计划的社会学习活动，以发展幼儿的社会性为目标，促进幼儿自我意识的形成，发展与人交往、合作的能力，激发社会情感，增进对社会和世界的了解。幼儿社会教育目标是根据社会领域的总目标，结合幼儿的实际特点，把目标具体到每一个社会教育活动中，通过具体的教育活动来完成的。幼儿社会领域的教育目标是社会教育所要获得的最终结果。

（一）幼儿社会教育的总目标

《纲要》中提出的教育目标是幼儿社会教育的总目标，具体内容包括：
（1）能主动地参与各项活动，有自信心。
（2）乐意与人交往，学习互助、合作和分享，有同情心。
（3）理解并遵守日常生活中基本的社会行为规则。

(4) 能努力做好力所能及的事，不怕困难，有初步的责任感。
(5) 爱父母长辈、老师和同伴，爱集体、爱家乡、爱祖国。

相关链接

《纲要》中社会领域的目标、内容与要求、指导要点

（一）目标

1. 能主动地参与各项活动，有自信心。
2. 乐意与人交往，学习互助、合作和分享，有同情心。
3. 理解并遵守日常生活中基本的社会行为规则。
4. 能努力做好力所能及的事，不怕困难，有初步的责任感。
5. 爱父母长辈、老师和同伴，爱集体、爱家乡、爱祖国。

（二）内容与要求

1. 引导幼儿参加各种集体活动，体验与教师、同伴等共同生活的乐趣，帮助他们正确认识自己和他人，养成对他人、社会亲近、合作的态度，学习初步的人际交往技能。
2. 为每个幼儿提供表现自己长处和获得成功的机会，增强其自尊心和自信心。
3. 提供自由活动的机会，支持幼儿自主地选择、计划活动，鼓励他们通过多方面的努力解决问题，不轻易放弃克服困难的尝试。
4. 在共同的生活和活动中，以多种方式引导幼儿认识、体验并理解基本的社会行为规则，学习自律和尊重他人。
5. 教育幼儿爱护玩具和其他物品，爱护公物和公共环境。
6. 与家庭、社区合作，引导幼儿了解自己的亲人以及与自己生活有关的各行各业人们的劳动，培养其对劳动者的热爱和对劳动成果的尊重。
7. 充分利用社会资源，引导幼儿实际感受祖国文化的丰富与优秀，感受家乡的变化和发展，激发幼儿爱家乡、爱祖国的情感。
8. 适当向幼儿介绍我国各民族和世界其他国家、民族的文化，使其感知人类文化的多样性和差异性，培养理解、尊重、平等的态度。

（三）指导要点

1. 社会领域的教育具有潜移默化的特点。幼儿社会态度和社会情感的培养尤应渗透在多种活动和一日生活的各个环节之中，要创设一个能使幼儿感受到被接纳、关爱和支持的良好环境，避免单一呆板的言语说教。
2. 幼儿与成人、同伴之间的共同生活、交往、探索、游戏等，是其社会学习的重要途径。应为幼儿提供人际相互交往和共同活动的机会和条件，并加以指导。
3. 社会学习是一个漫长的积累过程，需要幼儿园、家庭和社会密切合作，协调一致，共同促进幼儿良好社会性品质的形成。

（二）幼儿社会教育的年龄阶段目标

《指南》中对幼儿社会教育的总目标进行了分类，并根据幼儿的年龄特点，确立了年龄阶段目标。具体内容包括：

1. 人际交往

目标1　愿意与人交往

目标2　能与同伴友好相处
目标3　具有自尊、自信、自主的表现
目标4　关心尊重他人

2. 社会适应

目标1　喜欢并适应群体生活
目标2　遵守基本的行为规范
目标3　具有初步的归属感

相关链接

《指南》中社会领域教育的目标、教育建议

（一）人际交往

目标1　愿意与人交往

3~4岁	4~5岁	5~6岁
1. 愿意和小朋友一起游戏。 2. 愿意与熟悉的长辈一起活动	1. 喜欢和小朋友一起游戏，有经常一起玩的小伙伴。 2. 喜欢和长辈交谈，有事愿意告诉长辈	1. 有自己的好朋友，也喜欢结交新朋友。 2. 有问题愿意向别人请教。 3. 有高兴的或有趣的事愿意与大家分享

教育建议：

1. 主动亲近和关心幼儿，经常和他一起游戏或活动，让幼儿感受到与成人交往的快乐，建立亲密的亲子关系和师生关系。

2. 创造交往的机会，让幼儿体会交往的乐趣。如：

- 利用走亲戚、到朋友家做客或有客人来访的时机，鼓励幼儿与他人接触和交谈。
- 鼓励幼儿参加小朋友的游戏，邀请小朋友到家里玩，感受有朋友一起玩的快乐。
- 幼儿园应多为幼儿提供自由交往和游戏的机会，鼓励他们自主选择、自由结伴开展活动。

目标2　能与同伴友好相处

3~4岁	4~5岁	5~6岁
1. 想加入同伴的游戏时，能友好地提出请求。 2. 在成人指导下，不争抢、不独霸玩具。 3. 与同伴发生冲突时，能听从成人的劝解	1. 会运用介绍自己、交换玩具等简单技巧加入同伴游戏。 2. 对大家都喜欢的东西能轮流玩、分享。 3. 与同伴发生冲突时，能在他人帮助下和平解决。 4. 活动时愿意接受同伴的意见和建议。 5. 不欺负弱小	1. 能想办法吸引同伴和自己一起游戏。 2. 活动时能与同伴分工合作，遇到困难能一起克服。 3. 与同伴发生冲突时能自己协商解决。 4. 知道别人的想法有时和自己不一样，能倾听和接受别人的意见，不能接受时会说明理由。 5. 不欺负别人，也不允许别人欺负自己

教育建议：

1. 结合具体情境，指导幼儿学习交往的基本规则和技能。如：

- 当幼儿不知怎样加入同伴游戏，或提出请求不被接受时，建议他拿出玩具邀请大家一起玩；或者扮成某个角色加入同伴的游戏。
- 对幼儿与别人分享玩具、图书等行为给予肯定，让他对自己的表现感到高兴和满足。
- 当幼儿与同伴发生矛盾或冲突时，指导他尝试用协商、交换、轮流玩、合作等方式解决冲突。
- 利用相关的图书、故事，结合幼儿的交往经验，和他讨论什么样的行为受大家欢迎，想要得到别人的接纳应该怎样做。
- 幼儿园应多为幼儿提供需要大家齐心协力才能完成的活动，让幼儿在具体活动中体会合作的重要性，学习分工合作。

2. 结合具体情境，引导幼儿换位思考，学习理解别人。如：

- 当幼儿有争抢玩具等不友好行为时，引导他们想想"假如你是那个小朋友，你有什么感受？"让幼儿学习理解别人的想法和感受。

3. 和幼儿一起谈谈他的好朋友，让幼儿说说喜欢这个朋友的原因，引导他多发现同伴的优点、长处。

目标3　具有自尊、自信、自主的表现

3~4岁	4~5岁	5~6岁
1. 能根据自己的兴趣选择游戏或其他活动。 2. 为自己的好行为或活动成果感到高兴。 3. 自己能做的事情愿意自己做。 4. 喜欢承担一些小任务。	1. 能按自己的想法进行游戏或其他活动。 2. 知道自己的一些优点和长处，并对此感到满意。 3. 自己的事情尽量自己做，不愿意依赖别人。 4. 敢于尝试有一定难度的活动和任务	1. 能主动发起活动或在活动中出主意、想办法。 2. 做了好事或取得了成功后还想做得更好。 3. 自己的事情自己做，不会的愿意学。 4. 主动承担任务，遇到困难能够坚持而不轻易求助。 5. 与别人的看法不同时，敢于坚持自己的意见并说出理由

教育建议：

1. 关注幼儿的感受，保护其自尊心和自信心。如：

- 能以平等的态度对待幼儿，使幼儿切实感受到自己被尊重。
- 对幼儿好的行为表现多给予具体、有针对性的肯定和表扬，让他对自己的优点和长处有所认识并感到满足和自豪。
- 不要拿幼儿的不足与其他幼儿的优点做比较。

2. 鼓励幼儿自主决定，独立做事，增强其自尊心和自信心。如：

- 与幼儿有关的事情要征求他的意见，即使他的意见与成人不同，也要认真倾听，接受他的合理要求。

- 在保证安全的情况下,支持幼儿按自己的想法做事;或提供必要的条件,帮助他实现自己的想法。
- 幼儿自己的事情尽量放手让他自己做,即使做得不够好,也应鼓励并给予一定的指导,让他在做事中树立自尊和自信。
- 鼓励幼儿尝试有一定难度的任务,并注意调整难度,让他感受经过努力获得的成就感。

目标4 关心尊重他人

3~4岁	4~5岁	5~6岁
1. 长辈讲话时能认真听,并能听从长辈的要求。 2. 身边的人生病或不开心时表示同情。 3. 在提醒下能做到不打扰别人	1. 会用礼貌的方式向长辈表达自己的要求和想法。 2. 能注意到别人的情绪,并有关心、体贴的表现。 3. 知道父母的职业,能体会到父母为养育自己所付出的辛劳	1. 能有礼貌地与人交往。 2. 能关注别人的情绪和需要,并能给予力所能及的帮助。 3. 尊重为大家提供服务的人,珍惜他们的劳动成果。 4. 接纳、尊重与自己的生活方式或习惯不同的人

教育建议:

1. 成人以身作则,以尊重、关心的态度对待自己的父母、长辈和其他人。如:
- 经常问候父母,主动做家务。
- 礼貌地对待老年人,如坐车时主动为老人让座。
- 看到别人有困难能主动关心并给予一定的帮助。

2. 引导幼儿尊重、关心长辈和身边的人,尊重他人劳动及成果。如:
- 提醒幼儿关心身边的人,如妈妈累了,知道让她安静休息一会儿。
- 借助故事、图书等给幼儿讲讲父母抚育孩子成长的经历,让幼儿理解和体会父爱与母爱。
- 结合实际情境,提醒幼儿注意别人的情绪,了解他们的需要,给予适当的关心和帮助。
- 利用生活机会和角色游戏,帮助幼儿了解与自己关系密切的社会服务机构及其工作,如商场、邮局、医院等,体会这些机构给大家提供的便利和服务,懂得尊重工作人员的劳动,珍惜劳动成果。

3. 引导幼儿学习用平等、接纳和尊重的态度对待差异。如:
- 了解每个人都有自己的兴趣、爱好和特长,可以相互学习。
- 利用民间游戏、传统节日等,适当向幼儿介绍我国主要民族和世界其他国家和民族的文化,帮助幼儿感知文化的多样性和差异性,理解人们之间是平等的,应该互相尊重,友好相处。

（二）社会适应

目标1　喜欢并适应群体生活

3~4岁	4~5岁	5~6岁
1. 对群体活动有兴趣。 2. 对幼儿园的生活好奇，喜欢上幼儿园	1. 愿意并主动参加群体活动。 2. 愿意与家长一起参加社区的一些群体活动	1. 在群体活动中积极、快乐。 2. 对小学生活有好奇和向往

教育建议：

1. 经常和幼儿一起参加一些群体性的活动，让幼儿体会群体活动的乐趣。如：参加亲戚、朋友和同事间的聚会以及适合幼儿参加的社区活动等，支持幼儿和不同群体的同伴一起游戏，丰富其群体活动的经验。

2. 幼儿园组织活动时，可以经常打破班级的界限，让幼儿有更多机会参加不同群体的活动。

3. 带领大班幼儿参观小学，讲讲小学有趣的活动，唤起他们对小学生活的好奇和向往，为入学做好心理准备。

目标2　遵守基本的行为规范

3~4岁	4~5岁	5~6岁
1. 在提醒下，能遵守游戏和公共场所的规则。 2. 知道不经允许不能拿别人的东西，借别人的东西要归还。 3. 在成人提醒下，爱护玩具和其他物品	1. 感受规则的意义，并能基本遵守规则。 2. 不私自拿不属于自己的东西。 3. 知道说谎是不对的。 4. 知道接受了的任务要努力完成。 5. 在提醒下，能节约粮食、水电等	1. 理解规则的意义，能与同伴协商制订游戏和活动规则。 2. 爱惜物品，用别人的东西时也知道爱护。 3. 做了错事敢于承认，不说谎。 4. 能认真负责地完成自己所接受的任务。 5. 爱护身边的环境，注意节约资源

教育建议：

1. 成人要遵守社会行为规则，为幼儿树立良好的榜样。如：答应幼儿的事一定要做到、尊老爱幼、爱护公共环境、节约水电等。

2. 结合社会生活实际，帮助幼儿了解基本行为规则或其他游戏规则，体会规则的重要性，学习自觉遵守规则。如：

- 经常和幼儿玩带有规则的游戏，遵守共同约定的游戏规则。
- 利用实际生活情境和图书故事，向幼儿介绍一些必要的社会行为规则，以及为什么要遵守这些规则。
- 在幼儿园的区域活动中，创设情境，让幼儿体会没有规则的不方便，鼓励他们讨论制订规则并自觉遵守。
- 对幼儿表现出的遵守规则的行为要及时肯定，对违规行为给予纠正。如：幼儿主动为老人让座时要表扬；幼儿损害别人的物品或公共物品时要及时制止并主动赔偿。

　　3. 教育幼儿要诚实守信。如：
- 对幼儿诚实守信的行为要及时肯定。
- 允许幼儿犯错误，告诉他改了就好。不要打骂幼儿，以免他因害怕惩罚而说谎。
- 小年龄幼儿经常分不清想象和现实，成人不要误认为他是在说谎。
- 发现幼儿说谎时，要反思是否是因自己对幼儿的要求过高过严造成的。如果是，要及时调整自己的行为，同时要严肃地告诉幼儿说谎是不对的。
- 经常给幼儿分配一些力所能及的任务，要求他完成并及时给予表扬，培养他的责任感和认真负责的态度。

目标3　具有初步的归属感

3~4岁	4~5岁	5~6岁
1. 知道和自己一起生活的家庭成员及与自己的关系，体会到自己是家庭的一员。 2. 能感受到家庭生活的温暖，爱父母，亲近与信赖长辈。 3. 能说出自己家所在街道、小区（乡镇、村）的名称。 4. 认识国旗，知道国歌。	1. 喜欢自己所在的幼儿园和班级，积极参加集体活动。 2. 能说出自己家所在地的省、市、县（区）名称，知道当地有代表性的物产或景观。 3. 知道自己是中国人。 4. 奏国歌、升国旗时能自动站好。	1. 愿意为集体做事，为集体的成绩感到高兴。 2. 能感受到家乡的发展变化并为此感到高兴。 3. 知道自己的民族，知道中国是一个多民族的大家庭，各民族之间要互相尊重、团结友爱。 4. 知道国家的一些重大成就，爱祖国，为自己是中国人感到自豪。

　　教育建议：
　　1. 亲切地对待幼儿，关心幼儿，让他感到长辈是可亲、可近、可信赖的，家庭和幼儿园是温暖的。如：
- 多和孩子一起游戏、谈笑，尽量在家庭和班级中营造温馨的氛围。
- 通过和幼儿一起翻阅照片、讲幼儿成长的故事等，让幼儿感受到家庭和幼儿园的温暖、老师的和蔼可亲，对养育自己的人产生感激之情。

　　2. 吸引和鼓励幼儿参加集体活动，萌发集体意识。如：
- 幼儿园和班级里的重大事情和计划，请幼儿集体讨论决定。
- 幼儿园应经常组织多种形式的集体活动，萌发幼儿的集体荣誉感。

　　3. 运用幼儿喜闻乐见和能够理解的方式激发幼儿爱家乡、爱祖国的情感。如：
- 和幼儿说一说或在地图上找一找自己家所在的省、市、县（区）名称。
- 和幼儿一起外出游玩，一起看有关的电视节目或画报等；和他们一起收集有关家乡、祖国各地的风景名胜、著名的建筑、独特物产的图片等，在观看和欣赏的过程中激发幼儿的自豪感和热爱之情。
- 利用电视节目或参加升旗等活动，向幼儿介绍国旗、国歌以及观看升旗、奏国歌的礼仪。
- 向幼儿介绍反映中国人聪明才智的发明和创造，激发幼儿的民族自豪感。

二、幼儿社会教育的内容

社会教育的目的是在特定的历史环境中产生和发展的,社会教育带有历史时代或社会结构的烙印。学前期是幼儿社会教育的重要时期,在这一时期掌握的一定的社会规范、社会行为技能、良好的行为习惯,是让幼儿一生受益的品质。《指南》中指出,幼儿社会领域的学习与发展过程是幼儿社会性不断完善并奠定健全人格基础的过程。自我意识、人际交往和社会适应是幼儿社会学习的主要内容。

(一) 自我意识

自我意识是指幼儿对自我以及自我与周围关系的认识。自我意识是人类特有的意识,是区别于动物的一种重要标志。新生儿没有关于自我意识的知识。幼儿第一个发展任务就是将自己与周围环境区分开来,即产生自我意识。3~6岁幼儿的自我意识处于初步发展阶段,幼儿的自我意识发展从自我认识发展到自我命名,最后到自我评价。

1. 学习表达自己的情感

引导幼儿用一定的方式表达自己的需求、爱好、情绪、情感,使幼儿知道自己的姓名、性别、年龄,知道自己与别人的不同;知道自己有喜、怒、哀、乐,会用自己的语言和方式表达,愿意做自己喜欢的事。

2. 主动地参与各项活动,有自信心、责任感

引导幼儿主动参加幼儿园的各项活动,在活动中完成力所能及的任务,遇到困难和挫折能够自己尝试解决,有自信心;遇到困难时知道寻求帮助,愿意接受有难度的任务,能够自始至终地完成一项工作,有责任感。

3. 恰当的自我评价

幼儿的自我评价能力是逐步发展起来的,反映幼儿对自己在环境中所处地位的认识和评价自身能力的价值观念,在个性形成中占重要地位。幼儿自我评价的定位是在平常生活中通过活动获得的。例如,进行专门的自我评价的教育活动,或者在科学实验中通过操作、探究活动的成功,培养幼儿对自我的认同感。

案例一

活动名称:男女有别。

活动班级:大班。

活动目标:

(1) 建立性别认同,了解男孩、女孩在各个方面的不同特征。

(2) 尊重自己和他人的性别,欣赏男孩、女孩不同的优秀品质,增强自信心。

活动准备:

音乐(轻柔的、强劲的)、音乐磁带、歌曲《对面的女孩看过来》。

活动过程:

一、导入

(1) "小朋友们,你们知道自己是男孩还是女孩吗?你是男孩吗?(我是女孩)你是女孩吗?(我是男孩)今天尹老师想和大家做朋友,请男孩站到老师的左手边,请女孩站到老

师的右手边。"以报数的方式统计一共多少男孩、多少女孩。

(2)"下面我们来唱首歌好不好?"教师和幼儿一起边哼唱《对面的女孩看过来》边尽情跳舞嬉戏。(教师跟着女生组)

二、展开生活经验的交流(通过各方面了解男、女的同与不同)

(1)引导幼儿讨论男孩、女孩在外形、相貌、穿戴、喜欢玩的玩具等方面的不同。

(2)教师小结:男孩、女孩各有各的特点,男孩:坚强、勇敢、不怕黑、粗心、调皮。女孩:温柔、可爱、细心、讲卫生、胆小、爱哭。在以后的生活中,大家要相互关心、相互帮助。

三、欣赏男孩、女孩喜欢的歌曲:《动感DJ》《种太阳》

(1)"下面我们休息一会儿,来听两首好听的歌曲,听的时候要注意这两首歌曲有什么不同。"放歌曲:《动感DJ》《种太阳》。

"听完音乐,请女孩告诉老师,你们喜欢哪首歌曲?男孩子呢?"

"让我们再来听一遍音乐,女孩喜欢的音乐就请女孩来舞蹈,男孩喜欢的音乐就请男孩来舞蹈。"

总结:原来男孩、女孩喜欢的音乐也有所不同,男孩喜欢强劲的音乐,女孩喜欢优美舒缓的音乐。

四、讨论男孩、女孩的理想(欣赏男孩、女孩不同的优秀品质,增强自信心)

(1)"男孩、女孩性格不同、爱好不同,将来长大了所做的工作也会不同,你们长大了想干什么?说说你们的理想!"

(2)"大班的男孩、女孩们,老师相信,只要你们认真学习,努力做好每一件事情,就一定会实现你们的理想。"

五、朗诵儿歌

教师和幼儿一起朗诵儿歌:男孩、女孩都可爱,喜好不同不奇怪,男孩勇敢女孩美,一起成长乐开怀。

活动延伸:

装饰画:男孩女孩。

(二)人际交往

人际交往是指幼儿在与人交往、在参与社会活动时掌握的交往技能和基本的行为规范。自幼儿从家庭进入幼儿园开始,幼儿的社会性就发生了质的变化,幼儿园对幼儿社会性的影响,更有意识、更有目的、更有计划。幼儿园可以通过多种多样的教育活动,将社会规范、道德价值观和知识技能传授给幼儿,促进幼儿社会的发展。

1. 懂得基本的礼貌礼节

认识老师、同伴、周围的邻居,知道有礼貌地称呼和打招呼。帮助幼儿学习不同情境下的礼貌用语,例如看望病号、恭贺喜事、拜访答谢、招待客人等。教师可以运用角色游戏、区角游戏等方式,教小班幼儿学习正确地称呼周围的人;用故事、情景表演等,教他们学习礼貌用语。

2. 学会分享、与同伴友好合作

培养幼儿养成分享的习惯,可以让幼儿带自己喜欢的玩具到幼儿园,然后互相交换;还

可以利用生日、运动会、节日等，带生日蛋糕、食品与其他幼儿一起分享，感受与表达与人分享的快乐。在生活和活动中，学会和其他幼儿平等地合作，乐于助人。小班可以进行抛接球的游戏，体验只有两个人才能完成的游戏，感受初步的合作关系。中班、大班的幼儿应逐步体会合作完成一些任务的优势，以及遇到问题时同伴之间可以互相商量的快乐。

3. *用积极的心态理解、关心和帮助他人*

在活动中学习合作的技能，并且乐于助人，同样自己有困难的时候会请求帮助；能主动用语言、行动等方式去关心需要帮助的同伴，发现同伴的优点、长处，相互学习，共同进步。

4. *学习社会交往的技巧和方法*

社会交往水平最高的就是合作性游戏，因为有共同的目的、计划，所以幼儿容易友好相处。教师要利用游戏活动，有意识地培养幼儿在游戏中团结合作、关心他人、帮助他人、互相尊重的品质，并且要接受指挥、遵守游戏规则。

案例二

活动名称：快乐口袋。

活动班级：中班。

活动目标：

(1) 理解故事的内容，感受什么是快乐。

(2) 幼儿能在讨论、操作中分享快乐。

(3) 培养幼儿发现快乐、分享快乐、积极面对生活的良好个性品质。

活动重点：理解故事的内容，感受什么是快乐。

活动难点：幼儿能在讨论中分享快乐。

活动准备：快乐的背景音乐、幼儿心情图标、实物"快乐口袋"、"快乐口袋"PPT。

活动过程：

一、情景导入，引发兴趣

教师播放有关快乐的视频，引发幼儿活动的兴趣。

师：今天老师给小朋友们带来了一段视频，我们一起来看看（幼儿观看后，讨论自己在生活中有哪些快乐的事）。

二、幼儿欣赏故事，体验作品

教师打开多媒体课件，让幼儿边听故事边看动画。

提问："小动物对着快乐口袋分享了哪些快乐？""后来森林里发生了一件什么事？""是什么让小动物们又重新快乐起来的？"

三、通过讨论、操作，分享快乐

教师出示幼儿心情图标，提问个别幼儿："你快乐吗？为什么？""×××小朋友，你今天为什么不快乐？""小朋友们能学习故事中的小猴子来帮助×××小朋友快乐起来吗？"（幼儿集体出主意帮助×××小朋友快乐起来）教师鼓励幼儿自主选择区角活动，在共同操作中感受快乐。活动后，教师提问："×××小朋友，你现在快乐吗？""小朋友们，你们现在快乐吗？为什么？"（让幼儿体验使别人快乐，自己才是真正的快乐）

教师小结：希望小朋友们都能够快乐地成长，我们要靠自己发现快乐并和别人分享快乐，使别人得到快乐的人自己才最快乐。

四、游戏：快乐口袋

教师出示"快乐口袋"："我们来做个游戏——把快乐告诉口袋。小朋友们能像小动物一样把自己的快乐对着口袋说说吗？"

师：让我们一起出去收集更多的快乐吧。（师生随音乐走出活动室）

（三）社会适应

幼儿社会教育的特点是潜移默化。幼儿社会态度和社会情感的培养应该渗透到一日生活的各个环节之中，使幼儿在生活中感受到关心、支持、接纳的良好环境，适应幼儿园的生活。日常生活中的行为规范非常多，一个人在生活中的所有言行都要遵守相应的社会规范。只有遵守相应的社会规范，才能形成良好的社会生活习惯；只有适应了社会要求，才能更好地建构自身的人格，更好地完成社会性的发展。

1. 适应社会环境、幼儿园环境

引导幼儿初步了解和爱护幼儿园、社区等周围的环境；使幼儿了解自己所在的城市，以及家乡的风俗、特产、名胜古迹、自然风光等；使幼儿掌握家庭成员的姓名、工作单位、电话，以及自己的家庭住址等，知道与家人之间的关系，并且能够和谐相处；鼓励幼儿参加一些力所能及的家务劳动，培养幼儿初步的家庭观念。

2. 遵守社会规范，形成良好的社会生活习惯

《纲要》的社会领域目标提出，"理解并遵守日常生活中基本的社会行为规则"。根据目标培养幼儿在日常生活中遵守规则要求、养成按照规则要求进行活动的习惯、增强执行规则的能力。例如，遵守交通规则、游戏规则、学习要求等；养成良好的卫生习惯、良好的行为习惯。

3. 具有初步的归属感

归属感对于幼儿来说比较抽象，不容易理解。在教育活动中可以从幼儿所在的班级出发，让幼儿参加集体活动，树立集体感；参加幼儿园的活动，有助于增强幼儿的归属感；收集属于家乡的材料，激发幼儿爱家乡的情感；通过电视节目或参加升旗仪式，介绍国旗、国歌、祖国的四大发明，激发幼儿民族的自豪感。

家长要关心、爱护幼儿，使幼儿感受到亲情，知道家庭的可依赖、温暖，感受到家庭温馨的氛围。

案例三

活动名称：我们的省会城市——南昌。

活动班级：大班。

活动目标：

(1) 知道南昌是江西省的省会，了解南昌的城市概况。

(2) 认识南昌的市树、市花。

(3) 大胆表述自己对南昌的认识。

活动准备：
（1）江西省地图。
（2）幼儿用书。

活动过程：

一、引入课程主题

1. 出示江西省地图让幼儿观察

师：这幅地图我们已经看过了，但你们发现没有，每座城市的名称旁边都有一个小圆点标识，你们看景德镇、赣州这些字的旁边是不是都有一个小圆点呢？

2. 幼儿继续寻找其他的城市名称

师：你们有没有发现一个城市名字旁边的标识和其他城市不一样？它是哪个城市？为什么和别的城市不一样呢？

3. 幼儿寻找后发现"南昌"旁边的标识和其他城市不同，纷纷猜测原因并回答。

二、引导幼儿知道南昌是江西省的省会城市

师：南昌是个特别的城市，它是江西省的省会城市。有谁知道什么叫省会城市？（幼儿根据自己的理解回答）

师：省会城市是一个省的政治、经济、文化中心，一个省的政府就设置在省会城市。

三、引导幼儿了解南昌的概况

师：江西省是个好地方，南昌也是个好地方，你喜欢南昌的哪些地方呢？（幼儿回答，引导幼儿从自然风光、饮食、娱乐、历史文化等方面来讲）

师：每个城市都有代表自己风貌的树木和花卉，南昌也有市树和市花，你们知道它们的名字吗？（幼儿猜测并回答）

师：请打开幼儿用书，观看片刻，然后回答刚才提出的问题。

小结：南昌的市树是"香樟"，会发出好闻的气味；市花是"月季"，美丽娇艳。这两种植物深受南昌市民喜爱。现在南昌发展得很快，建了许多高楼大厦，还有"南昌大桥""八一大桥"等桥梁，交通便利，人们的生活也越来越好了。南昌还有许多珍稀的鸟类、野生动物，植物也很繁茂。南昌的艾溪湖、青山湖和贤士湖等，是人们游玩的好去处。另外，南昌的气候温暖宜人，人们生活在这里特别舒适。

第三课　幼儿社会教育的途径、方法

《纲要》中明确指出："幼儿园应与家庭、社会密切合作，与小学相互衔接，综合利用各种教育资源，共同为幼儿的发展创造良好的条件。"幼儿的社会性必须在社会环境中才能健康地发展，在幼儿社会领域的教育中，要开发和利用有效的资源，通过多种渠道、多种方法，培养幼儿的社会性，加快幼儿社会化的进程。

一、幼儿社会领域教育的途径

幼儿社会性的发展是一个长期、复杂的过程。幼儿社会教育的最大特点是渗透性，也就是潜移默化的影响。因此，幼儿社会教育需要幼儿园、家庭、社会密切配合，协调一致，共同促进幼儿良好社会性品质的形成。幼儿社会教育需要通过一定的途径来完成，主要有以下几个方面：

（一）专门性的教育活动

专门性的教育活动是有目标、有计划、有组织的活动。在社会教育活动中，专门性的教育活动可以根据幼儿的年龄特点，设计具有针对性、操作性的教育内容，选择适宜的教育方式和方法，是幼儿接受正规社会教育的主要途径。专门性的教育活动能够系统地对幼儿进行社会领域的教育，可以是集体活动，也可以是小组活动、区角活动等。在专门性的教育活动中，幼儿参与的程度高且规范性强，便于幼儿掌握社会领域内的认知内容。

案例四

大班社会活动"感恩的心"

活动名称：感恩的心。

活动班级：大班。

设计意图：

在当今物质条件优越的时代，幼儿感受着来自家庭及各方面的宠爱，成为家中的"太阳"，凡事以自我为中心，习惯接受别人的关心爱护，不积极主动对待他人，甚至由娇而横。为此，我们要加深幼儿对爱的理解，让幼儿知道自己的快乐生活离不开别人的帮助，培养幼儿拥有一颗感恩的心。

活动目标：

(1) 使幼儿从小有爱心、心中有他人，用感恩的心去面对生活。

(2) 学习用语言行动表达感恩之情。

活动准备：

课件"失语女孩的故事"、公益广告《心在一起》、游戏《爱心之旅》伴奏音乐、歌曲《感恩的心》。

活动过程：

一、情感体验

播放课件"失语女孩的故事"，深深体会母爱的伟大，引起情感共鸣，融入失语女孩的精神世界。

师：今天，我们一起来听一个真实的故事，是一个失语（不会说话）小女孩的故事，听后说说你们的感想。

幼1：小姑娘很可怜。

幼2：小姑娘很坚强。

师：那么她的母亲呢？

（抓住母亲临死手中的那块年糕，引导幼儿理解母爱的伟大）

师：妈妈死后，她是怎样做的？（让幼儿发言，教师重复小女孩的话，同时做出手语）

师：小姑娘为了感恩母亲，选择了坚强勇敢地活下去，在我们的生活中也有许多要感恩的人。

二、感恩的人

逐一播放图片,引导幼儿观察,感受来自生活中的关爱,了解我们要感恩的人。

(1) 图1:感恩父母,了解养育之苦(图片内容:孩子发高烧,躺在床上,额头上敷着毛巾,母亲的神情中透露出无比担心与关爱)。

师:在我们的生活中,你们的父母是如何关爱你们的呢?

幼1:妈妈天天给我做好吃的、买新衣服。

幼2:爸爸辛苦上班挣钱给我买玩具。

幼3:下雨了,妈妈把雨伞给我,可她却淋着雨。

(2) 图2:感恩老师,了解培育之难(图片内容:小男孩摔倒了,老师蹲在旁边,没有及时扶他,而是给予鼓励,让他自己爬起来)。

师:在我们生活中,老师教你干什么呢?

幼1:老师教我唱歌、画画。

幼2:老师和我们一起去找春天。

师:老师教你们学本领,让你们长大,做自己想做的事。

(3) 图3:感恩伙伴,体验友情之乐(图片内容:两个小伙伴在一起,其中一个把自己心爱的玩具给另一个玩)。

师:你们和小伙伴在一起开心吗?有哪些开心的事?

幼1:我们一起做游戏。

幼2:她帮我系扣子。

(4) 感恩周围的人,了解幸福生活的来之不易(图片内容:锄禾,了解粮食的来之不易,懂得珍惜粮食)。

师:在我们的周围,还有哪些需要我们感恩的人?

幼1:医生为我们看病,让我们有一个健康的身体。

幼2:建筑工人为我们盖起了漂亮的房子。

还有警察、环卫工人……

三、如何感恩

1. 让幼儿自由发言:你最感谢谁?如何感谢他?

幼1:感谢爸爸妈妈,我可以帮他们干活。

幼2:感谢环卫工人,我们不乱扔果皮纸屑,一起来保护环境。

2. 看公益广告《心在一起》

进一步理解如何感恩,知道要从小讲文明、懂礼仪。

3. 生活体验

创设情境游戏"爱心之旅",让孩子在情境中学习帮助他人。

情境:在旅途中,有位孕妇上车了,手中的袋子不小心掉在地上,有位小朋友帮忙捡起来("谢谢你""不用谢"),又有人给她让了座。

4. 教师小结

(教师通过图片引导,让幼儿说出要感谢的人)

师:在我们身边有太多要感谢的人,感谢父母把我们养大;感谢老师教给我们本领;感谢小朋友们带来的欢乐、帮助;感谢农民伯伯种出的粮食……如何感谢他们呢?

在教师的引导下，幼儿说出：
(1) 做力所能及的事。
(2) 懂得分享，分享快乐与痛苦（帮助他人）。
(3) 从"谢谢"开始，说一句祝福的话，送一份礼物。
(4) 遵守各项规章制度，保护环境等。

四、情感回归

师：在旅行即将结束时，我们来欣赏一首感恩歌曲《感恩的心》。
（播放音乐，幼儿随老师做手语，在音乐中结束活动）
活动延伸：
(1) 美工活动：每人制作一个爱心卡，送给要感谢的人。
(2) 角色游戏：互换角色，体验残障带来的不便。

（二）渗透性教育活动

渗透性教育活动是社会领域教育的主要途径。《指南》中强调："幼儿的社会性主要是在日常生活和游戏中通过观察和模仿潜移默化地发展起来的。"所以，渗透性教育在社会领域教育中占有重要位置。

1. 日常生活中的教育

幼儿园是幼儿接触的第一个社会环境，幼儿在幼儿园学会学习、学会做人、学会生活。因此，要充分发挥幼儿园的"小社会"功能，有效地促进幼儿社会化。

幼儿园的一日生活包括很多环节、很多内容。以一日生活的各个环节为课程，把各环节之间的转换过程作为培养规则目标的内容，把盥洗、午睡、整理、午餐等作为社会教育的内容。培养幼儿生活常规的教育，一天之内可以反复进行多次，并且每一天都能够重复。日复一日的重复，可以有效地帮助幼儿形成良好的行为习惯。例如，早晨来园可以进行礼貌教育；通过晨间值日、大扫除等活动可以养成良好的卫生习惯；午睡、盥洗可以养成生活自理的习惯。

2. 重大事件的契机教育

幼儿社会教育必须与幼儿的实际生活情况相结合。脱离幼儿实际生活的教育没有实际意义，说教无法引起幼儿的共鸣，难以达到预期的教育效果。例如，神舟七号载人飞天的历史记载、神舟十一号的空中对接等，这些新闻内容都可以与幼儿的社会教育活动相结合，使幼儿为祖国的强大感到自豪，激发幼儿的爱国热情。同样，奥运会、全运会、家乡的变化等，都可以激发幼儿爱家乡、爱祖国的情感。此外，慈善捐款等也可以培养幼儿的同情心、爱心。

3. 在其他领域中进行教育

幼儿园五大领域不是简单割裂开的，而是一个整体。在语言、科学、艺术、健康领域中也包含社会领域的教育内容，所以在教学中要整合各领域的内容，对幼儿进行社会教育。例如，语言领域的故事"龟兔赛跑"，在掌握故事情节的目标外，还可以教育幼儿不骄傲，要有谦虚的良好品德；艺术领域"剪纸"的教学，在学习剪纸的目标中，可以把中国的剪纸艺术与中国的悠久历史联系起来，进行爱国教育；歌曲《祖国祖国我爱你》等，也可以进行爱国教育。

(三) 家园合作教育

家庭、社区是幼儿社会性发展中对幼儿最具影响、影响最直接的环境。家园合作有利于家庭教育和幼儿园教育保持一致。幼儿园和家庭作为幼儿社会教育的两个重要场所，只有协调一致，才能充分发挥教育的整体作用，保证幼儿社会性的协调发展。家园合作的方式多种多样，主要有家园联系、个别交谈、亲子活动、家长开放日等。

家园合作的一种特殊形式就是社区教育，社区教育可以是幼儿园利用社区资源进行活动，也可以是家长利用社区活动、资源等对幼儿进行个别教育。例如，社区的十一活动，一般是假期，家长可以带领幼儿参加；而社区的六一活动，可以是幼儿园的集体活动。教师可以充分挖掘家庭、社区的有效资源，利用资源对幼儿进行社会教育，使家庭和社区环境真正成为幼儿社会教育的环境，促进幼儿社会性的发展。

二、幼儿社会领域教育的方法

幼儿社会教育活动的方法就是教师为幼儿的社会性发展创设相应的条件和机会，让幼儿参与各种丰富的社会性活动，促进幼儿社会性的发展。在社会领域中，教育方法是围绕实现社会领域的教育目标和任务，在活动过程中运用的方式和手段的总称。幼儿社会教育过程受多种因素的影响，教育的方式方法也是多种多样的。

(一) 运用语言进行教育的方法

运用语言进行教育，顾名思义，就是在社会教育活动过程中，以口头语言为主进行社会领域教育内容的解释、讨论和交流。运用语言进行教育的方法有讲解法、谈话法、讨论法。

1. 讲解法

讲解法就是教师用口头语言向幼儿说明一些简单的社会领域的道理、规则及其意义，使幼儿明辨是非，懂得应该怎样做和为什么要这样做的方法。讲解法是社会教育活动中运用得非常普遍的方法，无论是幼儿对人际关系的了解、对社会环境的认知，还是对社会行为规范的学习和社会文化的吸取，都需要教师用生动浅显、富有感染力的语言进行讲解、启发和引导。

在运用讲解法的时候要注意，讲解要有针对性，要对那些幼儿难以理解、实践、体验的内容进行讲解；讲解时语言要具体、直观、形象，力求使幼儿接受和理解教师的讲授内容；讲解的形式应该多种多样、生动有趣，以便激发幼儿学习的积极性和主动性。

2. 谈话法

谈话法就是在社会教育活动中，教师有目的、有计划地围绕某一个主题，与幼儿相互提问、对答的教育方法。谈话法的运用可以使教师借助恰当的问题，帮助幼儿分拣、提炼原有的社会知识经验，使之系统化、明确化。谈话法中幼儿的提问与回答是其真实思想活动的反映，有利于教师把握其思想实质。

在运用谈话法时，教师提问的内容应以幼儿熟悉的社会知识经验为主；提出的问题应具体明确，富有启发性、发散性；提出问题后应给幼儿足够的思考时间；集体谈话时，教师的提问应面向全体，通过各种方式让每个幼儿都有回答问题的机会。幼儿的提问以及幼儿对教师提问的回答无论是简单幼稚，还是复杂成熟，教师都应耐心倾听，并用发展的眼光进行适当小结。

3. 讨论法

讨论法是指在幼儿社会教育活动中，教师指导幼儿对某些社会性的问题、观点及认识相互启发、相互学习、交流意见，以获取社会性知识的教育方法。这种方法的运用，有利于幼儿自由发表意见和感受，帮助幼儿养成独立思考的习惯和能力，懂得不同的人对待问题的看法不同，有利于幼儿摆脱以自我为中心的行为。讨论法的形式有集体讨论、小组讨论等。

在运用讨论法时要注意，幼儿要有足够的社会知识经验，并具备交谈的基本技能；教师要努力创设宽松自由的气氛，让幼儿大胆发表自己的看法；教师要注意讨论的主题，适当地通过提问调节讨论的节奏，使讨论不走题；讨论结束时，教师简明阐述正确的观点，引导幼儿对问题做出正确的小结；讨论时要注意幼儿的个体差异。

(二) 运用感知觉进行教育的方法

运用感知觉进行教育的方法就是让幼儿通过感觉器官，如用眼睛看、耳朵听、手操作等，通过对实物材料的操作、组织参观等，形成正确认知的教育方法。运用感知觉进行教育的方法有演示法、参观法。

1. 演示法

演示法是指教师根据一定的社会教育目标，将实物、教具直接展示给幼儿看，或者引导幼儿通过实际表演进行思考或表达对社会知识的理解，使幼儿从中明白一些道理。社会教育活动中常用情景演示法，由教师展示一些社会情景，让幼儿对其中的社会问题进行思考，明白社会规范。展示给幼儿的可以是图片中的情景，也可以是幼儿或幼儿与教师共同表演的情景。这种方法的运用，能增进幼儿对社会教育活动的兴趣，增强活动的效果。

运用演示法的时候要注意，演示要有明确的目的，演示前要有充足的准备，要掌握好演示的节奏和重点；演示法要与其他方法结合使用，这样有助于幼儿对社会性知识的理解和掌握。

2. 参观法

参观法是指在幼儿社会教育过程中，根据社会教育的目标和内容，组织幼儿在园内或园外通过对实际事物和现象的观察、思考，获得新的社会知识与社会规范的教育方法。参观法能使幼儿社会教育活动与实际生活紧密联系起来，通过耳闻目睹，接触社会、接受教育。

运用参观法时要注意，参观的对象要安全、卫生，应以保障幼儿的身体健康和安全作为前提条件；参观前要做好准备工作，包括确定参观路线、参观内容，以及参观时如何引导和指导；参观结束后要注意总结和巩固幼儿获得的知识经验。

(三) 运用环境进行教育的方法

运用环境进行教育的方法就是利用环境条件、生活氛围、人际关系、情感气氛等来陶冶幼儿的性情，培养幼儿良好的社会公德、社会行为和亲社会情感。运用环境进行教育的方法包括环境陶冶法和艺术感染法。

1. 环境陶冶法

环境陶冶法是指教师通过优美的自然环境、良好的社会环境和有意识创设的教育环境，对幼儿进行社会化培养的一种教育方法。幼儿由于年龄较小，对事物、问题尚未形成积极、稳定、正确的认识，容易受外界环境的影响，所以教师有必要引导幼儿感受与体验外部环境的熏陶，并有意识地创设良好的教育环境，使幼儿社会性情感、社会习惯得到良好的培养。

运用环境陶冶法时，要注意利用良好的氛围，有计划地确立社会教育的目标，潜移默化地感染幼儿，发挥整体环境的教育作用，有效地激发幼儿积极上进的情绪情感。

2. 艺术感染法

艺术感染法是指教师利用音乐、美术、文学等艺术形式，感染与熏陶幼儿的心灵，激发幼儿的情感，并使之化作自身行动的一种教育方法。艺术感染法的最大特点是利用艺术的感染力来激发幼儿的情感，以情感人，以培养幼儿良好的行为规范，并在此基础上促进幼儿社会性的发展。

在运用艺术感染法时要注意，应选择有利于幼儿社会性发展的有潜力的作品，努力创造机会，利用多种形式、渠道让幼儿参与艺术实践活动，培养幼儿的审美情趣，提升幼儿的审美素养，获得与社会性发展有关的积极的情感体验。

（四）行为练习法

幼儿的一些社会规范和良好行为习惯需要反复练习才能养成。行为练习法就是教师组织幼儿按照正确的社会行为规范进行实践的一种方法。行为练习法能使幼儿明白正确的社会行为规范，形成和巩固幼儿的社会行为习惯。行为练习法的形式是多种多样的，既有教师人为创设的特定情景，也有教师组织的多种实践活动。例如来园和离园的礼貌行为练习、文明用餐的行为练习、教师安排的值日生工作等。

运用行为练习法时要注意，教师要让幼儿明确行为练习的内容和要求；练习的内容应是幼儿可以接受的，做到循序渐进；行为练习的要求应前后一致，长期坚持，以便幼儿能持之以恒、形成习惯；无论以何种形式进行行为练习，都要注意激发幼儿练习的愿望，发挥其主动性；活动中应给每个幼儿提供练习的机会，练习的时间不宜太仓促，要让幼儿真正在练习中体验到快乐，达到练习的目的和效果。

（五）移情训练法

移情也叫感情移入，是指特定情景下个体对他人情感体验的理解和分享，也就是设身处地地站在他人的位置和立场上考虑问题，理解他人的感情和需要。在幼儿社会教育活动中，移情训练法是通过故事、情景表演等形式，帮助幼儿理解和分享别人的情绪体验，使幼儿在日后生活中对他人类似的情绪体验会主动地理解和分享的教育方法。移情训练法在幼儿社会教育活动中是一种很重要的教育方法。

在运用移情训练法时要注意，教师创设的情景应该是幼儿熟悉的社会生活；在进行移情训练时，让幼儿通过想象、表演，以及实际地作用于被理解对象的行为等方式，介入对被理解对象特殊情绪反应的关心、安慰等过程。这样，一方面能强化对特定情绪的理解和分享，另一方面能在一定程度上产生良好的社会行为。

（六）其他方法

幼儿社会教育还有许多方法，各种方法可以相互结合，共同推动幼儿社会性的发展。

1. 行为评价法

行为评价法是指对幼儿符合社会言行的表现给予判断，从而使幼儿受到教育。行为评价法可分为肯定性评价和否定性评价。前者对幼儿社会性言行有强化作用，能提高幼儿的积极性，激发幼儿亲社会言行的出现；后者对幼儿社会性言行有负强化作用，能纠正和制止幼儿不良的社会行为和后果。

2. 角色扮演法

这里所说的角色是指在社会中有相应职位、承担一定责任且遵守特定社会规范的个体。角色扮演法，即教师创设现实社会中的特定情景，让幼儿扮演一定的社会角色，使幼儿表现出与这一角色一致的且符合这一角色规范的社会行为，并在此过程中感知角色间的关系，感知和理解他人的感受，积累行为经验，从而掌握自己承担的角色所应遵循的社会行为规范和道德要求。

3. 观察学习法

观察学习法指幼儿通过模式模仿或观察学习，直接学会新的行为模式，产生相应的社会行为的方法。这种方法可以使幼儿立即学习新的行为模式，可以激励将隐藏在内心的行为倾向变为外部的实际行动，可以通过对行为模式的模仿、改变、消除或强化个体原有的行为模式。

第四课　幼儿社会教育活动的设计与指导

社会性课程的价值不仅在于满足幼儿的社会性需要，促使幼儿顺应社会文化环境，使之顺利地融入社会，成长为社会所期望的合格成员，而且在于发展幼儿的社会情感和社会能力，满足幼儿社会认知、交往及创造性发展的需要，从而促进幼儿积极主动地发展并幸福愉快地生活。所以，幼儿园社会领域的教育活动不仅仅是专门性的教育活动，更多的是在日常生活、社会活动中，完成幼儿社会化的过程。

一、幼儿自我意识教育活动的设计

自我意识是意识的一种形式，简称为自我，就是自己。自我意识就是自己对于所有属于自己身心状况的认识，是一个人对自己以及自己周围世界关系的认识，尤其是对他人与自我关系的认识。自我意识是一个连接个体、社会影响和社会行为的概念。

自我是一个多因素、多层次的整体结构。自我既包括生物、生理因素，又包括社会、精神因素，因此自我意识的内容和形式也必然是多种多样的。从内容上看，自我意识大致包括生理自我、社会自我、心理自我和道德自我。从形式上看，自我意识表现为认知、情感和意志三种形式，分别称为自我认识、自我体验、自我调节。

自我意识是自我教育的前提，是实现教育内化的关键。幼儿教育的最终目标是幼儿自我教育能力的形成。幼儿自我意识教育活动的目标是帮助幼儿通过认识别人、评价别人来认识自己、评价自己，帮助幼儿形成各种道德行为，促进幼儿独立性的发展，提高幼儿的生活自理能力。

（一）专门性的自我意识教育活动的设计

幼儿园要针对幼儿的年龄特点，有计划地设计一些教育活动，有目的地促进幼儿自我意识的发展。在设计具体活动时，应针对不同年龄、不同群体的幼儿进行设计，使每一个幼儿的自我意识都得到有计划的发展。对于胆小的、抗挫折能力差的、缺乏自信心的幼儿，通过正确地认知自我、评价自我、评价他人，增强其自信心，加强其自我意识；相反，对于过分自信、目中无人，认为自己什么都好，看不到别人优点的幼儿，要使其能够正确认识自己、评价他人。

1. 培养幼儿独立性的活动

独立性是幼儿自我意识的重要组成部分，也是良好心理素质和健康个性的重要组成部分。不断获得独立感的幼儿，在成长的过程中自尊心会不断地和谐发展，从而能够更积极主动地探索周围的世界，与环境相适应，逐渐养成善于思考、勇于克服困难的心理品质。同时，应帮助幼儿认识自我、了解自我，并学会评价自我。例如利用集中教育活动开展"我"的系列活动。可以设计"小小的我"活动，让幼儿看看自己小时候的照片、录像，了解自己的成长过程，知道自己与其他幼儿的不同；还可以设计"我很棒""我的优缺点""我的自画像""我会做""我的选择"等活动，让幼儿通过认识"我"与其他幼儿的相同之处和不同之处，修正对"我"的认识的偏差，同时在活动中发展幼儿的独立性。

2. 增强幼儿自信心的活动

自信心是人的心理素质的核心内容之一，它既是人的个性发展的核心问题，也是影响人的生活的最为关键的问题。教师要针对本班幼儿自我意识发展的现状，有针对性地设计教育活动，来增强幼儿的自信心。例如班上有的幼儿总是跟在其他幼儿的后面活动，容易被教师和其他幼儿忽视。教师可设计"我的专长""特殊的我"等活动，让幼儿认识到自己的闪光点，然后让幼儿互相说说别人的优点和专长，让幼儿在宽松和谐的气氛中增强自信心、学习尊重别人，同时也感受到别人对自己的尊重；还可以设计"我的好朋友"活动，让幼儿讲讲自己的好朋友是谁，以及为什么愿意和他交朋友。这些活动可以使平时不愿意交流、独来独往的幼儿融入集体中，使幼儿的自信心大大增强，让幼儿感受到自己在同伴中的位置。同时对于过分自信的幼儿，要让他们学会正确地评价他人，发现别人的优点，不以自我为中心。

3. 发展幼儿自我评价的活动

自我评价是指个体对自己生理、心理以及外部行为做出的一种判定，是自我意识的一种表现，是个体重要的心理素质之一。恰当的自我评价是个体行为的积极调解因素，有利于个体正确自我意识的形成。儿童期是人的一生中的关键期，幼儿开始与成人、同伴交往，通过简单的实践活动，认识自我、了解自我、了解别人，学习把自己的行为能力与同伴进行比较，能够简单地评价自己与其他幼儿。但是由于幼儿认知发展水平低，因此自我意识发展的总体水平也是比较低的，幼儿对自我和他人的评价往往受教师和成人的影响。例如老师说我是好孩子，妈妈说我做得对，阿姨说他做错了等。因此，教师要通过设计专门的教育活动，发展幼儿自我评价和对他人进行评价的能力。幼儿园可采用谈话、绘画、讲述等方式，设计"评评自己""我今天的表现"等活动，让幼儿把自己的内心想法说出来，借助幼儿在生活中的各个环节，对幼儿进行自我评价能力的培养。

案例五

活动名称：关心他人我也会。
活动班级：大班。

活动目标：
(1) 学习用正确、适当的方式表达对他人的关心。
(2) 大胆表达自己的见解，发展连贯性的口语表达能力和听说交往能力。
(3) 培养关心他人的情感。

活动重点：
学习用正确、适当的方式表达对他人的关心。

活动难点：
大胆表达自己的见解，发展连贯性的口语表达能力和听说交往能力。

活动准备：
(1) 幼儿用书。
(2) 不快乐、快乐的老爷爷各一。

活动过程：

一、师生共同玩游戏：听数抱团，引出活动主题
(1) 师：现在我们来玩一个"听数抱团"的游戏吧。（玩法：老师念到数字几，就有几个幼儿抱成团）
(2) 幼儿在教师的指令下开始做游戏。
(3) 师：刚才你们在做游戏的时候，心情怎么样啊？
（幼儿回答）

二、老师出示图片，引导幼儿学习关心他人的方法
1. 出示图片1，让幼儿观察图片中的内容
师：咦？这个老爷爷怎么了？你是从哪里看出来的？
（幼儿回答）
师小结：老爷爷很难过，因为他在叹气，眉头拧在了一起，头发也乱七八糟的，看起来心情很不好。
师：小朋友们生气时是什么样子的呢？我们也来表演看看吧。

2. 出示图片2，讨论老爷爷变得快乐的原因
师：你们刚才在回答问题时，一切都发生了变化，老爷爷露出了笑脸。真奇怪，在这一分钟里到底发生了什么事，使老爷爷变得快乐起来了呢？
（幼儿思考后回答）

3. 出示图片3，引导幼儿学习关心他人的方法
师：做了什么事让老爷爷快乐起来了呢？
（幼儿讨论后回答）
师：做了一件关心别人的有意义的事。小朋友们也能通过自己的努力让别人快乐起来吗？
（幼儿自由回答）
师小结：我们可以帮老爷爷捶捶背、捏捏肩膀，给老爷爷唱歌，陪老爷爷说说话等。

4. 让幼儿自由选择周围的同伴，针对如何让大家快乐起来展开讨论
捶背、捏肩膀、亲一亲、说一句赞美小朋友的话、拉拉同伴的小手、说一句鼓励别人的话、跳舞、唱歌、画画等。

三、结合幼儿用书,做"一分钟快乐"游戏

(1) 师:大家看看幼儿用书,书上的小朋友是怎样让别人快乐起来的呢?如果给你一分钟,你准备怎么样让别人快乐起来呢?

(幼儿思考后回答)

(2) 师:刚才你们想了这么多的好方法,现在就请你们用这些办法使你的同伴快乐起来吧!

(3) 幼儿尝试用各自的方法让同伴和老师在一分钟内快乐起来。

四、老师带领幼儿共同跳舞结束本活动

师:刚才小朋友们都尝试了在一分钟内让老师和同伴快乐起来。在别人快乐的同时,你们的心情是怎样的呢?

(幼儿回答)

师小结:当我们帮助别人、付出爱心的同时,我们自己也会感到快乐。在我们的日常生活中,不单只有快乐的时候,也有伤心、难过的时候,所以我们要学会尽量让自己忘记烦恼,只把快乐留在心里。现在老师放音乐,大家跟着音乐快乐起来吧!

(老师放音乐,大家一起跳舞)

(二) 渗透性自我意识教育活动的设计

社会性教育活动的最大特点就是渗透性教育。《纲要》中指出,社会领域的教育具有潜移默化的特点,幼儿社会态度和社会情感的培养尤应渗透在多种活动和一日生活的各个环节中。人的社会交往和社会活动对幼儿自我意识的发展起决定作用,所以应创设良好的社会交往环境,以便更好地促进幼儿自我意识的发展。

1. 在日常生活中培养幼儿的自我意识

幼儿园日常生活中的盥洗、进餐、喝水、午睡等环节,在幼儿日常生活中占有相当多的时间,所以要抓住幼儿生活中的每一个环节,培养幼儿的自我意识。

幼儿的能力是有差异的,在集体生活中,不同的幼儿面对同一个问题,有的幼儿会轻松应对,有的幼儿缺乏自理能力、依赖性强、有恐惧感、做事总是缩手缩脚。幼儿园可以有针对性地设计一些日常生活中的游戏、竞赛等,锻炼幼儿的生活能力。例如午睡后的叠被子比赛、穿衣服比赛等,对于能力弱的幼儿,教师要及时给予指导,使其自理能力得到提高。还可以安排幼儿进行值日活动,让幼儿在值日工作中展示一些简单的劳动技能,增强幼儿的自信心。对于能力差的幼儿,教师要给予机会,让幼儿在反复的活动中提升能力。在获得成功的体验之后,幼儿就会正确认识自己,从而增强自信心。

2. 在良好的精神环境中培养幼儿的自我意识

环境的教育作用是潜移默化的,尤其是精神环境。教师要为幼儿创设一个轻松、和谐的氛围,让幼儿在平等、尊重、友爱、互助的环境中生活和成长。教师要善于运用生活中的每一个细节,使幼儿感受到教师的关爱。例如早上教师亲切的问候、交谈时关爱的目光、鼓励时的拥抱、离园时的整理衣服等。这些看似微小的动作,会给幼儿带来自信,会让幼儿感到温暖,知道自己在教师眼中的位置,对自己有一个全新的认识,从而能够正确地评价自己。

3. 家园合作培养幼儿的自我意识

家庭教育是幼儿教育的重要组成部分。日常生活中家长的评价会直接影响幼儿对自己的

认识和评价。经常得到成人鼓励的幼儿，往往会对自己产生积极的看法，能够有信心且敢于面对困难、面对失败。所以，家长要与幼儿园紧密联系，了解幼儿园的教学活动进程，有意识地培养幼儿的自我意识。幼儿园要利用幼儿的接送时间，有针对性地与家长交流，了解幼儿在家时的表现；在幼儿园的一日生活中，有意识地针对幼儿的不良习惯进行纠正，多做幼儿的纵向比较，多鼓励、支持，帮助幼儿正确地认识和评价自己。

二、幼儿社会交往教育活动的设计

社会交往，简称"社交"，是指在一定的历史条件下，人与人之间相互往来，进行物质、精神交流的社会活动。社会交往系统的基本要素包括社会交往的主体和客体、交往力、交往关系、交往的意识、交往的需要和交情等，它们是一个有机整体。其中，社会交往的主体和客体都是具体的、社会的、现实的人，不是抽象的、孤立的个人。社会交往是人类特有的存在方式和活动方式，是人与人之间发生社会关系的一种中介。交往可以使人们相互交流知识经验以及各自的需要、愿望、态度等，正确认识他人和自己，从而进一步协调人际关系。人们也正是通过交往才能融入社会，成为人类社会中一个个独立的成员。

幼儿的社会交往是指幼儿在与成人接触、交流或与同伴的游戏、学习、生活等过程中，运用语言或者非语言符号系统相互沟通、交流情感的活动；是幼儿逐步学会表达自己的愿望、了解别人的情绪和想法、调节自己的行为、促进相互之间的理解协调，并使这种关系得到延续和保持的活动。

幼儿的社会交往活动主要以渗透性教育活动为主，以专门性教育活动为辅。专门性教育活动主要从幼儿社会认知的角度出发，促进幼儿的社会性交往。

（一）环境是促进幼儿交往能力发展的基础

社会交往是幼儿参与社会生活的基本方式，是幼儿社会化的基本途径。良好的社会交往能力是幼儿建立良好人际关系的基础和前提。只有在良好的人际关系环境中，幼儿才能在生活、学习以及工作中逐步适应社会的需求，建立不同的人际网络，形成自己的社会支持系统。

1. 精神环境的创设

从家庭到幼儿园，幼儿的社会环境发生了改变，幼儿的社会性发生了质的变化。幼儿园的环境比起家庭环境对幼儿社会性的影响，更有意识、更有目的、更有计划。《纲要》中指出，幼儿与成人、同伴之间的共同生活、交往、探索、游戏等，是幼儿社会学习的重要途径。应为幼儿提供人际交往和活动的机会和条件，并加以指导。因此，幼儿园重要的精神环境是师生之间的关系和幼儿与同伴之间的关系。

1）融洽的师生关系有利于促进幼儿社会交往技能的发展

幼儿园的师生关系是指教师与幼儿之间相互作用、相互影响的行为和技能。《纲要》中指出，师生关系可以促进幼儿间积极的互动与交往。在师生互动过程中，幼儿通过观察、模仿、学习，锻炼着各种社交技能，发展着适宜的情感、态度、自制力和多样性的问题解决能力。这样有利于促进幼儿之间的交往，建立一种积极、良好的互动关系，从而形成有利于幼儿学习和发展的合作性学习氛围，促进幼儿交往能力的发展。

幼儿园教师要建立平等、民主、尊重、自由、合作、和谐的伙伴型师生关系，营造安全、轻松、愉快的氛围，让幼儿放松心情，愿意与教师沟通。在与幼儿的交往中，教师应尽量采用微笑、点头、注视、肯定性手势，以及抚摸幼儿的头、肩膀等身体语言动作。这些小动作会给幼儿莫大的安慰与支持。师生关系的融洽，是幼儿交往能力提高的基石。教师还要有意识地运用常用的交往语言与幼儿打交道，使幼儿受到潜移默化的影响，提高幼儿的社会交往能力。

2）和谐的同伴关系有利于幼儿社会交往技能的提升

幼儿进入幼儿园主要是与同伴交往，同伴之间由于身心特点相似，因此具有交往的平等性和体验的共鸣性。幼儿在与同伴的交往过程中，逐渐学会站在他人的角度去思考问题，克服自私、任性等弱点，掌握合作、交往等社会基本技能。如果没有与同伴平等交往的机会，幼儿就不能学习有效的社会交往技能。

同伴之间的交往能使幼儿认识到自我价值，满足幼儿心理上的需要。幼儿之间由于经验与能力相似、兴趣与情感相通，因此完全处于平等、独立的地位。同伴之间的友谊关系使幼儿在与同伴的交往中不断调整和修正自己的行为，学习和掌握基本的社会规范，促进幼儿社会交往技能的提升。

2. 物质环境的创设

《纲要》中提出，"幼儿园应为幼儿提供健康、丰富的生活和活动环境，满足他们多方面发展的需要，使他们在快乐的童年生活中获得有益于身心发展的经验""教师要在每日的日常生活活动中，积极创设环境，投放资料，以多种方式引导幼儿认识、体验并理解遵守基本的社会行为规则，学习自律和尊重他人"。

教师要为幼儿创设安全、整洁、丰富多彩的物质环境，让幼儿适应幼儿园的生活，感受到幼儿园的自由、温暖、快乐，帮助幼儿顺利实现社会化。例如可以利用活动室、走廊等有限空间，创设各种形式的活动区，如"娃娃家""超市""医院"等。让幼儿自由选择活动区，并且让幼儿自己组织游戏、自己分工，幼儿之间可以相互交流，在交流的过程中，幼儿的社会交往能力能够得到提高。

教师在创设活动区的时候，要考虑幼儿的活动空间和人数。避免因人数过多而拥挤，对幼儿的交往产生负面影响。在幼儿园的区角要为幼儿提供功能适宜、种类丰富、有利于幼儿交往的活动材料，便于幼儿开展更多的交流、合作、协商等。教师要利用活动区的多种玩具和材料，激发幼儿操作、探索，并在活动中交流自己的想法，引导同伴合作共同完成任务。幼儿根据自己在区角活动的情况，随时调整自己的角色，使交往需要得到满足。

(二) 日常生活是促进幼儿社会交往能力发展的重要途径

社会交往能力的培养应该渗透在幼儿的日常生活中。愉快的交往经验可以增强幼儿的自信心，而自信心的增强会引发更强的交往主动性，两者互相促进，形成良性循环。在幼儿园的日常生活中，要引导幼儿积极地与教师和同伴交往，培养幼儿合作、交往、分享、谦让等方面的基本社会交往能力。在日常活动中，教师要从幼儿感兴趣的事情入手，委托幼儿办事传话，鼓励幼儿主动说话、和周围的人交谈，培养幼儿运用语言与人交往的能力。例如在幼儿园开展"交通警察叔叔辛苦了"的活动时，教师应讲解交通警察工作的辛苦，然后带领幼儿与警察接触，让幼儿主动与警察交流，表达对警察工作的理解。要为幼儿提供各种表达自己交流愿望的机会，发挥各种环境的综合功能，使幼儿从中提高认识功能和交往能力，逐步从个体化向社会化发展。

帮助幼儿走出自我中心，学会公平、分享、礼让、合作，这是培养幼儿良好人际关系的重要内容。分享是健全人格的重要组成部分，合作是幼儿社会性的一个重要方面。从小对幼儿进行分享教育，可以让幼儿学会分享和体验分享后的快乐，为形成健康的心理品质打下良好基础。例如分享食物、分享玩具、分享图书等，大班的幼儿要学会分享快乐。合作建立在分工的基础上。分工合作包括商量、计划、服从、行动等，有了分工才能合作。在合作的过程中，幼儿自由交流、自由交往，社会交往能力会在合作的过程中得到提升。

(三) 针对交往中幼儿个体差异的设计

人际交往能力是在与人交往的过程中培养的，幼儿正是在与各种不同的人交往的过程中，逐渐形成待人处事应有的态度，获得社会交往的技能，进而社会性也得到发展。

每个幼儿都有自己的个性，有些幼儿在交往中受欢迎，有些幼儿则受排斥。教师在引导幼儿交往时应注意幼儿的个体差异，幼儿在交往过程中出现的问题是可以纠正的。例如幼儿园中有的幼儿娇气、有的霸道、有的支配欲强，这些幼儿在与同伴的交往过程中容易被排斥。针对这些幼儿，教师在设计交往活动时，要注意在日常的各项活动中，细心引导，耐心教育。要让幼儿体验其他幼儿的勇敢、谦让、宽容，积极参加活动，在活动中与同伴友好相处，不推打同伴，帮助同伴完成任务等。允许幼儿自由选择游戏活动，这样幼儿通常会变得富有创意，并将这些创意实施，观察效果。这些活动是幼儿获得和加强社会交往技能的有效手段。在游戏活动中，教师也可以根据幼儿个体的差异，有针对性地进行社会交往的教育。

案例六

活动名称：我会交朋友。

活动班级：中班。

活动目标：

(1) 乐意与同伴及他人交往，体验交往的乐趣。

(2) 制作名片，以简单的图画或文字符号的形式给朋友写信，学习初步的交往技能。

活动准备：

(1) 收集不同的名片、各色卡纸、彩色水笔等。

(2) 准备学习包。

活动过程：

1. 导入

欣赏名片，激发幼儿制作名片的兴趣。

2. 活动开始

引导幼儿说说名片上有什么，以及名片有什么用处。比较不同名片的图案或标记，了解它们代表的含义。

讨论：名片上应主要有哪些内容？(照片、姓名、属相、生日、地址、电话、爱好、特长等) 鼓励幼儿尽可能多地提出设想。

3. 制作名片

启发幼儿思考：你想设计什么样的名片？

幼儿进行设计制作活动，鼓励幼儿设计出与众不同的名片。

幼儿互相介绍自己的名片，比较自己与别人的不同。

统计活动：属相有几种？每月过生日的小朋友有几人？有相同爱好的小朋友有几人？

4. 活动结束

与好朋友交换名片。

三、幼儿社会适应教育活动的设计

社会适应性是指对社会适应有利的各种个性心理特征、个性心理倾向的总和，即有利于人适应社会的人格优势或心理素质。通俗地说，社会适应性是指人类对社会环境的适应能力，而且可以通过人为地改变周围的环境来创造和拓展自己的生存和发展空间。《中国百科大辞典》（社会学）关于"适应"的界定是："社会互动形式之一。在困难的社会环境中，通过努力获得生存与发展的条件，实现自我与他人、个人与群体之间平衡的过程。"个体不能离开一定的社会历史条件求得发展，社会的发展也不能离开一定个体发展的水平，因此，从总的方向上看，社会发展与个体发展是一致的，社会越是向前发展，越有利于个体的发展；个体的发展水平越高，社会就越充满生机与活力。因此，所谓社会适应性，是指个体面对不断变化的环境，尤其是社会环境，通过自身的选择和努力，包括调整自身与顺应、利用和改造环境，获得自身的生存与发展，实现自我与环境的平衡，增强自我与社会互动的能力。社会适应性包括生活适应性、环境适应性、文化适应性、人际适应性和学习适应性。

幼儿社会适应是指幼儿由个体进入群体的身心适应，可为幼儿顺利进入群体生活，为个体生命开始群体生活奠定基础。幼儿社会适应的表现有：良好的社会交往、寻求社会支持，以及自我意识、自我控制发展良好。

幼儿社会适应教育活动以渗透性教育活动为主，利用幼儿的日常生活、游戏、社会活动等，进行社会适应的教育。专门性的社会适应教育活动主要是指在主题教育活动时，渗透社会适应教育。

（一）营造积极、温暖、和谐的幼儿园心理氛围

良好的幼儿园氛围直接影响幼儿社会适应能力的发展。教师应尊重、接纳幼儿，学会倾听幼儿的心声，能和幼儿平等对话，善于引导幼儿将感受表达出来，让幼儿感受到幼儿园的温暖、和谐。教师要经常运用鼓励的语言，鼓励幼儿的良好行为，使幼儿尽快适应幼儿园的生活。例如小班教师可以在晨间活动时，多与刚入园的幼儿交流，安慰幼儿，及时地为幼儿找同伴玩，使幼儿尽快地减少入园焦虑，适应幼儿园的生活；中班教师可以使用积极的词汇，鼓励幼儿的良好行为，鼓励幼儿之间互相帮助，共同完成任务；大班教师可以在幼儿园所在的小区开展活动，在实践中让幼儿快乐地成长起来。

（二）利用幼儿的生活实际，开展社会适应的教育活动

适宜的社会性行为必须经过幼儿自身的体验才能被认可。社会适应教育是实实在在的生

活教育，渗透在幼儿园生活的每个角落。人的行为变化不是由个人的内在因素单独决定的，而是由内在因素与环境相互作用的结果来决定的。因此，幼儿园应该在幼儿的现实生活中，对幼儿进行社会适应教育。例如根据幼儿园生活的时间确定主题活动，为幼儿提供真情实感的教育。9月入园季，可以设计小班的"我爱我的幼儿园"，中班的"幼儿园里朋友多"，大班的"我和弟弟妹妹一起玩"等活动，在这些活动中渗透幼儿的社会适应教育。还有集体作画、汇操表演、六一的庆祝活动等，都可以对幼儿进行社会适应教育。

（三）帮助幼儿掌握良好的社会交往技能，奠定社会适应的基础

幼儿社会适应性是在与周围人共同生活、共同交往的过程中逐步发展起来的。在幼儿园的生活中，教师要教会幼儿一些社会交往的技能，帮助幼儿形成基本的社会规范，遵守社会规则。幼儿主要是通过观察、模仿来学习的，家长和教师要自觉遵守社会规范，为幼儿做出榜样。幼儿有了基本的社会交往技能，才能很好地与同伴进行交往，在交往中了解人际关系。幼儿在集体活动中要相互信任、相互合作、友好交往，并通过集体来加强社会适应能力。

教师要以民主的态度来对待幼儿，善于疏导而不是压制，不以权威的命令去要求幼儿。自由而不放纵、指导而不支配的民主教养态度，能使幼儿具有较强的社会适应能力。幼儿社会适应最重要的有入园适应、入小学适应。入园适应是幼儿园工作中重要的一个环节，为了减少入园焦虑，帮助幼儿尽快适应幼儿园生活，可以创设环境，让家长带领幼儿熟悉幼儿园的生活环境，帮助幼儿认识小朋友，和小朋友一起游戏、活动等。幼小衔接要做好入小学的准备，幼儿园教师可以带领幼儿参观小学、适应小学的学习等。

案例七

活动名称：告别可爱的幼儿园。

活动班级：大班。

设计意图：幼儿园三年的时间一晃而过，从哭哭闹闹地不肯来幼儿园，到现在喜欢来幼儿园，喜欢老师和小朋友，孩子们都在为自己的成长感到激动与兴奋，同时又对幼儿园的老师、同伴充满了浓浓的、依依不舍的情感。为了让孩子们在幼儿园的最后一天过得有意义，对幼儿园的生活留下美好的回忆，我们邀请每一位家长与孩子一起来进行一次毕业联欢会活动。

活动目标：

（1）组织幼儿与家长、老师、同伴共同联欢，使幼儿感受到师生之间的情谊，体验离园时的惜别之情。

（2）教育幼儿珍惜友谊，培养他们爱幼儿园、爱老师、爱同伴的美好感情。

活动准备：

（1）布置教室，准备各种小食品，每人一本通信录（内有本班幼儿的合影）。

（2）选定一名老师和幼儿做主持人。

活动过程：

一、主持人致辞

师：亲爱的大班小朋友们，亲爱的爸爸妈妈们！

幼：今天我们相聚在这里，你们一定有许多话想对老师说吧？请欣赏大班小朋友们的

《毕业献词》(放伴奏音乐,小朋友们一起朗诵)。

二、回忆幼儿园的美好生活,学会感恩

(1) 师:小朋友们想一想,三年前你们刚来幼儿园的时候是什么样子?都有谁帮助了你们?你们应该怎样感谢他们?

请小朋友们轮流表演节目,表达感激之情。

(2) 师:今天你们的爸爸妈妈也来到了幼儿园,你们的成长更离不开他们的辛勤付出,咱们和爸爸妈妈一起表演节目,好吗?

表演亲子节目并请小朋友们对爸爸妈妈说一句感谢的话。

(3) 品尝小食品,增进亲子感情。

(4) 师:今天你们就要毕业了,就要离开幼儿园、离开老师了,老师心里真舍不得你们。老师送给小朋友们一本通信录,希望你们能通过它保持永久的友谊,记得回来看老师。

播放歌曲《朋友祝福你》,小朋友们互留通信地址。

三、播放歌曲《老师再见了》,幼儿与老师、家长一起拉手、转圈

师:愿今天的联欢会给我们每个人都留下美好的回忆,希望你们永远记得幼儿园,记得老师。祝大家在小学里过得愉快,学习进步!小朋友们再见了。

四、幼儿社会领域教育活动的指导

在幼儿社会领域的教育活动中,专门性的教育活动是以社会认知为主要内容设计的。社会交往、社会适应等活动,主要是在日常生活活动和社会活动中进行的渗透性教育。渗透性教育的主要特点是具有长期性、坚持性、反复性,在长期、复杂的过程中,完成幼儿的社会性发展。

(一) 坚持正面教育的原则

幼儿的思维、理解水平决定了对幼儿进行的教育必须是正面教育。正面教育无论是对教师还是幼儿都有积极的作用,可以使教师给予幼儿美好的希望,也可以使幼儿乐于接受,从而避免产生消极抵抗的情绪。教师要与幼儿建立起友好的关系,让幼儿感受到自己是被关心、爱护的,这些有助于幼儿形成积极的自我概念,也是正面教育必须有的师生关系。教师要从正面鼓励幼儿,为幼儿树立榜样。

(二) 发挥环境潜移默化的影响作用

环境包括物质环境和精神环境。社会环境持久地影响着人的社会性发展的全部过程,人既不能摆脱物质环境,也不能摆脱精神环境。幼儿园的物质环境和精神环境对于幼儿来说同样重要。环境对幼儿潜移默化的影响作用是不可低估的,环境的潜移默化、不断重复的效果比教师进行专门性的教育活动的效果更好。

丰富的物质环境可以满足幼儿的基本需要和充分交往的需要。教师对环境的设计可以对幼儿的发展起到暗示作用,可以起到诱发幼儿积极行为的作用。教师应为幼儿提供丰富多彩的物质材料,以促进幼儿积极主动地探索学习。教师要创设条件,为幼儿提供尽可能多的实践参与机会,使幼儿感受、练习、巩固,促使幼儿在多样化的活动方式中自己动手实践、体验、思考。所有周围环境中可以见到的,都应该带领幼儿实地感知,调动幼儿参与活动的积极性,关注幼儿在活动中的体验和感受,促使幼儿积极主动地学习。

精神环境的宽松、接纳有助于幼儿良好个性的发展。和谐、愉快的活动氛围能够促进幼儿社会性的发展。教师要与幼儿建立起友好的关系，让幼儿感受到自己是被关心、被爱护、被尊重的。教师给予幼儿关心和体贴，幼儿也会从中学会关心和体贴他人，幼儿成长后会对周围的人表现出温情。教师要善于观察幼儿，善于在活动中与每个幼儿沟通，善于发现每一个幼儿的进步，及时地表扬和鼓励幼儿。教师要重视发挥同伴间的社会交往作用，在活动中引导幼儿自己设计活动规则，形成良好的常规。

（三）尊重社会性发展的长期性、积累性

人的社会性发展是一个漫长的过程，社会化的过程伴随人一生的发展历程。社会性的培养注重的是过程性、长期性、积累性。幼儿园是幼儿社会性发展的初级阶段，教师要学会等待幼儿的发展。社会性的培养不是一次集中教育活动就能完成的，也不是几次专门性的教育活动就能完成的。社会性教育的内容决定了社会性教育有一定的难度，没有一般的认知教育容易显现出来成果和获得反馈。社会性教育内容的复杂性、抽象性决定了教师必须付出更多的时间和精力，社会性需要在生活中积累、发展、完善。

（四）注重情感体验，培养积极的社会态度

情感态度是人的行为的动力源泉，教师要重视幼儿的情感体验。在幼儿的生活中，情绪情感对幼儿心理活动和行为动机的作用非常明显。情绪直接指导幼儿的行为，愉快的情绪往往使幼儿愿意接受教师的教化，不愉快的情绪往往导致消极行为。在幼儿阶段，情绪发展由不稳定到稳定，对情绪的调节能力也逐渐加强。要培养幼儿良好的社会情感，需要教师激发幼儿情绪中的积极因素，逐渐形成对社会的积极态度。

（五）以幼儿园为主，家园合作促进幼儿的社会化

幼儿园、家庭、社会在幼儿生活中缺一不可。幼儿园应该把家庭和社会的影响作为与教育相联系的一部分，要考虑社会信息对幼儿的影响，家庭对幼儿的直接作用。幼儿园必须与家庭、社会合作，发挥幼儿园教育在幼儿成长中的导向作用，注重整体作用在社会性教育中的协调一致，保证幼儿社会性的协调发展。

思考与练习

1. 幼儿社会化、幼儿社会教育的概念是什么？
2. 幼儿社会性发展的特点有哪些？
3. 幼儿社会领域的总目标是什么？
4. 幼儿社会领域教育的途径有哪些？
5. 幼儿社会领域教育的方法有哪些？
6. 在幼儿社会教育活动中，社会交往活动的设计有哪些要求？
7. 在幼儿社会教育活动中，社会适应活动的设计有哪些要求？

试一试

1. 结合幼儿的实际年龄，设计一节在幼儿社会领域中的自我意识教育活动并实施。
2. 结合幼儿园的实际，尝试运用多种途径、方法，在日常生活中开展幼儿社会教育活动。

第四单元

科学领域

科学教育活动部分

【知识目标】

1. 掌握幼儿科学教育的概念;
2. 掌握幼儿科学教育的特点以及幼儿学习科学的特点;
3. 掌握幼儿科学教育活动的目标、内容、方法;
4. 重点掌握科学教育活动的设计类型。

【能力目标】

1. 能够设计观察认识活动、操作演示活动、探究活动,并能够组织与实施;
2. 运用多种方法进行科学教育活动。

第一课 科学教育概述

从整体上说,科学包括自然科学、社会科学和思维科学。而幼儿科学领域课程中所指的"科学"及"科学教育"主要是指自然科学和自然科学教育。《纲要》中系统地阐述了科学领域的培养目标、内容与要求。但是,只有在对科学及科学教育的基本含义有了深刻的理解之后,才能更好地对学前儿童科学教育的基本理念进行分析和运用,才能对学前儿童科学教育目标进行科学解读,才能找到适合对学前儿童进行科学教育的方式方法。

一、幼儿科学教育的内涵

(一) 科学

科学对于一般人来说是模糊的、难以界定的。一方面，科学是熟悉的，因为在人们生活的周围科学无处不在，脱离了科学的社会是无法生存的社会；另一方面，科学是陌生的，因为人们无法描述科学究竟是什么。人们往往把科学技术作为一个概念进行理解，实际上科学与技术是两个不同的概念。技术的内涵很广，简单来说，技术是关于手段、方法的体现，它的性质主要表现为现实的生产力。人们把科学原理转化为技术发明，通过生产过程中的广泛应用，提高劳动者的技能，改进劳动的技术装备，同时也引起劳动对象的变革。

以英国著名学者J·贝尔纳为代表的科学家们认为，科学在不同的时期、不同的场合有不同的意义。科学的每一种解释都反映出科学某一方面的本质特征。时至今日，科学的范畴已经极为广泛，它包括了关于世界的一切知识体系与规律。科学是关于自然、社会和思维的知识体系，是社会实践经验的总结，并在社会实践中得到检验和发展。或者说，科学是人们对客观世界的一种正确认识和知识体系，同时也是人们探索世界、获取知识的过程，还是一种世界观、一种看待世界的方法和态度。由于科学本身的发展，人们对其的认识也是不断深化的，这里从以下几个方面来介绍科学的含义。

1. 科学是一个知识体系

科学一般被认为是正确的、权威性的、系统性的、世代积累的知识体系。科学是人们对客观世界的认识结果，是反映客观事物和规律的知识体系。科学是知识，但是并不是任何知识都是科学。只有反映客观事物和规律的知识才是科学。科学含义的实质是对事实和规律的认识。

20世纪初，人们认识到科学是由许多门类组成的知识体系。科学已经不是事实和规律的知识单元，而是由这些知识组成的学科群，并形成了一个由多层次的体系。科学也有广义与狭义之分。广义的科学是指关于自然、社会、思维的知识体系，它包括自然科学、社会科学、思维科学，以及贯穿于这三者之间的哲学和数学；狭义的科学是指揭示自然本质和规律的知识体系，即自然科学。作为一种知识体系，科学知识具有以下特点：

(1) 科学知识具有真理性。科学知识的真理性表现在科学知识必须符合客观事实，是对客观世界的真实反映，任何不能正确反映客观世界的知识，或者与客观事实不符的理论、解释都应该排除在科学知识之外。但是，科学知识的真理性不是一成不变的，是随着人们对客观世界的不断认识和探索，不断被刷新的。科学正是在不断地否定自我和修正自我的过程中得到发展的。

(2) 科学知识具有经验性。科学知识的获得包括直接经验和间接经验。直接经验来源于经验性的活动；间接经验是经过人们验证的，可以直接运用的经验，是获取科学知识的重要途径。例如，人们在书本上学到的科学知识、经验，就是通过收集和整理客观信息，并在客观信息的基础上，进行思维加工，从而得出结论的。

(3) 科学知识具有可重复性。科学知识应该是可以验证的、规律性的知识，应该经得起实践的检验。无论何时、何人、何地重复某一实验，都能得到同样的结果。

2. 科学是一个动态的过程

科学是一个动态的过程，是人的一种特殊的活动，是真理性知识产生的一个过程。它是以事实为依据，以发现规律为目的的社会活动。这种活动是通过各种感知来获得的，指在感性经验的基础上，运用理性思维去把握事物本质。任何科学知识的获得，都要经历人类的科学探索过程。所以，任何科学知识都是科学认识过程的产物。所谓科学，不仅在于其认识结果的科学性，更在于其认识过程的科学性。过程的科学性和结果的科学性一样，都是科学的本质特征。科学是一个动态的过程。因为，人们对事物的科学认识不是始终如一，而是一个不断发展变化的过程。过去认为是正确的、科学的知识，随着人们对世界认识的不断加深，完全可能被新的事实所推翻、否定。因此，科学没有最终的结论，更没有永远正确的结论。即使是科学知识本身，也是一个不断发展的过程。

3. 科学是一种世界观

科学是看待世界的一种方法和态度，更为广义的理解包括科学精神和科学态度。科学精神是通过科学思想、方法、思维和理智所体现出来的，具有推动与促进社会进步及全人类相互理解的价值；科学态度是个体对某一对象所持的评价和行为倾向，它是由认知、情感和意向三因素构成的稳定、持久的个体内在结构，是调节外界刺激与个体反应的中介因素。科学精神和科学态度都属于科学的精神本性。

科学活动起源于人类的生产实践和生活经验。从根本上说，科学活动是人类对于周围世界的好奇心和求知欲。所以，科学也是一种人生态度。人类的生产实践和生活经验不断丰富，新的生产活动带来的认识不断更正旧的知识体系。所以，科学的世界观认为，世界是可以被认识的，科学知识是可以改变的，持久的科学不能即时为所有的问题提供完善的答案。

综上所述，这里把科学定义为：人们对客观世界的一种正确的认识和知识体系，是人们探索世界、获取知识的过程，是一种看待世界的方法和态度。科学的本质在于探索，科学过程的核心在于探索，科学精神和科学态度的核心也在于探索。

（二）科学教育

科学教育的内涵与科学的内涵的理解紧密相关。随着人们对科学越来越全面而清醒的认识，科学的内涵不断扩展和深化，科学教育的内涵也不断变化。传统的科学教育是指物理、化学、生物等自然科学学科教育的统称，是相对社会科学和人文学科教育而言的。随着社会的进步和教育的变革，科学教育对于人类的生存和发展越来越重要。现代的科学教育，是一种以传授基本科学知识为手段（载体），以素质教育为依托，体验科学思维方法和科学探究方法的教育。它主要表现在以科学素养为中心，重视科学精神和态度，强调科学技术与日常生活的结合，强调科学知识的现代化，强调以学生为中心的合作学习。"科学教育是一种通过现代科学技术知识及其社会价值的教学，让学生掌握科学概念，学会科学方法，培养科学态度，且懂得如何面对现实中的科学与社会有关问题做出明智抉择，以培养科学技术专业人才、提高全面科学素养为目的的教育活动。"[①]

科学教育研究领域的科学教育是以全体青少年为主体，以学校教育为主阵地，以自然科学学科教育为主要内容，并涉及技术、科学史、科学哲学、科学文化学、科学社会学等学科

---

① 顾志跃.科学教育概论［M］.北京：科学出版社，1999：16.

的整体教育，以期使青少年掌握自然科学的基本知识和基本技能，学会科学方法，体验科学探究，理解科学技术与社会的关系，把握科学本质，养成科学精神，全面培养和提高科学素养，并通过培养具有科学素养的合格公民，发展社会生产力，改良社会文化，让科学精神和人文精神在现代文明中融会贯通。

（三）幼儿科学

幼儿年龄小，知识储备和思维特点决定了其很难理解真正的科学知识。而幼儿日常所能接触的及所能理解的，只是周围事物的一些表面现象和简单的规律，对于事物和现象的本质规律，他们是无法理解和习得的。但是，教育者可以把有关自然科学的内容传授给幼儿，因为幼儿的潜能是无限的。幼儿好奇心强，对周边的事物感兴趣，所以幼儿的科学是"就在身边的科学"。幼儿开始学习科学是由对周围世界的好奇心产生的对周围事物进行探究的愿望，并通过自己的感官进行探索。幼儿的科学是经验层次的科学知识，是直接的、具体的，是描述性的，不是解释性的。通过对物体的观察、触摸、摆弄等，感知物体的属性，发现它们与周围环境的相互关系，获取直接经验，进行信息交流，讨论自己的发现和操作的结果。在此过程中，发现问题、提出问题，然后进行操作、探究，找出答案。所以，幼儿的科学就是那些他们经常接触的周围世界中的各种事物和现象。

（四）幼儿科学教育

学前期的科学教育是整个科学教育体系的起始阶段。学前期，由于幼儿的身心发展还没有成熟，对于科学的内涵没有本质上的理解，所以学前期的科学教育都是启蒙教育。幼儿的科学教育，从广义上说是指包括一切知识体系的教育，狭义上是指自然科学方面的教育。从科学经验和概念方面来说，主要包括幼儿对周围环境的认识及对一些科学现象、技术的了解和认识。所以，幼儿科学教育和自然科学、学校的自然学科等都有联系。

幼儿科学教育是指幼儿在教师的指导下，通过自身的活动，对周围的自然界（包括人造自然）进行感知、观察、探究，以及提出问题、寻找答案的过程。幼儿科学教育的实质是对幼儿进行科学素质的早期教育。这一定义说明了科学教育的内容是关于幼儿周围自然科学的事物与现象。科学教育目标是多元的，既有对自然环境的了解，也有其他方面的发展。教师与幼儿在教与学的过程中的关系与地位决定了教师要为幼儿的学习创设各种条件，让幼儿主动地学习。教师在激发幼儿学习科学的兴趣的过程中，要运用各种可行的途径和方法，让幼儿获得发展。

二、幼儿科学教育的特点

幼儿科学教育是以引导幼儿主动学习为基点的教育，让幼儿在主动探索中学习科学，在科学活动中最大限度地得到主动发展。幼儿科学教育与幼儿园其他教育活动也有密切关系，并为幼儿园各项教育活动提供了知识基础。

1. 教育活动的启蒙性

幼儿年龄的特点决定了幼儿科学教育活动具有启蒙性的特点。幼儿的科学与成人的科学是不同的。成人的科学具有更多的理性色彩，而幼儿的科学具有更多的直觉和情感色彩。由于幼儿思维水平仅仅局限在具体形象性思维上，所以幼儿对事物的认识往往是表面的、模糊的、笼统的，只能获得一些有关周围世界的经验性知识。所以，在幼儿科学教育过程中，应该选取简单、易于理解、具有启蒙性的科学知识和经验，以此作为基本内容，通过有趣的游戏、自主操作，帮助幼儿形成科学的意识、获得科学的体验。幼儿科学教育的启蒙性建立在精心呵护和培植幼儿对周围事物和现象及其关系的好奇心、认知兴趣和探究欲望之上，使幼儿获得终身学习和发展的动力机制。

2. 目标的全面性

幼儿科学教育的目标指向是自然科学教育方面的内容，幼儿通过活动积累周围世界中有关自然科学方面的经验。但是，从科学教育的目标来看，它涵盖了幼儿科学发展的各个领域，既包括使幼儿积累自然科学方面的经验，又包括通过了解周围自然科学信息，发展他们的能力，以及培养科学情感态度等各个方面。通过对幼儿进行科学教育，激发幼儿学习科学的兴趣，帮助幼儿掌握一定的科学知识和技能，培养幼儿的科学情感和态度，为幼儿的终身学习奠定基础。

3. 内容的生活化

幼儿的生活经验决定了幼儿学习科学的内容是以在生活中能够经常接触的事物为主的。幼儿的科学是生活中的科学。他们经常从周围的环境中接触一些科学物体和现象，积累了一定的生活经验并形成了日常生活中简单的概念，这为幼儿学习科学打下了有力的基础。幼儿科学教育涉及的内容都是客观存在的，很多是可以直接观察到的。这些身边的事物和现象就是幼儿进行探究的对象，所以幼儿科学教育应该生活化，应该把科学教育渗透到幼儿一日生活之中，这样幼儿才会发现和感受到周围世界的神奇，体验和领悟到科学就在身边，以及了解到科学对人们生活的实际意义。

4. 过程的探究性

在幼儿科学教育活动中，幼儿学习的方式不是被动接受，而是主动探究。幼儿科学是行动中的科学。在幼儿眼中，系统客观的科学知识体系不是科学，操作、探索的过程才是科学。幼儿科学教育的过程是幼儿在教师不同程度指导下的探索过程，也就是幼儿通过亲自活动，作用于物体，观察其反应；描述观察到的现象、活动中的体验，或是解释现象和找出问题的答案，或是形成在感性经验基础上的科学概念。这是幼儿与物体或环境相互作用的过程，是幼儿主动建构认知结构的过程。所以，幼儿科学教育活动的过程应该满足幼儿的探究欲望，应该注重让幼儿对亲身经历的事物和现象进行观察、比较，在此基础上促使幼儿进行探究，发现问题，提出假设，验证问题，进行操作，讨论问题，进行交流。在这一过程中，幼儿可获得丰富的科学经验。

5. 探究的合作性

幼儿科学是和同伴合作探究、相互交流的科学。幼儿常常喜欢一起关注某一有趣的现象，如看到蚂蚁搬家，幼儿就会召集同伴一起观察蚂蚁，并提出各种假设。然后，幼儿进行分工，带着这些问题去收集资料，提出自己的看法，再继续观察、分工合作，通过实验得出结论。在这个过程中，同伴之间相互交流、分享探索的过程和结果。所以，学前儿童科学教育具有合作性的特点，满足幼儿合作、交流的愿望，可以为幼儿提供相互交流、彼此分享、互相质疑、合作探索的机会和条件。

6. 组织方式的多样性

幼儿科学教育长期以来受系统性的影响，集体教育活动居于主要位置。《纲要》强调幼儿科学教育是幼儿身边的科学，幼儿在生活中与周围世界接触，并且不断产生怀疑，所以幼儿科学教育应该是随机教育。科学教育的形式也不应拘泥于集体教育，可以有小组操作实验、个人的发现探究等形式，可以在区域活动中完成科学的探究。

三、幼儿学习科学的特点[①]

幼儿的思维是以具体形象性思维为主的，所以他们的认识也局限于具体形象的水平。学前儿童学习科学时，经常将学习内容与具体形象的事物结合在一起，通过观察来认识事物的特征，通过探究发现事物之间的联系，从而积累丰富的科学经验，获取初步的科学知识。幼儿学习科学要经历科学过程。学习科学的过程就是幼儿自己理解的过程，是幼儿积极主动建构的过程。幼儿对周围世界的认识，建立在个人生活经验的基础上。随着年龄的增长，经验范围越来越大，幼儿已经不满足于已有的经验，他们喜欢探究新的事物，逐渐学会分类、讨论、记录等学习科学的方法，从而为今后学习抽象的科学概念奠定基础。

不同年龄阶段幼儿学习科学的特点是不尽相同的。人们应该明确，幼儿学习科学的特点是幼儿的年龄特点在学习科学方面的表现。虽然是对不同年龄段的幼儿进行分析，但是幼儿年龄特点之间有一定程度的交叉重叠，有的特点在整个学前期都相当明显，如求知欲强、喜欢探究等。

（一）3~4岁幼儿学习科学的特点

3~4岁幼儿虽然刚入园，但是他们已经从日常生活中获得了一些关于周围事物及现象的印象，而且他们的思维正处于由直觉行动思维向具体形象性思维的过渡阶段。所以，3~4岁幼儿在学习科学过程中具有以下特点：

1. 认识处于不分化的混沌状态

复杂多变、形形色色的客观世界，在小班幼儿的头脑中，往往是一片不分化的混沌状态，他们对一些物体的现象分辨不清。例如，有的幼儿把绿草、绿叶称为"绿花"；有的幼儿认识柳树以后，把其他的树也称为"柳树"；还有的幼儿把树干称为"木头"。因此，他们常向成人提问："这是什么？""那是什么？"

2. 认识带有模仿性，缺乏有意性

3~4岁幼儿不仅不会有意识地围绕一定的目的去认识某一事物，而且不善于根据自己的所见、所闻、所知来表达自己的认识、调节自己的行为，而是爱模仿别人的言行。例如，别人说小灰兔是小白兔，他也说小灰兔是小白兔；别人摇小树苗，他也跟着摇小树苗。由于分辨能力差、爱模仿，有时甚至会发生无意间伤害动植物的行为。

3. 认识带有明显的拟人化倾向

由于3~4岁幼儿的感知受自我中心的影响，常以自身的结构去理解科学物体的结构，以自己的生活体验去解释科学现象，对有生命的东西和无生命的东西辨不清，认识带有明显的拟人化现象。例如，看到皮球从积木上滚下来就说："它（皮球）不乖。"指着四条腿的动物说："它有两只手、两只脚。"

[①] 施燕. 学前儿童科学教育（修订版）[M]. 上海：华东师范大学出版社，2006：42-45. （有改动）

4. 认识带有表面性和片面性

3~4岁幼儿的认识易受情绪的影响，其注意力往往比较容易集中在具有鲜艳色彩、会发出悦耳声音、能动的、个人喜欢的事物上。因此，3~4岁幼儿一般对动态物品的兴趣胜于对静态物品的兴趣，对不感兴趣的事物及其特征，似乎视而不见，这就使他们的认识必然带有表面性和片面性，从而影响对事物的主要方面和主要特征的认识。

(二) 4~5岁幼儿学习科学的特点

经过一年的幼儿园生活，4~5岁幼儿对科学的兴趣明显增强。此时，幼儿以具体形象性思维为主。

1. 好奇好问

4~5岁幼儿比3~4岁幼儿显得更加活泼好动，求知欲强，对大自然有浓厚的兴趣，什么都想去看、去摸；会学习运用感官去探索、了解新事物。在向成人的提问中，不但喜欢问"是什么"，还爱问"为什么"，例如，会问"为什么鸟会飞？""为什么洗衣机会转动？"，还常常会刨根问底，喜欢探究结果。

2. 初步理解科学现象中表面的和简单的因果关系

4~5岁幼儿一般已能从直接感知到的自然现象中理解一些表面的和简单的因果关系。例如，知道了"种了花，不浇水花就会死"；因为鸟类有翅膀，所以能飞。但是他们还难以理解科学现象中内在的和隐蔽的因果关系。因此，4~5岁幼儿对于科学物体与现象，易受其形状、颜色、大小等外部的非本质特征的影响，而做出错误的因果判断。例如，认为"树摇了，所以刮风了""乒乓球会浮在水上，因为乒乓球是圆的、是滑的""火车会动、会叫，它是活的东西"等。

3. 开始根据事物的表面属性、功用和情境进行概括分类

4~5岁幼儿在已有感性经验的基础上，开始能对具体事物进行概括分类，但概括的水平还很低，其分类的根据主要是具体事物的表面属性（如颜色、形状）、功用和情境。例如，在利用图片进行分类时，把苹果、梨和桃归为一类，认为"都能吃，吃起来水多"；把太阳、卷心菜归为一类，认为都是"圆的"；把玉米、香蕉、小麦归为一类，认为都是"黄色的"；把太阳和公鸡放在一组，认为"太阳一出来，公鸡就会叫"。可见，4~5岁幼儿对事物的概括分类具有明显的形象性和情绪性的特点。因不能根据内在的和本质的属性进行抽象概括，所以也就不能正确地按客观事物的分类标准进行分类。

(三) 5~6岁幼儿学习科学的特点

5~6岁幼儿马上要进入小学学习，他们比4岁的幼儿更渴望了解周围世界。而且，这一阶段幼儿的抽象思维开始萌芽。

1. 有积极的求知欲望

5~6岁幼儿对周围世界有着积极的求知探索态度，他们不但爱问"是什么""为什么"，而且想知道"怎么来的""什么做的"。常见幼儿提出这样一类问题："为什么月亮会跟着我走？""鱼儿为什么能在水里游？""电视机里的人为什么会走路、说话？"等。有的幼儿在做科学小实验时，能够想出不同的方法去探求实验的结果；有的幼儿喜欢把玩具拆开，想看看其中的奥秘，对自然现象的起源和机械运动的原理等开始感兴趣，渴望得到科学的答案。

2. 初步理解科学现象中比较内在的、隐蔽的因果关系

5~6岁幼儿已经开始能够从内在的、隐蔽的角度来理解科学现象的产生。例如，在解释乒乓球从倾斜的积木上滚落时说："乒乓球是圆的，积木是斜的，球放上去就会滚。"这说明他们已能从客体的形状与客体的位置之间的关系，即"圆"与"斜"的关系中寻找乒乓球滚落的原因。但由于科学现象中的因果关系比较复杂，即使到了5~6岁，幼儿对不同科学现象中因果关系的理解水平也不可能一致，而且对日常生活中不熟悉的、复杂的因果关系很难理解。

3. 能初步根据事物的本质属性进行概括分类

通过有目的的教育，随着抽象逻辑思维的发展，5~6岁幼儿开始能够根据事物的本质属性，按照客观事物的分类标准进行初步的概括分类。例如，把具有坚硬的嘴，以及身上长有羽毛、翅膀和两条腿的鸡、鸭、鹅归为家禽类；把身上有皮毛、四条腿的猫、兔、猪归为家畜类。在学前期，幼儿由于受到知识、语言、抽象概括水平的制约，对类概念的掌握还比较初级和简单，不能掌握概念全部的精确含义，缺乏掌握高层次类概念所需要的、在概括基础上进行高一级抽象概括的能力。因此，幼儿到了5~6岁，仍不可避免地会出现一些概念外延上的错误。例如，有的幼儿只能把家畜、家禽概括为动物，而把昆虫排斥在动物之外，认为昆虫是虫子，不是动物。

综上所述，幼儿学习科学是可能的，是幼儿的兴趣和需要。幼儿通过学习科学能获得各方面的发展。同时，确立幼儿科学教育目标时，要根据幼儿科学教育的总目标，确立符合幼儿认知水平的科学教育年龄目标，选择内容，确定教法。此外，教师还要在教育过程中结合实际情况灵活地进行必要的调整。

第二课　幼儿科学教育的目标、内容、方法

幼儿科学教育是有目的、有计划的教育活动。科学教育活动把幼儿对自身和周围环境的探索纳入其中，科学教育能够丰富幼儿的科学经验，帮助幼儿获取科学知识、提高科学技能，是全面教育不可缺少的一部分。

一、幼儿科学教育的目标

幼儿科学教育目标是根据幼儿教育的总目标、结合科学教育的特点确立的，是幼儿教育总目标在科学教育中的具体体现。幼儿科学目标的确立要考虑幼儿身心发展的规律和特点，要体现自然科学的特点。

（一）幼儿科学教育的总目标

《纲要》中表明，学前儿童科学领域教育包括科学和数学两方面目标和内容，具体如下：

（1）对周围的事物、现象感兴趣，有好奇心和求知欲。
（2）能运用各种感官，动手动脑，探究问题。
（3）能用适当的方式表达、交流探索的过程和结果。
（4）能从生活和游戏中感受事物的数量关系并体验到数学的重要和有趣。

（5）爱护动植物，关心周围环境，亲近大自然，珍惜自然资源，有初步的环保意识。

在这五条目标中，其中第四条是关于数学方面的目标，在这里不加阐述。

相关链接

《纲要》中科学领域的目标、内容与要求和指导要点

（一）目标

1. 对周围的事物、现象感兴趣，有好奇心和求知欲。
2. 能运用各种感官，动手动脑，探究问题。
3. 能用适当的方式表达、交流探索的过程和结果。
4. 能从生活和游戏中感受事物的数量关系并体验到数学的重要和有趣。
5. 爱护动植物，关心周围环境，亲近大自然，珍惜自然资源，有初步的环保意识。

（二）内容与要求

1. 引导幼儿对身边常见事物和现象的特点、变化规律产生兴趣和探索的欲望。
2. 为幼儿的探究活动创造宽松的环境，让每个幼儿都有机会参与尝试，支持、鼓励他们大胆提出问题，发表不同意见，学会尊重别人的观点和经验。
3. 提供丰富的可操作的材料，为每个幼儿都能运用多种感官、多种方式进行探索提供活动的条件。
4. 通过引导幼儿积极参加小组讨论、探索等方式，培养幼儿合作学习的意识和能力，学习用多种方式表现、交流、分享探索的过程和结果。
5. 引导幼儿对周围环境中的数、量、形、时间和空间等现象产生兴趣，建构初步的数概念，并学习用简单的数学方法解决生活和游戏中某些简单的问题。
6. 从生活或媒体中幼儿熟悉的科技成果入手，引导幼儿感受科学技术对生活的影响，培养他们对科学的兴趣和对科学家的崇敬。
7. 在幼儿生活经验的基础上，帮助幼儿了解自然、环境与人类生活的关系。从身边的小事入手，培养初步的环保意识和行为。

（三）指导要点

1. 幼儿的科学教育是科学启蒙教育，重在激发幼儿的认识兴趣和探究欲望。
2. 要尽量创造条件让幼儿实际参加探究活动，使他们感受科学探究的过程和方法，体验发现的乐趣。
3. 科学教育应密切联系幼儿的实际生活进行，利用身边的事物与现象作为科学探索的对象。

（二）幼儿科学教育的年龄阶段目标

《指南》中将科学领域内容分为科学探究和数学认知两个方面，根据幼儿的年龄特点提出了具体的要求。其中关于科学探究的目标如下：

（1）亲近自然，喜欢探究。
（2）具有初步的探究能力。
（3）在探究中认识周围事物和现象。

相关链接

《指南》中科学探究的具体目标、教育建议

目标1　亲近自然，喜欢探究

3~4岁	4~5岁	5~6岁
1. 喜欢接触大自然，对周围的很多事物和现象感兴趣。 2. 经常问各种问题，或好奇地摆弄物品。	1. 喜欢接触新事物，经常问一些与新事物有关的问题。 2. 常常动手动脑探索物体和材料，并乐在其中。	1. 对自己感兴趣的问题总是刨根问底。 2. 能经常动手动脑寻找问题的答案。 3. 探索中有所发现时感到兴奋和满足。

教育建议：

1. 经常带幼儿接触大自然，激发其好奇心与探究欲望。如：
- 为幼儿提供一些有趣的探究工具，用自己的好奇心和探究积极性感染和带动幼儿。
- 和幼儿一起发现并分享周围新奇、有趣的事物或现象，一起寻找问题的答案。
- 通过拍照和画图等方式保留和积累有趣的探索与发现。

2. 真诚地接纳、多方面支持和鼓励幼儿的探索行为。如：
- 认真对待幼儿的问题，引导他们猜一猜、想一想，有条件时和幼儿一起做一些简易的调查或有趣的小实验。
- 容忍幼儿因探究而弄脏、弄乱，甚至破坏物品的行为，引导他们活动后做好收拾整理。
- 多为幼儿选择一些能操作、多变化、多功能的玩具材料或废旧材料，在保证安全的前提下，鼓励幼儿拆装或动手自制玩具。

目标2　具有初步的探究能力

3~4岁	4~5岁	5~6岁
1. 对感兴趣的事物能仔细观察，发现其明显特征。 2. 能用多种感官或动作去探索物体，关注动作所产生的结果。	1. 能对事物或现象进行观察比较，发现其相同与不同。 2. 能根据观察结果提出问题，并大胆猜测答案。 3. 能通过简单的调查收集信息。 4. 能用图画或其他符号进行记录。	1. 能通过观察、比较与分析，发现并描述不同种类物体的特征或某个事物前后的变化。 2. 能用一定的方法验证自己的猜测。 3. 在成人的帮助下能制订简单的调查计划并执行。 4. 能用数字、图画、图表或其他符号记录。 5. 探究中能与他人合作与交流。

教育建议：

1. 有意识地引导幼儿观察周围事物，学习观察的基本方法，培养观察与分类能力。如：
- 支持幼儿自发的观察活动，对其发现表示赞赏。
- 通过提问等方式引导幼儿思考并对事物进行比较观察和连续观察。
- 引导幼儿在观察和探索的基础上，尝试进行简单的分类、概括。如：根据运动方式

给动物分类、根据生长环境给植物分类、根据外部特征给物体分类等。

2. 支持和鼓励幼儿在探究的过程中积极动手动脑寻找答案或解决问题。如：

● 鼓励幼儿根据观察或发现提出值得继续探究的问题，或成人提出有探究意义且能激发幼儿兴趣的问题。如：皮球、轮胎、竹筒等物体滚动时都走直线吗？怎样让橡皮泥球浮在水面上？

● 支持和鼓励幼儿大胆联想、猜测问题的答案，并设法验证。如：玩风车时，鼓励幼儿猜测风车转动方向及速度快慢的原因和条件，并实际去验证。

● 支持、引导幼儿学习用适宜的方法探究和解决问题，或为自己的想法收集证据。如：想知道院子里有多少种植物，可以进行实地调查；想知道球在平地上还是在斜坡上滚得快，可以动手试一试；想证明影子的方向与太阳的位置有关，可以做个小实验进行验证等。

3. 鼓励和引导幼儿学习做简单的计划和记录，并与他人交流分享。如：

● 和幼儿共同制订调查计划，讨论调查对象、步骤和方法等，也可以和幼儿一起设法用图画、箭头等标识呈现计划。

● 鼓励幼儿用绘画、照相、做标本等办法记录观察和探究的过程与结果，注意要让记录有意义，通过记录帮助幼儿丰富观察经验、建立事物之间的联系并分享发现。

● 支持幼儿与同伴合作探究与分享交流，引导他们在交流中尝试整理、概括自己探究的成果，体验合作探究和发现的乐趣。如一起讨论和分享自己的问题与发现，一起想办法收集资料和验证猜测。

4. 帮助幼儿回顾自己的探究过程，讨论自己做了什么，怎么做的，结果与计划目标是否一致，分析一下原因以及下一步要怎样做等。

目标3　在探究中认识周围事物和现象

3~4岁	4~5岁	5~6岁
1. 认识常见的动植物，能注意并发现周围的动植物是多种多样的。 2. 能感知和发现物体和材料的软硬、光滑和粗糙等特性。 3. 能感知和体验天气对自己生活和活动的影响。 4. 初步了解和体会动植物和人们生活的关系	1. 能感知和发现动植物的生长变化及其基本条件。 2. 能感知和发现常见材料的溶解、传热等性质或用途。 3. 能感知和发现简单物理现象，如物体形态或位置变化等。 4. 能感知和发现不同季节的特点，体验季节对动植物和人的影响。 5. 初步感知常用科技产品与自己生活的关系，知道科技产品有利也有弊	1. 能察觉到动植物的外形特征、习性与生存环境的适应关系。 2. 能发现常见物体的结构与功能之间的关系。 3. 能探索并发现常见的物理现象产生的条件或影响因素，如影子、沉浮等。 4. 感知并了解季节变化的周期性，知道变化的顺序。 5. 初步了解人们的生活与自然环境的密切关系，知道尊重和珍惜生命，保护环境

教育建议：

1. 支持幼儿在接触自然、生活事物和现象中积累有益的直接经验和感性认识。如：

● 和幼儿一起通过户外活动、参观考察、种植和饲养活动，感知生物的多样性和独特性，以及生长发育、繁殖和死亡的过程。

● 给幼儿提供丰富的材料和适宜的工具，支持幼儿在游戏过程中探索并感知常见物质、材料的特性和物体的结构特点。

2. 引导幼儿在探究中思考，尝试进行简单的推理和分析，发现事物之间明显的关联。如：

• 引导5岁以上幼儿关注和思考动植物的外部特征、习性与生活环境对动植物生存的意义。如兔子的长耳朵具有自我保护的作用；植物种子的形状有助于其传播等。

• 引导幼儿根据常见物质、材料的特性和物体的结构特点，推测和证实它们的用途。如：带轮子的物体方便移动；不同用途的车辆有不同的结构等。

3. 引导幼儿关注和了解自然、科技产品与人们生活的密切关系，逐渐懂得热爱、尊重、保护自然。如：

• 结合幼儿的生活需要，引导他们体会人与自然、动植物的依赖关系。如：动植物、季节变化与人们生活的关系，常见灾害性天气给人们生产和生活带来的影响等。

• 和幼儿一起讨论常见科技产品的用途和弊端，如：汽车等交通工具给生活带来的方便和对环境的污染等。

（三）幼儿科学教育的分类目标

幼儿科学教育的分类目标是指教育目标的组合构成，它是从幼儿科学教育总目标中横向分解出来的。幼儿科学教育的总目标是培养具有科学素养的人，因此，科学素养的划分就成为确立幼儿科学教育目标的主要依据。根据幼儿身心发展的特点，幼儿科学教育的分类目标可以分为科学情感态度教育目标、科学方法教育目标、科学知识教育目标三个方面。

1. 科学情感态度教育目标

《纲要》中对科学领域涉及科学情感和态度方面的目标主要有"有好奇心，能发现周围环境中有趣的事情""喜爱动植物，亲近大自然，关心周围的生活环境"，在《指南》中关于情感和态度的目标有"亲近自然，喜欢探究"。

科学需要好奇心，科学最能吸引幼儿的好奇心，而幼儿天生就具有好奇心，他们对周围世界的一切事物都充满好奇，喜欢刨根问底，常常表现为对周围一些事物和现象的注意，提出问题，操作、摆弄等行为倾向。好奇心是幼儿学习取得成功的先决条件，并在对幼儿形成积极的学习态度方面起着决定性作用。幼儿最初的科学兴趣就是和好奇心联系在一起的，它是一种积极的情感体验，是学习科学的强大动力。幼儿的兴趣源于好奇心，所以应保护幼儿的好奇心，使幼儿从对事物的外在、表面感兴趣发展为对科学的理智认识。

大自然是人类赖以生存的环境。幼儿对周围世界的认识从大自然开始，应引导幼儿发现自然界中的美，学会欣赏大自然，逐渐发现和感受自然界的奇妙和美好，感受和体验到人与自然及动植物之间的依存关系。在学习科学的过程中，要培养幼儿积极的情感体验，培养幼儿从对身边的小花、小草的喜欢，对小鸟、小鱼的热爱，逐步发展为爱护自然、珍爱生命的情感和态度。

2. 科学方法教育目标

《纲要》中对科学领域涉及科学方法和技能方面的目标主要有"喜欢观察，乐于动手动脑，发现和解决问题""愿意与同伴共同探究，能用适当的方式表达各自的发现，并相互交流"。《指南》中关于科学方法和技能的目标有"具有初步的探究能力"。

科学的一个重要特征就是方法和过程的科学性。科学方法的实质在于探究问题，而科学探究是一个完整的过程。科学方法就是在探究的过程中用于解决科学问题的手段。对幼儿进行科学方法的培养是十分必要的。

3. 科学知识教育目标

幼儿的科学教育，不是幼儿掌握多少科学知识，而是强调幼儿对科学实践过程的认识，强调获得粗浅的科学经验。幼儿科学经验包括幼儿对事物形状特征的感性认识，对科学现象的简单理解。幼儿不断地与周围环境接触，在他们的头脑中就储存了丰富的信息，留下了生动的表象。这些信息和表象就是幼儿获得的粗浅的科学经验。幼儿粗浅的科学经验是幼儿学习科学的基础，也是幼儿今后学习科学概念和科学定义的基础。

二、幼儿科学教育的内容

在幼儿科学教育中，教育内容大致可以分为四个方面：生命科学，包括认识动物和植物，以及生活环境的内容；地球科学，包括认识地球物质（沙、石、土、水、空气等）、天气、气候和季节现象的内容；物理科学，包括认识常见物理和化学现象的内容；技术及科技产品，包括了解技术和常见科技产品、学习使用简单工具等内容。幼儿科学教育活动内容要从幼儿身边、生活中取材，要"引导幼儿注意身边常见的科学现象"。这样不仅有益于保持幼儿的好奇心，激发幼儿的探究热情，而且有益于幼儿真正理解科学、热爱科学，感到"科学并不遥远，科学就在身边"。

1. 观察和认识动物、植物

《指南》中指出："引导5岁以上幼儿关注和思考动植物的外部特征、习性与生活环境对动植物生存的意义。如兔子的长耳朵具有自我保护的作用；植物种子的形状有助于其传播。"幼儿生活在自然环境中，对大自然有天生的好奇，应该为幼儿提供足够的机会接触自然界中的动植物，引导幼儿观察、认识或照顾动植物；知道植物是多种多样的，获得植物生长过程的经验；观察植物与季节之间的关系，了解各种动物不同的外部特征和生活习性，知道动物有许多种；知道动物是有生命的，培养幼儿对生命的珍爱；了解植物与动物之间、动物与动物之间、动植物与人类之间的关系，知道人与动植物之间的和谐关系。例如：植物、动物、种子与繁殖、繁殖与哺育、成长变化、对人类的功用等。这些内容能让幼儿感受到自然界的奇妙和动植物顽强的生命力，培养幼儿对自然的好奇心、观察力、探究能力等，增进幼儿与动植物之间的感情。

2. 探索自然现象和非生物的性质

《指南》中指出："结合幼儿的生活需要，引导他们体会人与自然、动植物的依赖关系。如动植物、季节变化与人们生活的关系、常见灾害性天气给人们生产和生活带来的影响等。"在人们生活的世界中，自然现象无时不有。日、月、星、辰、风、雨、雷、电，春、夏、秋、冬，等等，循环反复，变化无穷。幼儿对这些自然现象有着无穷的猜想。科学教育的内容应该唤起幼儿对这些自然现象的探索。例如，幼儿常见的季节变化、气象变化；引导幼儿观察天体的外部特征及其与人类的关系；比较人类居住的地球与其他天体的区别等。

非生物是幼儿接触比较多的，自然界中的沙、石、土壤、阳光、空气、水等，都与幼儿有着密切的关系。教育者要善于利用幼儿生活和周围环境中的事件，对幼儿进行教育。例如，认识沙、石、土的不同性质与用途，感知它们与动植物及人类的关系；探索与空气、阳光、水有关的现象，体验这些物质存在的重要性。另外，生态环境、环境要素、环境污染、环境保护等内容，也可以成为幼儿科学教育的内容。

3. 操作各种材料，在操作中发现事物之间的关系

《指南》中指出："给幼儿提供丰富的材料和适宜的工具，支持幼儿在游戏过程中探索并感知常见物质、材料的特性和物体的结构特点。"幼儿的生活中有各种各样的活动材料，并且经常用这些材料来进行游戏。教育者应该有目的地为幼儿提供可操作的材料，让幼儿在游戏中运用，让幼儿在操作材料的过程中，感知事物之间的关系，引发幼儿进行探究的欲望。例如，通过实验探索重力、摩擦力、浮力、弹力等；通过实验探索声音的传播、光和影子的关系；通过操作光学仪器，探索光的反射和折射现象等。幼儿探究这些现象在不同条件下的变化及其产生变化的原因，可感受到自然界的奇妙无穷和探索发现的乐趣。

4. 体验科学技术及其对人类的影响

《指南》中强调："和幼儿一起讨论常见科技产品的用途和弊端，如汽车等交通工具给生活带来的方便和对环境的污染等。"随着科学技术向社会生活的日益渗透，幼儿在生活中无时无刻不在接触科学技术，幼儿的衣、食、住、行都与现代生活密切相关。教育者应该鼓励幼儿多关注生活中的科技产品，了解科技产品在生活中的应用，感受科技进步在带给人类生活便利的同时也可能带来许多污染。例如，认识家用电器及其用途；了解现代通信工具；知道现代交通工具；了解现代农业；认识各种现代化道路；了解科学技术是不断发展的，科学家对于科技的发展做出了巨大贡献；初步了解科技在提高人类生活质量的同时，也给人类带来了污染。

5. 掌握科学方法

科学方法是幼儿进行科学活动的基础，幼儿运用这些方法可以更好地进行科学活动，所以科学教育内容包括对幼儿进行科学方法的培养。科学方法主要有观察法、比较法、实验法、分类法、信息交流等。

学前儿童科学教育的内容很多，《纲要》进行了阐述，《指南》中的教育建议更是为学前儿童科学教育的内容选编，提供了可操作性的指导。幼儿园教师可以结合实际情况和幼儿的知识经验，有目的地选择幼儿身边常见的科学内容。我国地域辽阔，南北方差异比较大，所以选择的学前儿童科学教育内容要与当地的实际情况相结合，应该是幼儿身边的、幼儿常见的。

三、幼儿科学教育的方法

幼儿科学教育的方法首先是指教师为完成科学教育任务、实现科学教育目标而采取的具体方法和手段；其次是指幼儿学习科学的方法和途径，教师教的方法和幼儿学的方法是统一的。

(一) 观察法

观察法是幼儿园科学活动最常用的方法，并且是其他科学方法运用的基础。观察法可以使幼儿在直接接触事物的过程中，运用多种感官直观、生动、具体地认识事物，提高幼儿感官的综合活动能力，也可以培养幼儿用感官探索周围环境的习惯，并为发展幼儿的抽象思维

能力、形成概念提供丰富的感性经验。

观察法可以分为物体观察、现象观察、户外观察、长期系统性观察四种类型。

1. 物体观察

物体观察包括个别物体观察、间或性观察、比较性观察等。在物体观察中，教师可引导幼儿在观察的基础上进行表达和交流，引导幼儿认识物体的显著特征，或比较物体间的共同点和不同点，或总结物体间的共同属性。

（1）个别物体观察是指对单个物体进行观察。幼儿通过有目的地运用感官与观察物体接触，了解物体的外形、特征属性等。对个别物体的观察是最基本的观察技能，在幼儿园的各年龄班都可以进行。

（2）间或性观察是指间隔一定时间的观察，即带领幼儿观察某一种事物，每次都在原来观察的基础上进一步观察，以加深对观察物体的认识。间或性观察是互相联系、互相制约的。间或性观察可以在各年龄班进行，但是一般在大班进行得比较多。例如，对于小白兔的观察，第一次可以进行个别物体观察，主要观察小白兔的主要特征：长耳朵、红眼睛、白皮毛等。间隔一段时间后进行第二次观察，在原来观察的基础上，发现比较隐蔽的主要特征：三瓣嘴、前腿短、后腿长等。

（3）比较性观察是指幼儿同时对两种或两种以上的物体进行比较，并找出物体间的异同点。幼儿在观察过程中，通过比较、判断、思考，比较完整地认识事物。比较性观察要求对事物进行比较分析，需要进行较复杂的认知活动，所以不适合在小班进行。中班幼儿可以比较物体明显的不同点，大班幼儿不仅可以比较物体的不同点和相同点，还可以在此基础上进行分类，从而促进幼儿分类能力的发展和概念的形成。

2. 现象观察

现象观察是指观察在一定时间内事物的变化、发展，重点在于观察变化的发生。教师可以将观察、指导和交流同时进行，激发幼儿探索的欲望。教师可在现象观察之后，引导幼儿对观察到的现象进行讨论、总结，找出同类现象的共同点。现象观察中比较好观察的是自然界的雨、雾等，不容易观察的是溶解等。

3. 户外观察

户外观察是指在实地进行的观察，一般与散步、参观等活动相结合。户外观察既有物体观察又有现象观察。户外观察的优点在于贴近生活、便于理解，可以观察在课堂上不容易展示的事物或看不到的现象。例如，城市的楼房、秋天的景色，等等。由于户外活动时，幼儿比较分散、难以组织，所以教师在这类活动中要尽可能采用分组教学，在设计的活动环节中减少集中指导，注重个别指导。回到课堂后，教师要注意让幼儿谈论感受，与其他幼儿分享。

4. 长期系统性观察

长期系统性观察是指幼儿在较长的时间内持续地对某一种物体或现象进行系统的观察，对其质和量两方面的发展变化过程有较完整的认识。幼儿科学教育中的长期系统性观察，主要用于观察动物和植物的生长过程，以及气象的变化，以帮助幼儿直观地了解自然界各种因素间的相互关系、因果关系和自然界的发展规律。长期系统性观察对幼儿的知识经验、认知水平要求较高，一般在中班才开始采用这种观察形式，主要在大班进行。

(二) 科学小实验

科学小实验是在教师创设的特定条件下进行的，是一种验证性实验。实验内容包括：物理实验、化学实验、植物实验、动物实验。科学小实验可以帮助幼儿理解一些简单的科学现象和知识，培养幼儿的科学兴趣和求知欲望，可以弥补在自然条件下观察的局限性。科学小实验可以分为教师演示实验和幼儿操作实验两种类型。

1. 教师演示实验

教师演示实验是指由教师操作实验的全过程，幼儿进行观察。这种实验的内容一般难度比较大，幼儿操作困难。通常，化学实验都由教师演示操作完成；或者是仪器、设备条件不足时，也由教师演示完成。在小班的实验操作教育活动中，多数是由教师演示完成的。根据具体情况不同，也可以由教师先操作演示、幼儿观察，然后教师提出问题、幼儿思考，最后幼儿自己进行实验。这种方式是幼儿实验前的示范。

2. 幼儿操作实验

幼儿操作实验是由幼儿自己动手操作并参与实验的全过程，主要用于操作简单、带有游戏性质的实验。这种实验由于幼儿自己动手操作，在操作过程中，幼儿可以反复摆弄材料、多次尝试，充分观察实验过程中的现象和变化，满足幼儿好奇心，所以幼儿的积极性很高。例如，磁铁吸铁的实验。幼儿可以用磁铁吸纸张、木头等，观察其结果，然后再吸回形针、铁制的文具盒等。

(三) 分类和测量

在学前儿童学习科学的过程中，分类和测量既是一种技能，也是一种方法。分类能帮助学前儿童对周围世界进行抽象概括，有助于学前儿童探索事物之间的关系。测量是人们生活中精确交换信息的一个重要方面。一般来说，测量方法的运用晚于分类方法的运用。在科学教育中，学前儿童学习在比较现象或物体特征的相同和相异的基础上，按物体的外部特征或用途分类；学习分类的标准或属性；初步知道通过测量可以获取量化的信息。

(四) 探究

探究是指思维的过程。思维是认识的高级阶段，是智力的核心。思维反映的是事物的本质属性和内部规律性。在科学教育过程中，学前儿童在获得大量感性经验的基础上，有意识地发展思维能力。学前儿童的思维以具体形象性思维为主，要引导他们在具体形象和表象的基础上，探究事物之间的联系和因果关系。

(五) 劳动

这里的劳动是指与科学教育有关的劳动。通过劳动进行科学教育，不仅有利于激发幼儿热爱科学的兴趣与情感，而且能促进幼儿认知能力的发展，并学会一些简单的劳动技能，培养幼儿手脑并用的能力。

幼儿园的劳动可分为常见植物的栽培管理、常见动物的饲养管理、科学小制作、协助成人的辅助劳动等类型。

种植与饲养是幼儿园科学教育活动之一，是实践操作活动，是幼儿喜欢的活动。种植是栽培植物，是指幼儿在园地、自然角种植花卉、蔬菜或农作物等的活动。饲养是饲养动物，是指在饲养角里喂养和照管习性温顺的动物的活动。通过种植、饲养活动，幼儿在对对象进行观察、分类、比较、记录等过程中，发展认知能力，学习一些简单的劳动技能，手脑并用的能力也会有所发展。

以上几种教育方法是幼儿园中最常用的方法，为其他教育方法的实施奠定了基础。幼儿园中常见的科学教育方法还有信息交流法、游戏法、早期科学阅读等。幼儿科学教育的方法是多元的，从不同的角度，教育方法可划分为不同的类型。

第三课　幼儿科学教育活动的设计与指导

一、观察认识教育活动的设计

观察认识教育活动是幼儿园科学教育活动的一种类型，是以观察的方法为主要认知手段，通过教师有目的、有计划地组织幼儿利用各种感官，去感知客观事物、现象的特征，并在此基础上逐步形成概念的一种科学启蒙教育活动。幼儿园观察认识教育活动一般都是预定性的科学教育活动。活动目标是活动预期要达到的目的，它是每一项活动的核心，目标应贯穿活动的始终。观察认识教育活动的目标主要由三方面组成，即科学知识、科学方法、科学情感态度。科学知识是指科学经验的获得、初级概念的学习，幼儿通过观察掌握事物的外形特征，形成初级的科学概念；科学方法是指在观察活动中，哪些能力得到发展，形成哪些技能，学习哪些方法；观察认识活动一般以集体教学形式为主，教师要保证每一个幼儿都参加到活动中。

（一）对观察认识教育活动材料的要求

活动材料的准备是观察认识教育活动的重要环节，直接影响活动过程和活动目标的实现。观察认识教育活动所需的材料和环境是幼儿科学教育的外部条件之一，是为幼儿主动建构的重要信息桥梁。这些材料决定幼儿通过互动，会获得哪些经验，总结出哪些概念。所以，教师要认真筛选观察认识教育活动的材料。观察认识教育活动中的所有材料都必须是围绕活动目标选择的，不应有任何多余的材料出现。

1. 观察认识教育活动的材料应紧扣目标

观察认识教育活动的目标确定后，要考虑材料的准备。材料要为幼儿活动的成功，乃至目标的达成提供保证。有些活动材料确实能够吸引幼儿的注意力和激发幼儿的兴趣，但是在活动中没有任何作用，反而会使幼儿分心，影响幼儿对主要观察对象的观察。

2. 观察认识教育活动的材料应该具有典型的特征

在准备材料时，必须考虑材料应具备的典型特征，幼儿通过鲜明的且能够直观观察到的突出特征在脑中形成的表象，获得科学经验。例如，观察认识教育活动"菊花的特征"，在生活中，人们经常会看见一些白色的、黄色的菊花，这些菊花具有典型的特征，而在科学快速发展的今天，各种奇异的菊花已经出现，在首次观察时，要先观察普遍存在的，以后可以逐渐了解其他品种。

3. 观察的材料要充足

充足的材料是观察认识教育活动开展的保证。材料的充足与否，直接影响幼儿观察认识教育活动的开展，数量不足会影响观察的效果。为幼儿提供充足的材料，不是说给予幼儿的材料越多越好，也不是说每样材料的数量都要与幼儿人数相等，而是应根据活动的具体性质确定材料与数量之间的比例关系。例如，认识家用电器，全班共用一份材料即可；认识鲫鱼，可以每个小组共用一份材料。

4. 观察材料的摆放应符合观察的形式

观察材料的摆放及用什么器皿也很重要，这将直接影响观察的效果。例如，对鱼的观察，要用透明的不容易发生折射的器皿，摆放的位置应适合幼儿观察，在幼儿视线之内。

5. 户外观察应注意观察场所的安全性和卫生问题

户外观察有许多不确定的因素，所以在进行户外观察时，教师要事先对观察场所有所了解，以保证幼儿观察时的安全。例如，观察秋天，应该选择在幼儿园操场或小区内，以及没有或少有车辆经过的地方，保证幼儿的人身安全。

(二) 观察认识教育活动中教师语言的组织

教师的语言在幼儿观察认识教育活动中起着重要的作用。在观察过程中，教师的语言组织体现在讲解、讨论、提问上。教师的语言要发挥引导作用。教师在组织观察认识教育活动的语言时要注意以下几点：

1. 目的性

教师的语言要围绕观察认识教育活动的对象来组织，把幼儿的注意力集中在观察对象上，使科学活动始终保持应有的意识水平。例如，组织幼儿观察秋天。教师应抓住秋天的季节特征，对季节与动植物的变化、人们的服装、自然界之间的变化等的联系和因果关系进行引导观察，而不必深入认识某一种动植物的特征或描述人们的服装。

2. 形象性

在学前期，幼儿的具体形象性思维占优势。在观察认识教育活动中，教师要运用生动形象的语言，激发幼儿观察的积极性。形象生动的语言不仅便于幼儿接受和理解，还能增加观察的乐趣。为使语言具有形象性，教师可以抓住观察对象的主要特征，选择幼儿理解的词汇进行恰当的描述。例如，观察小白兔时，教师让幼儿观察小白兔身上的毛，可以说："小白兔身上的毛雪白雪白的。"

3. 逻辑性

教师在观察认识教育活动中要运用确切的语言，按照语法规则，层次分明、有条不紊地表述；引导幼儿逐步认识观察对象，概念明确，判断恰当，推理合乎逻辑。例如，在"认识蚂蚁"的活动中，教师可逐步提出下列问题：

"仔细找一找，看看哪里有蚂蚁。"

"蚂蚁是什么样子的？"

"蚂蚁爬来爬去的在干什么？"

"蚂蚁的家在哪里？"

"蚂蚁发现食物后会做什么？"

"蚂蚁用什么方法告诉同伴，前面有食物？"

"蚂蚁怎样搬食物？"

"小的食物怎么搬？大的食物怎么搬？"

这种具有逻辑性的层层提问能使幼儿的观察更加深入，从而使幼儿对蚂蚁有全新的认识。

需要注意的是，语言组织不合乎逻辑，幼儿就不容易理解。

4. 启发性

教师主要是通过启发性的提问来指导幼儿进行观察的。教师所提的问题和讲解能激发幼儿在观察认识的过程中进行积极的思维活动。教师的语言要简单明了，抓住观察对象的主要特征，逐步深入。例如，"小鸟身上有什么？""鱼缸里有什么？是什么样子的？"。

（三）观察认识教育活动过程的设计

观察认识教育活动的形式很多，包括个别物体的观察、现象的观察、系统性的观察，等等。观察认识活动通常都是集体活动，活动过程的设计大致包括开始部分，即课题的引入；基本部分，即活动的展开过程，也是观察方法的具体运用过程；结束部分，即对知识的总结，同时也对幼儿课堂上的表现进行总结；延伸部分，有的教学内容需要，有的不需要，不可牵强附会。对于长期系统性的观察认识活动，延伸部分是必需的。

观察认识教育活动根据观察认识的方法不同、内容不同，教学设计的思路应有所不同。幼儿园预定性科学教育活动一般来说有物体观察、现象观察、户外观察和长期系统性观察。在设计具体的教学过程中，可以根据实际情况，在基本设计环节的基础上调整设计思路。

（四）观察认识教育活动的指导

观察认识教育活动是在教师的指导下进行的，教师在活动中的指导，不仅要体现在教学方案的设计上，更要真正落实到幼儿身上。为了使活动达到既定的目标，获得最佳效果，教师应在活动中更多地关注自己的教育对象。教师要根据幼儿的表现情况，随时调整自己的角色，有效地指导观察认识教育活动，确保每个幼儿都能够积极参与活动，教师的指导是观察认识教育活动成功与否的关键。

1. 导入活动应该具有明确的任务

指导观察认识教育活动从一开始就要明确任务，激发幼儿学习的兴趣。教师在进行导入活动时，应注意语言简短、有趣、有指向性。导入活动对于整个活动的开展很重要，成功的导入活动虽然不能确保整个活动的顺利开展，但是不成功的导入一定会使得活动从开始就很混乱。教师在导入活动时，语言应力求简短，迅速切入主题，提问应该具有针对性，激发幼儿的兴趣，引起幼儿对观察对象的注意。引入课题时切忌千篇一律。教师可以利用幼儿对新奇事物感兴趣的特点，吸引幼儿对观察对象的注意，激发幼儿观察的欲望。如果在活动开始时出示观察对象，首先要让幼儿对观察对象进行整体观察，不要用过多的语言分散幼儿的注意力，以免打扰幼儿的观察，更不要制止幼儿对观察对象的自由讨论和交流；而是要注意倾听、观察幼儿的言行，以便有针对性地提问，引导幼儿对观察对象的观察。

2. 引导幼儿运用多种感官进行观察认识

在观察认识教育活动中，教师的作用在于引导、激发。观察认识教育活动不仅仅是眼睛看，它还包括其他感官的参与。在观察认识教育活动中，教师应指导幼儿运用多种感官去感知观察对象。观察对象的特征是多方面的，在幼儿观察的过程中，应尽可能地让幼儿看清观察对象的全貌。这就需要指导幼儿运用自己的各种感官来感知观察对象多方面的特征，使幼儿能比较全面地认识观察对象。在实际教育活动中，可以通过视觉感知物体的形状、颜色、大小、高低等；通过嗅觉感知物体的气味；通过触觉感知物体的轻重、手感、温度等；通过味觉感知物体的味道。例如，认识苹果，通过眼睛感知苹果的颜色、大小等；通过用手摸感知苹果表面的光滑度、轻重、手感等；通过舌头感知苹果的味道。有时通过听觉感知物体的声音也是观察的一部分。例如，观察自然现象"下雨了"，通过声音感知雨的大小。

3. 使幼儿成为活动的主体

在观察认识教育活动过程中，教师要发挥幼儿的主动性、积极性和创造性，使幼儿真正成为学习的主体。教师可用启发性的提问，引导幼儿充分感知事物并进行操作、讨论。允许幼儿在一定的范围内自由活动，允许幼儿根据自己的经验、自己的意愿、自己的方法观察认识事物。教师要尊重幼儿，鼓励幼儿用语言表达在观察中的发现。语言可以帮助幼儿整理自己的观察结果，并使之系统化，还可以促进幼儿之间的交流，发展幼儿的社会性。教师在活动过程中，要注意观察幼儿的活动，根据幼儿的不同表现，进行调整、指导，要"因人施教"，而不是全班幼儿用一个模式完成整个观察活动。

4. 教会幼儿观察的方法

幼儿年龄小，对事物的观察比较笼统，不够精确，不能对观察对象进行全面系统的观察，往往会忘记观察对象的特点。因此，教师要有意识地引导幼儿学习观察的方法，应根据观察对象的特点，有目的、有计划地教给幼儿一些最基本的观察方法。幼儿阶段，主要学习顺序观察法、比较观察法和典型特征观察法。

（1）顺序观察法，就是根据观察对象外部结构的特点，有顺序地进行观察，如从上到下、从左到右、从整体到局部、从明显特征到不明显特征。例如，观察金鱼、石头等个别物体，都可以运用此方法。

（2）比较观察法，就是同时观察两种或两种以上的事物，对不同因素进行对照和辨别的一种方法。例如，说明橘子的形状，将皮球和橘子进行比较。在运用比较观察法时，一般从物体的不同点开始比较，然后再观察其相同点。

（3）典型特征观察法，就是从物体明显的特征入手，然后再引导幼儿对事物的整体进行观察的一种方法。例如，认识小狗，先从小狗"汪汪"的叫声入手，然后再观察其体貌特征。

5. 引导幼儿用各种方式进行表达

在观察认识教育活动中，教师引导幼儿表达的形式可以是多样的，如语言、绘画、造型等。幼儿表达的内容也是丰富多彩，可表达自己的感受、自己的体验，也可以表达观察的结果。观察认识教育活动的目的是让幼儿对身边的事物感兴趣，启发其学习科学的愿望，而不是对知识、概念的积累。因此，应让幼儿在充分观察的基础上，引导幼儿交流自己的发现、自己的感受、自己的体验，幼儿之间可以互相补充对观察对象的认识，与同伴分享观察成果。例如，认识香蕉，幼儿表达自己吃了香蕉，可是没有看到香蕉的种子。正是这些交流引起了幼儿观察水果种子的愿望。

6. 指导幼儿记录观察结果

观察记录是观察认识教育活动的一个重要方面，也是表达的一种方式。记录对于幼儿对观察对象的总结、形成概念、交流信息都起到一定的作用。所谓观察记录，就是幼儿以形象化的符号、图表等，表达对观察对象的观察结果。例如，在长期系统性观察中，幼儿画出蝌蚪长出后腿，这就代表幼儿观察到蝌蚪在一定时间内变化的结果。幼儿的观察记录在一定程度上反映出幼儿的观察水平，反映出幼儿对观察对象的认识正确与否，也是评价幼儿发展的重要材料。对于不能完成记录的幼儿，教师要教会他们运用符号记录，并且懂得符号的意义。幼儿的年龄特点决定了他们从事一件事的持久性差。观察记录能够培养幼儿对待事情坚持不懈的品质，使幼儿产生责任心等。

7. 注意观察环境的选择

观察认识教育活动对观察的环境要求比较高。观察的环境要尽可能明亮、安静，采光和照明条件要好，这些都是保证幼儿能够方便地看、仔细地倾听观察对象的环境特点。

案例一

活动名称：有趣的蝌蚪。

活动班级：大班。

活动目标：

（1）能通过仔细观察，获取有关蝌蚪的一些趣事，并大方地讲述。

（2）能说说自己看到的有关蝌蚪的一些趣事。

活动准备：计算机一台，放大镜、观察记录本、蝌蚪若干，青蛙成长多媒体动画资料。

设计思路：

幼儿随着年龄的增长，对周围环境非常感兴趣，他们总是不停地看、听、摸。尤其是对生活中常见的小动物，有着极大的兴趣。4月，春天来了，小蝌蚪成了幼儿的新朋友，但小蝌蚪到底长什么样？它是怎样奇迹般地变成了小青蛙的？游来游去在干什么？幼儿很想弄个明白。通过"有趣的蝌蚪"这个活动，孩子们的好奇心得到了满足。在观察、思考、讨论小蝌蚪的过程中，他们加深了对小蝌蚪的认识，增进了对小动物的喜爱之情，观察、讲述等多方面的能力也有所提高。

在这个活动中，教师结合《纲要》精神，更加注重调动幼儿自主学习的能力，注重幼儿对蝌蚪观察、了解的过程，重视幼儿自己提出一些问题，然后通过观察、思考、讨论来解决问题。同时，对幼儿的观点给予肯定，运用激发、引导、鼓励的方法，使幼儿的思维更活跃，学习积极性更高。

多媒体教学声形并茂、生动形象、色彩鲜明，在此活动中，能直观、形象、生动地将蝌蚪变成青蛙的全过程展示出来，将抽象变为生动，将静态变为动态，使幼儿有身临其境的感觉，从而产生浓厚的学习兴趣。

活动过程：

1. 激发兴趣，引出主题

师：春天来了，池塘里又多了谁？（小蝌蚪）你们认识小蝌蚪吗？它长什么样？（小蝌蚪长着一个黑黑的大脑袋，后面拖一条长长的尾巴）

2. 通过观察、记录，认识蝌蚪

（1）师：你们想不想仔细地看一看小蝌蚪？教师为每个幼儿提供一个放大镜、一本记录本，让幼儿先观察小蝌蚪的不同动态，再把它们的样子画下来。

评析：鼓励幼儿专注地观察，找出小蝌蚪几种不同的动作，用自己的方式记录下来。

（2）组织幼儿充分交流自己的观察结果，可介绍自己的记录方式和记录结果。

3. 设置疑问，了解生长过程

（1）师：你们知道小蝌蚪长大了会变成什么吗？（有的变成了青蛙，有的变成了蛤蟆）

（2）教师追问：你们知道蝌蚪是怎么变成青蛙的吗？

评析：这里让幼儿大胆设想，创造性地表述小蝌蚪的成长过程。

（2）播放青蛙生长过程的资料，看完后让幼儿再来说说从小蝌蚪到青蛙的成长过程。

教师重点提问：小蝌蚪在变成青蛙的过程中，前腿是怎么变的？尾巴又有什么变化呢？（先长后腿，再长前腿，尾巴越缩越短，腿越长越长，还有脚趾呢）

4. 动手操作，再现奇妙的生长过程

集体制作从蝌蚪到青蛙的生长图。

评析：通过动手制作，再次加深幼儿对蝌蚪生长过程中几个重要环节的印象。

活动延伸：

进行长期系统性观察，并定时做记录，观察青蛙的成长过程。

分析：

通过案例可以看出，长期系统性观察建立在个别物体观察的基础上。根据长期系统性观察的特点，一般是事物发生明显变化时，组织幼儿进行观察，并对照上次观察的结果记录，说出这次变化的地方。长期系统性观察一般在班级中的自然角进行，幼儿有时间或有兴趣，可以自己进行观察。相同的观察还有种子发芽、天气变化等。

二、实验操作教育活动的设计

实验是指在人工控制现象发生的条件下，对现象进行感知和测量的方法。它是科学实践的重要形式，是获取信息和检验理论的基本手段。幼儿科学教育的实践操作是在人为控制条件下，教师或幼儿利用一些材料、仪器、设备，通过简单操作或演示，对周围常见的科学现象加以验证的一种方法。

幼儿园的实验操作教育活动是预定性科学教育活动的一种。实验操作教育活动的目标主要是通过幼儿亲自摆弄实验对象，发现事物的变化。幼儿园的实验操作教育活动主要是教师按照预定的目的或设计，利用一些材料，通过简单的演示或操作，对周围常见的科学现象加以验证的一种活动。实验的操作过程比较简单，能够帮助幼儿理解一些简单的科学现象或知识，培养幼儿对科学的兴趣和求知欲望，同时也培养幼儿的动手操作能力。

（一）实验操作教育活动材料与环境的要求

在幼儿科学实验过程中，教学材料是不能缺少的重要物资。幼儿进行实验操作教育活动时所用的各种材料是幼儿学习科学知识的外部条件之一。教师要在活动前为幼儿准备丰富的、具有可操作性的、符合幼儿需要的材料，引领幼儿主动与材料产生相互作用。在实验操作教育活动中，材料与环境的选择与设计需要注意以下几点。

1. 活动材料具有典型性

实验的材料要围绕实验的内容选取，要有典型性，让幼儿能够完全掌握材料的特征，能够达到良好效果。例如，磁铁吸铁的活动。磁铁的首要性质是吸铁，但是还有同极排斥、异级相吸的原理。幼儿在操作过程中难免会遇到这样的问题，所以教师在准备材料的过程中要充分考虑这些因素，为幼儿选择的磁铁要具有这样的性质，而不是随便拿取，结果有的磁铁相关性质表现明显，有的则不明显，导致幼儿不易察觉。

2. 活动材料要安全、卫生

实验操作的材料要确保安全、卫生。因为幼儿在操作材料的过程中，容易接触嘴巴、手等，所以实验操作材料要绝对安全，对幼儿的健康有充足的保证。例如，活动"盐、糖不见了"中，要确保糖可以食用，并且保证所有幼儿都对糖没有过敏反应等。又如，"操作小球滚动"的实验，要选择相对较大的球，保证幼儿不会塞到鼻子、耳朵里。

3. 活动材料的结构要完整

结构性是材料所具有的特征，材料蕴涵着丰富的可探索性和可利用性。材料在被使用时能揭示自然现象间的某种关系及不同材料之间的联系。教师对材料结构的认识越丰富，越有利于幼儿的探索、发现、创造和获得各种有关的经验。例如，在"沉与浮"的实验中，教师要准备多种不同材质的纸张，让幼儿观察什么样的纸张沉得慢，什么样的纸张沉得快。如果将纸张折叠成小船，会延长纸张的下沉时间，使幼儿知道，虽然是同样的材料，但改变其形状会使沉浮现象发生改变。

4. 活动材料要充足

充足的材料是幼儿进行实验的保证，特别是让幼儿操作的材料，更应该保证数量充足。材料充足与否，直接关系到幼儿探索活动的进行，影响幼儿科学经验的获取。数量充足的材料可以减少幼儿等待的时间，提高学习科学的积极性。为幼儿提供充足的材料，并不意味着材料越多越好，应根据活动的具体性质确定材料数量与幼儿人数的比例关系。活动材料的设计还要考虑从幼儿探索的角度出发。例如，实验操作教育活动"沉与浮"，教师提供的"沉"和"浮"的材料比例要适当，基本为1:1；针对大班幼儿，还要设计一些能够变化的材料，因为变化可以改变沉浮现象。

5. 活动材料要摆放适当

实验材料的摆放直接关系幼儿操作及活动目标的达成。有些活动材料不适合在活动开始时出示，这就需要材料摆放适当，便于分层、分时出示。例如，在"让鸡蛋浮起来"的实验中，教师可以先后出示糖、沙子、盐，使幼儿能够清楚地观察到在水里加盐，鸡蛋会浮起来；而在"沉与浮"的实验中，材料就可以一起出示，让幼儿充分观察，提出假设，然后验证。

6. 活动环境要适宜

实验操作教育活动应该选择在视线比较好、安静、适宜观察的地方进行。在幼儿园中，通常选择幼儿的活动室进行实验操作教育活动。有条件的幼儿园可以设置专门的实验操作教育活动场地，便于幼儿操作、观察、交流、探讨。这样的环境便于幼儿静心，投入操作的热情也比较高。

心理环境也是幼儿进行科学实验操作的必备条件之一。幼儿在宽松、愉悦的人际氛围中能够全身心地投入操作、观察中，愿意进行各种实践活动，效果更好。

案例二

活动名称：认识磁铁。

活动班级：中班。

活动目标：

(1) 初步认识磁铁，了解磁铁的用处及特性。

(2) 培养对科学小实验的兴趣，养成爱探究的好习惯。

(3) 培养遇事动脑筋的学习态度。

活动准备：

(1) 每人一块磁铁。

(2) 每组一只小篮子，内有学生尺、橡皮、铅笔、树叶、梳子、羽毛、铁钉、针、曲别针、小刀、锁等若干。

(3) 脚下带铁片与不带铁片的鸡宝宝各一只、纸壳制作的小房子一间。

活动过程：

1. 出示教具，激发幼儿的学习兴趣

(1) 师：小朋友们看一看，房子里住着谁呀？（两只鸡宝宝）鸡宝宝可喜欢小朋友们啦，我们一起喊鸡宝宝出来好吗？（鸡宝宝，鸡宝宝，鸡宝宝……）老师用磁铁把鸡宝宝引出来。咦，怎么房子里还有一只鸡宝宝呀，它为什么不出来？

(2) 请一位小朋友到前面来看一看，两只鸡宝宝有什么不一样的地方。幼儿通过观察比较知道两只鸡宝宝的脚不一样，一只有铁片，一只没有铁片。

(3) 请一位小朋友为没有铁片的鸡宝宝装上铁片，并喊鸡宝宝出来玩，鸡宝宝不动。然后教师出示"宝贝"——磁铁，将鸡宝宝引出来。

2. 玩磁铁

(1) 引导幼儿拿磁铁吸小篮子内的物品，看一看磁铁吸哪些物品，不吸哪些物品。

幼儿得出结论：磁铁只吸铁制成的物品，不吸其他制品。

(2) 磁铁碰碰头，握握手。让幼儿把手中的磁铁与其他幼儿的放在一起，观察会出现什么情况。（互斥、相吸）

幼儿得出结论：磁铁有两极，同极相斥、异极相吸。

(3) 为磁铁"找朋友"。引导幼儿在室内为磁铁"找朋友"，看看哪些物品是和磁铁相吸的。

活动延伸：

(1) 老师不小心把许多铁钉洒在了地上，用什么方法能又快又干净地捡起铁钉呢？

(2) 到室外为磁铁"找朋友"。

分析：

(1) 本案例都包括哪些可操作材料的准备？

(2) 结合案例说说实验操作教育活动的材料准备要注意哪些方面。

(3) 结合实际谈谈如何在实验操作教育活动中，为幼儿创设心理环境。

（二）实验操作教育活动过程设计的步骤

实验操作教育活动的过程是整个活动的关键。幼儿在实验操作教育活动过程中检验假设、发现现象、探索规律、形成概念。幼儿的实验是重复前人的实验，是对结果的验证。幼儿不会选择实验用的有结构的材料，教师需要把材料放在幼儿面前，然后由幼儿自由操作。实验操作教育活动的过程就是幼儿获得直接经验的过程。所以，实验的操作过程对于幼儿来说是发现问题、解决问题的关键，在具体的操作、讨论中开始形成概念。实验操作教育活动是集体教育活动的一种形式，也是预定性教育活动，所以其活动过程的设计与预定性教育过程基本相似。

1. 开始部分

凡是新奇、变化的事物都容易引起幼儿的注意。开始部分的主要目的就是将幼儿的注意力集中在教育活动上。一般来说，实验操作教育活动的开始部分比较简单，教师展示活动材料，幼儿的注意力就会很快集中到材料上。这一环节的主要目的是引起幼儿的操作动机。

2. 基本部分

基本部分就是幼儿实验操作教育活动的过程。实验操作教育活动是一种预定性活动，是把准备的材料通过与教师、幼儿的互动转化为活动目标的实施方案。幼儿在基本部分中，通常是面对具体的材料，通过操作来发现其中的现象和规律。幼儿在具体的操作过程中要注意以下几点：

（1）幼儿的操作活动要有一定的顺序。应根据教学目标来进行操作活动，在操作过程中要注意实验材料运用的先后顺序，不能一下子把全部材料都用上，幼儿可能观察不到是什么材料产生的现象。例如，盐、糖不见了。教师提供的材料很多，要让幼儿在水中分别加入糖、盐、沙子等，然后让幼儿感知，使幼儿掌握糖或盐溶解在水里，所以水变甜或变咸了。固体的糖和盐溶解在水中，所以看不到了。相反，沙子加入水中，不管如何搅拌，都不能溶解在水中。

（2）教会幼儿记录。对于大班的幼儿，教师要教会他们记录实验中的现象，便于幼儿对照比较和总结。幼儿记录是以幼儿为主设计相应的图表和标识，这些抽象的符号为幼儿今后系统地学习科学知识做好了准备。

（3）注重语言的讲解作用。教师的演示和操作及对幼儿操作的指导离不开教师的语言。在实验操作教育活动中，教师的语言要有讲解功能，能够在短时间内讲清楚道理，进行指导必须有恰当的修饰。

（4）注重对操作过程和实验结果的整理。对于幼儿来说，实验是他们比较喜欢的科学活动，但是幼儿在实验中带有许多盲目性，常常只注重操作过程的趣味性，忽视了操作过程的科学性和实验结果的知识性。教师要善于总结实验操作过程中涵盖的科学原理，同时也要对科学知识进行整理，使幼儿在实验中掌握事物的发展规律。

3. 结束部分

结束部分是实验操作教育活动的整理阶段。幼儿在操作过程中，已经获得丰富的直接感知经验，教师要善于让幼儿阐述自己在实验中的发现。幼儿的思维过程是明显的"动作思维"，即边做边想。操作后的小结主要是教会幼儿概括、表达，促进幼儿从具体形象性思维向抽象概括性思维发展。同时，教师要对整体的操作过程和结果进行评价，评价时要以肯定和鼓励为主，不仅要评价幼儿操作实验的结果，更重要的是对幼儿参与操作活动的态度、探索精神进行评价。活动结束时，教师可以提出一些启发性的问题，以激发幼儿对延伸活动的兴趣和对下一次活动的期待。

4. 延伸部分

延伸部分主要是促进幼儿对知识的再理解，使幼儿能够在实际的生活中，运用所学的知识解决问题。所以，教师可以把延伸部分布置为在生活中的运用和对生活的观察。例如，学习溶解后，让幼儿想想生活中有什么地方有溶解现象。做菜放盐，就是溶解概念在生活中的运用。

（三）实验操作教育活动的指导

实验操作教育活动是预定性活动，是集体活动的一种形式。教师事先知道实验结果，只是指导幼儿验证结果，所以要注重对幼儿操作过程的指导。为了使幼儿得到预期的实验成果，教师在指导幼儿进行操作实验时要做到以下几点：

1. 保证充足的实验操作材料和用具

幼儿操作的实验用具、材料一般来说比较简单，是幼儿经常接触的玩具、日用品等，用具和材料要方便幼儿使用。幼儿的实验材料要保证充足、多样，使每一个幼儿都能够参加到实验中。充足的实验操作材料和用具，是保证幼儿顺利进行实验的前提。例如，实验操作教育活动"糖不见了"，要保证所有幼儿都有糖和杯子，并且杯子要透明，便于幼儿观察，但不能太大，要方便幼儿使用。

2. 保证幼儿充足的实验操作时间

实验操作教育活动比其他活动需要更多的时间，因为幼儿需要操作、记录、理解、学习、交流等。充分的时间能够保证幼儿反复进行实验活动，并在操作中探索、发现、解决问题。所以，实验不能有时间限制，否则，有些实验现象就观察不到了。例如，实验操作教育活动"沉与浮"。有些东西是先浮后沉，如棉花、纸张等；有些东西是沉，但是经过改变形状会浮起来，如橡皮泥，块状时沉，捏成小船样，就会浮起来。这些都是需要时间来验证的。如果时间不够用，幼儿就不能得到这些经验。所以，在幼儿进行实验操作时，要让幼儿有充足的时间，以达到实验效果。

3. 帮助幼儿使用工具，掌握实验操作技能

幼儿的实验操作一般简单有趣，所以，应尽可能让幼儿自由操作。但是，在实验操作中的某些环节，或在某些材料的使用上，幼儿会遇到各种不同的困难。教师要教会幼儿如何使用操作工具，如何运用材料。例如，轻拿物品，平衡摆放物品，熟练使用各种盛器等。

幼儿的发展水平不同，能力也是不同的。对于同样的实验，有些能力差的幼儿会感到困难，难以完成实验。教师要根据幼儿操作的实际情况，给予不同程度的指导。在实验过程中，还应引导幼儿通过观察，注意实验材料、方法、操作过程中的变化和实验结果，使幼儿不仅能够了解实验结果，而且能够学习实验的方法。

4. 整合幼儿的交流与讨论，促进幼儿的自我发展

分组实验是科学学习中常用的一种方式。小组成员之间由于承担的任务不同，通过交流与讨论，能够分享各自取得的成果，并在此基础上，相互帮助，相互协调，共同完成任务。在班级中，担任同样任务的幼儿，对于相同的任务有不同的认识和理解，相互之间也可以交流和讨论，并且在交流和讨论的过程中，能够再现操作中的某些现象，达到共同分享的目

标。在交流和讨论中，难免会有不一样的意见，应允许幼儿有"纷争"。例如，"杯子里的纸不会湿"的实验。两组幼儿争吵起来，一组幼儿的实验结果是杯子里的纸会湿，另一组幼儿的实验结果是杯子里的纸不会湿。教师没有急于肯定或否定，而是要求幼儿按照教师说的方法，重新做一遍实验，果然杯子里的纸没有湿，失败的一组是因为没有掌握好实验的方法。幼儿间的这种交流与讨论具有积极的意义，有益于幼儿的自我发展。

5. 要求幼儿遵守实验操作规则

实验操作规则对于保证幼儿实验成功起着重要作用。在实验正式开始前，教师要交代清楚实验操作规则，并要求幼儿自觉遵守。在实验中，教师要及时提醒幼儿遵守规则，否则要暂时离开操作场地，以免影响其他幼儿操作，以保证幼儿实验的成功。

6. 加强纪律约束，保证幼儿实验的安全

实验初期，教师要强调实验的纪律性，以保证幼儿实验的安全。幼儿年龄小，对于危险没有足够的认识，加强纪律约束是对危险的降低。例如，实验"糖不见了"。如果幼儿随便把杯子弄坏，就会伤害到幼儿；如果幼儿随便品尝杯子里的东西，可能会给幼儿留下实验的东西都可以吃的错误印象。这些对于以后的化学学习是非常危险的。化学实验具有一定的危险性，必须让幼儿明白用于实验的材料不能随便品尝、闻等。一段时间后，等幼儿基本掌握了实验的规律和纪律，教师就可以放手让幼儿自己做实验。当然，对于不适宜幼儿操作的实验，应由教师演示完成。

案例三

活动名称：无字天书。

活动班级：大班。

活动目标：

（1）在科学实验中培养幼儿探索的热情。

（2）激发幼儿的好奇心。

（3）在操作中体验发现的乐趣。

活动准备：

（1）木偶表演、录音片段、邮递员1名、小猴6名（由幼儿扮演）。

（2）放大镜、显微镜、水、蜡笔、水彩笔、记号笔、胶水、糨糊、打火机、蜡烛等多种材料。

（3）柠檬汁、棉花棒、白纸、自制信封、自制邮票、糨糊、毛巾每组一份。

（4）科学发现角投放材料：碗、水、筷子、面粉、碘酒、棉签、白纸、杯子、喷壶。

活动过程：

1. 导入活动——美猴王送祝福

（1）师：今天老师请了一位神秘的客人，你们想不想知道是谁呀？让我们用掌声欢迎。

木偶表演：（美猴王站在云彩上）小朋友们，你们好，俺老孙很想和你们一起玩，可师父派我去捉妖，所以我来不了了。但是，我写了一封有趣的信给你们，这是一封无字天书，看哪个小朋友最聪明能看到我写的祝福。再见！

（2）邮递员送信。

2. 探索活动——读"无字天书"

(1) 师：美猴王到底写了什么呢？让我看看。咦，我怎么看不出来呀？你们来看看。有什么办法可以看到信的内容呢？（请个别幼儿回答）

(2) 变魔术：教师将"无字天书"变成6份，请幼儿分成6组进行探索。

(3) 幼儿分组探索，教师巡视，发现可取的方法。

(4) 幼儿交流探索过程和结果。

(5) 教师示范：用打火机点燃蜡烛，将纸在火上轻轻移动，"无字天书"开始现形，教师读信的内容，幼儿欣赏。

教师小结：原来美猴王的"无字天书"要用火烤才能看到，真神奇呀！

师：小朋友们想不想给好朋友写一封"无字天书"呀？那它到底是怎样写出来的呢？让我们来问问美猴王吧！

3. 实验操作活动——制作"无字天书"

(1) 打电话。

师：喂，是美猴王吗？我们看到你的"无字天书"了，谢谢你的祝福。小朋友们也想写一封"无字天书"，你能告诉我们是用什么写的吗？

录音片段：我是用柠檬汁写的，材料我已让孩儿们给你们送去了，至于怎么写，小朋友们动动脑筋自己尝试吧。

(2) 6只小猴按序送上托盘：柠檬汁、棉花棒、白纸、幼儿自制的信封和邮票、糨糊、毛巾。

(3) 幼儿制作"无字天书"，教师指导，对于不能理解活动内容的幼儿，教师要与他们一起制作"无字天书"。

师：请你们先想想信要写给谁，内容可以用字宝宝或图画的方式来完成。别忘了写上收信人和写信人的名字，装好信封，再贴上邮票。如果是写给班里的好朋友，就放入班级小信箱；如果是写给班级以外的人，就请投入绿色大信箱，由邮递员给你们送信。

分析：

通过案例可以看出，幼儿的实验操作教育活动是在教师的指导下完成的，如看"无字天书"的过程。幼儿的操作探究活动是在教师提供相应的活动材料的基础上，幼儿探究活动的过程及结果，并在操作中体验学习科学的乐趣，如制作"无字天书"的过程。

三、讨论探究教育活动

讨论探究教育活动是幼儿科学教育活动常用的一种类型，是指幼儿在教师的指导下，围绕某活动主题与同伴进行平等的交流，陈述自己的发现，表达自己的观点和困惑，质疑他人的发现与观点，并在交流中理解他人的想法，发现自己的不足，从而在协商中求同存异、达成共识，引发进一步的讨论与交流。

讨论探究教育活动是指在教师引导下，以教师与幼儿共同讨论为主，在讨论过程中，幼儿通过与同伴、教师的交流，有效地促进思维的发展，通过看和说的活动方式，获取科学经验。讨论探究教育活动一般对幼儿的知识经验有一定的要求，所以在大班开展较多。

(一) 讨论探究教育活动材料与环境的设计

讨论探究教育活动主要是通过一个话题，引起幼儿对同一话题的其他现象进行探究，并且能够在实际生活中运用。所以，讨论探究教育活动的材料应该是幼儿实际生活中经常遇到的，可以是一些图片或视频等比较直观的材料。在引导幼儿开展讨论探究教育活动之前，教师要进行充分的探究和操作，了解探究活动的难点和关键点，预测幼儿在讨论探究教育活动中可能出现的问题和困难，为幼儿的探究活动做好材料和环境方面的准备。

1. 根据讨论探究教育活动目标提供适宜的结构材料

在讨论探究教育活动中，教师要依据活动目标提供给幼儿适宜的结构材料，这能有效激发和维持幼儿的探究兴趣，使幼儿在探究活动中通过与材料的相互作用获得经验。幼儿通过操作特征明显的材料，能够看到事物之间的联系。例如，大班科学活动"如何让水喷得更高"。从幼儿熟悉的喷泉入手，让幼儿探究喷泉喷得高和喷得低的原因。教师为幼儿提供注满水的塑料瓶子、打有1~4个孔的瓶盖，并提出问题："1孔和2孔的'喷泉'，哪个喷得高？2孔和3孔的比较呢，哪个喷得高？"幼儿通过动手操作和实验，能够清楚地观察到"在相同力的作用下，孔越多，水喷得越低；孔越少，水喷得越高"这一现象，从而获得有关压力与压强关系的相关经验。由此可见，如果材料具有适宜的结构，就能够实现教育目标，有效地支持幼儿的探究和发现活动，有助于幼儿获得有关的关键经验。

2. 操作材料简单实用，能够激发幼儿探究的兴趣

操作材料是讨论探究教育活动中必不可少的。幼儿在操作过程中发现问题，在操作过程中尝试解决问题，在操作过程中得出结论。因此，幼儿在讨论探究过程中的操作材料要简单实用，便于幼儿反复操作，并且应是幼儿熟悉的或幼儿对操作材料的属性有一定了解，便于操作。教师还要注意投放的材料应是幼儿感兴趣的，使幼儿产生玩一玩、探究一下的愿望。

3. 提供各种材料，尝试使用工具

幼儿的生活中有各种各样的材料和工具，幼儿经常利用这些材料和工具进行科学活动。让幼儿了解这些材料的性质及工具的使用方法，有利于幼儿更好地利用这些材料和工具进行探究活动。例如，各种探究材料（如沙、石、土等）和工具（如小铁锹、小桶等），可让幼儿运用这些工具和材料进行探究活动。幼儿会发现水与各种材料之间的关系、工具与材料之间的关系。幼儿在运用材料探究的过程中，主动建构有关的知识经验，体验工具的价值和作用。

4. 收集与课题有关的图片

由于讨论探究性活动难以在活动中出示实物，所以图片是讨论探究教育活动中必不可少的材料。图片可以来自互联网，也可以来自报纸、图书，最终都应该以幼儿能够在讨论活动中看到的形式出示，并且要注意搜集与图片有关的资料介绍。

5. 制作与课题相关的图片

有些图片由于一些原因，难以找到现成的，教师要利用一些手段，把抽象的讨论内容绘成图片，也可以用数码相机拍摄下来，制成照片。在活动中，出示照片更有说服力。同时，照片也能把抽象的形容变得具体，增加教学的趣味性。例如，动物的尾巴。幼儿对一些动物

的尾巴可能并不认识。用数码相机拍摄下来后，教师就能比较形象地组织幼儿谈论这些动物尾巴的作用；也可以进一步探究"为什么有的动物的尾巴看不到""人为什么没有尾巴"等问题。

6. 利用多媒体技术，让讨论主题再现

多媒体技术对于讨论探究教育活动的作用是非凡的。因为一般的讨论探究教育活动主要是语言的交流，很难集中幼儿的注意力。多媒体技术能够使讨论的主题再现，使幼儿有身临其境的感觉。例如，讨论探究教育活动"神秘的太空"，可以通过多媒体技术对我国宇航员飞天的画面进行再现，使幼儿感受到谈论的乐趣，并激发幼儿探究的欲望。

7. 营造自由宽松的讨论探究氛围

宽松、安全的讨论探究环境是幼儿主动探究和学习的基本前提。没有安全的心理环境，主动学习和探究就不可能发生。教师要让幼儿大胆讲述自己的想法，自由地进行交流。在活动过程中，教师要引导幼儿倾听同伴的意见，培养幼儿尊重他人、善于倾听的意识，使讨论活动成为真正有效的活动。

(二) 讨论探究教育活动过程的设计步骤

探究活动是幼儿的一种主动活动。讨论探究是在讨论的基础上进行的探究活动，所以谈论的内容很重要，要让幼儿有探究的欲望，活动设计要有新意。讨论探究教育活动是集体活动，所以要有一定的活动程序和阶段。尽管讨论问题的方式和手段不同，但讨论探究从发现问题到解决问题，都要经过类似的活动过程。

1. 提出假设——观察、发现、提出问题

观察是讨论探究教育活动的源泉。观察客观物质世界，是幼儿心理发展的必然要求。幼儿一般对观察到的事物进行探究，在发现问题之后提出问题。幼儿对目标情境、可能的操作缺乏清晰的认知。

2. 动手操作——尝试解决问题

幼儿通过动手操作感知具体事物，而感知是形成经验结构和智慧结构的主要方式。动手操作满足了幼儿思维的直觉行动和具体形象的特点，满足了幼儿需要直接经验奠基的发展要求。但是，手的操作还必须和心智的操作、改变相互结合，这样才能实现对原有认识的强化和调整。所以，动手操作阶段是讨论探究的重要阶段，也是幼儿尝试解决问题的阶段。幼儿在操作过程中，形成对事物的粗浅认识，并且去探究"为什么"，从而形成自己的见解。例如，"认识磁铁"活动，教师可以设计"磁铁能吸引一些东西"的活动，幼儿在操作过程中发现有些东西磁铁能够吸引、有些东西不能，从而引起幼儿探究的欲望，看看磁铁究竟能吸引哪些东西。

3. 记录信息并得出结论——形成解决问题的信息

幼儿在与同伴或教师的接触中，可获取讨论探究的结果，收集有关的信息，并且记录这些信息，对信息进行解释。幼儿对自己记录的信息进行解释的过程，就是尝试解决观察、发现的问题的过程。可以让幼儿进行个别的讨论交流，然后再进行集中的研讨，引导幼儿说出自己的见解，使不同幼儿的观点相互"碰撞"，幼儿在不同观点的"碰撞"中，形成解决问题的信息。

4. 表达与交流——探讨解决问题

表达与交流是幼儿探究后的自然流露。幼儿对探究结果的表达是多样的、有语言的，也是有实物的。但更多的是用实例、模型表达，同时结合语言进行交流。

在讨论探究教育活动中，让幼儿进行科学探究要注重上述的四个方面，但不是每个活动都必须按照这样的过程机械地进行。最为重要的是，教师要明确每一个活动最主要的目标，不要盲目套用探究活动的基本环节，使其成为一种僵化的模式。

案例四

活动名称：怎样让球动起来？

活动班级：中班。

活动目标：

(1) 能积极尝试，创造性地想出多种让球动起来的方法。

(2) 能大胆交流自己的想法。

(3) 体验活动带来的成就感。

活动准备：

刺猬球若干；盒子、书、垫板、夹子、勺子、泡沫、小棒等辅助材料若干。

活动过程：

1. 引发兴趣（出示一只刺猬球）

教师："这只刺猬球是什么样子的？像什么？"

幼儿1："圆圆的，像大西瓜。"

幼儿2："有点像点心店里做的大馒头。"

幼儿3："像一个圆圆的山洞。"

幼儿4："像转动的汽车轮子。"

幼儿5："像一只只蜂巢。"

幼儿6："还像天上挂的月亮。"

评析：在幼儿的生活中，像球一样圆溜溜的东西实在是太多了。因此，幼儿的想象空间很大，他们想出了各种各样的东西，充分满足了他们想象表达、大胆创造的愿望。

2. 猜测"让球动起来"的方法

引导语：这只小刺猬球一动也不动，如果不用手来帮忙，你有什么办法可以让球动起来呢？

(1) 幼儿猜测。

(2) 幼儿交流自己的猜测、想法。

幼儿1："我可以用嘴吹。"

幼儿2："我可以用头顶。"

幼儿3："我想用手拍桌子。"

幼儿4："我想用脚踢。"

评析：既然是猜测，幼儿的想法就不一定正确，但教师注重的是发散幼儿的思维，让幼儿敢于想象，敢于发表自己的意见和想法。

3. 验证想法

幼儿人手一只刺猬球进行验证，教师巡回观察、指导。

（1）观察每个幼儿的实验操作情况。

（2）询问个别幼儿的想法。

4. 交流讨论

请幼儿大胆表达、交流自己的实验过程。

幼儿1："我是用大拇指和食指弹了一下，球就动了。"

幼儿2："我是用头来顶球的。"

幼儿3："我是用一只大大的篮球砸在刺猬球上，它也会动的。"

幼儿4："我是用手当扇子扇风，球有一点点动。"

评析：在探索"让球动起来"的活动过程中，教师发现有一位小朋友的玩法与众不同，他是用一只大大的皮球去碰撞刺猬球的，这一新颖的方法很快被其他小朋友效仿。还有的小朋友验证了自己的一种想法后还积极探索其他的方法。可见，小朋友们探索的欲望很强烈。

5. 借助辅助材料探索"让球动起来"的方法

（1）师：刚才小朋友们都是借助身体来进行实验的，如果不直接用我们的身体，而是借助其他的物品，你们会怎样让球动起来呢？

（2）教师提供百宝箱，鼓励幼儿借助其他物品进行实验。

6. 交流实验结果，分享经验

幼儿1：我把球放在网兜里，用力甩，球也会跟着转圈。

幼儿2：我是用小棒子推着小球走的。

幼儿3：我把球放在半只雪碧瓶中，用两只手来回转瓶口，球也会转动。

幼儿4：我是用吸管吹的。

评析：在借助其他物品探索"让球动起来"的活动中，孩子们探索的欲望更强烈了。他们纷纷去寻找自己需要的辅助材料，积极尝试、探索。有的孩子把自己的新方法介绍给同伴，有的孩子与同伴合作，如一起用垫板扇球，这样风力大些，球就动了起来。

活动反思：

本次活动中孩子们思维活跃，积极性高，探索的欲望强烈，创造性表现突出，活动取得了较好的效果。

分析：

讨论探究教育活动的环节是从提出假设开始的，案例中能够提出猜想"怎样让球动起来"，然后在实际操作中进行验证。幼儿在操作后进行交流，说出自己让球动起来的办法，各个环节符合幼儿讨论探究的过程。值得一提的是，教师能够在延伸部分提出问题，让幼儿探究借助辅助材料使球动起来的方法，对于幼儿思维的开拓训练是极为有益的。

（三）讨论探究教育活动的指导

讨论探究教育活动是预定性活动，是集体活动的一种形式。讨论探究教育活动主要通过语言达到讨论交流的目的，所以教师能够用语言调动幼儿参与活动的积极性显得尤为重要。

1. 让幼儿自主选择活动材料

"提供丰富的可操作的材料，为每个幼儿都能运用多种感官、多种方式进行探究提供活动的条件。"这是《纲要》对科学教育的要求。根据自己的需要和兴趣选择材料是幼儿主动学习的重要前提和基本条件。让幼儿自己选择材料和决定用材料干什么，不仅有利于幼儿利用原有经验，澄清自己的想法，按自己的方式和想法解决问题，获得有益的经验，还有助于幼儿把自己看成一个能产生思想、能支配时间的人，一个行动者和能解决问题的人，能使幼儿产生一种想要探索发现的欲望。

教师在巡视过程中，要注意反思讨论探究的内容是否适合幼儿的发展，提供的材料是否对幼儿的探究活动有促进作用，等等。

2. 让幼儿体验探究的过程，发现乐趣

讨论探究教育活动是以幼儿为主体的活动。教师要善于发现幼儿身边有趣的科学现象，为幼儿创造条件，让幼儿运用各种感官，参加探究活动，在活动中展开讨论，指导幼儿进行交流、探究，适当地进行科学知识的渗透，使幼儿在活动中获得知识和经验，体验发现的乐趣。例如，讨论探究教育活动"认识磁铁"。为幼儿准备大小不同的磁铁，提供纸、积木、石子、塑料及铁制玩具、回形针等材料，让幼儿去玩磁铁，去发现磁铁的秘密。幼儿通过自己的操作探索，知道了什么东西能被磁铁吸起，什么东西不能被磁铁吸起，有的幼儿还发现了磁铁相互排斥的现象。这些自主操作的过程，是幼儿产生强烈自主探究欲望的源泉。

3. 让幼儿自主选择活动过程

幼儿是学习的主体，有权选择探究活动的方式，教师不可直接控制，而应给予尊重和支持，引导幼儿在活动中用自己独特的方式进行探究活动。同时，教师要为幼儿创设宽松、自由的环境，让幼儿大胆地讲述自己的想法，自由地进行交流。在活动过程中，教师要引导幼儿倾听同伴的意见，培养幼儿尊重他人的习惯，使讨论、交流成为真正有效的探究活动。

4. 帮助幼儿学习讨论探究的技能

在讨论探究教育活动中，教师要利用多种多样的活动方式，表达对科学的认识。教师要注意培养幼儿的语言表达能力，使幼儿在讨论中能够用语言表达自己的发现、见解、主张，能够用语言描述自己在探究活动中的发现和自己的心情。同时，幼儿在观察发现的过程中，容易很快忘记观察到的情况，教师可以帮助幼儿设计图画符号来记录发现内容。例如，用图画记录磁铁能够吸引什么东西，幼儿在讨论、交流的时候就能够根据记录说出自己在操作磁铁过程中的发现。

5. 注意观察幼儿讨论探究的情况

在幼儿进行讨论探究的过程中，教师要尽可能地给幼儿提供空间和时间，要避免打扰幼儿的探究活动。但是，这并不是说教师在幼儿探究活动中没有任务，教师要巡视，要观察幼儿的讨论探究情况，了解幼儿在讨论探究过程中出现的问题和困难，适时提出一些问题，引导幼儿探究活动的发展。对于幼儿在讨论过程中出现的意见分歧，教师要及时让幼儿记录下来，不要轻易给出答案。在讨论、交流中让幼儿将出现的意见分歧讲述出来，大家一起讨论，给出答案。

案例五

活动名称：好玩的纸球。

活动班级：大班。

活动目标：

(1) 喜欢玩报纸，积极探索报纸的不同玩法。

(2) 能想办法把报纸变成纸球，并探索固定纸球的方法。

(3) 体验探索成功的快乐。

活动准备：

(1) 幼儿准备：使幼儿具有一定的玩纸经验。

(2) 教具准备：报纸、小篓子、彩色毛线、彩色橡皮筋、包装袋、透明胶布、双面胶、固体胶、乒乓球拍、羽毛球拍、足球门、小篮球架、剪刀、小背篓。

活动过程：

1. 自由玩报纸，积极探索报纸的不同玩法

(1) 教师引导："老师今天带来了很多报纸，我们要和报纸一块儿做游戏。请你们每人拿一张报纸玩一玩，看看可以怎么玩，比一比谁玩报纸的方法多。"

(2) 幼儿自由玩报纸。（折叠、抛、投掷、跨跳、顶在头上玩等）

(3) 教师与幼儿共同交流报纸的玩法。（幼儿把报纸放在地上，找张椅子坐下来）

2. 探索报纸变纸球的方法

(1) 教师引导：刚才我们用报纸玩了很多游戏，有的把报纸折成小动物玩，有的把报纸向上抛着玩，你们想不想把报纸变成球来玩呢？用什么办法能把报纸变成球呢？想变成什么样的球？（提供足够的报纸，接着出示羽毛球拍、乒乓球拍、足球门、小篮球架）我们带着自己的球来玩一玩吧。

(2) 幼儿自由玩耍，教师巡回指导。

3. 探索固定纸球的方法

(1) 师：玩了这么长时间，看看纸球有什么变化？（散了，不圆了）

(2) 师：玩了一会儿，纸球就有点散了，没有原来那样圆了，那怎样才能让纸球变得紧紧的、圆圆的，更好玩呢？我们用什么来固定纸球呢？（教师出示材料）我们来试一试谁固定得又快又好。

(3) 幼儿探索固定纸球的方法。

4. 师生共同玩"投篮"游戏

教师引导：刚才投篮的那个架子是不动的，很容易投。现在，我来当篮球架（老师把小背篓放胸前），在前面跑，看看谁有本领把球投进我这个小背篓中来，好吗？

分析：

本活动提供给幼儿的操作材料是生活中最为常见的报纸，幼儿在折、团报纸，固定纸球等活动中，建构了关于报纸的相关经验，体验到了探索、发现、获得成功的喜悦情感。科学探究应从幼儿身边的事物开始，引导他们关注周围生活和常见的事物，发现其中的趣味和奥妙，这有利于保持幼儿的好奇心，激发他们的探究热情，使他们从小就善于观察和发现。

四、分类教育活动

（一）分类教育活动的内容

在幼儿园科学教育中，可以进行分类的活动内容很多。幼儿在开始进行分类时，总是从最外显的特征出发。所以，幼儿园的科学教育活动内容是根据幼儿的年龄特点和对事物认识的程度，按照分类的类型，由浅入深地设计的。

1. 挑选分类

挑选分类是指从许多种物体中，将具有某一种（或几种）共同属性的物体挑选出来，成为一类。例如，把蔬菜和水果混合在一起，让幼儿从中挑选出水果。这类活动比较简单，适合幼儿园小班开展。随着幼儿对生活经验的掌握，可以逐渐增加难度。例如，在水果、蔬菜、花卉中挑选出水果。这样的内容可以在小班、中班开展。

案例六

活动名称：水果聚会。

活动目标：

（1）能在蔬菜、水果中找出水果，并进行分类。

（2）培养幼儿的观察力及认知能力。

活动准备：

（1）购买好4种以上水果（如苹果、梨、香蕉、橘子等）若干，蔬菜（黄瓜、白菜、萝卜、西红柿）若干。

（2）果盆4个。

（3）水果奖章数枚。

活动过程：

（1）出示苹果、梨、香蕉、橘子若干。

（2）出示贴有苹果、梨、香蕉、橘子图案的果盆各1个，让幼儿挑选出与之相对应的水果，认识水果。

（3）出示蔬菜，把蔬菜与水果放在一起。

（4）让幼儿自选一个水果，将水果放到果盆中。

（5）每次都放对的幼儿获得水果奖章一枚。

结束部分：

教师小结水果分类的要点。

分析：

挑选分类是分类活动中比较简单的活动，幼儿能够根据日常生活的经验进行分类活动。在此案例中，教师先教幼儿认识水果，感知水果。在此基础上，教师让幼儿在蔬菜与水果中，挑选出水果，符合小班的认知特点，具有操作性。

2. 二元分类

二元分类又称是与否分类，是指从许多物体中，选择出具备某一种属性的物品，排除其他物品。即将许多物品按某一标准分为"是"与"不是"两种。例如，蔬菜和水果放在一起，让幼儿进行分类，苹果、梨子、香蕉等是水果，黄瓜、西红柿等是蔬菜；或者只指出水果，其余的肯定不是水果即可。这样的活动内容相对来说比较简单，一般在幼儿园小班、中班进行。

案例七

活动名称：虫虫的分类。

活动班级：大班。

活动目标：

（1）和幼儿讨论虫虫的分类方法，培养幼儿的逻辑思维能力。

（2）能用不同的图形标志来表示虫虫分类的标准，尝试二元分类。

活动准备：各类虫虫的模型及图片。

活动过程：

1. 引发主题

出示虫虫图片，让幼儿说出它们的名称。

2. 提出问题

师：你能用什么方法给这些虫虫分类，让同一类的在一起？幼儿讨论后回答。请幼儿分组说出分类的理由和方法。

幼儿1：按好的虫虫和坏的虫虫分。

幼儿2：好虫虫叫益虫，坏虫虫叫害虫，应该是按照益虫和害虫分类。

幼儿3：我想按照白天活动和晚上活动分，蚊子、蛾子是晚上活动的，蝴蝶、蜜蜂、蜻蜓是白天活动的。

幼儿4：有长得大的和长得小的虫虫，可以按大小来分。

幼儿5：按照嘴的不一样来分，有的用嘴吃东西，有的用吸管一样的针吃东西。

幼儿6：按照有翅膀和没有翅膀来分。

幼儿7：可以按会飞的和不会飞的分。

幼儿8：按有腿的和无腿的分。

3. 教师总结出好的分类方法

幼儿动手操作：按自己的方法给虫虫分类，并用图来表示分类的方法。

按照白天活动、晚上活动来分类，蜻蜓、蜜蜂等都是白天活动的，其他是晚上活动的；或者只是挑选出白天活动的虫虫，其他的虫虫不是白天活动的。

分析：

在此案例中，运用的是二元分类。不管按照什么标准进行分类，一类是，另一类就不是。在活动中，幼儿分类的标准多种多样，因为教师没有事先给予明确的标准和答案，幼儿的思维没有受到限制，所以他们的思路开阔，想出了很多分类标准。几乎每个幼儿都有自己的分类标准：会飞的和不会飞的；发声的和不发声的；有腿的和没有腿的；大的和小的；益虫和害虫；昆虫和非昆虫；白天活动的和晚上活动的，等等。由此可见，没有局限的问题答案，更能培养孩子的思维能力。幼儿在操作的过程中，能够按照自己的标准进行二元分类。

3. 多元分类

多元分类是指将物品按照一些共同的标准分成两类或几类。例如，苹果、香蕉、橘子都是水果，黄瓜、西红柿都是蔬菜。多元分类活动对幼儿的知识要求较高，要求幼儿对生活经验有一定的了解，并能掌握分类的标准，所以一般在幼儿园中班、大班开展。

幼儿园分类活动的很多内容可以结合认识活动，让幼儿进行分类。例如，动物类——家禽、家畜、野兽、鸟类、昆虫等；植物类——树木、花卉、蔬菜、水果、谷类等。

案例八

活动名称：垃圾分类。

活动班级：大班。

活动目标：

(1) 知道垃圾与生活的关系及回收垃圾的作用。

(2) 尝试用多元分类的方法给垃圾分类。

(3) 学习在日常生活中分类投放垃圾，提高分析、分类、比较的能力，萌发初步的环保意识，知道保护环境的重要性。

活动准备：

(1) 经验准备：已做过垃圾填埋和废电池养花实验。

(2) 物质准备：做纸浆工具、实物垃圾、3个垃圾桶、录像机、纸和水彩笔。

(3) 录像一《垃圾中菜叶等的变化》、录像二《塑料袋等的变化》、录像三《废电池的毒害，以及电池的特殊处理》。

活动过程：

1. 引出课题

师：什么是垃圾？环卫工人为什么要每天清理垃圾呢？今天我们捡来的垃圾该怎样处理呢？为什么？

2. 了解不同垃圾的腐化及再利用

1) 认识有机垃圾

(1) 提问："菜叶等垃圾腐烂后有什么用？"（学习词汇：有机垃圾）"还有哪些也是有机垃圾？"

(2) 看录像一，回忆菜叶的变化，了解菜叶等垃圾在土中会腐烂，这些垃圾可以慢慢变成肥料，让其他植物长得更好。

2) 认识有害、有毒垃圾

(1) 看录像二，观察塑料袋的变化，并与菜叶的变化进行比较，得出结论：塑料袋不会腐烂，只会越积越多，污染环境，造成白色污染，动物不小心吃了会有危险。我们把这些垃圾叫有害垃圾，所以要尽量不用或少用这些东西，保护环境。

(2) 提问："小朋友们都知道还有一种垃圾有毒，是什么？谁来说说废电池对我们的危害？"

(3) 看录像三，了解废电池的毒害，知道电池要做特别处理。

(4) 提问："还有哪些也是有害、有毒垃圾？"

3) 幼儿观察教师做纸浆实验，认识可回收垃圾

提问："老师是怎么做的？你发现了什么？"

得出结论：纸可以化成纸浆再造新的纸，纸是可以回收再利用的。（学习词汇：可回收

垃圾)

提问:"可回收垃圾还有哪些?"

3. 垃圾分类

1) 观看录像片段

让幼儿观看有关垃圾分类回收过程的录像片段,然后说说垃圾车把垃圾送到哪里去了,垃圾回收后可以制成哪些新产品。

2) 认识"回收利用"标志

(1) 出示"回收利用"的标志,让幼儿猜测该标志的含义,并说说在哪些地方看到过这一标志。

(2) 讲解"回收利用"标志的含义,请幼儿说说:垃圾中的哪些物品可以回收利用?为什么?(纸、玻璃瓶、易拉罐、矿泉水瓶等经过加工处理,可以制造出新的产品)

(3) 启发幼儿设计"不能回收利用"的标志图,并说说:垃圾中的哪些物品不能回收利用?为什么?应该怎样处理这些垃圾?(焚烧或深埋)

(4) 将黑板上的磁性垃圾图片内容,按可回收利用与不可回收利用分成两类,教师检查幼儿分类情况。

教师小结:如果我们能回收利用这些物品,就能净化环境,保护资源。

3) 请幼儿将垃圾分类放入三个桶内,将可能回收利用的垃圾做进一步分类

(1) 组织幼儿讨论怎样才能让环卫工人更好、更方便地处理这些可回收利用的垃圾。

(2) 出示贴有标志的3个垃圾分类桶,请个别幼儿将垃圾按标志分类。

(3) 组织幼儿戴上手套清理幼儿园的垃圾,并进行分类。

4) 学习制作垃圾标志及分类垃圾桶

(1) 出示垃圾桶,提出制作标志来区分垃圾桶。

师:老师的垃圾桶都一样,怎么办呢?我们该做什么样的标志呢?

(2) 幼儿分组设计垃圾桶标志,在白纸卡片上画标志。

(3) 展示各组幼儿设计的标志,请幼儿介绍为什么要这样设计。

(4) 教师给每组幼儿提供垃圾桶,请幼儿粘贴标志。

(5) 教师和幼儿共同观察彼此的标志并说说其含义。

5) 活动延伸

请幼儿查找一些不能确认分类的垃圾资料,将垃圾分类桶放置在活动室一角,帮助幼儿继续在日常生活中学习分类处理垃圾。

分析:

多元分类是在幼儿有了一定的分类经验基础上进行的分类。对幼儿的知识掌握要求高,所以多元分类一般在幼儿园大班进行。

幼儿对垃圾并不陌生,但对于垃圾分类还有不明白的地方。在此案例中,教师结合幼儿生活的实际情况设计分类活动,先让幼儿认识垃圾的种类及其分类标准,然后在此基础上对垃圾进行分类。这种设计符合幼儿的认知过程,并且能够让幼儿感知生活中的分类无处不在。

(二) 分类教育活动材料的要求

在分类教育活动中,材料的设计对调动幼儿学习的积极性、主动性有着至关重要的作

用。幼儿是通过多种感官与周围世界的交互作用充分感受、体验各种具体事物而获得知识的。在分类教育活动中，幼儿对材料进行操作时，体验材料之间的相同点与不同点，探索分类教育活动的不同层次要求。因此，在设计分类教育活动材料时要注意以下几个方面：

1. 材料要具有生活性和趣味性

在分类教育活动中，活动材料应该是幼儿在日常生活中经常见到的、感知的材料，幼儿对材料应有基本的认识。幼儿的年龄特点决定了他们还不能在抽象的概念水平上进行分类，而必须依赖于具体的形象和操作。因此，教师要提供充足的分类材料和用品，且材料应该具有生活性和趣味性，以激发幼儿的好奇心和探索欲望。在活动中设计新颖有趣的活动材料，容易引起幼儿的注意，使幼儿在愉快的状态下，进行探索操作活动，促进幼儿记忆力、观察力、思维能力的发展，培养幼儿的动手能力。

2. 材料要与具体活动目标相联系

分类教育活动的目标确立后，教师要有意识地为幼儿提供紧扣目标的材料，以达到预定的活动目标。教师要善于捕捉材料中包含的科学分类因素，准确地为目标"服务"。例如，"弹性分类"，教师为幼儿准备塑料玩具、橡皮泥、充气的气球等，在进行分类教育活动时，教师要求幼儿按照变形与不变形进行分类，幼儿能够对这些材料进行二元分类或多元分类；再次进行分类活动时，教师要求幼儿按照变形后能否恢复原来的样子进行二元分类。

3. 材料的难度要形成一定的层次

幼儿的思维发展是循序渐进的，教师为幼儿设计的材料要符合幼儿的发展特点，适合幼儿的发展水平，体现难易的层次递进，使幼儿在"阶梯式"的材料中逐步提高分类的技能和水平。幼儿的分类经验随着年龄的增长逐渐丰富，分类材料的设计在难度上要体现层次性。例如，在"纽扣"的分类教育活动中，为了让幼儿按照由浅入深的标准进行分类，教师的材料设计顺序应该是：根据纽扣的形状进行分类，教师提供形状不同的纽扣；根据纽扣的形状、颜色进行分类，教师提供多种形状、颜色的纽扣；根据纽扣的形状、颜色、大小进行分类，教师提供多种形状、颜色，以及大小不一的纽扣。这一系列的活动材料由易到难，幼儿的分类能力也逐渐提高。

4. 材料可以是图片、玩具模型等

操作材料对于调动幼儿参与活动的积极性是不言而喻的，但是生活中有许多分类教育活动是不能让幼儿亲自进行实物操作的。例如，汽车的分类、动物的分类等。教师可以借助各种汽车的模型、动物的图片等让幼儿进行分类教育活动，以便幼儿在操作模型、图片中提高分类能力。

(三) 分类教育活动的指导

1. 在明确分类的具体要求后分类

幼儿往往将操作活动和物体的感知混为一谈，因此，教师提出的分类标准要清楚、明确，让幼儿按照要求去做。例如，在"植物根的分类"活动中，教师提供给幼儿很多植物根的小卡片，要求幼儿根据植物根的特征、用途，在众多根中找出须根、直根、块根。分类之前以"看一看、比一比，这些植物的根一样吗？"等简单明了的指导语帮助幼儿在操作这些材料的过程中获得一系列的科学经验，使幼儿能较顺利地进行分类教育活动。

2. 在充分感知的基础上进行分类

充分感知物体是对物体进行比较，找出物体之间的相互关系，并根据其共同特点与特征进行分类的必要前提。幼儿的年龄特点决定了幼儿不可能在抽象的概念水平上进行分类，必须依赖于物体具有的形象和动手操作，所以教师要提供充足的材料让幼儿感知。

幼儿的分类活动大多属于低水平状态。即根据物体的颜色、形状、质地、气味、声音等自然属性来分类，要求幼儿在细致观察、认真感知的基础上，发现其特征属性，然后进行分类。分类的正确性，取决于感知活动的准确性。

3. 在操作活动中学习不同的分类教育活动类型

操作活动是幼儿认识事物最直接、最具体的活动。教师要引导幼儿在操作活动中进行探索、积极思考，在操作观察中学习分类教育活动的类型。在幼儿阶段，教师主要指导幼儿学习二元分类法，即要求幼儿在感知水平上把物体分成两类。但也可以根据幼儿不同的年龄，学习不同的分类类型。

4. 指导幼儿根据不同的标准进行分类

每一种分类必须根据同一个标准，否则就会出现重叠和分类过程的逻辑错误。幼儿往往根据自己的想法进行分类，分类依据也是不断变化的，但只要各类别物体彼此不交叉和重叠，该分类依据就可以成立。幼儿的分类标准通常有以下几个：

（1）根据物体的外部特征进行分类。这是幼儿进行最初分类时常用的标准，一般在小班、中班上学期使用较多。例如，根据物体的颜色、形状、大小、长短、重量等外部特征进行分类。

（2）根据物理量的差异进行分类。即按照物体的大小、长短、粗细、厚薄、宽窄、轻重等的差异进行分类。

（3）根据物体之间的联系进行分类。这种类型的分类活动，要求幼儿知道事物之间简单的联系，一般在小班下学期和中班进行。例如，把兔子和萝卜分为一类，把猫和老鼠分为一类，这是按照动物的食物链标准进行的分类。

（4）根据物体的功能或用途进行分类。这种类型的分类活动，要求幼儿掌握一些科学知识，对生活中的科学经验有简单了解，只有在此基础上，幼儿才能按照标准进行分类，一般在幼儿园中班下学期和大班进行。例如，将物体分为学习用具、玩具、家具等。

（5）根据物体的材料进行分类。这种类型的分类活动对幼儿的要求更高，幼儿要掌握一些概念才能进行分类，一般在大班进行。例如，将物体按照塑料制品、木制品、铁制品等进行分类。

（6）根据物体的属性进行分类。这种类型的分类活动一般要求幼儿具有操作经验、对概念有一定的理解，一般在大班进行。例如，将物体按照是否有弹性分类。

（7）根据物体的一个或多个特征进行分类。这种类型的分类要求幼儿有一定的理解能力，要兼顾两种标准，一般在中班、大班进行。例如，把红色的、圆形的纽扣分为一类。

5. 根据幼儿的年龄特征，设计分类标准

幼儿对事物类别关系的认知还不成熟，分类能力仍在发展中。这就要求教师按照幼儿的年龄特点，设计分类标准。一般来说，幼儿只能够按照事物的外形或量的差异进行分类，因为这些都是外部的、容易观察到的，适合在小班进行；而对事物内在的、物理特性的分类适

合在大班进行。对于3~4岁的幼儿来说,同时在头脑中思考两件事,还要从事物不同的两个方面进行是比较困难的。所以,这种分类教育活动要在大班进行。教师可以先让幼儿根据一种标准进行分类,然后按照另一种标准进行分类。例如,找出既是红色又是圆形的纽扣,可以先找出红色的纽扣,然后在此基础上,找出圆形的纽扣。

6. 指导幼儿自己制订分类标准

幼儿对分类有时理解不足,不能前后一致地按照标准进行分类,特别是对年龄较小的幼儿,可以用"请你按照大小的标准进行分类"这样的语言帮助幼儿分类,并且要时刻提醒幼儿。在幼儿有了一定的分类经验之后,鼓励幼儿自己制订分类标准。例如,面对一些材料不同的玩具,教师可以问幼儿:"这些玩具怎样分呢?"幼儿就会想办法按照材料进行分类,或按照形状进行分类等。

7. 指导幼儿认清分类的要点

在分类教育活动中,最重要的就是找出事物的要点,即"共同点"。对"共同点"的不同的抽象概括水平,显示出了幼儿认知发展水平的差异。所以,在分类教育活动中,不能用成人的标准要求幼儿,不能认为符合概念的分类标准才是正确的。例如,在分类教育活动中,有的幼儿把鱼和水放在一起,显然是按照两者之间的关系进行分类的;有的幼儿把鱼和猫放在一起,是按照它们之间食物链的关系进行分类的。教师要肯定幼儿的分类,幼儿的分类只有共同点或标准的不同,只有水平高低之分,没有对错之分。

案例九

活动名称:动物找家。

活动班级:大班。

活动目标:

(1) 通过分类,让幼儿进一步掌握家禽、家畜、野兽、飞禽的不同特征,并理解家禽、家畜、野兽、飞禽的概念。

(2) 发展幼儿的比较、分析、概括能力。

(3) 培养幼儿的环保意识及爱护动物的情感。

活动准备:

(1) 多媒体课件、音乐游戏磁带。

(2) 各种动物卡片、挂饰若干。

(3) 动物的家背景图4张。

活动重点:

引导幼儿根据家禽、家畜、野兽、飞禽的不同特征进行分类,并理解家禽、家畜、野兽、飞禽的概念。

活动过程:

(1) 兴趣导入:以幼儿喜爱的动画形象狮王辛巴引出课题,设置悬念,激发幼儿的活动兴趣。

以幼儿喜欢的动画形象引题,易调动幼儿参与活动的积极性。引题话语简短,目的性强,为开展后面的活动做了铺垫。

(2) 观看多媒体课件，引导幼儿尝试根据动物的特征进行分类。

①师：小朋友，如果你是辛巴，你会怎样给动物分类？（幼儿自由讨论，教师引导幼儿尝试根据动物的不同特征进行分类）

②幼儿分组操作图片，尝试给动物分类。

③各组幼儿相互交流分类的理由，教师引导幼儿比较家禽、家畜、野兽、飞禽的异同。

需求和兴趣是使认知活动得以维持和获得成功的首要前提。生动形象的多媒体课件，引起了幼儿探索的兴趣；让幼儿按照自己的想法分类，给了幼儿一个主动学习与发展的机会；让幼儿分组操作，则让幼儿体验到了合作学习的乐趣。

(3) 观看多媒体课件，引导幼儿总结概括家禽、家畜、野兽、飞禽的不同特征，并形成概念。

在幼儿自由探索的基础上，再次让幼儿观看多媒体课件，让幼儿对家禽、家畜、野兽、飞禽的不同特征有了清晰的认识，进行了概念上的提升。

(4) 幼儿操作动物图片，进行分类调整。

幼儿的认知特点是：听过就忘记了，看过就记住了，做过就理解了。在幼儿形成了家禽、家畜、野兽、飞禽的概念的基础上，让幼儿再次进行分类，加深了幼儿对概念的理解。

(5) 引导幼儿根据以往的知识、经验进行交流讨论，进一步丰富幼儿与家禽、家畜、野兽和飞禽有关的知识，并激发幼儿爱护动物的情感，培养幼儿的环保意识。

师：除了这些动物，小朋友们还认识哪些动物？它们属于哪一类？

师：动物是人类的朋友，我们该如何对待动物？

人和动物之间的关系是相互依存的。在这一环节，通过幼儿间的相互交流和教师的适时点拨，幼儿明白了世界上有很多美好的事物，如果我们不爱护它们，就会失去它们，激发了幼儿爱护动物的情感，培养了幼儿的环保意识。

(6) 游戏"动物找家"。

玩法：

第一次游戏：教师扮演猎人，其他幼儿挂胸饰扮演各种动物，音乐响起，幼儿随着音乐做相应动物的动作，猎人来时，"动物"们赶紧跑回自己的家。教师在参与游戏时，注意观察幼儿的表现。

第二次游戏：由一名幼儿扮演猎人，其他幼儿挂胸饰扮演各种动物，音乐响起，幼儿随着音乐做相应动物的动作，猎人来时，"动物"们赶紧跑回自己的家。教师指导。幼儿互换胸饰，增设骆驼、鳄鱼、蝙蝠等幼儿难以归类的动物，增加游戏难度。

教师以游戏身份介入游戏中，既便于观察幼儿，又拉近了与幼儿的距离。在游戏中，幼儿进一步巩固了对家禽、家畜、野兽、飞禽的认识。另外，在第二次游戏中，教师又增加了骆驼、鳄鱼、蝙蝠等难以归类的动物，再一次激发了幼儿的探究欲望。

(7) 知识扩展。观看多媒体课件"动物世界"，丰富幼儿有关动物的知识，引发幼儿进一步探索动物奥秘的欲望。

(8) 教师小结，激发幼儿继续探索动物奥秘的兴趣。

分析：

幼儿通过观看多媒体课件，了解到世界无奇不有，动物世界如此奇妙。激发了幼儿继续探索的欲望，让人感觉活动虽然结束了，大家却意犹未尽。

五、其他科学教育活动

幼儿科学教育活动是多种形式的教育过程。在幼儿的日常生活中、其他教育活动中，都蕴含着科学教育。幼儿园中还有种植与饲养、测量、信息交流、早期科学阅读等科学教育活动。这些活动不用设计具体的活动步骤，根据目标和内容，在幼儿园的各种教育活动中都可以完成，一般在渗透性教育活动中完成。

（一）种植与饲养教育活动的设计

种植与饲养教育活动是幼儿喜欢的活动之一。幼儿园的种植活动可根据各地的气候等自然条件，有目的、有计划、有组织地带领幼儿开展。种植的内容最好是一颗种子从开花到结果的全过程。不仅能培养幼儿对植物的兴趣，还能学到许多有关植物的科学知识。饲养活动是一项既动脑又动手的活动，有利于培养幼儿热爱劳动的优秀品质。种植与饲养教育活动可以让幼儿掌握简单的劳动技能，促进幼儿认知能力的发展。

1. 种植与饲养教育活动的目标

幼儿的种植与饲养与成人的种植与饲养有着明显的区别。幼儿种植与饲养的主要教育活动目标是对生命科学的探索，从而获取有关动植物的具体经验。具体教学目标如下：

（1）观察动植物的生长、发育、死亡等生命现象，了解物与物的关系、人与自然的关系，理解有关生物科学的简单道理。

（2）学习简单的种植与饲养的劳动技能，培养幼儿动手操作的能力。

（3）在种植与饲养过程中培养幼儿对动植物的爱护之情，为今后学习生物科学提供感性材料。

（4）在照顾动植物的过程中，领悟对生命的珍爱。

2. 种植与饲养教育活动的内容

1）种植的内容

幼儿园中的种植主要是指自然角的管理和园地的管理，包括播种、管理、收获等简单的劳动。其主要包括以下内容：

（1）水养植物。水养植物就是把植物的一部分浸泡在水里，在短期内，植物会萌发、生根、长茎叶，甚至开花。水养植物主要包括：种子类，如红豆、黄豆、玉米等；蔬菜类，如白菜心、萝卜根、芹菜根、大蒜、洋葱等；树枝类，如杨树、柳树等；花卉类，如桃花、迎春花、水仙花等。水养植物还包括无土栽培，但是对于幼儿园来说，无土栽培的要求比较高，一般幼儿园没有能力达到，所以进行的较少。

（2）盆栽与园地植物。盆栽植物是指在花盆里种植的植物，一般在自然角中进行管理，或者摆放在活动室，既可以美化环境又能供幼儿观察。园地植物是在幼儿园一角或者墙边等地方进行园地种植，提供给幼儿观察植物生长全过程的植物。盆栽与园地植物的品种与水养植物是相同的，但其重要性是不能替代的。水养植物虽然能够观察到萌发的全过程，但是等到其本身养料耗尽时，就会枯萎。因此，幼儿只能看到植物生长的某一阶段，而不能看到植物生长的全过程。幼儿会对枯萎的植物很不理解，也会为没有看到水养植物的开花、结果而感到遗憾。而盆栽与园地植物正好能够弥补幼儿这一过程的遗憾，能够表现植物生长的全过程，使幼儿体验到果实带来的喜悦。例如，水养植物花生，花生的发芽、长叶，幼儿能够看到，但是以后的生长过程就看不到了。如教师把发芽的花生栽在园地里，幼儿在长期的照顾管理过程中，就能观察花生的生长，秋天的时候，教师带领幼儿收花生，幼儿能够亲自体验到采摘花生的乐趣，同时也能培养他们对科学知识的探索精神。

2）饲养的内容

饲养的内容主要包括对动物的管理，如帮助收集饲料、喂养、学习简单的饲养技能。其主要包括以下内容：

（1）水生动物。水中饲养的鱼、龟、虾、泥鳅、田螺等都是幼儿观察的对象，这些水中生活的动物，饲养比较简单，饲料容易得到，存活率比较高，容易照顾，所以比较适合幼儿饲养。有的水生动物即使几天不进食也不会死亡。例如，龟、田螺等。

（2）家禽。家禽身体比较小，比较温顺，深受幼儿喜爱。家禽的饲养比较容易，饲料没有要求，容易存活，适合在幼儿园饲养。例如，鸡、鸭、鹅等，一般以饲养鸡居多。但是，家禽的粪便处理有难度，一般由成人完成。

（3）家畜。家畜的饲养比较难，一般在幼儿园是饲养兔子，但是兔子对饲料的要求比较高，饲养不易，需要在教师的帮助下饲养。

3. 种植与饲养教育活动的指导

1）种植与饲养的内容要符合幼儿的年龄特点

幼儿年龄小，种植、饲养的技能差。所以，在选择种植品种和饲养类型时，要考虑幼儿的年龄特点。也就是说，为幼儿选择种植的品种时要考虑哪些易成活、易生长、易照顾，盆栽与园地种植的品种还要考虑对土质要求不高、生长周期相对较短、容易看到果实。例如，小班、中班幼儿适合种植水养植物，如洋葱、白菜根等。大班幼儿适合种植一些园地植物，如牵牛花、花生等。

2）在种植与饲养中培养幼儿的探究精神

种植与饲养是实践操作活动，幼儿对动手操作的活动都是非常感兴趣的。由于种植与饲养需要一定的操作技能，包括挖土、浇水、除草、喂食、打扫等。教师切记不能包办代替，应该指导幼儿学习操作技能，克服一定的困难，坚持以幼儿为主进行种植与饲养。这样，幼儿在学习这些技能的过程中，就会发现问题，并且进行探究，由浅入深地了解事物，掌握事物发展的一些规律。例如，在给植物松土、除草的过程中，遇到蚯蚓，幼儿就会观察蚯蚓，引起对蚯蚓能够松土的探究；同时，也会对草能够争夺植物的养分，影响植物生长的概念进行探究。同样的道理，在饲养中，幼儿能够观察到以往不能观察到的现象，从而引起他们的探究。例如，田螺是怎么走路的，究竟吃什么，怎么吃，这些都是幼儿不知道但感兴趣且需要动脑去想的。通过饲养，幼儿能够亲自了解田螺的这些问题，从而对饲养、探究充满热情。

3）种植与饲养的过程与幼儿认知的科学活动相结合

种植与饲养是科学教育活动的一种形式，其目的是学习科学知识、掌握科学概念、了解科学规律。所以，在种植与饲养的过程中要指导幼儿观察种植与饲养的对象，全面系统地掌握观察对象的生长过程，扩大幼儿的知识面。同时，教师要利用各种机会，因势利导，帮助幼儿提高认知水平。例如，在种植盆栽植物时，花盆的底部有一个小孔，幼儿充满疑问，猜想小孔会把浇的水漏掉，应该没有小孔。教师就要结合这一问题，引导幼儿讨论如果没有小孔会怎么样,也可以做实验(用一个有孔的花盆和一个没有孔的花盆,分别种植同样的植物,观察结果)。

4)注意在活动过程中,培养幼儿对生命的珍爱

在种植与饲养教育活动中,幼儿通过亲自操作,懂得植物、动物都是有生命的。操作的过程本身就是生命教育。例如,把植物拔掉就不会再生长了,小金鱼死了就不会再回来了,等等,使幼儿懂得生命是可贵的,并且是不能逆转的,从而培养幼儿对生命的珍爱。

另外,在种植与饲养教育活动中,可以加入一些人与自然的内容,让幼儿懂得爱护植物、动物就是爱护地球、爱护自己的家园。

案例十

种植活动

活动名称:种子发芽。

活动班级:大班。

活动目标:

(1)培养幼儿观察种植的兴趣。

(2)培养幼儿细心观察的能力。

(3)引导幼儿发现种子发芽需要水、适宜的温度、空气等条件。

活动准备:

(1)在此活动之前,幼儿已经进行了种子发芽的前期工作,并且有些种子已经发芽了。

(2)发芽的种子、没有发芽的种子,要保证幼儿能够观察到。

活动过程:

(1)先请幼儿观察种子有什么变化。

(2)讨论:"为什么有的小朋友的种子发芽了,有的小朋友的种子没有发芽?互相看看有什么不一样的地方。"

(3)请幼儿说说怎样照顾种子才会使它很快长大,引导幼儿发现种子发芽需要水、空气和适宜的温度。

(4)请幼儿细心照顾种子,并观察各种种子的发芽生长情况。

分析:

通过这个活动,幼儿更加喜欢到自然角观察了,发现小秘密就高兴地告诉老师,从而在生活中丰富了一些生活经验。

饲养活动

活动名称:小小饲养员[①]。

活动班级:小班。

活动目标:

(1)通过"饲养"小动物,了解并制作一些小动物爱吃的不同的"食物"。

---

① 小班科学活动:小小饲养员[EB/OL].(2010-07-23)[2014-02-12]. http://new.060s.com/article/2010/07/23/205815.htm.

（2）加深对小动物的喜爱情感。

活动重点、难点：通过撕纸、捏泥、涂色等方法给小动物制作"食物"。

活动准备：各种小动物玩具、制作"食物"的材料（纸、泥、卡片、彩笔等）、塑料小盆若干。

活动过程：

1. 引起兴趣

（1）教师出示各种可爱的小动物玩具，提问："喜不喜欢这些小动物？"

（2）幼儿挑选一个自己最喜欢的小动物玩具。师：你喜欢哪个小动物？为什么？

2. 动手制作

（1）引起"喂食"的欲望。师：我们来给小动物喂食吧。可以做哪些好吃的东西喂它们？

（2）提供材料，让幼儿通过简单的撕纸、捏泥、涂色等方法，制作"食物"。

（3）教师进行巡回指导。

（4）幼儿把制作好的"食物"放在小盆里，喂小动物吃食。

（5）师：小动物吃饱了吗？请幼儿说说都给小动物吃了哪些东西。

分析：

这是饲养活动中最简单的活动。通过模拟饲养动物，了解不同的动物对食物的需求是不一样的。

（二）测量活动的设计

测量是人类生活中精确交换信息的一个重要方面，对于幼儿来说，学习测量可以准确地认识周围世界，适应社会生活。测量是用量具或仪器来测定物体的尺寸、角度、几何形状或表面相互位置的过程的总称。幼儿科学教育活动中的测量是指通过观察或运用简单的测量工具，对物体进行简单的、初级的测定。测量活动对幼儿以数做精确的表达是很有帮助的，同时可以培养幼儿严谨的科学态度。

1. 测量活动的目标

在幼儿学科学的过程中，测量作为科学领域的一项内容有重要意义。测量可以帮助幼儿更准确地观察、认识周围世界，获取关于时间、空间等方面的具体经验。幼儿园的测量活动晚于分类活动，其主要目标如下：

（1）以测量为工具，将事物的属性及其关系数量化，培养幼儿数量化思维的发展。数量化思维是幼儿思维发展的一个重要方面。

（2）运用简单的测量方法，对周围世界以数做精确表达，初步知道通过测量可以获得量化的信息。

（3）学习使用不同的简单工具进行测量的方法，培养幼儿对测量的粗浅认识。

2. 测量活动的内容

幼儿园关于测量的科学教育活动不是很多，测量的一般内容有：物体的长度、高低、粗细、薄厚、宽窄、轻重、温度等。测量的类型分为观察测量、自然测量、正式量具测量。自然测量和正式量具测量，因为小班、中班幼儿年龄小不适合进行，所以一般在幼儿园大班进行。小班、中班幼儿可以进行一些粗浅的观察测量。幼儿园测量活动的内容，是根据测量活动的类型来设计的。

1）观察测量

观察测量是指通过眼睛、手等感官来测量物体。例如，用手来测量温度，用眼睛来观察大小、高矮等。这种依靠感官的测量一般用于特征比较明显的认识对象。一般来说，这样粗浅的测量在小班进行，但是不是科学活动的测量，往往是与其他领域的内容相结合进行的。

2）自然测量

自然测量，就是不采用标准的量具，利用一些自然物对物体进行直接的测量，往往不能做理论依据。例如，用步长、手长等作为量具。但是，自然测量的误差比较大，幼儿之间的对比会有差异。

3）正式量具测量

正式量具测量是指以通用的标准量具对物体进行测量。幼儿对正式量具的认识，能够让幼儿掌握量具的作用，掌握概念性较强的知识。幼儿使用的量具主要有尺、天平、温度计、钟表、秤等。幼儿掌握正式量具的操作和使用方法是有困难的，教师要教会幼儿如何使用，或者能够简单地读懂量具上刻度所表示的意义。

3. 测量活动的指导

1）帮助幼儿学习自然测量

由于测量技能本身的要求，幼儿对于测量的技能和方法还比较难以掌握，因此需要教师指导。幼儿学习测量首先是从直接比较两个并列的物体入手，所以自然测量在幼儿园阶段是最常用的测量方法。教师要从身边的物体开始，教会幼儿用自然测量的方法来区别物体之间的物理差异。例如，用手测量桌子的长短，小朋友之间比较高矮等。

2）帮助幼儿学习使用正式量具进行测量，培养幼儿的测量意识

正式量具具有精确性，幼儿使用的正式量具一定要经常进行校正。只有保证量具的精确，幼儿形成的概念才能正确。在学前期，幼儿已经有了通过测量来认识周围物体的需要，因此，需要让幼儿从小树立应有的测量意识，特别是培养幼儿用量具对物体进行测量的意识，这是幼儿更精确细致地认识事物的必不可少的手段之一。

案例十一

活动名称：温度计和温度测量。

活动班级：大班。

活动目标：

(1) 引导幼儿关心周围的温度，培养幼儿测量温度的兴趣。

(2) 教幼儿学习观察、测量温度的简单技能。

(3) 教幼儿初步认识温度计，知道温度计是用于测量温度的。

(4) 让幼儿通过观察和操作认识温度计，懂得温度计中水银柱升降的原理，让幼儿了解气温与人们生产、生活的关系。

(5) 培养幼儿的探索精神。

教学时间：2课时。

第一课时

活动准备：

(1) 每组一支气温计、其他温度计（如体温计）若干。

(2) 温度记录表若干。

活动过程：

1. 教幼儿认识气温计

(1) "你们知道今天的气温是多少度吗？我们怎样才能知道现在是多少度呢？"

(2) "桌上的东西就是测量温度的，叫气温计。它能告诉我们气温的变化，比如今天×度，昨天×度……"

(3) "你们看看这些气温计有什么不一样的地方？有什么一样的地方？"

2. 教幼儿学习测量气温

(1) "你们知道气温计里的红柱子和数字是干什么用的吗？"请幼儿观察，红柱子指到的数字就是温度。

(2) "现在我们来用气温计测量活动室里是多少度。"幼儿学习观察测量温度，教师进行个别指导，帮助幼儿正确使用气温计和读数。

(3) "你们测出的温度是多少？"（幼儿交流）

(4) "我们再把气温计放到外面一会儿，测一测外面的温度是多少，好不好？"

幼儿继续学习测量，观察气温计的变化。

(5) "你们发现气温计有什么变化？外面的温度是多少？"（幼儿表达、交流）

3. 介绍其他温度计

"今天我们学习了用气温计测量房间和外面的温度的方法。老师这里还有别的温度计，你们知道它们是干什么用的吗？"出示体温计、水温计。（幼儿表达、交流）

活动延伸：

在室内外各安装一支气温计，供幼儿日常观察。让幼儿在一天中的不同时间观察、记录气温的变化。

分析：

据了解，多数幼儿家里没有温度计，对温度计的了解很少，但对温度变化很感兴趣。在活动中，由于教师的积极指导，幼儿均能积极参加操作和探究活动，学习积极性有较大的提高，但他们需在教师的指导下才能正确读出温度计的度数。

第二课时

活动准备：

(1) 幼儿每人一支温度计、一杯冷水、一杯热水，自制温度计教具一件。

(2) 字卡："上升""下降"；记录符号"↑""↓"。

活动过程：

1. 谜语导入主题

"一根红线墙上挂，能变长来能变短，天冷天热去问它。"幼儿猜出后，让他们讨论：温度计是做什么用的。

2. 出示温度计教具

指导幼儿观察温度计，着重了解温度计中的水银柱为什么会上升和下降。

3. 幼儿探究活动

让幼儿把温度计放在自己的冷水杯和热水杯中，观察水银柱的升降变化，说出原因。教师有针对性地启发帮助能力较弱的幼儿，同时，教幼儿掌握词汇"上升"和"下降"，学习用符号"↑"和"↓"记录温度的上升和下降。

4. 教师总结幼儿的发现

把温度计插入热水杯中，水银柱就上升；插入冷水杯中，水银柱就下降。

5. 扩散思维训练

让幼儿想一想，除放进热水之外，还有什么办法能让水银柱上升。幼儿通过尝试，知道用手捂、嘴呵气、太阳晒等方式都可使水银柱上升。

6. 学习看度数，知道度数的意思

（1）让幼儿看温度计，读出度数，教师随机进行指导。

（2）向幼儿讲解0 ℃以上和0 ℃以下表示什么意思，各有什么读法。强调标准读法，如5 ℃应读五摄氏度，−6 ℃应读零下六摄氏度。

（3）教师操作教具，幼儿读出度数。先请能力强的幼儿读数，再请能力差的幼儿读数。

（4）让幼儿再次把温度计放进冷、热水杯中，自己读度数，同桌幼儿相互观察纠正；教师指导帮助认识度数有困难的幼儿。

7. 启发活动

启发幼儿根据自己的生活经验讲述温度计的用途，以及它跟人们生产生活的密切关系。提问：你们知道哪些地方需要用温度计？这些地方为什么要用它？

8. 让幼儿感受在同一时间里，不同的地点也会有不同的温度

幼儿自由选择地点测量温度，如室内、室外、阳光下、阴凉处、厨房里等，发现差别，讲述差别并知道为什么。

活动延伸：

让幼儿记录一周自己家客厅里早、晚的温度，并从中发现规律。

分析：

在此活动之前，大部分幼儿对温度计了解甚少，更不会标准认读温度计的度数，经过此活动后，教师再次测查，全班幼儿都认识了温度计，知道了温度计遇热水银柱会上升，遇冷水银柱会下降的科学性，知道了合理使用温度计能给人们的生产和生活带来很大的便利，激发了幼儿探究科学的兴趣。此活动能运用感官探究问题，动手动脑，满足了幼儿的好奇心和求知欲。

（二）信息交流活动的设计

信息交流是指幼儿将获得的有关周围环境的信息，以语言的或非语言的形式进行表达和交换。信息交流是讨论的一个阶段，是指幼儿互相交流自己获得的经验、信息和感受。信息交流使幼儿感知周围世界的第一印象在头脑中形成表象，通过语言交流或其他方式表达出来，进而使幼儿对事物的理解更加清晰，更能客观地评价别人的探索成果。

1. 信息交流活动的目标

在幼儿学科学的活动中，幼儿通过各种方法获得大量的有关客观世界的信息，以及自己在探索过程中的感受。信息交流活动的目标就是让幼儿通过讨论、交流自己对周围世界的观察过程和结果，提出质疑，抒发愉悦、惊奇等情绪，和同伴分享所得的结果，以此来掌握科

学概念和事物发生、发展的客观规律。

2. 信息交流活动的内容

幼儿的科学知识是在探索之后、在讨论中形成的。信息交流活动对幼儿的知识经验和语言交流有一定的要求，一般在中班下学期或大班进行。信息交流活动的内容与信息交流的类型相关，一般根据信息交流的类型确定活动内容。

1）信息交流中的语言方式

信息交流中重要的是语言的交流。由于幼儿年龄小，还不能用文字来记录自己的发现或感受，只能用语言来描述。所以，信息交流活动中语言的方式是描述法和讨论法。描述法是指在教师的指导下，幼儿用语言向同伴或教师讲述自己在科学探索中的发现、疑问等。讨论法是指幼儿与同伴之间、幼儿与教师之间通过口头语言，表达、交流自己在科学探索中的发现。幼儿用语言交流的方法，可以交流自己在探索活动中，运用了什么方法，以及从中获得的情绪体验。例如，观察蚂蚁的活动后，幼儿交流蚂蚁如何与同伴打招呼，自己是如何观察到的，等等。

2）信息交流中的非语言方式

幼儿年龄小，面对丰富的自然界和众多的发现，难以全部用语言来交流，同时又容易忘记自己的发现。所以，图像、动作、表情等就成了幼儿主要的交流方式。

（1）图像记录。图像记录是指对周围环境进行观察后，用各种不同方式，如数字、表格、绘画等记录发现、认识、感受和体验。图像记录既是幼儿观察活动的一个方面及表达的一种形式，也是对幼儿进行科学教育的一种手段和方法。它不仅可以培养幼儿观察周围环境的兴趣，还可以提高幼儿观察的积极性和主动性，如探究活动记录、生长记录、种子发芽记录等。

（2）手势、动作、表情记录。当幼儿在科学探索中遇到一些难以用语言来表达的物体或现象，或者情绪饱满时，常常用手势、动作、表情来进行交流。例如，幼儿尝到酸的东西后，皱眉、吐舌等表情。

（3）自然材料记录。幼儿在自然界中往往会有许多机会接触到自然材料，可以用自然材料来进行信息交流。例如，秋天的田野，幼儿可以采摘一些麦秸、玉米、高粱等；夏天的海滩，幼儿可以收集一些贝壳、海螺等。自然材料记录就是以这种方式展现观察到的自然界的物体，并进行交流的。

3. 信息交流活动的指导

《纲要》中指出："通过引导幼儿积极参加小组讨论、探索等方式，培养幼儿合作学习的意识和能力，学习用多种方式表现、交流、分享探索的过程和结果。"信息交流的方式不同，对幼儿的指导也是不一样的，教师在对幼儿进行早期科学阅读指导时要注意以下几个方面。

1）语言交流方式的指导

在交流活动中，教师要注意从以下几方面进行指导：

（1）要给予幼儿充分的描述和讨论的机会，鼓励幼儿用语言表达获得信息。

（2）指导幼儿用简单明确的语言表达来描述有关科学的发现。

（3）培养幼儿在理解词义的基础上，正确运用语言。

（4）培养幼儿的口语表达能力。

2）图像记录方式的指导

（1）在幼儿具备一定技能的基础上，进行图像记录。图像记录方式需要幼儿有一定的绘画基础，并且能够理解绘画的含义，所以一般在幼儿园中班、大班应用。图像记录中经常运用的曲线、符号等，对于幼儿来说，并不是很难绘画的，主要是选择的图像要适合特定信息的表征方式。这些表征方式的选择来源于幼儿的经验。这些可以通过讨论来促进技能的发展，或者是教师给予幼儿一定的样本，对幼儿的图像记录进行指导。

（2）在具备一定感性经验的基础上，采取形式多样的记录方式。图像记录的方式可以是数字、符号、表格等。记录的内容可以是连续的，也可以是单独的、个别的。这些记录能够反映出幼儿在科学活动中的发现、探索，但是这些图像记录一定是在幼儿获得大量感性经验的基础上进行的。幼儿记录后，教师应该让幼儿讲解图像记录的内容，只有这样，幼儿才能与同伴交流探究的结果，分享和交流探究的过程，使幼儿的图像记录更加丰富、真实。在进行图像记录的时候，教师要为幼儿准备好记录所需的纸、笔等材料。

案例十二

活动名称：有趣的哈气[①]。

活动班级：中班。

活动准备：

（1）让幼儿收集有关哈气产生原因的资料。

（2）幼儿准备的有关哈气产生的光盘资料。

（3）幼儿收集的有关哈气产生的图书、图片等资料。

活动背景：

最近天气较冷，由于室内外温差较大，玻璃上有了哈气。今天晚餐后，鲁晓涵、李婉娜几个小朋友来到窗前看外面的景象，看到旁边的王晶正专心地在玻璃上印小手印，他俩看后也印了起来，其他小朋友看到后也都争先恐后地在玻璃上画着、写着、涂着，兴奋极了。在涂画过程中，他们开始讨论：这些气是从哪里来的？为什么可以在上面画画？教师抓住幼儿的兴趣及探索需求，"有趣的哈气"这一探索活动开始了。

活动过程：

1. 了解幼儿对哈气的已有经验

师："为什么玻璃上能画画？"幼儿兴奋地讨论着。

幼儿："玻璃上有哈气。""玻璃上有一层雾，可以在雾上画画。""还有水珠留下来呢。"

（大多数幼儿的已有经验就是哈气，但是哈气是什么、是怎样产生的，幼儿不了解。教师向幼儿提出任务：寻找有关哈气产生的原因，然后引导幼儿进行大胆的探索，并主动交流）

2. 实验、探索

幼儿通过协商后分为四组进行实验，各自搜集有关材料。

第一组幼儿找来镜子、玻璃和一杯水，把玻璃盖在杯子上，过了一会儿玻璃没有一点变

[①] 有趣的哈气［EB/OL］．（2008－10－21）［2014－02－12］．http：//new.060s.com/article/2008/10/21/122481.htm.

化，幼儿纷纷议论没有产生哈气的原因。

幼儿1说："哈气是热气遇到冷空气才产生的，我们用热水试一试。"幼儿从保温桶里接了温水，又从暖瓶里倒了开水，分别把镜子、玻璃放在两种水上。不一会儿，镜子、玻璃上就发生了变化。

幼儿2说："你们快看，温水的镜子上有哈气，热水的玻璃上开始有哈气，一会儿就有水珠流下来了。"其他幼儿也分别交流自己的发现，并把实验结果用图画的形式记录下来。

第二组幼儿来到三楼平台，现场实验哈气产生的原因，幼儿大力地呼气，发现呼出的气体是白的，然后到玻璃橱窗前呼气，玻璃上顿时就形成了一层哈气。

幼儿3说："老师，我们知道哈气，但在太阳下呼出的气为什么是白的呢？"教师装出惊奇的样子说："是呀，这个问题太难了，怎样才能知道它的答案呢？"幼儿纷纷说出自己的方法：问爸爸、查书、上网，他们兴高采烈地投入答案的搜集中。

第三组幼儿在上午活动时，用力往玻璃上哈气，玻璃上有一层薄雾，不一会儿就被太阳晒干了，到了晚饭后，玻璃上已经有水珠流下来了。这一组幼儿通过早、晚玻璃上哈气的比较找到了答案，他们发现每当冷空气遇到热空气就会形成小水珠，就是幼儿看到的玻璃上的哈气。

第四组幼儿有的看光盘，有的从自己带的书籍中查找有关哈气的资料并互相交流。

3. 交流、分享

幼儿把实验的过程、结果互相交流。之后，幼儿利用绘画的形式把实验经过、结果记录了下来，这样不仅提高了幼儿的口语表达能力，而且巩固了知识。第一组幼儿的答案是温差越大，哈气就越明显；第二组幼儿通过查找资料了解到天冷时呼出的气是白色的；第三组幼儿把上午、晚上哈气的不同变化进行了比较，使其他幼儿一目了然，明白了它产生的原因，这样哈气的形成问题在探索中得到了解决；第四组幼儿通过观看光盘、翻阅各种书籍、交流讨论知道了哈气产生的原因。

活动体会与反思：

这次活动的内容来源于幼儿。幼儿在活动中有自由探索、交流的气氛，提出问题、解决问题、合作的能力都得到了提高。在活动中，教师能抓住教育契机，进行适时的引导，抓住幼儿的兴趣点、矛盾点，鼓励幼儿通过各种途径寻找答案。通过此次活动，幼儿学到了知识，而且学会了学习的方法，运用多种途径，通过做实验、观看光盘等形式来寻找答案，体现了《纲要》的指导思想：让幼儿在活动中主动学习、主动探索、主动建构。

分析：

(1) 教学活动目标明确，以信息交流为主线，通过讨论、交流来认识哈气。

(2) 活动内容为幼儿经常看到的现象，幼儿不感到陌生，激发了幼儿探索的欲望。

(3) 在活动过程中，在了解幼儿对哈气已有经验的基础上，分组对哈气的产生进行探究、交流。在交流的过程中，运用到了语言的交流、图像记录的交流等。四组幼儿分别用了四种不同的方法进行实验、探索。教师能够根据四组幼儿不同的发现情况进行指导。

(4) 在交流、分享过程中，幼儿不仅能够把实验的过程和结果通过绘画的形式记录下来，并且能够对绘画的内容进行交流，使幼儿在实验、探索中明白了哈气产生的原因，问题在探索中得到了解决。

（四）早期科学阅读活动的设计

在幼儿学习科学的过程中，不仅需要直接的感性经验，也要通过间接的科学原理的学习了解科学知识。而幼儿间接学习的材料，最直接的就是图书，幼儿对那些语言生动、情节丰富、图画形象突出、色彩鲜艳的图书，充满兴趣，利用这些图书进行科学教育，就是早期的科学阅读。

早期科学阅读是指幼儿通过阅读寓有科学知识的作品，包括故事、儿歌、谜语等，学习科学的一种方法。早期科学阅读有利于丰富幼儿的科学经验，引导幼儿学习科学、理解科学概念，激发幼儿的想象力，提高幼儿创造的潜力。

1. 早期科学阅读活动的目标

早期科学阅读活动既是科学教育的方法之一，同时也能够促进幼儿语言的发展，所以不仅要在早期科学阅读活动中培养幼儿的科学精神，而且要在语言活动中注意对幼儿进行科学知识的教育。其目标具体如下：

（1）利用儿童文学作品，对幼儿进行学习科学知识、理解科学概念的教育。

（2）激发幼儿学习科学的兴趣，引起科学幻想，提高幼儿的科学创造潜能。

2. 早期科学阅读活动的内容

在学习科学的过程中，不仅可以让幼儿体验科学探究的过程，也可以利用儿童文学作品开展科学活动。一般的早期科学阅读活动需要幼儿有一定的理解文学作品的能力，所以在幼儿园中班下学期或大班进行。早期科学阅读活动的内容一般根据早期科学阅读的类型来确定。

1）科学诗

科学诗以向幼儿普及科学知识为主要目的。它是科学内容与诗歌形式相结合的产物。幼儿科学诗的种类繁多，有叙事诗、抒情诗、儿歌、歌谣等。

2）科学童话

科学童话是用童话的艺术形式向幼儿传授科学知识，将科学性和童话性相统一。科学童话的内容一般比较浅显，情节比较简单，传达一定的科学知识，丰富幼儿的科学知识与概念。

3）科学故事

科学故事是科学内容和故事形式相结合的产物。它把科学技术上的发现、发明及发展，常见自然现象的科学原理，动植物的生活习性或其他物体的特征、性能等知识融于有人物、情节的故事中。

4）谜语

谜语是通过隐喻和暗示，提供某些根据和线索供人猜测的一种隐语。科学活动中的谜语主要是以具体的自然物和某种现象为谜底，通过对该物体或现象特点进行描绘，影射谜底，对幼儿进行科学教育。

5）多媒体

多媒体是以动态的画面向幼儿展示科学内容的一种方式。它比书本更生动地为幼儿提供大量的科学信息。例如，植物的生长周期。同时，教师还要注意新闻媒体对幼儿科学知识教育的作用。例如，"神十"飞天，航天员王亚平的航空授课。

3. 早期科学阅读活动的指导

1）利用科学活动的各个环节，对幼儿进行早期科学阅读

幼儿园的集体活动都是具有一定的活动环节的，在这些环节中，教师要善于运用早期科学阅读的内容，如开始部分，可以用谜语的形式引起幼儿的注意力。例如，"认识花生"，可以利用"麻屋子，红帐子，里面坐个白胖子"的谜语开始。在活动过程中，用科学故事或科学童话说明事物的特性。例如，"小蝌蚪找妈妈"，用小蝌蚪找妈妈的过程来说明蝌蚪变成青蛙需要的环节。结尾部分，也可以用早期科学阅读的相关内容，引起幼儿对活动内容的反思和对事物发展的探索。

2）早期科学阅读的材料要适合幼儿的年龄特点

早期科学阅读是科学教育的重要手段，主要表现为材料符合幼儿的年龄特点，不同年龄阶段的幼儿选择的阅读材料虽然有所不同，但是早期科学阅读作品应该围绕一个科学现象或概念展开。教师指导幼儿阅读时，也要注意科学概念的指向，不能包含太多内容，以免幼儿难以理解。

3）结合幼儿园的科学主题活动指导阅读

幼儿园的主题活动一般来说与科学领域的联系比较多。因此，可以结合幼儿园的主题活动来指导幼儿进行阅读活动。通过阅读扩大幼儿的眼界，使幼儿产生丰富的想象，但科学活动的阅读，不要求幼儿掌握阅读内容，只要求幼儿理解其中的道理即可。

4）教师在早期科学阅读活动中，指导幼儿掌握科学知识

由于幼儿年龄的关系，幼儿对于阅读重点把握得还不准确。教师要带领幼儿阅读，运用提问的方式与幼儿一起阅读，在阅读中找答案。然后，围绕阅读的重点开展活动，对于重点内容，教师要适当进行指导。教师要鼓励幼儿将主要内容进行总结、归纳，使幼儿能够比较深入地理解图书的主要内容。

案例十三

活动名称：调皮的小狗。

活动班级：小班。

活动目标：

(1) 通过图书、图片，了解狗的外形特征。

(2) 初步了解狗有很多品种，能为人们做不同的事。

活动准备：

(1) 教育挂图《调皮的小狗》《哈巴狗》《狼狗》《斑点狗》《沙皮狗》，幼儿活动操作材料《小狗拼图》。

(2) 活动前请家长在日常生活中带幼儿观察各种不同的狗。

(3) 关于狗的图书、故事等。

活动过程：

1. 出示挂图《调皮的小狗》，引导幼儿观察挂图上小狗的形态

(1) 引导幼儿说说：小狗的头上有什么？身上有什么？有几条腿？小狗的叫声是什么

样的？

(2) 幼儿说的时候，教师指示挂图，验证幼儿的发现。

小结：大家看到的小狗全身都是毛。这条小狗的头上有眼睛、鼻子、嘴巴和耳朵。小狗的鼻子可厉害了，比我们人的鼻子灵敏多了。小狗的耳朵也很厉害，很小的声音，人听不到，小狗能听到。但小狗的眼睛比人差多了，而且分不清颜色。小狗有头、颈、躯体、尾巴和四肢部分。小狗跑得快，会"汪汪汪"地叫。

2. 出示挂图《哈巴狗》《狼狗》《斑点狗》《沙皮狗》，引导幼儿观察

师：大家看看这四只狗，它们和刚才那只调皮的小狗有什么不同？

3. 教师与幼儿一起看图书

科学童话故事《勇敢的狗警察》，看看书里面是怎么说狗的。

(1) 引导幼儿说说还见过哪些狗，有什么特征。

(2) 引导幼儿说说狗能帮助人们做什么，图书中是怎么说的？

小结：因为小狗鼻子和耳朵很厉害，而且跑得很快，所以能为人们看家，能帮助警察叔叔抓坏人，还能帮助人们追捕猎物……

4. 拼拼图

(1) 引导幼儿完成操作材料——小狗拼图。

(2) 组织幼儿进行评价小结，结束活动。

活动延伸：

请家长帮助幼儿收集各种狗的图片或给幼儿讲狗的趣事。

分析：

案例的阅读方法是教师带领幼儿阅读。首先，教师利用图片引导幼儿对狗进行外观的认识，初步感知狗的外形特征。其次，用图书中的科学童话故事，讲述狗能够为人类做的贡献。内容选择适合小班幼儿，能够从身边的事物入手，幼儿不感到陌生。幼儿对故事情节也感兴趣，所以能够记住小狗为人类做的贡献。

思考与练习

1. 幼儿科学教育的概念是什么？
2. 幼儿科学教育的特点有哪些？
3. 幼儿学习科学的特点有哪些？
3. 幼儿科学领域的总目标是什么？
4. 幼儿科学领域教育的内容有哪些？
5. 幼儿科学领域教育的方法有哪些？
6. 在幼儿科学教育活动中，观察认知活动的设计有哪些要求？
7. 在幼儿科学教育活动中，探究活动的设计有哪些要求？

试一试

1. 结合幼儿的实际年龄，设计一节在幼儿科学领域中的操作演示教育活动并实施。
2. 结合幼儿园的实际，尝试运用多种途径、方法，在日常生活中开展幼儿科学教育活动。

数学教育活动部分

【知识目标】

1. 掌握幼儿数学教育的概念；
2. 掌握幼儿学习数学的心理特点；
3. 掌握幼儿数学教育的特点；
4. 理解幼儿数学教育的目标；
5. 掌握幼儿数学教育的内容；
6. 掌握幼儿数学教育的途径和方法；
7. 重点掌握幼儿数学教育活动的设计类型。

【能力目标】

1. 能够根据幼儿的年龄特点，设计并组织与实施数学教育活动；
2. 运用多种方法进行数学教育活动。

第一课　数学教育概述

数学是作为科学探究、解决问题的工具出现的，所以，将数学纳入科学领域。数学反映的是事物之间的关系，是在对物质世界的研究中发展起来的。科学的探索和发明都离不开数学，都具有数、形、时、空的特点，而数学方法的使用、逻辑思维的运用、数字的准确性等，都是确保科学探索、发明创造能够顺利实现的重要前提。幼儿对数量关系的认识是以对具体事物的认知为基础的。学前期是幼儿智慧发展的最佳时期，因此，幼儿能够初步了解一些简单的数学知识与思维，通过积累数量关系、时空关系的经验开拓视野。

一、幼儿数学教育的内涵

（一）数学

数学是一门重要的基础课程和工具性学科，是研究现实世界中的空间形式和数量关系的一门科学，是一种普通的符号语言，是对事物之间关系的一种抽象概括。数学具有高度的抽象性、严密的逻辑性和广泛的应用性。

数学是人们生活、劳动和学习必不可少的工具，能够帮助人们处理数据，进行计算、推理和证明；数学为其他科学提供了语言思想和方法，是一切重大技术发展的基础；数学在提高人的推理能力、抽象能力、想象力和创造力等方面有着独特的作用；数学是人类的一种文化，数学的内容、思想、方法和语言是现代文明的重要组成部分。

宇宙万物不会离开形和数这两个性质而独立存在，数学问题比比皆是。幼儿从出生开始，就生活在社会和物质的世界中，周围环境中形形色色的物体均表现为一定的数量，有一定的形状，大小也各不相同，并以一定的空间形式存在着。因此，幼儿不可避免地要和数学打交道。幼儿在进行数学互动时，思维潜移默化地受数学严谨性特点的影响，久而久之，思维的逻辑性逐渐形成，并获得发展。

（二）幼儿数学教育

幼儿数学教育是指根据幼儿数学教育目标，在教师指导下，通过幼儿自身的活动，对客观设计中的数量关系、形状、体积、时间、空间等形式进行感知、观察、操作，发现并主动建构数学概念，形成数学能力的过程。

幼儿数学教育是幼儿积累大量有关数学方面的感性经验，形成表象水平的初步数学概念，学习简单的数学方法和技能，发展思维能力的过程；是发展幼儿好奇心、探究欲、自信心，得到愉快的情绪体验，产生对数学活动的兴趣，培养良好的学习习惯，以及发展个性品质的过程。

幼儿每一天的生活内容都离不开数学。例如幼儿园的玩具形状、大小不同，上下楼梯的数量，进餐时碗和勺的一一对应等，都与数学有关。去幼儿园的路上会看到不同的房子，去超市会接触到钱等。数学是抽象的，即使是幼儿阶段学习的10以内的自然数，也具有抽象的意义。例如"1"可以代表1个苹果、1盒饼干、1个人等任何数量是"1"的物体。因此，数学知识的实质是一种高度抽象的逻辑知识，数学反映的不是事物本身的性质，而是事物之间的关系。例如，组成5个苹果中的每一个苹果，都不具有"5"的性质；相反，"5"这一数量属性也不存在于任何一个苹果中，而存在于它们的相互关系中，也就是它们构成了一个数量为"5"的整体。所以，对幼儿进行数学启蒙教育是幼儿生活和正确认识周围世界的需要。

二、幼儿学习数学的心理特点

数实际上是各种逻辑关系的集中体现。数既有对应关系，又有序列关系和包含关系。幼儿要学习数学，就必须有一定的逻辑观念。幼儿的思维特点以具体形象性为主，幼儿的思维特点决定了幼儿学习数学的心理特点。

1. 从具体到抽象

数学知识是一种抽象的知识，它的获得需要摆脱具体事物的其他无关特征。但是幼儿时期的思维是以具体形象性思维为主的，对物体的认识往往需要借助直观的材料，是从对具体事物的抽象中获得的，因而不可避免地要受到具体事物的影响。不能从事物的具体特征中摆脱出来，从而抽象出数量关系。例如小班的幼儿能够说出3个苹果、3个橘子、3个小朋友，但是不会说出它们都是3的数量。

幼儿的这一困难不仅仅在小班，在大班的时候也同样存在。但随着幼儿逻辑思维的发展，对数学知识的抽象性质的理解会不断增强，从而完成由具体形象向抽象概括的过渡。例如幼儿学习分解组合，经常受日常生活经验中平分的影响，对于奇数，如3、5、7、9等，认为不能分两份，因为不好分，除非少一个。大班幼儿在编应用题时，会经常关注情境中的某个细节，而忽略题目中本质的数量关系。

2. 从个别到一般

幼儿数学概念的形成，存在一个逐渐摆脱具体形象，达到抽象水平的过程。同时在对数学概念的理解上，也存在一个从理解个别具体事物到理解其一般和普通意义的过程。例如幼儿在学习数的分解和组合时，对于数的分解式的理解也是从个别到一般，逐渐达到概括的程度。教师首先让幼儿分各种不同的东西，如2个苹果、2个雪花片……并用分合式记录下来。当教师问这些式子是否一样时，幼儿基本上回答的都是不一样，因为它们代表的是不一样的事情。在教师的引导下，幼儿逐渐认识到这些式子的共同之处，以及它们之所以相同是因为它们表示的都是分数量为2的物体，因此可以用一个式子来代表。在良好教育的影响下，一般在学习到"4的分合"时，幼儿已经能够明确地认识到，所有分"4个物体"的事情都可以用一个式子来表示，因为它们分的都是"4"。

3. 从外部动作到内部动作

幼儿学习数学时，最初是通过动作进行的。我们经常会看到幼儿通过数手指头进行计算，运用实物进行比引。幼儿学习数学是从"数动作"发展到"数概念"的过程。也就是说，幼儿获得数学知识是从外部动作逐渐内化于头脑中。例如幼儿在学习"一一对应"时，教师让幼儿把红色的卡片对应放在绿色卡片下面，幼儿操作时，总是用手里红色的卡片碰一下上面的绿色卡片，再放在对应的绿色卡片下面。这实际上就是一个对应的动作。随着这种对应的逐渐内化，幼儿就能够在头脑中进行这种对应了。

4. 从同化到顺应

同化和顺应是皮亚杰提出的术语，指的是幼儿适应环境的两种形式。同化是将外部环境纳入自己已有的认知结构中，顺应是改变已有的认知结构以适应环境。在幼儿与环境的相互作用中，同化和顺应这两个过程同时存在，但各自的比例会有不同，有时同化占主导，有时顺应占主导，二者处于动态的平衡关系之中。

幼儿在解决数学问题时，也表现出同化和顺应的现象。以数数的策略为例，幼儿最开始是通过直觉的判断比较数量的多少，实际上是根据物体所占空间的多少来判断的。这一策略有时是有效的，但有时就会发生错误。比如观察到有些小班幼儿不能正确比较数量的多少，就是因为幼儿用了一个不适合的认知策略来同化外部的问题情景。在这个时候，尽管幼儿知道一一对应和点数也是比较数量多少的方法，但绝不会自觉地运用。直到幼儿自己感到现有的认知策略不能适应问题情景了，才会去寻求新的解决办法。比如通过一一对应或点数的方法去适应外部环境，从而与环境之间达到新的平衡。

幼儿在与环境的相互作用中，从同化到顺应，最终达到新的平衡的过程，也是幼儿认知结构发展的过程。但这个过程是通过幼儿的自我调节作用而发生的，因为认知结构不是教的结果。

5. 从不自觉到自觉

从心理学的角度来说，自觉指的是对自己的认知过程的意识。幼儿往往对自己的思维过程缺乏自我意识。我们常常会发现幼儿能够完成一件事情，却不能用语言正确地表述其过程。这并不全是因为幼儿语言表达能力的局限，更主要的是与幼儿的动作没有完全内化有关。幼儿对事物的判断还停留在具体动作的水平，而没有能上升到抽象的思维水平。例如小班幼儿在讲具有相同特征的物体归类时，往往会出现做的和说的不一致的情况。多数幼儿能根据感官判断事物的共同特征并进行归类，但在语言表达上会出现不一致。显然，幼儿这时的语言表达往往是随意的，仅仅是动作的伴随，而不是思维过程的外化。随着动作的逐渐内化，语言也在逐渐地发挥功能。教师要求幼儿在活动中用语言表达其操作过程，不仅能够对幼儿的动作实行有效的监控，而且能够提高其对自己动作的意识程度，有助于幼儿动作的内化。

6. 从自我中心到社会化

幼儿思维的自觉程度是和幼儿的社会化程度同步的。幼儿越能意识到自己的思维，也就越能理解别人的思维。当幼儿只能关注自己的动作并且不能内化时，是不可能和同伴产生有效的合作的，也没有真正的交流。例如幼儿在进行分类活动时，自己按照形状特征进行分类。当看到同伴按照颜色进行分类时，就说同伴的分类是"乱七八糟"的。但是当问到幼儿是按照什么进行分类的时候，幼儿往往说不出来自己的分类标准。可见，幼儿意识不到自己分类的依据，更不能从别人的角度考虑问题，对别人的作业加以判断。

幼儿数学学习的社会化，不仅具有社会性发展的意义，更是幼儿思维发展的标志。当幼儿逐渐能够在头脑中思考其动作，并具有越来越多的意识时，才能逐渐摆脱自我中心的思维，努力理解同伴的思想，从而产生真正的交流、讨论。同时，幼儿也能够在交流的碰撞中得到启发。

三、幼儿数学教育的特点

数学概念抽象性、逻辑性强，学前期幼儿的思维是以具体形象性为主的，所以进行数学教育活动时，无论采用什么方法、什么活动形式，都一定要借助各种直观教具、材料、玩具等，结合幼儿学习数学的特点，让幼儿在反复操作中理解数学知识，运用数学知识。

1. 幼儿数学教育的系统性

幼儿数学教育是对幼儿进行数学启蒙教育，涉及的数学内容比较粗浅。但是数学知识的逻辑结构，需要系统地对幼儿进行教育，数实际上是各种逻辑关系的集中体现。幼儿只有对数学之间的逻辑联系有所感知和理解，才能在此基础上建立起相应的认知结构，而认知结构一旦建立，将有利于知识的迁移和知识容量的扩大。因此，选择和安排幼儿数学教育的知识和内容时，要注意数学知识的系统性，使前面学过的知识成为后面学习的基础，后面的知识对前面的知识具有复习巩固的作用。例如幼儿在学习数数前，应教幼儿学习分类、排序，掌握一一对应的技能；学习数数时，应先教幼儿学习基数，然后学习序数。这样幼儿学习数系列知识的时候，就会在前面的知识的基础上理解后面的知识，后面的知识对前面的知识有巩固作用。

2. 幼儿数学教育中思维的过渡性

在幼儿数学教育活动中，幼儿从具体形象性思维向抽象思维过渡。这是由幼儿的思维特点和数学知识本身的特点决定的。幼儿在学习数学时，最初是通过动作进行的。随着动作的逐渐内化，幼儿才能在头脑中进行抽象的判定。幼儿多样化的经验和体验对幼儿对数学知识的理解、形成抽象的数概念是十分有利的。也就是说，幼儿对数学知识的理解开始于外部动作，在内化的过程中，总结事物之间的逻辑关系。这时候，幼儿数学知识的内化要借助于表象的过程，通过让幼儿观看实物或图片、教师讲解数学概念的方法，让幼儿在头脑中形成数的表象，这些都有助于幼儿在抽象水平上进行数学的学习。

3. 幼儿数学教育的内容呈螺旋式上升

数学知识的获得需要摆脱具体事物的其他无关特征，这与数学知识的抽象性有关。掌握数学知识需要有一个过程，在这个过程中，幼儿对数学知识的理解需要积累多样化的经验和体验。也就是说，对幼儿进行数学教育时，每一个概念的形成和每一技能的获得都不能一次完成，而应随着幼儿年龄的增大，逐渐扩大概念的范围，增加难度，使幼儿不断进步，呈现出一种破浪式前进、螺旋式上升的过程。例如分类活动，从小班开始要求幼儿按照物体的大小、长短、颜色等某一特征分类；到了中班、大班，可以让幼儿按照物体的两个特征分类，或按照物体的用途分类，或按照事物的本质特征分类。虽然活动方式仍然是分类，但是内容和难度有所增加。

4. 幼儿数学教育需要充分的练习和应用

任何知识的学习、技能的掌握都需要反复的、经常的练习，数学知识同样需要进行阶段性的复习。对幼儿来说，最好的掌握方式是操作和游戏。

游戏是幼儿的主要活动，是数学教学的有力手段。幼儿通过游戏获得粗浅的数学知识和生活经验。各种游戏能够促进幼儿智力的发展，培养幼儿的感知觉、思维想象、记忆和操作能力。把幼儿喜欢的游戏活动融入数学教育教学中，让幼儿在玩中学，调动幼儿学习数学的积极性，使幼儿在愉快的情绪中轻松地学习，从而获得最佳教育效果。

5. 幼儿数学教育强调整合性

幼儿数学教育的整合性分为两个方面：一方面是教学内容的整合，另一方面是各项活动的整合。教学内容的整合是指幼儿数学教育内容包括多个方面，但是在具体的教学活动中，不应该把它们割裂开来。例如数和形结合，分类和计数结合，排序和量认识结合等等。活动的整合是指数学活动有意识地融合在各项活动之中，产生多维度联系，让幼儿在活动中展现、提升与整合各种经验。这样有利于引导幼儿用多种方式学习数学，能用语言、肢体动作等方式来表述数学问题，增强幼儿的学习意识、良好的学习习惯和数学逻辑思维，促进幼儿数学学习质量的提高。

第二课　幼儿数学教育的目标、内容

学前期的幼儿正处在逻辑思维萌芽和初步发展时期。由于数学学科结构和知识体系较为系统、严谨，逻辑性十分突出，所以数学学习对幼儿逻辑思维能力的初步发展、良好思维品质的形成有着重要的作用。因此，在确立幼儿数学教育目标和选择数学教育内容时，要以幼儿的发展、社会的要求和学科的特点为依据。

一、幼儿数学教育目标

幼儿数学教育目标体现并规定对幼儿进行数学教育的目的和要求，是对幼儿进行数学教育的依据和准则。数学教育目标的确立为教学内容的选择提供依据，为数学教育活动的评价提供标准。

（一）幼儿数学教育的总目标

《纲要》中对于幼儿数学教育的目标在科学领域的目标中明确表述为"能从生活和游戏中感受事物的数量关系并体验到数学的重要和有趣"。从表面上看，只有这一条是数学教育的目标，实际上，科学领域中的其他目标也包含数学教育的目标，可以理解为：

（1）对周围环境中事物的数量、形状、时间和空间等感兴趣，有强烈的好奇心和求知欲。

（2）能运用各种感官感受事物的数量关系，获得有关数、量、形、时间、空间等感性经验，体验数学的重要和有趣。

（3）学习用简单的数学方法，解决生活和游戏中简单的问题，并用适当的方式表达、交流解决问题的过程和结果。

（4）学习正确使用数学的操作材料，有良好的学习习惯。

（二）幼儿数学教育的年龄阶段目标

《指南》中关于幼儿数学年龄阶段的目标为：数学认知。

目标1　初步感知生活中数学的有用和有趣

目标2　感知和理解数、量及数量关系

目标3　感知形状与空间关系

相关链接

《指南》中关于数学认知的年龄阶段目标、教育建议

目标1　初步感知生活中数学的有用和有趣

3~4岁	4~5岁	5~6岁
1. 感知和发现周围物体的形状是多种多样的，对不同的形状感兴趣。 2. 体验和发现生活中很多地方都用到数	1. 在指导下，感知和体会有些事物可以用形状来描述。 2. 在指导下，感知和体会有些事物可以用数来描述，对环境中各种数字的含义有进一步探究的兴趣	1. 能发现事物简单的排列规律，并尝试创造新的排列规律。 2. 能发现生活中许多问题都可以用数学的方法来解决，体验解决问题的乐趣

教育建议：

1. 引导幼儿注意事物的形状特征，尝试用表示形状的词来描述事物，体会描述的生动形象性和趣味性。如：

● 参观游览后，和幼儿一起谈论所看到的事物的形状，鼓励幼儿产生联想，并用自己的语言进行描述。如：熊猫的身体圆圆的，全身好像是由一个个的圆形组成的。

● 和幼儿交谈或读书讲故事时，适当地运用一些有关形状的词汇来描述事物，如看图片时，和幼儿讨论奥运会场馆的形状，体会为什么有的场馆叫"水立方"，有的叫"鸟巢"。

2. 引导幼儿感知和体会生活中很多地方都用到数，关注周围与自己生活密切相关的数的信息，体会数可以代表不同的意义。如：

● 和幼儿一起寻找发现生活中用数字作标识的事物，如电话号码、时钟、日历和商品的价签等。

● 引导幼儿了解和感受数用在不同的地方，表示的意义是不一样的。如天气预报中表示气温的数代表冷热状况；钟表上的数表示时间的早晚等。

● 鼓励幼儿尝试使用数的信息进行一些简单的推理。如知道今天是星期五，能推断明天是星期六，爸爸妈妈休息。

3. 引导幼儿观察发现按照一定规律排列的事物，体会其中的排列特点与规律，并尝试自己创造出新的排列规律。如：

- 和幼儿一起发现和体会按一定顺序排列的队形整齐有序。
- 提供具有重复性旋律和词语的音乐、儿歌和故事，或利用环境中有序排列的图案（如按颜色间隔排列的瓷砖、按形状间隔排列的珠帘等），鼓励幼儿发现和感受其中的规律。
- 鼓励幼儿尝试自己设计有规律的花边图案、创编有一定规律的动作，或者按某种规律进行搭建活动。
- 引导幼儿体会生活中很多事情都是有一定顺序和规律的，如一周七天的顺序是从周一到周日，一年四季按照春夏秋冬轮回等。

4. 鼓励和支持幼儿发现、尝试解决日常生活中需要用到数学的问题，体会数学的用处。如：

- 拍球、跳绳、跳远或投沙包时，可通过数数、测量的方法确定名次。
- 讨论春游去哪里玩时，让幼儿商量想去哪里玩？每个想去的地方有多少人？根据统计结果做出决定。
- 滑滑梯时，按照"先来先玩"的规则有序地排队玩。

目标2　感知和理解数、量及数量关系

3~4岁	4~5岁	5~6岁
1. 能感知和区分物体的大小、多少、高矮长短等量方面的特点，并能用相应的词表示。 2. 能通过一一对应的方法比较两组物体的多少。 3. 能手口一致地点数5个以内的物体，并能说出总数。能按数取物。 4. 能用数词描述事物或动作。如我有4本图书	1. 能感知和区分物体的粗细、厚薄、轻重等量方面的特点，并能用相应的词语描述。 2. 能通过数数比较两组物体的多少。 3. 能通过实际操作理解数与数之间的关系，如5比4多1；2和3合在一起是5。 4. 会用数词描述事物的排列顺序和位置	1. 初步理解量的相对性。 2. 借助实际情境和操作（如合并或拿取）理解"加"和"减"的实际意义。 3. 能通过实物操作或其他方法进行10以内的加减运算。 4. 能用简单的记录表、统计图等表示简单的数量关系

教育建议：

1. 引导幼儿感知和理解事物"量"的特征。如：

- 感知常见事物的大小、多少、高矮、粗细等量的特征，学习使用相应的词汇描述这些特征。
- 结合具体事物让幼儿通过多次比较逐渐理解"量"是相对的。如小亮比小明高，但比小强矮。
- 收拾物品时，根据情况，鼓励幼儿按照物体量的特征分类整理。如整理图书时按照大小摆放。

2. 结合日常生活，指导幼儿学习通过对应或数数的方式比较物体的多少。如：

- 鼓励幼儿在一对一配对的过程中发现两组物体的多少。如，在给桌子上的每个碗配上勺子时，发现碗和勺多少的不同。
- 鼓励幼儿通过数数比较两样东西的多少。如数一数有多少个苹果，多少个梨，判断苹果和梨哪个多，哪个少。

3. 利用生活和游戏中的实际情境，引导幼儿理解数概念。如：

● 结合生活需要，和幼儿一起手口一致点数物体，得出物体的总数。

● 通过点数的方式让幼儿体会物体的数量不会因排列形式、空间位置的不同而发生变化。如鼓励幼儿将一定数量的扣子以不同的形式摆放，体会扣子的数量是不变的。

● 结合日常生活，为幼儿提供"按数取物"的机会，如游戏时，请幼儿按要求拿出几个球。

4. 通过实物操作引导幼儿理解数与数之间的关系，并用"加"或"减"的办法来解决问题。如：

● 游戏中遇到让4个小动物住进2间房子的问题，或生活中遇到将5块饼干分给2个小朋友的问题时，让幼儿尝试不同的分法。

● 鼓励幼儿尝试自己解决生活中的数学问题。如家里来了5位客人，桌子上只有3个杯子，还需要几个杯子等。

● 购少量物品时，有意识地鼓励幼儿参与计算和付款的过程等。

目标3　感知形状与空间关系

3～4岁	4～5岁	5～6岁
1. 能注意物体较明显的形状特征，并能用自己的语言描述。 2. 能感知物体基本的空间位置与方位，理解上下、前后、里外等方位词	1. 能感知物体的形体结构特征，画出或拼搭出该物体的造型。 2. 能感知和发现常见几何图形的基本特征，并能进行分类。 3. 能使用上下、前后、里外、中间、旁边等方位词描述物体的位置和运动方向	1. 能用常见的几何形体有创意地拼搭和画出物体的造型。 2. 能按语言指示或根据简单示意图正确取放物品。 3. 能辨别自己的左右

教育建议：

1. 用多种方法帮助幼儿在物体与几何形体之间建立联系。如：

● 引导幼儿感受生活中各种物品的形状特征，并尝试识别和描述。如感受和识别盘子、桌子、车轮、地砖等物品的形状特征。

● 鼓励和支持幼儿用积木、纸盒、拼板等各种形状的材料进行建构游戏或制作活动。如用长方形的纸盒加两个圆形瓶盖制作"汽车"。

● 收拾整理积木时，引导幼儿体验图形之间的转换。如1个正方形可分成2个三角形，2个正方形可组合成1个长方形。

● 引导幼儿注意观察生活物品的图形特征，鼓励他们按形状分类整理物品。

2. 丰富幼儿空间方位识别的经验，引导幼儿运用空间方位经验解决问题。如：

● 请幼儿取放物体时，使用他们能够理解的方位词，如把桌子下面的东西放到窗台上，把花盆放在大树旁边等。

● 和幼儿一起识别熟悉场所的位置。如超市在家的旁边，邮局在幼儿园的前面。

● 在体育、音乐和舞蹈活动中，引导幼儿感受空间方位和运动方向。

● 和幼儿玩按指令找宝的游戏。对年龄小的幼儿要求他们按语言指令寻找，对年龄大些的幼儿可要求按照简单的示意图寻找。

(三) 幼儿数学教育的分类目标

《纲要》中数学教育的总目标和《指南》中的年龄阶段目标都包含了幼儿数学教育的情感目标、方法与技能目标、认识目标的培养过程，具体分类为：

1. 数学教育的情感目标

幼儿数学教育的核心是情感和态度。幼儿对数学的好奇心、求知欲都是幼儿学习数学的内部动力。幼儿对事物的数量、形状等产生兴趣，会为幼儿进行的智力活动提供最佳的情绪背景，同时在积极探索活动中也将逐渐培养起幼儿对数学学习本身及一切学习活动的积极情感，使幼儿爱学习、会学习。幼儿只有愿意参加数学活动，才可能观察到、感知到环境中事物的数量、形状等；幼儿只有喜欢数学活动，对数学活动感兴趣，才可能积极主动地投入活动中，才可能去探索、发现有关数学现象，从而获得有关数、量、形状、空间和时间的感性经验。

2. 数学教育的方法与技能目标

数学教育的方法与技能对幼儿数学知识的掌握起决定性作用。幼儿的数学认知是从外部动作开始的，逐渐内化。因此，培养幼儿正确使用数学操作材料的技能至关重要。幼儿通过与各种有关数学材料发生作用而对其中蕴含的数学关系有所感受和认知。例如"一一对应"的操作、分类活动的操作、数字分解组合的操作等。幼儿掌握了材料的操作技能后，才能在数学认识的学习过程中举一反三，从而获得有关数学关系的感知和认识。

幼儿在生活中会接触到许多用数学知识来处理的问题。在数学教育中要注意让幼儿学习运用适当的方法进行表达、交流、操作、探索，运用已经掌握的方法解答生活和游戏中的某些问题。

学习解决问题不是简单地运用已知的信息，而是对信息进行加工，需要对已经掌握的方法、知识进行再次思考和重新组合，找出解决问题的方法。当问题解决了，幼儿的能力也会得到提高。

3. 数学教育的认识目标

幼儿的知识是在与环境交互作用的过程中逐步建构并不断丰富的。这种相互作用的过程不仅让幼儿获得经验，即建构知识，同时也让幼儿获得"做"的能力，即会做和知道怎么做，这种能力也是知识。幼儿是在生活和游戏中感受到事物的数量关系的，是在日常生活中获得有关数、量、形、时间、空间等的感性经验。

人的认识能力的发展远比获得知识重要得多。数学是一门培养和锻炼思维能力的基础学科，幼儿在构建一些初级的数学概念的过程中，需要对所操作的材料进行比较、分析、综合、概括，才可能将有关的数学概念的本质属性从具体的事物中抽象出来，这一过程对幼儿思维能力的发展具有积极的作用。思维能力的发展使幼儿能够运用已知的信息，对信息进行加工、重组，从而能够用简单的数学知识和方法解决生活中出现的某些问题，当问题解决了，幼儿的能力也随之发生变化，得到提高。

二、幼儿数学教育的内容

幼儿数学教育的内容是实现数学教育目标的重要保证，是实现数学教育目标的媒介，是将目标转化为幼儿数学发展的中间环节，是教师设计和组织数学教育活动的主要依据。根据幼儿学习数学的规律和特点，让幼儿以一定的逻辑思维能力去获得数学知识，发展幼儿的逻辑思维能力，可以把幼儿数学教育分为以下内容：

(一) 数前准备教育

感知集合是幼儿数前准备的重要教育内容，同时也是幼儿建立初步数学概念以及理解加减运算的感性基础。教师只是引导幼儿感知集合，并不需要理解集合的概念。幼儿阶段感知集合教育主要有分类、排序、比较、数量关系等。

1. 给物体分类、排序

分类是把相同的或者具有共同特征的东西归并在一起。当幼儿分类时，需要感知和辨认事物的明显特征，并把相同的或者具有某一共同特征的东西归在一起，形成某种物体的集合，这个过程就是幼儿感知集合的过程。引导幼儿分类时，可按照物体的名称、物体的外形特点、量的差异、物体的用途、物体间的关系等进行分类。

排序是按物体的某种特征上的差异或特定的规则排列。排序有助于幼儿建立初步的序列概念，体验序列之间的传递性、双重性和可逆性等关系。

2. 比较两组物体的相等和不等

幼儿学会用对应的方法进行两组物体之间的比较。对应是指在两个集合中，一个集合里的任何一个元素，按照确定的对应关系，在另一个集合里都有一个或几个元素与之相对应。让幼儿学会用一一对应的方法，比较两个集合元素的多少，初步形成"多""少""一样多""不一样多"等概念。

3. 理解"1"和"许多"及其关系

"1"是自然数最基本的单位。教幼儿区分"1"和"许多"并理解它们之间的关系，可以体验集合与元素之间的关系。

(二) 数系列教育

1. 认识和理解10以内的数

（1）认识10以内的自然数，理解数的意义和数与数之间的数差关系，知道"没有"可以用"0"来表示。

（2）认识序数、计数、相邻数、奇数、偶数等。

（3）认读和书写阿拉伯数字。

（4）认识10以内的分解组成。

2. 学习10以内数的加法、减法和应用

(三) 几何形体系列教育

（1）能够辨认平面图形，并说出名字和主要特征。

（2）认识简单的几何体，初步形成空间概念。

(四) 时间、空间概念的教育

（1）认识并理解简单的时间概念。

（2）认识空间关系。

第三课　幼儿数学教育的途径和方法

幼儿数学教育的目标和内容是通过活动来实现的。幼儿生活中多形式、多种类的活动都是向幼儿进行数学教育的有效途径。教师要灵活运用幼儿生活中的各种活动，运用多种方法向幼儿进行数学教育。

一、幼儿数学教育的途径

幼儿数学教育的途径是指实施数学教育采用的活动组织形式。数学教育是系统性的教育活动，要遵循数学的逻辑性进行教育。幼儿数学教育可以通过专门性的数学教育活动进行，也可以在日常生活中进行。但是幼儿系统性的数学教育活动一般是在幼儿园的专门性的数学教育活动中完成的，在日常生活中巩固、发展。

(一) 专门性的数学教育活动

专门性的幼儿数学教育活动是指教师组织或安排的，以数学知识为主的认知活动，是幼儿接受系统性、严谨性数学教育的主要途径。专门性的数学教育活动表现在集中教育活动中，是教师有目的、有计划地组织全体幼儿参与活动，使幼儿掌握初步数概念并发展幼儿思维的一项数学活动。

1. 数学教育活动

幼儿数学教育活动要考虑幼儿实际发展情况，确立符合幼儿发展的具体教学目标，目标中应包括：数学概念的学习；认知能力的发展；操作技能的学习；兴趣、态度和行为习惯的形成等。幼儿数学教育活动应着眼于促进幼儿的全面发展，所提出的教育要求和内容应以幼儿身心发展的成熟程度为基础。

2. 数学角的教育活动

在活动室的一角摆放数学活动材料，作为数学活动区。在这里可以安排幼儿进行专门性的数学教育内容，可以利用材料进行操作活动，也可以进行小组讨论，是数学教育的又一途径。

案例一

活动名称：找规律。

活动班级：大班。

活动目标：

(1) 通过物品的有序排列，初步认识简单的排列规律，会根据规律指出下一个物体。

(2) 通过涂色、摆学具等活动，激发创新意识。

(3) 使幼儿在数学活动中体会数学的价值，增强学习数学的兴趣。

教学重点：幼儿通过实践活动能发现事物的规律。

教学难点：幼儿能自己创造出有规律的排列，并引导幼儿能从颜色和形状两方面发现规律。

活动准备：课件、不同动物学具各6个。

活动过程：
一、谈话导入，感知规律
（1）师：小朋友们，我们准备开联欢会，我们要把教室收拾得漂漂亮亮，想不想去看看？（想）请看大屏幕。
（2）课件出示主题图——小朋友在漂亮的教室里跳舞。
师：请大家仔细观察，说说你们看到了什么？又发现了什么？
幼1：有彩旗、灯笼和花朵。
幼2：有很多小朋友在跳舞。
师：这些彩旗、花朵和灯笼是不是乱摆乱放的？
幼3：不是，是有顺序的。
师：他们的摆放都有一定的顺序，是有规律的。其实规律在我们的日常生活中是会经常遇到的，这节课，我们就要用数学的眼光来寻找生活中的规律。

二、引导探索，认识规律
1. 课件出示彩旗图
师：我们先来找找彩旗排列的规律。
（彩旗按红、黄交替出现，最后一面没有颜色）
师：猜一猜，这面旗会是什么颜色？
幼1：是黄色的。
幼2：下一面是黄旗。
师：都猜是黄旗，看看对不对（点击鼠标，最后一面旗是黄色，幼儿欢呼）。猜得真准！你们是怎么想的？
幼3：因为小旗是按照红色、黄色这样的顺序一直摆下去的，所以红旗的后面是黄旗。
师：如果让你给彩旗按你找到的规律分组，好把彩旗排列的规律看得更清楚。你准备怎样分？谁来指指？为什么这样分？（小旗就是这样一组一组重复出现的，规律看得特别清楚）
2. 课件出示花朵图、灯笼图和小朋友的队列图
师：彩旗的规律我们已经找到了，那么花朵的排列、灯笼的摆放和小朋友的队伍又有什么规律呢？下一朵花、下一个灯笼会是什么颜色？下一个小朋友是男孩还是女孩？该怎么给它们分组呢？把你发现的秘密小声地告诉同桌。（幼儿思考、交流）
师：谁愿意把你的发现告诉大家？
幼1：花朵是按绿花、紫花、绿花、紫花这样的顺序一直排下去的，所以下一朵花是绿色的。
幼2：灯笼是按紫色、红色、紫色、红色这样的顺序一直摆下去的，所以下一个灯笼是紫色的。
幼3：小朋友是按男孩、女孩、男孩、女孩这样的顺序一直排下去的，所以下一个小朋友是女孩。
师：该怎么分组呢？（根据学生的回答，随机点击，出现正确分组）
3. 小结
彩旗、灯笼、花朵的摆放和小朋友的队伍都是按一定的顺序一组一组重复排列的，像这样的排列我们就说它是有规律的。

三、智力闯关，应用规律

师：小朋友们可真能干，一下子就找到了彩旗、花朵和灯笼排列的规律，接下来我们进行闯关游戏，有信心吗？

（一）第一关：猜一猜下一个是什么？

出示课件，幼儿回答规律是什么、下一个是什么。

师提问：比一比，第一组和第二组的规律有什么不同？

总结：

（1）一个是2个2个一组，一个是3个3个一组。

（2）一个只有颜色的规律，一个既有颜色又有形状的规律。

点评：对比，让孩子们体会到规律既可以是单层的，也可以是多层的；既可以是2个2个一组的，也可以是3个3个一组的，体会规律的多样化。

（二）第二关：涂一涂

（出示课件）师：同学们表现得很不错，接下来你们能按照规律涂颜色吗？

师：谁来汇报你是怎样涂的？（指定个别幼儿汇报）

师：还想不想进行涂色比赛？

师：第3小题谁发现有其他规律？（引导学生从颜色、形状两方面来发现规律）

（三）第三关：看谁找得快

出示课件，让幼儿找一找下一个图片会是什么，并指定个别幼儿进行反馈。

（四）活跃课堂气氛，在歌曲中找规律

出示课件，播放音乐《幸福拍手歌》，请幼儿边唱边跳。

四、联系生活，寻找规律

（1）师：有规律的事物常给人一种美的感觉，让我们一起来欣赏规律的美吧。（课件出示图片）

（2）师：规律在我们的生活中真的是无处不在呀，你们能发现藏在我们身边的规律吗？（课件出示：找找藏在我们身边的规律）

幼：教室的天花板、地板、黑板上的奖品、自己的衣服。

师：我们已经认识了一些规律，小朋友们能不能自己创造新的规律并用学具把它摆出来？

幼儿动手摆，教师巡视，好的及时表扬。

（3）汇报。展示学生的作品。

五、课堂总结

师：你们开心吗？（开心）老师也很开心，这节课你们有收获吗？谁来说说你们的收获？

师：除了按照事物的颜色、形状来找规律外，生活中还有很多图画、动作、声音的规律，勤于思考、善于观察的孩子一定会发现这些奇妙的规律。只要我们善于观察，就会发现很多美的事物。只要我们努力去创造，就会让我们的生活更美好！

（二）渗透性数学教育活动

数学教育无处不在，数学在生活的每一个地方。世界万物均是由一定的数，按照一定的形和序构成的。幼儿是借助"数"和"形"认识与把握周围世界的基本结构与秩序的。因此，在日常生活中对幼儿进行数学教育是可行的。要让幼儿在生活中感知数学的存在、数学的用处。

幼儿数学教育活动不仅是从学科本身的逻辑结构和起点出发的专门性的活动，也包括围绕着幼儿生活，在主题活动中融入数学教育的内容。因此，渗透和整合幼儿数学教育活动是幼儿园数学教育活动的又一重要途径。

1. 活动区、角中的数学教育

在活动室有各种区、角，在区、角活动中会自然生成数学活动，例如去超市买东西、拍球的次数、活动的时间、活动的人数要求等，都自然地运用数学知识来解决活动中的问题。在这些活动中，幼儿的数学概念初步形成。

2. 日常生活中的数学教育

在日常生活中，数学知识一直在幼儿身边。早晨出早操的时间、上课的时间、离园的时间等，帮助幼儿形成时间概念；午餐餐具的摆放，帮助幼儿形成"一一对应"的概念等。在日常生活中，教师要善于发现数学知识的应用，运用数学知识解决生活中的问题，使幼儿感受到数学的有趣和有用。

二、幼儿数学教育的方法

幼儿数学教育有自身的特点和规律，幼儿学习数学也有特点。在进行幼儿数学教育时，要结合幼儿数学教育的规律和幼儿学习数学的特点，采取恰当的方法，让幼儿在轻松愉快的氛围中建构数学知识，获取数学经验。

（一）操作法

操作法是教师进行数学教育的基本方法，同时也是幼儿学习数学的基本方法。操作法是教师提供给幼儿足够的实物材料，创设一定的情境，让幼儿在亲自摆弄材料的过程中进行探索，从而获得数学经验、知识和技能的一种方法。幼儿对数学知识的认知和理解是不能从客体本身获得的，而应从改变客体的动作中获得。幼儿在实际的数学教育活动中，与材料相互作用，这样才能对某一数学概念或规律有所体验，才可能获得直接经验。这种体验和经验是幼儿建构初级概念所必需的。所以，操作法是幼儿学习数学的基本方法。

运用操作法时要注意：

1. 操作目标要明确

在幼儿动手操作前，教师要向幼儿说明操作的目标、要求和具体的方法，以便幼儿的操作具有一定的方向性，保证幼儿操作活动的有序发展，顺利达到教师的预定目标。确立数学教育活动目标时，要考虑幼儿认知、情感、技能方面的内容和要求，并且每一个方面都有侧重点。认知方面，主要引导幼儿学习一些浅显的数学知识和技能，帮助幼儿获得感性经验。感性经验获得的直接方法，就是通过操作来获得，操作能够很好地帮助幼儿实现从形象到抽象的过渡。

2. 操作材料要合理

操作材料要贴近幼儿的生活，要为幼儿所熟悉，要以幼儿的兴趣和需要为前提。教师在准备幼儿操作材料时，要保证材料的充足，能够使幼儿在操作和支配材料的过程中建构数学知识。最重要的是，对于不同年龄的幼儿，准备的操作材料要有差别；年龄不同，运用的操作方法也要有所不同，要考虑幼儿的年龄特点和实际水平。例如小班的幼儿操作时要人手一份操作材料，而且要求幼儿自己动手更多一些；大班则可以使用书面类的操作材料，如涂色、记录材料等，也可以是每小组一份操作材料。

3. 操作时间要充足

幼儿在进行操作活动时，教师要给予必要的指导，应为幼儿准备可进行操作活动的合适场地，提供必要的条件。幼儿在进行操作活动时，教师要保证幼儿有足够的时间进行探索，保证操作材料在学习数学以及发展幼儿初步数学概念方面的作用。允许幼儿在操作的过程中交流、沟通、讨论，教师要适时地参与、指导幼儿的活动，这样有助于幼儿通过思考来获取知识，有利于幼儿养成自我学习、互相学习的良好习惯。

4. 操作结果要总结

操作活动结束后，教师要与幼儿一起讨论操作的结果，帮助幼儿将操作中获得的感性经验加以归纳和整理，形成明确的概念。对幼儿操作活动进行知识性的总结，可以帮助幼儿将操作过程中获得的零星的、粗浅的、感性的经验条理化和理性化，形成一定的认知结构，帮助幼儿形成比较完整的数学概念。对操作活动进行技能的总结，可以培养幼儿运用多种方法进行操作的技能，培养幼儿科学规范的操作技能。操作活动的总结，可以培养幼儿学习数学的良好品质和实事求是的科学态度。

（二）游戏法

幼儿数学教育中的游戏，主要是数学游戏。数学游戏是根据幼儿具体形象的思维特点，将抽象的数学知识寓于幼儿感兴趣的游戏中，让幼儿在自由、宽松的环境中学习数学的一种方法。幼儿数学教育中的游戏是一种有规则的游戏，是在数学教育过程中用以完成一定数学任务的游戏。游戏要有相应的动作和规则，教师可以将要求幼儿掌握的初步的数学知识和技能，渗透到规则和动作中，幼儿在游戏中通过观察、比较、分析结果，进行抽象概括以及判断推理，形成数学概念。

数学游戏的种类很多，教师要根据不同的数学教育内容选择相应的数学游戏，达到运用游戏进行数学教育的目的。

（1）操作性的数学游戏：幼儿通过一定的游戏规则，操作玩具或实物材料，从而获得数学知识。例如"图形找家""一一对应""按物体的形状分类"等。

（2）情节性的数学游戏：通过一定的游戏情节、内容和角色，按照游戏的情节安排来学习数学知识。例如小班认识"1"和"许多"，可以进行"小猫钓鱼"等情节性的数学游戏，认识序数，可以运用"开火车""搬家"等情节性的数学游戏。

（3）竞赛性的数学游戏：通过在数学游戏中增加竞赛的性质，巩固已经掌握的知识并锻炼幼儿发散思维的敏捷性。竞赛性的数学游戏适合中、大班幼儿，这类游戏可以满足幼儿的竞赛需求、好胜心，但是教师要慎重处理竞赛的结果，注重学习的过程，正确引导幼儿正确对待竞赛结果。

（4）数学智力游戏：运用数学知识，以促进幼儿智力发展为主。数学智力游戏能够极大地调动幼儿思维的积极性，培养思维的灵活性和敏捷性，提高幼儿运用数学知识解决问题的能力。例如在复杂的图形中，找出有几种图形以及每种图形有几个。

（5）运用各种感官的数学游戏：通过不同的感官进行数学学习，发展幼儿对数、形、时间、空间等的各种感知能力。例如"奇妙的口袋""听音计数"就是利用幼儿的触觉、听觉感知几何形体和数目的。

运用游戏法时要注意：

1. 游戏中要体现幼儿的主体性

幼儿是学习的主体。在游戏中要注意多给幼儿动手的机会，及时为幼儿创设一定的空间、环境，使幼儿能够主动探索、主动发现、主动建构。教师在游戏中要起到引导的作用，帮助幼儿在游戏中找到问题所在，找到解决问题的方法，并引导幼儿运用多种游戏方法解决问题，挖掘幼儿的潜能。

2. 游戏要与幼儿的实际生活相结合

幼儿的学习过程都是从实际生活中获得的。《纲要》中指出："引导幼儿对周围环境中的数、量、形、时间、空间等现象产生兴趣，构建初步的数概念……"要在游戏中建构数学教育，游戏情节的设计要贴近幼儿生活，应该是幼儿生活中能感受并能唤起相应体验的情节，引起幼儿的兴趣。例如排队、招待客人、照镜子等游戏。

3. 游戏的选择要与幼儿年龄特点相结合

应尊重幼儿的发展水平，选择难度适宜、符合幼儿兴趣和发展需要的数学内容来融入游戏。选择游戏的时候，要看是什么样的数学内容，然后采用与之相适应的游戏活动。在进行数学游戏活动时，要根据幼儿的年龄特点，有效地控制游戏时间，让幼儿在有效的时间内高效地掌握数学内容。为幼儿提供表现自己长处和获得成功感的机会，增强自尊心和自信心。

（三）讲解演示法

讲解演示法是指教师一边讲解一边演示教具，把抽象的知识与口头讲解相配合，直接地呈现出来的一种方法。幼儿的数概念是在后天的影响下形成的。基数、序数、相邻数、数的守恒等都是需要教师的讲解，幼儿才能明白、理解的。这种讲解与演示相结合的方法，适用于帮助幼儿理解比较抽象的数学概念。

运用讲解演示法要注意：

（1）突出重点：讲解要紧紧围绕幼儿掌握数学知识的要点和技能，不能分散幼儿的注意力，讲解要求知识准确、重点突出，要让幼儿在短时间内理解知识点。

（2）语言简练：要抓住概念的关键词，讲解时语言要简练、生动、准确、通俗易懂。

（3）教具直观：演示的教具应该是幼儿熟悉的物体，尽量避免新奇物体分散幼儿的注意力。

（四）启发探索法

启发探索法是教师在教学过程中，依靠幼儿已有的数学知识和经验，启发幼儿去探索和获得新的知识。启发探索法是幼儿在教师的指导下，学习数学的一种重要方法。启发探索法能够激发幼儿学习的兴趣，最大限度地调动幼儿学习的积极性，激发幼儿积极地思考，独立地探索并获得新的知识，养成幼儿独立思考的学习习惯。

运用启发探索法时要注意：

1. 提问要开放

启发探索法适用于各个年龄段，应贯穿于数学教育的全过程。教师在进行启发探索时要注意所提问题能够引导幼儿思路、引导幼儿探索的方向，最大限度地调动幼儿参与活动的主动性。提问应该是开放性的，培养幼儿进行积极的思维。

2. 讨论有主题

教师提出问题后，要让幼儿有独立思考的时间。然后，教师要让幼儿带着问题去讨论、探索，在探索过程中，尝试解决问题。教师要创设良好的环境、条件，开展幼儿之间的共同探索活动。幼儿可分组进行讨论，在讨论过程中，允许幼儿自由交流，在交流中幼儿能够对数有粗浅的认识，便于形成数概念。

3. 面向全体

教师的提问要面向全体幼儿，同时注意幼儿的个体差异。幼儿对问题的探索能力不同，教师要鼓励并帮助有困难的幼儿，教会幼儿探索的方法，让幼儿敢于说出自己探索的结果，最后教师要总结全体幼儿探索的结论。

第四课　幼儿数学教育活动的设计与指导

幼儿数学教育活动设计是指依据一定的数学教育目标，选择恰当的教学教育内容和形式，对幼儿施加教育影响的方案。数学教育活动是教师为促进幼儿数概念发展而开展的一项创造性工作。幼儿数学教育活动一般以专门教育的形式完成，是教师有针对性地计划、组织和指导幼儿进行数学学习的活动。教师对幼儿数学教育的目标、幼儿学习数学的特点、教学方法的运用等的掌握程度，是决定教育活动设计、组织和指导是否成功的关键因素。

一、数前准备的教育活动设计

幼儿数学教育中，数前准备的主要内容就是集合，集合是现代数学的一个最基本的概念。幼儿数学启蒙教育中以具体集合概念和一一对应作为感性基础，利用幼儿已有的生活经验和周围环境，将集合观念渗透在数、形等方面，并先于数教育。这样有利于幼儿形成数概念，更有利于幼儿理解知识，促进计算思维的发展。

幼儿集合概念的形成、发展经历的是一个由泛化笼统到精确的过程。幼儿期感知集合教育是指在不教给幼儿集合术语的前提下，让幼儿感知集合及其元素，学会用对应的方法比较集合中元素的数量，并将有关集合、子集及其关系的一些思想融入整个幼儿数学教育的内容和方法中。

（一）分类、排序教育活动的设计

1. 分类教育活动的设计

分类是幼儿认识数和学习计数的基础。分类是一种智力活动，是逻辑思维的一个重要组成部分。幼儿在学习分类的过程中感知、理解集合及其元素，分类活动能够促进幼儿分析、

比较、观察、判断、综合等思维能力的发展。

分类活动是幼儿园数学教育中的一项重要内容。首先，在进行分类教育活动时，教师应教会幼儿如何感知和辨认分类对象；其次，讲明分类的标准并进行示范，逐渐提高分类的难度，同时要给幼儿一定的操作时间；最后，要谈论分类的结果。幼儿的分类能力有明显的年龄差异，在设计教育活动时要注意幼儿的年龄特点，设计符合幼儿年龄特点的分类形式。

（1）按物体的名称分类，这是最初的分类，即把相同名称的物体放在一起。例如在一堆玩具中找出娃娃，放在一起。一般在小班（3岁左右）的幼儿中进行这种分类活动。小班的幼儿不能按照某一特征进行分类，幼儿对物体的感知是笼统的、模糊的，分不清物体的本质特征和非本质特征，所以只能按照名称进行分类。

（2）按物体的外部特征分类，即按照物体的颜色、形状等分类。颜色、形状的种类多少应根据幼儿的实际水平而定，一般在幼儿园中班（3~4岁）的幼儿中进行这种分类活动。中班的幼儿能够按照物体比较明显的特征进行分类。

（3）按照物体量的差异分类。即按照物体的大小、长短、高矮、粗细、厚薄、轻重等量的差异分类。一般在幼儿园大班（5~6岁）的幼儿中进行这种分类活动。大班幼儿已经能够按照物体的颜色、形状、大小及用途等进行分类，但是不能离开具体的分类情景。

（4）按照物体的空间方位分类，即按照天上飞的、地上跑的、水里游的、桌子上的、桌子下的等进行分类。这种分类活动一般在大班中进行。

（5）按照数量分类，即把分类和认数相结合，既提高幼儿的分类能力，又加深幼儿对数的认识。这种分类活动一般在中班、大班进行。

案例二

活动名称：分类。

活动班级：中班。

活动背景：

"分类"是数学活动中的一个重要内容，在日常生活中也经常运用。比如：超市里物品的摆放、图书馆里图书的摆放、家中整理房间等都要运用到有关的分类知识。《纲要》中指出，要让幼儿从生活和游戏中感受事物并体验到数学活动的乐趣和重要性。为了将枯燥、逻辑性较强的数学知识变得生动、浅显易懂，并融入幼儿感兴趣的操作活动中，设计了本次活动。整个活动以幼儿熟悉的火车为活动题材，将"为货运火车装运货物"的游戏贯穿始终。活动中，让幼儿主动探索、尝试操作，在玩、试、想、做、议中不断发现问题，解决问题，从而获得有关分类的经验，发展幼儿的合作、协商、操作能力，让幼儿充分体验到数学的重要性和有趣性。

活动目标：

（1）鼓励幼儿尝试探索"分类装货物"的方法。

（2）发展幼儿的合作、协商能力和倾听能力。

（3）体验数学活动的乐趣，分享成功的喜悦和快乐。

活动准备：

（1）幼儿对火车已有初步的感性认识。

(2) 16块火车外形的底板（15块小的，1块大的）、各种货物卡片、各种图形片。
(3) 多媒体课件。

活动过程：

一、创设活动情境，激发幼儿活动的兴趣

(1) 多媒体演示，让幼儿观察、了解火车分为客运火车和货运火车两种。

师："小朋友们，你们看，我们来到了哪儿？"

(2) 师："五一劳动节刚过，装运货物的工人叔叔们又开始繁忙地工作了，他们想请小朋友们帮忙，一起装运货物，你们愿意吗？"

二、操作活动

1. 幼儿分组合作，第一次尝试装运货物（为一节车厢的火车装运货物）

(1) 请幼儿观察认识各种货物，初步感性认识"分类"。

(2) 请幼儿尝试装运货物，并为车厢设计标记。

活动要求：幼儿四人一组，分配角色，协商讨论选出小组负责人及操作结果汇报员。（要求每组幼儿全部完成任务，重点指导能力弱的幼儿完成任务，体验成功的喜悦）

(3) 汇报操作结果。

2. 第二次尝试装运货物（为两、三节车厢的火车装运货物）

(1) 幼儿尝试装运货物，并为每节车厢设计标记。

活动要求：首先完成两节车厢的操作任务，在验货认可、将列车放回货场后方能进行三节车厢的操作。（两节车厢的操作是满足能力中等幼儿的需求，三节车厢的操作是为能力强的幼儿提供提高能力的机会）

(2) 请个别幼儿讲一讲自己是怎样摆放的。

3. 幼儿集体合作装运货物（将具体的实物操作卡片换成抽象的图形卡片）

(1) 出示一列大火车。

师："现在，我们要把这些木材分别运送给三位客人。一位是南京的客人，他要红色的木材；一位是北京的客人，他要圆形的木材；还有一位是新疆的客人，他要的是大的木材。请你们想一想，该怎样摆放这些木材？"

(2) 请幼儿自己检验"劳动成果"，体验成功的喜悦和快乐。

三、活动延伸

(1) 小结集体操作情况，发现交集分类的现象，为下次活动打基础。

(2) 幼儿愉快地走出活动室，结束活动。

2. 排序教育活动的设计

排序是建立在比较基础上的思维活动，是反映幼儿思维判断与推理能力发展的一项重要活动。设计排序教学活动时要按照从小到大的数量排序；从次序排序到特定规则排序；从参照排序到独立排序。排序教育要根据幼儿的年龄特点设计教学活动方案。

(1) 按照次序关系排序包括按照物体量的差异和数量多少的次序排列。例如圆点卡片1～5，皮球、小棍等。

排序是以比较为基础的，最简单的比较是两两比较。排序最小的数量是3，设计小班幼儿排序活动时，可以从数量为3的物体开始排序。小班幼儿能够排好3个物体的顺序后，再

逐渐扩大到4个、5个物体排序。中班可排7个，也可增加到10个。对于大数量的排序，也同样是按照先找两端、再逐一比较、最后确定序列的步骤进行。

（2）按照特定规则排序包括按照物体的外部特征、量的差异、数量多少、派发位置的特定规则排序。

在量的比较教学中，幼儿已经积累了一定的对物体大小、长短、粗细、高矮等量的特征进行区分的相关经验，一般来说，次序规则在先，特定规则在后。按照量的次序规则排序实际上就是幼儿理解量的差异的一种操作表现。

幼儿通过不同形式的操作活动可以理解和掌握不同形式的排序。当幼儿积累了较多的排序经验以后，教师可以启发幼儿自己去寻找排序材料中的不同，按照自己的理解独立思考，并尽可能用不同于他人的方式来排序。

案例三

活动名称：海底总动员。

活动班级：中班。

活动目标：

（1）发现物体排序的规律，愿意大胆表达自己的想法。

（2）尝试按规律排序，能有序地进行操作，体验数学活动的乐趣。

活动准备：歌曲《海底总动员》、轻音乐、动物图片、幼儿操作材料。

活动过程：

一、情境导入，激发兴趣

这里是美丽的海底世界，让我们听着音乐一起去海底世界游一游、玩一玩吧！（边听音乐边学小鱼游）

二、感知ABABAB的规律，亲身尝试

（1）小丑鱼和蓝藻鱼有几条？它们谁多、谁少？还是一样多呢？

（2）小丑鱼第一个来排队，蓝藻鱼排在小丑鱼的后面，又有一条小丑鱼游来了，后面还跟着一条蓝藻鱼呢！猜猜蓝藻鱼后面会跟着谁？为什么？

总结：它们是按照一条小丑鱼、一条蓝藻鱼、一条小丑鱼、一条蓝藻鱼……这样的规律来排队的。

（3）游戏：出示小丑鱼、蓝藻鱼的标记，请幼儿扮演小鱼，按规律排队。

（4）演示蓝藻鱼在前的排队方式，讨论应该怎样排队。

（5）请幼儿扮演小鱼，按规律排队。

三、感知ABBABB的规律，拓展思维

（1）小丑鱼和两只海星开始玩排队游戏啦！看看他们是怎么排队的？

（2）接下来是谁呢？你为什么这样排？

总结：原来可以有很多种规律来排队，每次排队的方法都可以不一样。

四、实践操作，提升经验

（1）讲解操作要求——请动脑筋找出操作板上小动物排队的规律，接着排下去。

（2）幼儿操作，教师巡回指导，引导先完成的幼儿讲述规律。

（3）展示操作板，进行分析，进一步深化对规律的认识。

(4) 你们会按照一个男孩子、一个女孩子、一个男孩子、一个女孩子这样的规律排队吗？请大家试试看！

(二)"1"和"许多"、"一一对应"的数学活动设计

1."1"和"许多"

"1"是自然数的基本单位，也是表示集合中元素数量的基本单位。"许多"是一个笼统多数的词汇，代表含有两个以上元素的集合。区别"1"和"许多"为幼儿正确学习逐一点数和认识10以内的数量奠定了基础。这是3岁前幼儿数前教育的重要内容，可以进行以下设计：

（1）通过观察和比较，区别一个物体和许多个物体。

（2）采用游戏或操作的方法理解"1"和"许多"的关系。例如1个、1个……合起来是"许多"；"许多"可以分成1个、1个……

（3）通过感官感知"1"和"许多"。例如跳一下，跳许多下；找寻一个东西，找寻许多东西；幼儿园中的一个水壶，许多水杯。

2."一一对应"

"一一对应"就是比较两组物体的数量，确定两组物体是否一样多，哪个多，哪个少。这是不用数数进行的数量比较活动，可为幼儿将数与物建立"一一对应"的关系，进而准确地数数奠定基础。这是3岁左右幼儿数前准备教育的重要内容。

二、数系列教育活动的设计

数概念是数学中的基础知识，也是幼儿开始积累数学感性经验时首先遇到的问题之一。幼儿掌握数概念是一个比较复杂的过程，一般经过感知物体、产生数的表象、形成抽象数概念三个复杂的智力活动过程。这个过程既有连续性，又有一定的阶段性。不同年龄的幼儿，发展水平和接受能力是不同的。幼儿数概念的发展主要表现在计数能力的发展、数序概念的发展、认识数的组成以及加减运算等几个方面。

(一) 认识和理解10以内的数的教育活动设计

10以内数的概念的发展主要是计数能力和数序概念的发展。具体的教育活动有计数、基数、序数、数序等数学活动。在进行教育活动设计时，既要考虑幼儿认识数的特点，又要注意培养幼儿的数学思维。

（1）计数：幼儿数概念的发展是从计数开始的，并通过计数活动来实现对数的认识。

计数是一种操作活动，是以数的形式表示物体数量的活动。计数活动的实质是将具体集合的元素与从"1"开始的自然数之间建立起一一对应的关系。在不遗漏、不重复的情况下，数到最后一个元素所对应的数就是计数的结果，也就是总数。

计数是一种有目的、有手段、有结果的活动。其目的是确定物体的数量，手段是一种数数的操作，结果表现为数的形式。作为一种技能，计数活动涉及三个部分：用正确的顺序说出数词；能确认可用于计数的若干单位物体；能把数词和计数的单位物体一一对应。

计数的活动设计主要有按物取数或按数取物、目测数数、按数群数数、顺着数和倒着数。在活动中要观察幼儿掌握的情况，可适时增加计数的难度，使幼儿逐步学会不受物体颜

色、大小、形状、排列形式的干扰，正确判断物体的数量、掌握数量的守恒，从而真正理解数的意义。

（2）基数：表示物体数量的自然数或正整数。因自然数有单数和双数之分，所以认识单数、双数可以视为对基数含义的深入理解。

基数概念是幼儿数概念形成的开始和基础。基数的教育主要在小班、中班进行。一般的基数教育活动设计有：会手口一致地点数；学习一些常用量词；掌握10以内数的顺序。大班的基数活动设计有：认识10以内数的倒数，能够正确区分10以内的单数和双数。

（3）序数：自然数可以表示物体的数量，也可以表示物体的次序，当自然数用来表示事物的次序时，称为序数，通常用"第几"表示。

认识序数以认识基数为基础，因此序数的教育一般安排在基数学习之后，一般在中班进行。序数的教育活动设计一般遵循从一个方向的判断开始，然后再逐步进行到从不同的方向判断，最后学习二维判断，即同时从两个方向来判断。指导幼儿活动时，要教会幼儿判断序数的方法；利用教具多种样式的排列帮助幼儿明确计数方向；让幼儿体验基数和序数的转换。

案例四

活动名称：区别基数和序数。

活动班级：中班。

活动目标：

(1) 区分基数和序数，知道"几个"和"第几个"的含义，感知序数的方向性。

(2) 对序数和基数现象感兴趣，初步建立良好的秩序感。

活动准备：

(1) 有若干车厢的小火车背景图一幅、小动物图片、轻音乐。

(2) 幼儿操作纸、蜡笔等。

活动过程：

一、情境导入

1. 数车厢（教师指导操作）

"呜……一列长长的火车开来了，小朋友，谁来帮我数一数这辆火车一共有几节车厢？（8节车厢用数字8表示）你是从哪里开始数的？"（引导幼儿从火车头开始数起，并做好箭头标记）

2. 数动物

"看，小动物们都来车站集合，准备去春游啦！数一数站台上一共来了多少只小动物？"

"谁排第1？你是从哪里开始数的？"

3. 乘火车

"这么多小动物要乘车，谁应该第1个上车？为什么？"（小猴子排在第1个）

"排在第1个的小猴子先上车，它的座位是从火车头开始数的第4节车厢，谁来把小猴子送到它的车厢里？"（送到后和小朋友一起检查有没有送对）

"接下来轮到谁上车了？熊猫的座位在从前往后数的第2节车厢，谁来把熊猫送到它的车厢里？"

"轮到小猫上车了，小猫的座位在熊猫和小猴中间，谁知道它坐在第几节车厢？"

"现在火车上有几只小动物？它们分别坐在哪节车厢？"

4. 小结

再次巩固序数和基数的不同。

二、幼儿自由操作

1. 分散操作

"还有小动物也想赶快上车呢，请小朋友按照顺序把所有的小动物都送上车，帮它们找到自己合适的位置。"（轻音乐）

2. 集体检查

"现在所有的小动物都上车啦，我们来看一看小动物们都坐在第几节车厢。"（引导幼儿运用语句："××动物坐在第×车厢。"）

"现在谁能说一说，第5节车厢里坐了谁？"（"×节车厢里坐着××动物。"）

3. 教师小结：要知道每只小动物在哪节车厢，可以数一数，从火车头开始数，数到几，就是第几节车厢。

三、逛公园（操作游戏）

"小动物们都上车了，火车开动了，呜……咔嚓咔嚓，公园到了！春天的公园真美呀！美丽的花朵都开了，好漂亮呀！这里一共有几盆花？"（个别数、集体数）

"小猴子要买一点花装饰自己的家，看看小猴伸出了几根手指？它要买几盆花？"

"小猴子买了3盆美丽的花，它还要买1个水壶，它喜欢从箭头开始数的第3个水壶，请小朋友把小猴子想买的水壶圈出来。"

"小动物们玩累了，它们来到了蛋糕店买甜甜圈和饮料，猜猜小兔子需要买些什么？"（5个甜甜圈和第5瓶饮料）

"请小朋友帮小猴子和小兔子选出它们需要的东西，数第几个的时候一定要从箭头开始数起，数到几就是第几个。"

四、讲评操作部分

请个别幼儿讲述自己的操作，师生共同验证，及时纠正错误的操作。

五、结束部分

"小动物们看到了这么多美丽的花朵，品尝到了美味的食物，现在它们要乘火车回家了。呜……呜……火车又要开动啦！"（音乐响起，全体幼儿听音乐玩开火车，走出活动室）

（4）数序：自然数的顺序。每个数在自然数中都是按照后面的一个自然数比前面一个自然数多1的规律排列起来的。数序指的是每一个自然数在自然数列中的位置以及与相邻两数之间大小的关系。

幼儿在学习计数的过程中，已经对数字的顺序有了一些初步认识。但开始学习计数时，往往是在一个数词与另一个数词之间机械地建立起联系，并不明白数的顺序关系。幼儿通过不断的操作活动，如比较实物数量的多少和给实物排序等活动，可逐渐掌握数的顺序关系。在幼儿园中，在中班、大班进行数序的学习。数学的活动设计以操作活动为主：通过操作知道10以内自然数列中相邻两数之间多1和少1的等差关系；学习10以内的相邻数，知道相邻数之间的等差关系。设计教育活动时要注意，幼儿数概念发展的一个关键经验就是运用数序的观念排出10以内的自然数列，理解数列中数的顺序和数差关系。对于数字的顺序，从根本上说是和"多1"的概念联系起来的。在学习整体数列之后，开始学习相邻数。

案例五

活动名称：树叶里的秘密。

活动班级：大班。

活动目标：

(1) 理解单双数的实际意义，培养数数、统计和比较等应用数学的能力。

(2) 观察树叶特征，用语言表达自己对树叶的认识。

(3) 同伴间互相学习，体验探究的快乐。

活动准备：

(1) 塑封好的树叶标本若干（陈列在两块展板上）、水笔人手一份。

(2) 相关表格两张。

(3) 幼儿初步学过单双数。

活动过程：

1. 观察树叶，讨论树叶特征

师：这里有什么呀？

师：树叶里藏着很多秘密呢，我们一起来看一看、找一找。

师：树叶有什么秘密？

2. 叶片的统计与分析

(1) 数叶片，探究不同的数数方法，感受应用数学中数数方法的多样性。

师：请数数一根叶柄上有多少片小叶片并记录下来。（幼儿用各种方法开始数叶片，教师巡回观察。）

师：这么多叶片，你是怎么数的？

(2) 讨论哪种方法又快又准确。

师：小朋友用了很多种方法数叶片，你认为哪种方法又快又准确？

小结：生活中，我们在数数量较多的东西时，有很多种方法，小朋友可以采用最适合自己的方法，将东西数得又快又准确。

(3) 分析探索叶片的单双数规律。

师：让小叶片两片两片做好朋友这种方法很有趣，我们一起用这种方法再来数一数。（幼儿把叶片两片两片放在一起，然后数一数，教师巡回指导。）

讨论分析：

师：你们发现了什么？（有的树叶，它的叶片两片两片都找到了好朋友，有的还剩下一片没找到朋友。）

树叶分类：

师：这里有两张表格，我们把都能找到好朋友的叶片归到这张表格里，把还剩下一片没有找到朋友的叶片归到另外的一张表格里，看看会发现什么秘密。

统计数字：

师：能两片两片成为好朋友的叶片，上面小叶片的数量各是多少？还剩下一片没有找到好朋友的叶片，上面小叶片的数量又各是多少？

分析两类数字的特点：

师：6、8、10、12、14 这些数是什么数？7、9、11、13、15 这些数又是什么数呢？

师：6、8、10、12、14 这些数是双数，7、9、11、13、15 这些数是单数。

师：谁有不同的意见吗？（讨论 10 以上的单双数。）

讨论发现：已经学过的单双数规律同样适用于 10 以上的数字，拓展已有经验。

3. 结束活动

出示叶片数量是 1~5 的树叶，建构完整的单双数序列。

总结：今天我们发现了树叶里的秘密，它们的叶片有的是单数，有的是双数。在我们的生活中还有许多关于数学的秘密，大家要用心去寻找！

（二）10 以内数的组成和加减运算的活动设计

幼儿在发展数概念的同时，计算能力也在逐步地发展着，而且与数概念的发展有着紧密的关系。幼儿计算能力的发展具有一定的顺序性和阶段性。

1. 10 以内数的组成

数的组成是指自然数列中除 1 以外的任何一个数，都可以分成两个部分，这两个部分数又可以合成原来的数。也就是说，一个数（总数）可以分成几个部分数，几个部分数又可以合成一个数（总数）。幼儿学习数的组成，只是学习一个数与两个部分数之间的分合关系。

幼儿掌握数的组成既是数群概念的发展基础，也是进一步理解数之间关系的标志。幼儿对数的组成的理解比对基数、序数的理解晚一些。因为要理解数的组成，一定要理解基数，要有初步的数概念，并且要有一定的分析、综合和比较能力，幼儿必须掌握并运用集合与子集、子集与子集之间的关系，其中包含可逆的过程，还包含整体和部分的关系。

数的组成的学习，有助于幼儿对其中蕴涵的数量关系的感知和理解。掌握数的组成可以使幼儿从整体与部分的关系中理解数与数之间的关系，不仅能加深幼儿对数概念的理解，也能提高幼儿的思维能力。学习数的组成是理解加减运算的基础。

设计数的组成活动时要注意：让幼儿理解数的组成的实质是数群和子群之间存在等量关系、互补关系、互换关系的反映。幼儿数的组成教育以操作活动为主，让幼儿在操作中理解组成的含义，理解上述三种关系的意义。一般先用实物练习分与合，同时用数字表示出来，然后过渡到直接用数字进行分合练习。

等量关系，即总数可以分成相等或不相等的两个部分数，两个部分数合起来等于总数。

互补关系，即在总数不变的情况下，一个部分数逐渐减少或增加，另一个部分数就逐渐增加或减少。

互换关系，即两个部分数交换位置，总数不变。

由于数的组成实质上是一种概念水平上的数运算，因此要引入运算符号，这种数运算也就变成了形式上的加减运算。例如幼儿把 4 分成 3 和 1，以及将 3 和 1 合起来是 4 时，就可以导出 "3 + 1 = 4" "4 - 1 = 3"。因此，学习数的组成可以为幼儿学习加减运算积累感性经验。幼儿在抽象水平上掌握数的组成之间的数群关系，也就直接成为掌握加减运算中数群关系的基础。4岁之前的幼儿不能理解数的组成，5岁以后，幼儿能初步理解数的分合，但不全面、不稳定，表现为常常漏掉某一种组成形式，并且对互换关系的实际意义不太理解。5岁半以后，幼儿对数的组成的理解能力发展较快，6岁半左右能基本掌握数的组成。所以在幼儿园数学活动中，小班、中班不进行数的组成教育，中班下学期可以进行简单的渗透，大班开展数的组成教育。

案例六

活动名称：3的分解与组成。
活动班级：中班。
活动目标：
(1) 引导幼儿通过实物操作，学习3的分解与组成，了解互换规律。
(2) 培养幼儿的理解能力。
教学重点、难点：引导幼儿理解相邻数的关系。
活动准备：每个幼儿1个小盒子、2个小口袋、3个苹果图。
活动过程：

一、3的分解
1. 以讲故事的形式引题
师：秋天到了，果园里的苹果都成熟了，果园里的叔叔给我们每一位小朋友都摘了苹果，不过果园里的叔叔说要答对题目才可以"吃"。大家现在看看，你们的小盒子里有几个苹果？
(让幼儿边数边回答) 师：我们的爸爸妈妈辛苦工作一天了，让我们把苹果放到两个口袋里，带回家让他们尝一尝好吗？
师：现在让我们看看每个口袋里能分几个？(让幼儿自己动手)
引导幼儿说出自己是怎样分苹果的，并引导幼儿理解3可以分解成2和1、1和2。

二、学习3的减法
(1) 教师请一位小朋友说说，把果园叔叔给我们的3个苹果装在两个口袋里，其中1袋给爸爸，那妈妈的那一袋应该是几个？(让幼儿动手操作、数一数、说一说)
(2) 引导幼儿根据分解式，学习3的减法算式。(3可以分成1和2、2和1，$3-1=2$，$3-2=1$)
(3) 引导幼儿根据教师的故事进行操作。

三、学习3的加法
(1) 师：爸爸妈妈是爱我们的，爸爸的苹果和妈妈的苹果又放回了盒子里。宝宝们，你们摸一摸现在的盒子里有几个苹果？(让幼儿动手操作、数一数、说一说)
(2) 学习3的组成，让小朋友知道3是由1和2或2和1组成的，$1+2=3$，$2+1=3$。
3. 引导幼儿根据教师的故事进行操作。

(四) 巩固练习（教师和小朋友互动）
儿歌：《3的分解组成》。
小朋友问问你，3可以分成几和几？

老师，我告诉您，3可以分成1和2，1和2合起来是3。3可以分成2和1，2和1合起来就是3。

教学反思：

这节课教师根据幼儿的思维特点和学习规律，在轻松的游戏中，帮助幼儿通过充分的实物操作，建立和理解数及符号的意义，真正地掌握数的概念。活动中，教师选用了小盒子、小口袋和苹果图这些幼儿平常熟悉、喜欢玩的物品，既能让幼儿在活动中锻炼手部小肌肉的灵活性，又能把数学中数物的匹配练习融入其中，使数学活动更具有情趣性。有趣的游戏激发了幼儿参与活动的愿望和操作乐趣。

在活动中，教师是介绍者和参与者，是幼儿的游戏伙伴。当幼儿在活动中遇到困难时，教师有点急，反复地告诉幼儿，这时幼儿就显得没有信心了。在以后的教学中，教师应适时地加以引导、鼓励，倾听幼儿的讨论与表述。

每个教师都应该有一颗宽容的心，在面向全体幼儿时，应特别注意个体差异。

2. 学习10以内的加减法

学习10以内的加减运算，目的是让幼儿初步理解加法（求和）、减法（求差）的含义。幼儿要掌握10以内整数的加减运算，并会以此解决日常生活和游戏中遇到的实际问题。

幼儿计算能力是在各种活动中以及成人的教育影响中逐步发展起来的。3岁以下的幼儿对加减运算基本上处于朦胧状态。3岁以上的幼儿开始进入加减法的实物操作阶段。4岁左右的幼儿一般会自己运用实物进行加减运算，但在进行加减运算时，需要将表示加数和被加数的两堆实物合并，再从第一个开始一个一个地逐一点数后说出总数。在进行减法运算时，幼儿也一定要把减掉的实物部分拿掉，再逐个数剩下的物体个数，得到剩余数。5岁以后，幼儿学习了顺数和倒数，能够将顺数和倒数的经验运用到加减运算中去。这时，多数幼儿可以不用摆弄实物，而用眼睛注视物体，心中默默地进行逐一加减运算。5岁半以后，随着幼儿数群概念的发展，特别是学习了数的组成以后，幼儿在教师的引导下，开始运用数的组成知识进行加减运算，从逐一加减向按数群加减的水平发展。

10以内加减法的教育活动设计要从通过实物进行运算发展到运用表象进行运算，最后到运用符号进行列式运算。小班不进行运算能力的教育，在中班、大班进行加减运算能力的教育。开始运用实物进行教育时，要注意幼儿在计算总数时，点数要准确。口述应用题时，要使幼儿理解加减法的含义，感知加减之间的互逆关系，认识运算符号及加减算式并知道算式表示的意义。进行符号运算时，要让幼儿由感知动作水平、形象表象水平上升到感知抽象水平，使幼儿掌握更多的运算技巧和方法。

案例七

活动名称：得数是4的加法。

活动班级：大班。

设计思路：

根据幼儿好动、喜欢操作的特点，为幼儿提供活动材料，让幼儿在操作中尝试自己列出得数是4的加法算式，培养幼儿的创新意识。

第四单元　科学领域

活动目标：
（1）复习得数是 3 以内的加法，4 以内数的组成。
（2）通过创设情景，让幼儿在操作过程中尝试自己列出得数是 4 的加法算式，尝试自编得数是 4 的加法应用题。
（3）使幼儿进一步理解两个部分数的交换关系。
（4）培养幼儿的分析推理能力、思维敏捷性及动手尝试精神，训练幼儿的运算速度和准确性，激发兴趣。

活动准备：
3 以内加法算式卡、数卡 4、苹果，梨图片 4 张，每个幼儿 4 个萝卜、4 朵花，蘑菇图片 4 张，兔妈妈、小兔头饰，布置好活动场景。

活动过程：
随《十个数字跳舞》音乐，做手指游戏。

一、复习得数是 3 以内的加法，复习 4 的组成

1. 通过游戏"开火车"复习得数是 3 以内的加法

师：本班的小朋友们都很喜欢看动画片，《动画城》节目你们看过吗？《动画城》里的聪明屋有位金龟子姐姐，她今天邀请我们到聪明屋去做客，看一下谁是最聪明的小朋友，现在我们就到聪明屋去吧！怎么去呢？我们坐火车去吧！我们的火车几点开？（出示加法题卡）嘿嘿！我们的火车几点开？我们的火车 2 点开……

2. 通过游戏"又有苹果又有梨"复习 4 的组成

师：呜……火车开到了聪明屋，金龟子姐姐拿什么来招待我们呢？
导出"又有苹果又有梨"的游戏。

3. 游戏"对数"

师：刚才小朋友们对得真好，老师也来考考你们，我们来对数。举起你们的小手，我出 1，你出几？（答案 3）1 和 3 合起来就是 4……

二、创设情景，在操作中尝试写出得数是 4 的加法算式

金龟子姐姐：你们都很聪明，现在我要请你们到智力迷宫玩，去智力迷宫前，我们必须学会一种新本领，学什么本领呢？

情景：
兔宝宝，我是兔妈妈，我告诉你们一件高兴事儿，我们种的萝卜丰收了，请兔宝宝跟着妈妈到地里去拔萝卜，每个兔宝宝拔 4 根萝卜，自己分一分，看有几种分法？（请个别幼儿回答，老师演示）拔了这么多萝卜，我们把萝卜搬回家，搬的时候要听妈妈的指挥，看看两只手上的萝卜一共有多少根？（4 根）你们用什么方法算出来的？（加法）怎样列出这个加法算式？请兔宝宝将它写在答题卡上，写的时候，字要写大一点，不然兔妈妈看不清楚（兔妈妈帮助能力差的小兔讲解列式）。

我们的萝卜丰收了，你们高兴吧！我们来开个庆祝会吧！我们去采花来装饰一下。每个兔宝宝都采到了花，一共采了几朵？（4 朵）我们把手里的花举起来，看看两只手上的花交换位置后是几朵？（4 朵）两只手上的花虽然交换了位置，但是它们的和没有变，请兔宝宝将加法算式写在答题卡上，写完之后把答题卡举起来，兔宝宝们互相检查一下。你写对了吗？

今天，我们既学会了新本领，又可以去智力迷宫玩，来，我们鼓鼓掌！

三、活动延伸

师：金龟子姐姐还想看看哪个小朋友最爱动脑筋，请大家用老师提供的蘑菇图片，自己试着编加法应用题，注意编加法应用题要讲一件事，出现两个数，提一个问题，如一共有多少？合起来是多少？

师：编应用题是一个新本领，会编的小朋友很能干，不会编的也不用着急，下次老师要教你们编加法应用题的新本领。

活动自评：

从活动中发现，幼儿对操作很感兴趣，有创新意识，但少数幼儿还是不会写算式，对于这些幼儿，老师在日常活动中要多加指导。

三、几何形体系列教育

几何形体是对客观物体形状的抽象和概括，具有普遍性和典型性。数学概念中的形包含平面和立体两部分，几何图形是指点、线、面以及它们的集合。平面内由点、线、面构成的图形叫平面图形，是在同一平面内的图形，没有厚度；由空间点、线、面构成的图形叫立体图形（三维空间），是由面围成的封闭的图形，有长、宽、高。

幼儿认识几何图形的难易顺序是先平面图形后立体图形。认识平面图形的一般顺序是：圆形、正方形、三角形、长方形、半圆形、椭圆形、梯形等。认识立体图形的顺序是：球体、正方体、圆柱体、长方体等。幼儿在认识几何图形时，经常把几何形体和实物混淆，且形与体不分。例如"圆的"，既包括圆形、椭圆形，也包括球体；"方的"，包括正方形、长方形、正方体、长方体。幼儿往往还受图形大小、排放形式的影响，不能正确判断图形。

几何形体的设计要考虑幼儿认识几何形体的顺序，要先认识平面图形，然后认识立体图形。幼儿在充分感知几何图形的基础上，认识几何图形并能说出几何图形的名称。所以教师在教学设计中，应让幼儿看、摸、感知有形物体，再逐步抽象出平面图形，并用正确的语言表达。然后通过图形分类，帮助幼儿了解图形的主要特征并初步理解图形之间的关系。

几何形体的认识有些难度。帮助幼儿认识几何形体时，可先让幼儿充分地观察、触摸、摆弄几何形体，感知几何形体的特征，然后通过和平面图形进行比较来认识几何图形，给几何图形命名。

案例八

活动名称：认识圆形。

活动班级：中班。

活动目的：

(1) 通过游戏的方式，引导幼儿认识圆形（圆面和圆圈）。

(2) 发展幼儿动手操作的能力。

活动准备：圆镜、圆盘子、脸盆；圆形纸片若干，幼儿每人一套大、中、小圆。

活动过程：

一、实物演示

(1) 师：（出示圆镜）这是什么？这面镜子是什么形状的？

（2）师：（出示圆盘）这是什么？这只盘子是什么形状的？盘子的口是什么形状的？
出示脸盆（提问同上）。

（3）师：小朋友们，我们周围有许多东西是圆形的，你们动脑筋想一想，平时看到过哪些东西是圆形的？（幼儿自由发言）

教师小结：圆形的东西很多，在家里、在马路上、在幼儿园里、在许多地方我们都能看到。

二、图片演示

1. 出示图片：黑地板上贴有各种大小不同的彩色的圆形纸片

师：这里有许多漂亮的纸片，有红的、蓝的、绿的、黄的，它们都是什么形状的？这些圆形有大的，也有小的。（教师用手逐一指出）你们看看这些圆形像什么？

2. 出示图片：黑地板上贴有两个圆圈，红的大，黄的小

问：这里有几个圆？哪个大？哪个小？（出示最小的绿色圆）现在这里有几个圆？哪一个是最小的圆？（和幼儿一起说出大圆、小圆、最小的圆）

师：小朋友们说得真好，这是大圆，我们就叫她大圆妈妈。这是小圆，我们叫她小圆宝宝。最小的圆呢，我们就叫她最小的圆宝宝。（幼儿复述一遍）

师：大圆妈妈说话了。

大圆妈妈：小圆小圆，我的好宝宝，我们来做游戏好吗？请到我的身边来，我们并排站好。（小圆就滚呀滚，滚到大圆身边和大圆并排站好）

大圆妈妈：最小的圆宝宝快来呀，请你也到我的身边来，我们并排站好。（请一位幼儿帮最小的圆宝宝滚到妈妈身边去）

现在，三个圆都靠在一起了。

圆妈妈：小圆宝宝，你再过来一点，让我们手拉手，一起跳舞吧！最小的圆宝宝，你也来与妈妈拉着手一起跳舞吧！（请一位幼儿帮忙）

师：大圆妈妈非常喜欢小圆宝宝。

大圆妈妈：小圆宝宝，坐到妈妈身上来。（小圆宝宝滚呀滚，滚到了大圆里）

圆妈妈：最小的圆宝宝，你也进来吧！（最小的圆宝宝也滚呀滚，滚进大圆里了）

师：大圆妈妈心里真高兴。

大圆妈妈：小圆宝宝，请你到妈妈怀中来吧，妈妈抱你睡觉。（小圆宝宝就滚到了大圆妈妈的"身体"中）

小圆宝宝：最小的圆宝宝，请你到我怀中来，让我来抱你睡觉。

好，现在大圆抱着小圆，小圆抱着最小的圆，三个圆真高兴。

三、幼儿操作练习

幼儿每人一套学具：大小不同的彩色圆圈。

师：小朋友们，你们每人有几个圆圈？请你们和它们一起做游戏好吗？（幼儿自己拼放、游戏）

四、时间、空间概念的教育

时间、空间概念的认识对于幼儿来说是有一定难度的，幼儿理解时间、空间的概念时有

明显的自我性，以自我为主体，然后逐渐过渡到客观地认识时间、空间。

(一) 时间概念的活动设计

时间是物质世界运动变化过程的持续性和顺序性。任何客观物质都要经过一个持续发展的过程。时间具有流动性、不可逆性、连续性、均匀性、无直观性、相对性等特点。

幼儿认识时间概念有自身的特点，容易受生活经验的影响；容易受知觉的影响，把时间和空间等同起来理解；容易理解短的周期时间顺序；表达时间的词语发展存在一定困难。在进行教学活动设计时，要遵循幼儿认识时间的特点，按照幼儿对时间概念认识的发展规律，逐步理解和掌握单位时间的词汇和含义。

幼儿掌握时间比较困难，一般把时间同具体的事件结合在一起。教幼儿认识时间，主要是通过日常生活、游戏等进行的。设计教育活动时，不论哪个年龄段的幼儿，让他们理解表示时间阶段（单位）的词汇时，都要将它们与幼儿日常生活中的活动、具体时间以及幼儿的生活经验联系起来，使幼儿对时间的认识建立在生动的、直观形象的基础上。

小班的时间认识一般是认识早上、晚上、白天、黑夜，并能运用这些词汇。教师可以把一天的各个部分与幼儿的具体活动结合起来，通过提问帮助幼儿理解具体的时间概念。例如通过提问"天亮了，小朋友起床了是什么时候？""在幼儿园和小朋友上课做游戏是什么时候？"来认识早上、白天等的概念。先认识早上、晚上的时间概念，然后再认识白天和黑夜。利用图画书等帮助幼儿理解"一天"的时间概念，认识一天的各组成部分之间是连续的、不可分割的。

中班的时间认识是昨天、今天、明天、星期等。教幼儿认识昼夜的交替等时间概念时，也应结合幼儿生活经验，选择幼儿感兴趣的、印象深的事情，提出问题，进行交谈。例如教师可以问幼儿"昨天玩什么游戏了？""今天我们做什么了？""我们哪天要去春游？"，通过这些谈话加深幼儿对时间的理解，同时通过日常活动强化对时间的认识。幼儿理解时间的概念需要一段时间，需要不断反复的过程，这样才能很好地理解时间的具体概念。

大班的时间认识可以是对具体的钟表、整点、半点、日历的认识。时钟的认识是大班幼儿时间概念中的一个重点和难点，可以对幼儿进行时钟认识的讲解，引导幼儿了解时钟的用途，认识钟面的结构，演示讲解时针、分针转动的方向和规律，认识整点和半点，在日常生活中巩固对时间概念的具体认识。

案例九

活动名称：认识整点和半点。

活动班级：大班。

活动目标：

(1) 幼儿在回忆已有经验的基础上，通过对钟面的观察与操作了解秒针、分针、时针的关系。

(2) 了解整点、半点的读法及记录方法。

(3) 在活动中培养幼儿遵守时间与爱惜时间的良好习惯。

活动准备：

（1）教具：有关各种时钟的幻灯片；时钟一个、可活动钟面一个；表示7、8、9、10点钟的钟面各一个，时间记录卡各一张。

（2）学具：幼儿调查表每人一份、可活动钟面每人一个、实物时钟四个。

活动过程：

一、调动已有经验，回忆相关知识

（1）师：前段时间小朋友们和老师一起做了有关时钟的调查，知道时钟有好多种。现在请你们看看老师从网上下载的钟，你们认识它吗？

（2）依次出示幻灯片，幼儿讲名称。

（3）师：刚才我们见到的只是时钟家族的一部分，时钟还有其他的种类，我们以后再来探讨。

（4）师：上次我们已经认识过钟面，最长的针叫秒针，有点长的针叫分针，最短的针叫时针。钟面上一共有多少个数字？（12）最上面的是数字12，然后依次是1、2……11。请你好好回忆一下，时钟里的指针是朝哪一个方向走的？（1……12）对了，这样的方向就叫顺时针方向。

二、交流调查表，说说自己在什么时间、在干什么

（1）师：小朋友们说得真好，那你们知道人为什么要使用时钟吗？

（2）师：时钟与人的生活有着密切的关系，前几天小朋友们已经做了一个调查，将自己活动的时间记录了下来，现在请你们拿出自己的调查表，说说你们在什么时间、在干什么。

（3）师：谁愿意上来说给大家听。（请3~4个小朋友上来说）

（4）师：说得真好，钟面上的指针不停地发生着变化，它们有什么关系呢？

（5）师：老师为你们准备了几个时钟，请你们看看里面有几根指针？（两根）你们猜猜看是哪两根针呢？（分针与时针）那秒针在哪儿呢？听，滴答声就是秒针在跑。那分针和时针有什么关系呢？下面请小朋友们去玩一玩，看看它们之间到底有什么秘密。注意，拨指针的时候一定要按照顺时针方向拨。

（6）师：说说看，你们都发现了什么？（幼儿发言）说得真好，分针走一圈，时针走一格，这就表示一个小时。

（7）师：那么长针、短针指着的数字又是表示几点钟呢？别急，老师来给你们介绍。

三、了解整点、半点以及它们的记录方法

（1）师：好，先请你们听一个好听的故事。

（2）教师声情并茂地讲述故事"小明秋游"，边讲边出示相关时间的钟面。

（3）讲述后提问：

①小明去秋游了吗？为什么没去成？

②他该几点钟起床？他是几点钟起床的？

③小明到幼儿园时是几点钟？

④他为什么会迟到？他是几点钟睡觉的？

（二）空间概念的活动设计

空间是客观世界运动着的物质存在的基本形式。客观世界中的任何一种物体都存在于一

定的空间之中，都占有一定的位置并且与周围的物体之间存在着相互位置关系，称之为空间。空间方位是指对客观物体的相互位置关系的认识，也是狭义的空间概念。幼儿园中学习的就是狭义的空间概念。对于空间方位，一般用上下、前后、左右等词汇来表示。

物体位置的辨别需要有一个基准，就是以什么为基准来确定客体的空间方位。基准不同，空间方位就截然不同。所以在帮助幼儿辨别空间方位时，确定基准是十分必要的。物体的空间方位关系是相对的、可变的和连续的。上下、前后、左右是相对的概念。幼儿对空间方位关系的辨别有赖于自身思维能力的发展，特别是幼儿思维的相对性的发展。

空间方位的教育活动设计要遵循幼儿辨别空间方位的顺序：上下、前后、左右，并且是以自身为中心的定位逐渐过渡到以客体为中心的定位。在进行以客体为中心区分上下、前后、左右的教学设计时，教师可以运用演示和幼儿观察比较的方法，还可以运用操作和游戏的方法。同时，教师可以通过确定不同的物体作为主体进行比较，采用改变主体位置的方式让幼儿在演示性操作中感知和理解空间方位的相对性、连续性、可变性。

小班的幼儿只能辨别上下、前后，只能理解自己能直接感知的狭小区域的空间方位。例如自己身体的前后和正对着自己的物体等的空间方位。对于不是正对着自己身体的物体，就无法辨认。所以，设计小班教育活动时，要以幼儿的身体为基准，辨别空间方位。

中班幼儿的空间概念发展最快，幼儿能够熟练地辨别上下、前后，并开始以自己为中心辨别左右方位，能够辨别较远距离的物体和稍偏离上下、前后、左右方位的物体的方向。设计教学活动时，可以考虑幼儿发展的实际情况，增加难度，逐渐过渡到以客体为基准。

大班幼儿能够熟练地辨别上下、前后，并能以自我为中心分辨左右，判断自我与物体之间的左右关系。在此基础上，能够以客体为中心辨别左右。由于幼儿对对面客体的左右方位认识与对自己左右方位的认识正好相反，所以理解起来比较困难。在开始对幼儿进行左右方位教学时，尽量不以对面的物体为中心来分辨左右。

案例十

活动名称：左右我知道。
活动班级：大班。
活动目标：
(1) 熟悉左右，掌握左上、左下、右上、右下方位。
(2) 初步理解用一个"物"代表一个数字。
活动准备：
(1) 大田字格纸、小动物贴绒教具。
(2) 音乐《圆圈舞》、多媒体课件。
活动过程：
1. 熟悉左右
(1) 师：小朋友们好！我是马老师，我们打个招呼吧！刚才你们是用哪个手和我打招呼的呢？
(2) 师：小朋友们平常都用右手来做什么事情呢？我们身上除了左手和右手还有什么是分左和右的？（眼睛、腿、脚、耳朵、肩膀）

2. 游戏"我说你做"

右手摸耳朵，左手摸头发，右手写字，左手指眼睛，右手拿筷子吃饭，左手捏鼻子，右手拍拍左腿，左手摸摸右耳朵，左手和右手握握手。

3. 出示大田字格纸，引导幼儿说出大田字格纸的左上、左下、右上、右下方位

（1）师：提问：看看这张大纸上有几个格子？这是一张田字格纸，其中两个格子在右边，两个格子在左边。（请一名幼儿指一指，哪两个格子在左边，哪两个格子在右边）

（2）师：这张田字格还可以有另一种说法：有两个格子在上边，有两个格子在下边。谁愿意上来给大家指一指，哪两个格子在上边？哪两个格子在下边？

（3）师：如果我想说其中一个小格子应该怎么说呢？（引导幼儿说出左上、左下、右上、右下方位）

4. 送小动物到相同方位的格子里

（1）师：现在有4只小动物，它们都想回到和自己身上贴有相同方位的田子格里去，谁愿意帮助它们，把它们送到田字格里？

（2）师：你们真聪明！把小动物们都送回了不同方位的田子格里面，小动物们很开心。我们和小动物们一起跳个"圆圈舞"开心一下吧！

（3）播放课件：出示4只卡通兔子图片，固定在大田字格纸的左上、左下、右上、右下小格里。

（4）师：这个大田字格里有4只小兔子，这4只小兔子都是什么颜色的？

（5）师：你们观察一下，这4只小兔子分别住在哪个格子里？

（6）师：现在小兔子要到邻居家做客，看看红兔子怎么从……到……白兔子家呢？

5. 播放课件

引导幼儿用红、黄、灰、白兔子分别代表数字。

（1）师：兔子们去拔萝卜，看看红兔子拔了几根萝卜？黄兔子拔了几根萝卜？灰兔子和白兔子呢？

（2）教师出示两个数相加的算术题。

6. 教师小结，结束活动

五、幼儿数学教育活动的指导

幼儿数学教育活动大多是以集中教育活动的形式进行的。因为集中教育活动能够集中地实现教育目标，教师比较容易组织全班幼儿的学习活动。在幼儿数学教育中，多数教学内容需要教师在集中教育活动中进行演示、讲解、讨论，引导幼儿学习。小组活动、区角活动等是对集中教育活动内容的巩固和提高。

（一）引导幼儿主动学习

教师在进行数学教育活动时，要注意运用各种教学方法，引起幼儿学习的兴趣。可以通过游戏的形式引导幼儿学习。例如"送图形回家"，把圆形、三角形等图形按照要求一一对应地送回到"家"里。也可以直接提出问题，激发幼儿的好奇心和探索的愿望。

（二）为幼儿提供足够的时间和空间

在数学教育活动中，操作活动是经常运用的教学方法。在幼儿进行操作的过程中，教师要给予幼儿足够的时间和空间，让幼儿充分地尝试和探索，寻求解决问题的方法，并感受和

发现其中的数学关系。在幼儿活动的过程中，教师要仔细地进行观察，了解幼儿活动的过程和活动特点，必要时给予幼儿鼓励和指导。在幼儿进行操作时，教师要让幼儿充分地尝试和探索，让幼儿自己找到更快、更多的解决问题的方法。

(三) 帮助幼儿形成系统化的知识经验

对于幼儿在活动中获得的经验，教师应帮助幼儿归纳，使幼儿获得的零散、点滴的经验得到及时的整理。在经验整理的过程中，将幼儿获得的经验系统化、概括化，并形成一定的结构，这样幼儿能够运用已有的知识经验去学习、吸收新的知识。形成结构的知识经验，不仅易于储存，也便于今后使用时的检索和提取。

(四) 数学知识的讲解要准确

在数学教育活动中，一些数学知识是教师直接指导幼儿进行学习，在学习的过程中，教师讲授的知识要准确，不能有偏差。

在幼儿数学教育中，有些数学知识、技能需要教师示范、讲解、指导幼儿学习。例如认识和书写阿拉伯数字；认识一些数学符号（加号、减号、等于号等）。

新的数学活动或游戏，教师需要在进行前集中讲解、演示，让幼儿明确在活动中要做什么，怎样去做。

幼儿对一些数学关系是难以独自发现和感知的，需要教师结合幼儿生活中的经验或设计一定的情景，引导幼儿观察、讨论，使幼儿对数学关系有所感知和体验。

(五) 教师的提问要有逻辑性

数学教学离不开师生之间的互相交流，师生之间互相交流的常用方法就是问答。问答是一种互动行为，因为在教师的提问行为中，有幼儿行为的介入。教师在提问时要注意：

1. 教师的提问要清晰

教师的提问要清晰、准确，问题不能太难，要让幼儿知道应该回答什么。教师一次只能提出一个问题，这样幼儿才能记住并思考教师提出的问题。

2. 给幼儿思考问题的时间

教师把问题提出来以后，应该让幼儿有短暂的思考时间，然后再请幼儿回答。问题提出后，立刻让幼儿回答，幼儿常来不及思考，同时会紧张，影响回答。

3. 对幼儿的回答要及时肯定

幼儿回答问题后，不论是对是错，教师都要积极地回应，表示对幼儿的肯定。如果幼儿未能正确回答，教师可以提供线索，引导幼儿回答。或者将问题分解为小问题，降低难度，使幼儿容易回答。

(六) 指导要有针对性

幼儿数学教育的活动形式有许多种，在指导数学教育时，要根据幼儿的实际情况，有针对性地进行指导。例如小组活动中，教师要针对不同幼儿的发展水平，为幼儿创设良好的数学学习环境，提供充分的、多层次的学习材料。这样可以使幼儿有充分的机会选择与自己发展水平相适应的材料进行学习，同时在这一过程中，幼儿之间也有更多的交往和学习机会。

在区角活动中，教师要向幼儿介绍新材料的使用方法、新活动的要求与规则，使幼儿知道怎样做、怎样玩。同时要注意幼儿之间存在的差异，教师要进行个别指导。

思考与练习

1. 幼儿数学教育的概念是什么?
2. 幼儿学习数学的心理特点有哪些?
3. 幼儿数学教育的特点有哪些?
4. 幼儿数学教育的内容是什么?
5. 幼儿数学教育的途径有哪些?
6. 幼儿数学教育的方法有哪些?

试一试

1. 结合幼儿的实际年龄,设计幼儿数学教育的目标。
2. 结合幼儿园的实际,设计一节数学集中教育活动。

第五单元

艺术领域

音乐教育活动部分

【知识目标】

1. 掌握幼儿音乐教育的概念；
2. 掌握幼儿音乐教育的特点；
3. 理解幼儿音乐教育的意义；
4. 掌握幼儿音乐教育活动的目标、内容。
5. 重点掌握音乐教育活动的设计类型。

【能力目标】

1. 能够设计歌唱活动、韵律活动、音乐欣赏活动、音乐游戏并能够组织与实施；
2. 能够运用多种方法进行音乐教育活动。

艺术领域包括音乐和美术两方面的内容。本部分知识阐述音乐教育活动的基本理论，明确幼儿音乐教育活动的内涵、幼儿音乐教育活动的特点以及幼儿学习音乐的特点，并重点阐述艺术领域音乐教育活动的目标、内容、方法和教育活动设计的基本类型。

第一课 幼儿音乐教育概述

音乐是一门艺术，是人类社会生活的重要组成部分。而音乐教育作为艺术教育之一，它具有潜移默化、美化心灵的作用，是幼儿生活、学习和成长过程中不可或缺的启蒙教育，不仅能培养和提高幼儿的音乐能力，还能增强幼儿的审美能力，幼儿能够在音乐活动中通过感受美、体验美、表现美而逐步获得身心发展的和谐美，并得以健康成长。音乐教育对幼儿身心的全面发展起着不可替代的积极作用。

幼儿音乐教育既要遵循音乐学习规律及幼儿心理发展的特点进行音乐潜能的培养和一定的音乐基础知识、技能的教育和熏陶，也要以全面发展教育为中心，通过音乐的手段、音乐教育的途径促进幼儿身体、智力、情感、个性、社会性等方面的和谐发展。

一、幼儿音乐教育的内涵

（一）音乐

音乐是声音的艺术，是通过声音这一物质材料来反映人们的思想、情感以及社会生活的一门听觉艺术。音乐作为艺术的组成部分，是人类社会生活在艺术家头脑中的主观形象反映。音乐反映社会现实生活，并不是对现实生活中的声音的自然模仿。因为构成音乐形象的音响材料虽然可以从现实音响中找到模仿原型，但大多需要音乐家进行加工、整理、改造，即通过艺术的概括而成。因此，音乐反映社会生活，并不是对社会生活的直接描绘，而是音乐家把个人对社会生活的理想、态度、体验等，高度概括、提炼并用有组织、有意识的具体音响形式加以表达的结果。音乐是一种社会审美生活的主观反映。

（二）幼儿音乐

幼儿音乐是指幼儿从事的音乐艺术活动。幼儿音乐反映了幼儿对音乐的感受、体验、表现及创造，也表现出幼儿对周围世界的认识、情感和思想。幼儿在音乐学习中，通过掌握演唱技巧，学会控制声音的强弱、快慢，以及音色处理等表现手段，不仅可以大大提高音乐的表现力，同时还有助于他们逐渐体会"适度"的含义、分寸感的把握等对人生有用的精髓。

（三）幼儿音乐教育

幼儿音乐教育是以幼儿为主体，以适合幼儿的音乐为客体，教师设计和组织多种形式的音乐活动，使主、客体相互作用，以培养和发展幼儿的音乐能力，促进幼儿身心全面发展为过程的教育活动。幼儿音乐教育既要遵照幼儿教育的总目标，遵循幼儿的一般规律，又要体现自己的特殊规律——用音乐进行教育和教幼儿音乐。

1. 音乐教育承担音乐本身的教育目的

幼儿音乐教育让幼儿认识表现音乐的各种符号和手段，掌握一些必要的演奏技巧，同时帮助学会感受音乐、理解音乐和表现音乐，培养和发展其音乐能力。

2. 音乐教育是实施全面发展教育的手段

幼儿学习音乐的过程，不仅是幼儿逐步认识音乐、把握音乐、养成对音乐的积极态度的过程，更是幼儿外在身体、智力、情感、个性、社会性等方面获得全面、和谐发展的过程。通过音乐教育，培养幼儿健全的人格，促进幼儿全面、和谐、整体的发展是幼儿音乐教育的根本目的和任务。

二、幼儿音乐教育的特点

幼儿音乐教育活动是通过音乐学科本身的情感性、感染性和愉悦性的特点来引发幼儿的情感体验，从而获得审美感受的。

(一) 幼儿音乐教育的形象性

形象是艺术反映现实生活的一种特殊手段。音乐作为内容和形式有机统一的一种艺术美的样式，其内容总是通过一定的色、声、形等物质材料构成的外在的、感性的具体形式而表现出来的，总是凭借着欣赏者的感官直接感受到的。虽然音乐是以流动的音响为物质材料，依靠听觉来感知的特殊艺术，音乐的形象也是非视觉的，但音乐不是抽象逻辑思维的产物，可以通过联想、表象、想象等活动来构成有思想情感的、有审美价值的内容。例如，歌曲《走路》，通过"小兔走路，跳跳跳"等歌词和旋律，形象地再现了小兔走路的样子。

幼儿的思维主要是依赖事物的具体形象、表象以及表象的联想而进行的。在幼儿音乐感受活动中，幼儿对音乐的理解和把握也不能脱离幼儿本身认知、思维发展的水平。所以，幼儿音乐教育的内容、形式较多地体现形象性的特点。

(二) 幼儿音乐教育的游戏性

游戏是幼儿的天性。音乐本身就具有娱乐的特点，是吸引幼儿参加音乐活动的主要原因之一。利用音乐本身的优势，把音乐教育寓于愉快的音乐感受和音乐表现之中，培养幼儿的音乐能力，是整体发展和教育的有效手段，可以更好地促进幼儿形成活泼开朗的个性及积极向上、主动探索的精神。

幼儿音乐教育的游戏性直接体现在"音乐游戏"上。音乐游戏是通过游戏的形式发展幼儿音乐能力的一种音乐活动，是一种有规则的游戏。无论是侧重于创造和表现的鼓舞游戏，还是侧重于情节、角色的表演形式等，都能在活动中增强幼儿的节奏感、动作的协调性，促进幼儿音乐能力的提高。例如，音乐游戏"猫和老鼠"。

幼儿音乐教育的游戏性还体现在音乐教育的内容、形式和方法上。在内容上，例如歌曲《颠倒歌》的歌词就具有游戏的特点，使幼儿在学习的同时，体验到趣味性、游戏性。在形式上，主要体现为教育活动的自由、灵活、多样。例如，歌唱的活动形式既可以是集体的齐唱，也可以是个别的独唱、同伴间的对唱等。在方法上，根据幼儿身心发展及年龄特点，教师可以在音乐活动设计与组织中，创造性地采用游戏化的口吻来激发幼儿对音乐活动的兴趣，加深对学习内容的理解，加强对技能的掌握。示范、讲解、提问的方法，是音乐教育中最普通的方法。教师在使用这些方法的过程中，要注意通过语言、表情、体态上的变化，通过创造一种具有游戏性质的假想情境，引导幼儿按照要求积极地参加活动。

(三) 幼儿音乐教育的技能性

音乐基本技能技巧的训练，是幼儿音乐能力及非音乐能力发展的必要前提。技能性的特点是幼儿音乐教育区别于其他学科教育的明显特征之一。音乐教师需要运用一定的音乐技能技巧去启蒙幼儿，为幼儿进行示范、演示，带领并指导幼儿进行练习。幼儿学习音乐、探索音乐、创作音乐，必须要以一定的音乐技能技巧作为基础。有了基本的音乐表达"词汇"，幼儿才能在听听、唱唱、跳跳、奏奏等各种音乐教育活动中大胆地表现，积极地探索和创造。

(四) 幼儿音乐教育的综合性

综合性是幼儿音乐教育的又一特点。幼儿音乐教育的综合性体现为音乐教育形式的综合性、方法的综合性、过程的综合性。

人类早期的音乐活动是一种初始的、尚未分化的综合活动形式，是歌、舞、乐三位一体的。在幼儿音乐教育中，同样呈现一种综合活动形式。在幼儿感受、表现音乐的过程中，"唱唱跳跳""载歌载舞"是最普通的形式。虽然有时教学中强调歌唱、律动等音乐教学活动，但在这些活动中，并不是单纯选择音乐的表现形式，而是以综合的形式，让幼儿在歌、舞、乐密切相融的音乐活动形式中，体验音乐的快乐。

幼儿音乐教育的方法是灵活的、丰富多样的。例如示范的方法、练习的方法、语言讲解的方法等，都是从音乐教育本身的特点，以及幼儿感知、理解音乐的特点和规律出发而形成并被普遍应用的。在幼儿音乐教育的过程中，既有运用一定的音乐技能技巧进行的表演活动，也有以引导幼儿感受和理解音乐为主的欣赏活动，还有鼓励幼儿自由探索、表达音乐的创作活动。因此，在音乐教育的过程中，体现出表演、欣赏、创作的综合性特点。

三、幼儿音乐教育的意义

音乐教育是以音乐为艺术手段和内容的审美教育活动，是美育的重要组成部分。幼儿音乐教育是以幼儿能够理解和接受的音乐为艺术手段和内容的面向0~6岁幼儿的教育实践活动。幼儿音乐教育是人类社会进步所特有的一种社会活动，也是幼儿发展的需要。作为幼儿教育必不可少的内容，音乐教育无论是从社会的发展还是幼儿个体的发展来看，都具有重要的意义。

（一）音乐教育可以提高幼儿的认知能力

音乐教育对幼儿认知能力的发展具有促进作用。因为音乐是一种抽象的艺术，需要感知、记忆和概念化的过程。音乐活动是借助听觉器官来进行的，听觉能力涉及听觉感知、听觉辨别、听觉注意能力、听觉记忆能力。幼儿在感知音乐的基础上，能够再现音乐。听觉感知、听觉注意能够制约听觉记忆表象的形成，同时听觉记忆表象又直接影响幼儿对音乐的感受和理解。0~6岁是幼儿大脑发育时期，是培养听觉能力的最佳时期，音乐的学习能够使幼儿的听觉敏感性、听觉感知能力得到发展。

音乐教育对促进幼儿认知能力的发展，还体现在发展幼儿的想象、思维、创造能力方面。音乐活动离不开想象，而想象是幼儿从音乐活动之中获得快乐的重要表现之一。当幼儿在欣赏富有感染力、表现力的音乐作品时，往往会情不自禁地陶醉在充满乐趣的想象活动之中，对音乐产生共鸣。同时幼儿的思维能力也在模仿歌唱或做身体动作的过程中，得到提升。因为幼儿边做动作边思考，直至完全学会的过程，就是幼儿思维发展的直觉行动思维、具体形象思维到抽象概念思维的过程。音乐活动能够刺激幼儿的大脑细胞，从而促进幼儿想象和创造性思维的开发。

（二）音乐教育可以促进幼儿情感的发展

学前期的幼儿正处于个人情感由低级向高级逐步发展的阶段，伴随着幼儿社会交往活动的日益增多、情感生活的日渐丰富，富有情感性的音乐活动正好能满足幼儿情感发展的需要。好的音乐作品、音乐教育活动总是能够使幼儿产生对音乐情感的共鸣，进而激发幼儿良好的情绪情感，提高幼儿的音乐审美能力。让幼儿在身心愉悦的前提下感受音乐、鉴赏音乐和表现音乐，便可实现音乐的教育功能。这种情绪受感染、思想受影响的音乐活动最终转化为"寓教于乐"的表现形态。古希腊著名哲学家柏拉图说："受过良好音乐教育的人，可以敏锐地看出艺术作品和自然界事物的丑陋，很正确地加以厌恶。但看到美的事物，就会赞赏它们，很快乐地用它们滋养心灵，因而，自己也变得高尚优雅。"这里面也包含启迪心灵、陶冶幼儿情操的音乐教育内容。所以，音乐教育是一种富有强烈艺术感染力的审美教育，它把高度发展的社会理性转化为生动、直观的感性形式。

（三）音乐教育可以促进幼儿人格的发展

音乐教育通过有意义和有价值的作品所反映的艺术形象，熏陶幼儿的情感，使幼儿在潜移默化中形成积极的道德感和美感。幼儿在音乐教育活动中，需要同伴之间的交往和合作交流，在交往和合作中能够体验到集体协作的快乐，逐渐学会理解、尊重、接纳和欣赏别人。在学习活动中，幼儿不仅能够获得认知、情感和音乐技能等方面有效的发展，享受并获得快乐的体验，同时能够初步养成对人和事物的积极态度，而这些积极的态度、探究精神、创造精神及自信心等在适当的条件下是发展成为积极人生态度的重要基础。应促进幼儿在舞蹈、合唱、游戏等活动中，养成自愿遵守规则的习惯，从而培养幼儿形成自律、具有责任感等良好的品质。

（四）音乐教育可以促进幼儿身体的健康发育

音乐作品的题材、体裁、风格是多种多样的，但是为幼儿选择的作品，一定是适合幼儿理解能力的欢快活泼、优美抒情、安静柔美的作品。这些作品对幼儿的神经系统起着良好的刺激作用，使幼儿在欣赏作品的同时，能提高听觉能力，促进听觉器官的发展。演唱歌曲，可以提高幼儿的肺活量，促进呼吸系统的发展。律动、舞蹈等，可以增强幼儿身体的协调性、灵活性。音乐教育活动可以使简单的动作变得有意义、有情趣，调动幼儿参与活动的热情，从而促进幼儿身体的健康发育。

第二课 幼儿音乐教育的目标、内容

幼儿音乐教育活动是有目的、有计划的教育活动。音乐教育能够丰富幼儿的情感，培养初步的感受美、表现美的情趣和能力。

一、幼儿音乐教育的目标

幼儿音乐教育的目标是对幼儿音乐教育预期达到标准的一种期望，目标不仅制约着音乐教育的整个实施过程，也是一切音乐教育行为的出发点和归宿。确立幼儿音乐目标主要依据的是幼儿音乐发展的特点和规律，社会对幼儿音乐教育的要求，以及音乐教育学科本身的特点。

（一）幼儿音乐教育的总目标

幼儿音乐教育的总目标和年龄阶段目标与美术教育的一致，都是艺术领域的目标。只是在音乐教育、美术教育两个方面各自有学科本身的特征。

（二）幼儿音乐教育的分类目标

幼儿音乐教育的分类目标结合《指南》中对艺术教育目标的定位和要求，结合幼儿音乐教育的实施，分为认知目标、情感目标、技能目标。

1. 认知目标

幼儿音乐教育的认知目标，可以从掌握幼儿音乐教育中各种有关的音乐知识入手，以及认知能力方面的发展要求。例如"能正确地唱准曲调""能认识各种打击乐器"等。

2. 情感目标

幼儿音乐教育的情感目标包括幼儿在音乐教育中的情感体验和表达能力的发展，以及对音乐活动的兴趣和爱好的发展。例如"喜欢歌唱""喜欢参加打击乐的演奏""乐意参加舞蹈活动，并体验到快乐"等。

3. 技能目标

幼儿音乐教育的技能是指在音乐教育中，幼儿用身体动作进行音乐体验和表达的能力。例如"能够掌握基本的歌唱技能""能够跟随音乐节拍做动作"等。

二、幼儿音乐教育的内容

幼儿音乐教育的内容包括四个方面：歌唱活动、韵律活动、打击乐活动、音乐欣赏。幼儿音乐教育的四个方面各自独立又相互联系。

（一）歌唱活动的内容

歌唱是人类表达、交流思想感情最自然的方式之一，更是幼儿表达自己思想情感的一种方式。对于幼儿来说，歌唱是他们日常生活中不可缺少的一个重要组成部分。歌唱既能给幼儿的生活带来无穷的乐趣，同时它还具有中介的教育价值，能在潜移默化的审美熏陶中陶冶幼儿的情操、启迪幼儿的心智、完善幼儿的品格。因此，歌唱是幼儿音乐教育的一个重要内容。

1. 歌唱的基本知识与技能

1）保护嗓音

关于保护嗓音的一些基本常识，也应及早地让幼儿掌握。例如，不大声喊叫着唱歌；不在剧烈运动时或剧烈运动后大声地唱歌；不长时间地连续唱歌；不在空气污浊的环境中唱歌；不在咽喉发炎时唱歌等。关键是要及时教给幼儿正确的唱歌发声方法。

2）姿势

正确的唱歌姿势是指无论是站着还是坐着唱歌，都应保持身体和头部的正直、放松；两臂自然下垂或放在腿上；两眼平视，两肩放松；口型保持长圆形，嘴唇的动作要求自然，根据正确的咬字及发声的需要适当地张开嘴，应避免嘴角向两边延伸成扁圆形。

3）呼吸

呼吸是唱歌的动力。唱歌时有气息的支持，才能保持或延长歌声。唱歌时正确的呼吸方法应该是自然地吸气，均匀地用气，并尽量在呼吸时一次吸入足够的气息并保持住，然后在演唱时根据乐句和表情的需要慢慢地、有节制地运气。另外，在呼吸的时候还应注意不抬头、不耸肩、不发出很大的呼吸声，一般不在乐句的中间换气，必须按照一定的乐句规律来换气。

4）发声

正确的发声方法是使歌声优美、动听的基本要求。要使幼儿学会用"自然美好的声音"来唱歌，就必须运用一定的发声技巧。首先，幼儿的下巴放松、嘴巴自然打开，用自然的声音唱歌。其次，不大声喊叫，也不过分地克制音量。一些害羞、胆小、自卑的幼儿往往在唱歌时非常拘谨、紧张，而一些表现欲望强的幼儿往往会大声喊叫着唱歌，这些都是要加以纠正的。

5) 咬字

唱歌和说话一样，需要咬字清楚，才能表情达意。但由于受到歌曲旋律和节奏的影响，对幼儿来说，唱歌时的咬字比说话和念儿歌困难。有的幼儿会因为吐字器官配合不当，出现个别字音咬不准的情况；有的幼儿由于对歌词词义的不理解而吐字含糊不清；还有的幼儿由于歌曲速度快、个别乐句节奏短促或一字多音而产生吐字方面的困难等。针对这些情况，要教给幼儿正确的吐字方法。这可以从培养吐字器官（唇、齿、舌、喉）的相互配合开始，所以小班的歌唱活动一般是以"歌唱韵律"的形式来组织的。

6) 协调一致

协调一致是指在集体歌唱活动中，幼儿能够掌握一些正确的与他人合作的技能。首先，表现为歌唱时不使自己的声音太突出，能够有意识地将自己的歌声和谐地融入集体的歌声之中；其次，在接唱、轮唱、二声部合唱等不同的表演中，能够做到准确地与其他幼儿、其他声部相衔接，保持音量、音色、节奏、力度等方面的协调，以及声音表情、脸部表情和动作表情方面的和谐一致。而集体唱歌协调一致的训练是在幼儿成长的过程中逐渐提出要求，以达到目标，对年龄小的幼儿应该只提基本要求。

2. 歌唱的基本表现形式

不同的歌唱表演形式可以表达出不同的演唱效果。在幼儿的歌唱活动中，可根据歌唱者的人数及合作、表演方式的不同，将歌唱的形式分为以下几种。

1) 独唱

独唱是指一个人独立地唱歌或独自演唱。

2) 齐唱

齐唱是指两个或两个以上的人在一起整齐地唱同一首歌曲，这也是幼儿园集体歌唱活动的一种最主要的形式。

3) 接唱

接唱是指将一首歌曲分为几个乐句，由幼儿分组轮流一句一句地演唱。

4) 对唱

对唱是指个人与个人、小组与小组间以问答的方式各自唱歌曲中的问句和答句。

5) 领唱

领唱是指由一个人或几个人唱歌曲中比较主要的部分，集体唱歌曲中配合的部分。

6) 轮唱

轮唱是指两个声部按一定间隔先后开始唱同一首歌曲。

7) 合唱

合唱是幼儿歌唱学习中的重要音乐体裁，是指两个不同声部相配合的集体演唱形式。合唱有助于培养幼儿的合作能力，有助于幼儿美化心灵、扩大视野、陶冶情操和身心健康地发展。

相关链接

合唱的基本概念

由两个或两个以上声部组成的歌曲，每个声部由一组人演唱，称为合唱。合唱的人数较多，音响效果更为丰满，表现力更强，色彩更丰富。合唱是一个整体协调要求较高的艺术，在教育活动中应特别注意指导幼儿学会协调各声部之间的关系，使各声部形成相互配合、相互支持的关系，而不是相互竞争、相互干扰。在合唱的过程中要注意声音统一、层次清晰、声部和谐均衡。在共同歌唱的时候，使自己的声音与同伴协调一致也是一种重要的歌唱能力。共同歌唱要求幼儿在歌唱时不仅要注意监听自己的歌声，而且要注意倾听同伴的歌声和伴奏的声音。在共同歌唱中与同伴相协调，对于幼儿来说并不容易。5~6岁幼儿，即大班幼儿在良好的教育影响下，已经积累了一定的合作经验，已经具有较强的合作协调意识和技能，已经能从合作歌唱中体会到更多的愉快感。他们在歌唱时不仅会较多地注意声音表情的整体协调性，而且能产生较多的情感默契和共鸣。他们会比较自觉地主动控制自己的声音，也会比较敏感地注意集体歌声中的不协调因素及其产生的原因。同时，他们还能掌握对唱、接唱、领唱、齐唱、轮唱及简单的二声部合唱等表演形式。

适合幼儿的合唱形式一般有三种，即同声式、固定低音式、填充式。同声式指两个声部的旋律、和声相同。可以是一个声部唱歌词，另一个声部用同一旋律唱衬词；也可以是一个声部用哼鸣的方式唱旋律，另一个声部按节奏朗诵歌词。固定低音式是指一个声部唱歌词，另一个声部唱固定音型成延长音。填充式是指一个声部唱歌词，另一个声部在歌曲的休止或延长音部分唱适当填充式的歌曲。

（二）韵律活动的内容

在幼儿音乐活动中，音乐与身体动作常常是不可分割的。随着音乐进行身体动作活动，不仅是幼儿学习音乐、学习舞蹈、体验和表达情感最自然的方式，也是幼儿音乐教育的一项极其重要的内容。韵律活动在幼儿园教育活动中，占有非常重要的地位。

1. 幼儿韵律和舞蹈活动

著名的音乐学家奥尔夫说过："音乐教育应该始于工作。"所谓的韵律和舞蹈活动是指在音乐的伴奏下，以协调性的身体动作来表现音乐的活动，是一种常规性的音乐教育活动。在实际的幼儿音乐教育活动中，身体动作和音乐往往是密不可分的，动作是幼儿表达和再现音乐的一种最直接而自然的手段。韵律和舞蹈活动既能满足幼儿对音乐的参与、探究的需要，获得表现和交流的快乐体验，又能够促进幼儿身体运动能力和协调性的发展以及音乐感受力、表现力和创造力的培养。因此，幼儿韵律和舞蹈能力的发展是一个渐进的过程，体现出一定的年龄特点。此外，要结合幼儿生理机能的发展来设计活动的韵律和舞蹈动作的内容，幼儿韵律和舞蹈活动的主要内容是学习音乐伴奏下的韵律动作和舞蹈。

2. 韵律和舞蹈活动的基本技能类型

1）律动

律动是在音乐伴奏下的韵律动作，可分为基本动作、模仿动作和舞蹈动作。

（1）基本动作是指幼儿在反射动作的基础上发展起来的日常生活动作。例如走、跑、跳、拍手、曲膝、晃手等。

（2）模仿动作是指幼儿模仿特定事物的外在形态和运动状况所做出的身体动作。内容如下：动物的动作——鸟飞、兔跳、鱼游等；自然形象——花开、风吹、下雨等；日常生活的工作——洗脸、梳头、照镜子等；成人劳动或活动的动作——摘果子、锄地、骑马、打枪等；幼儿游戏中的动作——坐跷跷板、拍皮球等。

（3）舞蹈动作是指幼儿要学习和掌握的舞蹈表演动作，主要是一些基本肢体、步伐动作。例如：小班幼儿要掌握碎步、小跑步；中班幼儿在此基础上要掌握跳步、垫步、侧点步、踵趾小跑步、踏点步、踏踢步；大班幼儿要掌握进退步、交替步、溜冰步、跑跳步、跑马步、秧歌十字步等。除此之外，还包括一些简单的手和臂的动作。例如：中班幼儿要学习和掌握"手腕转动"；大班幼儿则学习基本的"提压腕"，手臂的动作主要是平举、上下摆、弯曲和划圈等，这些也属于专业性舞蹈动作学习的内容，有一定的技术难度要求，所以，在常规性的幼儿韵律活动中，使用频率不多，大多是为了韵律活动的完整性而运用。

2）律动组合

律动组合是指按照一首结构相对完整的乐曲组织起来的韵律动作组合。一般可分为身体节奏动作组合、模仿动作组合。

（1）身体节奏动作组合是指最基本的身体动作的组合。例如击掌、跺脚、拍腿、捻指等身体动作组合，其动作本身没有特别的意义，注重的是动作的节奏性。

（2）模仿动作组合是指以模仿为主的韵律组合。例如，小树苗睡着→醒来→生长成大树→开花→结果……既注重模仿动作的组织结构，又注重对模仿对象的表现。在此基础上，可以结合所选的乐曲旋律及内容对韵律动作进行创编，生成"创作性律动"。创作性律动活动比较适合中班（包括中班）之前的幼儿，也属于幼儿常规性音乐教育活动，经常和歌唱活动一起教学，即"歌唱韵律活动"，例如"捏拢放开""小猪睡觉"等。

3）幼儿舞蹈

幼儿舞蹈的专业学习要遵循幼儿年龄和身体的发育情况，科学地进行指导和练习。幼儿舞蹈专业学习包括芭蕾舞、民族舞、国标舞、集体舞等。幼儿基本舞蹈训练、幼儿基本舞步的学习主要以模仿、练习为主，使幼儿懂得幼儿舞蹈的基本知识（包括特点、风格及类别），掌握一定的舞蹈基本动作及舞蹈训练的一般规律，增强良好的舞蹈审美情趣，并在学习、表演中获得丰富的艺术审美经验。幼儿舞蹈的内容主要有舞蹈动作、舞蹈动作组合。

（1）舞蹈动作是指经过多年文化积淀，已经基本程式化的艺术表演性动作。幼儿要学习和掌握的舞蹈动作，主要是一些基本舞步和肢体动作：芭蕾舞的基本动作、民族舞的基本动作、国标舞的基本动作等。

（2）舞蹈动作组合是指以舞蹈动作为主的韵律组合。它比较注重动作的组织结构，可以有表现简单情节的表演舞组合，也可以有结构较自由、松散的自娱舞组合和以队形变化、舞伴间交流为主的集体舞组合。除此之外，还有芭蕾舞组合、民族舞组合（包括秧歌舞组合、铃鼓舞等）、国标舞组合（包括牛仔舞、恰恰等）、环操、绳操等。

幼儿舞蹈是动作艺术。它是以经过提炼加工的人体动作作为主要表现手段，运用舞蹈语言、节奏、表情和构图等多种基本要素，塑造舞蹈形象、表达人们思想感情的一种表演艺术。幼儿舞蹈的表现形式主要有集体舞和表演舞。

集体舞是幼儿园舞蹈律动的一种重要表现形式，是许多小朋友参加的、有一定的队形和规定动作并可交换舞伴的舞蹈形式。它是幼儿交流和分享音乐感受的一种很好的形式。

表演舞是集歌唱、舞蹈、表演于一体的综合表演形式，通过综合艺术的表现形式来反映幼儿的思想情感，主要特点是用肢体动作、面部表情等表达音乐形象和歌曲内容。幼儿在表演的过程中，聆听悠扬的旋律，感受优美的舞姿，从而得到艺术的熏陶。

3. 韵律和舞蹈活动的道具

在幼儿韵律和舞蹈活动中，道具不仅能增强活动的艺术性，还可以辅助幼儿更有效地参与活动。所以，在为幼儿韵律和舞蹈活动选择道具时应注意以下几点。

1) 艺术表现力

在专业舞蹈活动中，通过专业的舞蹈道具来配合舞蹈动作的编排，使音乐表现更准确、丰富，同时帮助幼儿展开一定的想象，促使幼儿对动作和音乐的表现更充分。例如，"新疆舞"的编排中对铃鼓的学习和使用，能更好地表现少数民族舞蹈的韵味；秧歌舞中扇子和手绢的编排生动地体现了劳动人民对生活的热情以及欣欣向荣的生活场面。在韵律歌唱活动中，可通过制作形象生动的道具，诸如动物脸谱、头饰等，增强幼儿活动的趣味性和对音乐的理解力。

2) 制作简单，操作便捷

在韵律歌唱活动中，可通过制作简单的小沙锤（酸奶瓶里装上大米或豆子）开展韵律操活动，充分有效地锻炼幼儿的手腕运动能力，并锻炼其节奏感。

(三) 打击乐活动的内容

打击乐教学是幼儿园音乐教学的一个重要组成部分。打击乐教学不仅要帮助幼儿初步掌握乐器演奏的一般知识和技能，增强节奏感，而且要增强幼儿对音色、曲式结构、多声部表现力的敏感性，培养幼儿基本的合作意识、合作能力、创造意识、创造能力、组织纪律性等，并让幼儿在活动中获得欢快、成功的体验。在打击乐活动中，节奏尤为重要。如果不能准确地打出各种节奏型，就不能整齐协调地演奏。所以，教师应根据幼儿的年龄特点和乐曲特点，选择适合幼儿的打击乐曲，让看似抽象的节奏变得轻松易学，让幼儿享受打击乐活动的快乐。

1. 打击乐曲

幼儿音乐教育的打击乐曲主要有两种：一种是纯粹的打击乐曲，即专门为打击乐器创作或仅由打击乐器来演奏的乐曲；另一种是特定的歌曲或器乐曲。幼儿音乐教育活动中的打击乐作品一般是特定的歌曲或器乐曲。这种作品一般包括特定的歌曲或器乐曲和配器方案两部分。配器方案就是根据特定的歌曲或器乐曲，专门创作的打击乐器演奏的方案。配器方案一般由专业的音乐工作者创作，有的是教师根据音乐作品创作的。

2. 打击乐器演奏的简单知识技能

掌握打击乐器演奏的简单知识技能是幼儿进行打击乐演奏的前提。幼儿可以学习的有关打击乐器演奏的简单知识技能主要有：乐器和乐器演奏的知识技能、配器的知识技能、指挥的知识技能。

1) 乐器和乐器演奏的知识技能

幼儿音乐教育中，幼儿可以接触的打击乐器主要有大鼓、铃鼓、串铃、腰铃、碰铃、三角铁、钹、锣、木鱼、双响筒、沙球、木琴等。要让幼儿了解这些乐器的名称、形状、质地、音色特征及一般持握演奏方法等。由于相同或相似材料制作的乐器，在音色、音响上具有很多的共性，因此使用中可以相互替代。

2) 配器的知识技能

在幼儿音乐教育中，配器主要是指教师引导、组织幼儿用集体讨论的方式，选择适当节奏型以及合适的乐器，为幼儿熟悉的歌曲或乐曲设计伴奏的一种活动形式。一般有按音色分类配器、按表现需要选择合适的节奏型和选择配器方案。

3) 指挥的知识技能

幼儿打击乐的指挥内容主要是如何与人沟通、与人合作，以及如何与人相互协调。因此，幼儿一般情况下不必学习专业性的指挥起势、收势和划拍，而只要学习如何自然地开始、结束、轮流、交替和击打出所要求的节奏型，必要时还可用相应乐器演奏方式的模仿动作作为指挥动作，例如在指挥碰铃演奏时，教师可以用双手轻轻相触的方式指挥。

3. 打击乐器记谱法

常用的打击乐器记谱法主要有图形记谱法、语言记谱法和动作记谱法三种。用图形、语言、动作等符号记录设计的配器方案，谱子比较直观，内容简单明了，因此一般幼儿园已经普遍使用。

4. 打击乐器的演奏常规

打击乐器演奏要有常规性的动作，便于幼儿准确地演奏和变换演奏乐器。一般有开始、活动过程、结束三部分常规活动。例如，整齐地将乐器拿出或放回、乐器没有演奏前不要发出声响、看指挥、积极与指挥交流、注意倾听音乐、交换乐器等。

（四）音乐欣赏的内容

音乐欣赏是让幼儿通过倾听音乐作品感受、理解和初步鉴定音乐的一种审美活动。音乐欣赏不仅可以引导幼儿接触优秀的音乐作品，为幼儿开启音乐的大门，还可以使幼儿积累音乐经验，发展幼儿的想象、思考记忆和思维能力。在音乐欣赏过程中，应培养幼儿的倾听习惯，使幼儿掌握基本的欣赏知识，具有初步的审美情趣和审美能力。

1. 倾听

倾听是幼儿必须具备的一个非常重要的音乐基本技能，是对幼儿实施音乐教育的基本出发点，也是开展音乐欣赏活动的前提和基础。

听觉是幼儿最先发展的感觉器官之一。不仅是婴幼儿时期，在母体时，胎儿的听觉就已一步步地发育着。利用日常生活和周围环境对幼儿进行听觉和倾听的培养是最自然和直接的一条途径。我们可以和幼儿一起辨别、倾听自然界的各种声音变化，诸如风声、雨声、蛙鸣声等；日常生活中的各种声音，诸如切菜声、锅碗瓢盆撞击声等；人体发出的各种声音，诸如拍手声、说话声、跺脚声、弹响舌声等；还有歌曲声、乐曲声中不同的模拟音响等。

应从小培养幼儿对周围生活中各种声音产生倾听、辨别、模仿的兴趣，初步养成注意倾听的习惯，为欣赏音乐作品打下良好的感知、理解音乐的基础能力。

2. 欣赏音乐作品

音乐欣赏的作品有声乐曲、器乐曲之分，同时还有题材、体裁、内容、形式和风格上的不同。幼儿欣赏的音乐作品一定要考虑幼儿的年龄特点，以及幼儿感知、理解音乐的实际能力和接受水平，更需要考虑音乐作品的艺术性和丰富多样性。例如一些优秀的中外少年儿童歌曲，一些旋律优美、体裁短小但音乐形象鲜明、有典型特点的小曲子，专门为幼儿创造的音乐童话片段，中外著名的音乐作品或其中的片段等。

3. 音乐欣赏的简单知识

知道音乐作品的名称、主要内容和常见的表现形式；理解音乐作品表达的主要情绪、内容、形象及主要结构；分辨常见声音、乐器的音色；根据音乐作品展开联想及表达对音乐的感受等。

第三课　幼儿音乐教育活动的设计与指导

幼儿音乐教育活动的设计就是根据一定的音乐教育目标，选择符合幼儿年龄特点和教育规律的音乐教育内容和方法，通过各种组织形式对幼儿实施音乐教育与影响的方案。幼儿园音乐教育的形式是多种多样的，在教育过程中，教师应针对具体的教育内容，设计教学方案并进行指导。

一、幼儿歌唱活动的设计与指导

歌唱是幼儿音乐启蒙的一个重要手段，是幼儿音乐教育的核心内容，是幼儿进入音乐天地最自然的途径。根据幼儿的年龄特点，结合幼儿音乐教育活动，探索科学的歌唱教学途径和方法，在歌唱活动中培养幼儿对歌唱的兴趣，使幼儿学会歌唱的基本方法以及具备创新的能力，能够享受歌唱带来的愉悦。

（一）幼儿歌唱的年龄特点

不同年龄段的幼儿，对歌唱的要求不同，这是根据幼儿歌唱的年龄特点来决定的。幼儿的歌唱能力是与说话能力的发展平行的，从牙牙学语开始，逐渐从近似唱歌，发展到能唱音域合适的歌。

1. 小班幼儿歌唱的特点

小班幼儿喜欢歌唱，尤其会对那些富有喜剧色彩、情绪热烈的歌曲产生浓厚的兴趣。这一时期的幼儿一般都会唱几首简单的歌曲，有的甚至会即兴哼唱一些自己编的旋律和短句，然而自己编的歌曲的曲调带有很大的模仿性，合适音域一般在 $d'\sim a'$ 的范围，在教师的正确指导下，大致能唱准旋律。

2. 中班幼儿歌唱的特点

中班幼儿的语言有了一定的进步发展，已经能够完整地再现一些简短的歌曲和较长歌曲中比较完整的片段。但在歌词的理解方面还有一定困难，会出现错字、漏字的现象。一般情况下，合适音域在 $c'\sim a'$ 的范围。中班幼儿在唱他们所熟悉和理解的歌曲时，可以做到用速度、力度、音色的明显变化来表现歌曲中的不同形象和情绪。

3. 大班幼儿歌唱的特点

大班幼儿一般已经可以比较完整准确地再现熟悉歌曲的歌词，唱错字、发错音的情况会大大减少，音域可以从 $c'\sim c2$。对歌曲中由二分、四分、八分音符构成的一般节奏已掌握较好，甚至能较好地掌握带附点的节奏和切分节奏。到了大班末期，大多数幼儿能够比较自如地把握常见的幼儿歌曲的节奏，不管歌曲速度是快还是慢，都不会影响他们把握节奏的准确性。

大班幼儿在音准把握能力上有了一定的进步发展，都能基本唱准曲调，他们一般能够学会呼吸时自然而迅速，不耸肩，不发出很响的吸气声。大班幼儿对歌曲的形象内容、情感的体验与理解能力也会在一定程度上得到增强。幼儿积极主动地在歌唱中用声音变化来表达感情，还能积极争取使自己表现得更独特和完美。一些能力强的幼儿还能够对熟悉歌曲的节拍、节奏做出变化，甚至能够独立地即兴哼唱出相对完整的新曲调。

（二）幼儿歌唱活动的设计

1. 范唱

范唱是老师把新教材正式介绍给幼儿的过程。教师的范唱不仅应有正确的歌唱技巧，如正确的姿势、呼吸，清楚的吐字，准确的旋律与节奏，适当的表情等，还应当为幼儿树立良好的榜样，并且怀着对幼儿、对歌曲的真挚感情来演唱，使幼儿真正受到音乐艺术的感染。幼儿对听老师富有感情地唱自己所喜爱的歌曲，往往比听声乐技巧高超的歌唱家的演唱更加偏爱，备感亲切。

2. 学唱新歌

学唱新歌的方法多种多样，教师可以根据歌曲的特点和本班幼儿的年龄特点灵活选用。

1）介绍歌曲

有的歌曲相对来说歌词比较长，也比较复杂，一般来说，可以先教幼儿掌握歌词，这样，歌词的难点往往就迎刃而解了。老师可以通过提问的方法将歌词串起来，以此引导幼儿记忆歌词、掌握歌词。而有些歌曲比较简单，同样一段旋律有几段押韵、相似的歌词，这样的歌词通常只需先教一段，待幼儿体会到了歌词韵律节奏之间的关系，再把第二段、第三段歌词告诉幼儿，幼儿学起来就会很快。

2）熟悉歌曲节奏

有些歌曲节奏鲜明，词曲结合朗朗上口，可以采用先教歌曲节奏的方法，熟悉掌握节奏，按节奏学习歌词，进而学会演唱歌曲。如《两只小象》可通过拍手、拍肩等身体动作引导幼儿学习歌曲节奏，再有节奏地朗读歌词、学习旋律并演唱全曲。

3）熟悉旋律

有些歌曲旋律简单、流畅，可采用教旋律的方法，由简到难，掌握全曲。如《青蛙》可先教幼儿学会演唱第一句旋律，第二句旋律几乎相同，只改动最后几个音即可。

4）分句教唱法

有些歌曲相对来说比较长，乐句结构清楚，可以采用老师教唱一句、幼儿跟一句的方法，由歌词到旋律、再到词曲结合学唱全曲。这种教唱方法的好处在于一句一句跟唱，便于幼儿模仿，但同时这也破坏了歌曲的完整性和要表达的艺术形象，而且一句一句地学唱，也难以促进幼儿的积极记忆和思维等心理活动的发展。

5）整体教唱法

结构短小、形象集中、单一的歌曲，可以采用整体教唱法，即幼儿从头到尾跟唱全曲。用这种方法教唱，可以保证整首歌曲的意义、情绪、形象的完整性，在学唱过程中能引起相应的情感体验。

在教唱与练习新歌的过程中，教师应注意教会幼儿掌握歌曲中的重、难点，注意培养幼儿的歌唱技能，如正确的歌唱姿势、呼吸方法、发声方法等，以及通过变换演唱形式来增进幼儿练习歌曲的兴趣。歌唱的形式大致可分为独唱、齐唱、接唱、对唱、领唱、轮唱、合唱等。

（三）幼儿歌唱活动的指导

幼儿歌唱活动要适合幼儿的年龄特点、理解水平和接受能力，要发挥音乐艺术美的感染力，使幼儿在轻松愉快的气氛中积极主动地学习。

1. 导入活动的指导

导入新歌的目的是把幼儿的注意力吸引到新歌的题材和意境中去。教师在导入新歌时，可以用故事、谜语、表演等形式，同时注意幼儿的发声练习，让幼儿自然地进入新歌的学习过程中。

2. 帮助幼儿熟悉、记忆歌词

教师可以按照歌词的内容进行讲述，让幼儿形象地记忆歌词，然后进行提问，在提问中熟悉、记忆歌词。还可以利用图片、直观教具，帮助幼儿记忆歌词。

节奏朗诵是一种既简单又能使幼儿尽快记住歌词的方法，就是教师指导幼儿按照歌曲节奏朗诵歌词，有助于幼儿记忆歌词、旋律、节奏。配合幼儿有节奏的拍手动作，可以使歌词朗朗上口，从而帮助幼儿尽快记住歌词。

3. 学习初步的歌唱技能

教给幼儿初步的歌唱技能，使幼儿能有感情地歌唱，能理解、感受歌曲所表达的感情。幼儿歌唱时有呼吸不正确的现象，教师要及时加以纠正。可以在范唱和教唱时，让幼儿感觉歌曲的句子、段落结构等，并注意正确示范。幼儿在咬字、音准等方面的问题，也要及时纠正。同时还要注意让幼儿用自然的声音、自然的面部表情和自然的身体动作来表达歌曲的情感。

4. 注意对幼儿创造能力的培养

在歌唱教学活动中，教师应该尝试培养幼儿的创造力。可以采用多种形式，调动幼儿歌唱的积极性。可以让幼儿为歌曲配动作、为歌曲增编歌词等，培养幼儿的创造力。在编歌词的活动中应注意，选择那些歌词结构整齐、重复较多的歌曲进行练习，由易到难，由少到多，逐步培养幼儿增编歌词的创造力。

案例一

活动名称：山谷的秘密。

活动班级：大班。

活动目标：

(1) 在学唱歌曲的过程中喜欢模仿有趣的声调。

(2) 在说说唱唱及动作表现中感受并初步表现声音的强弱。

(3) 能够大胆地尝试仿编歌词"请你快来……"，体验仿编歌词带来的快乐。

活动准备：

(1) 物质准备：①创设条件带幼儿去做实验（如找个空旷的地方或者礼堂）；②《回声》音乐光盘等。

(2) 经验准备：幼儿有秋游的体验。

活动过程：

故事导入：宝宝秋游时有趣的事。

教师引出宝宝小朋友秋游时遇到的一件有趣的事。

边听边欣赏，感受并理解歌词。

教师讲述宝宝来到山顶看到美丽的景色唱起了歌。（教师示范演唱《回声》）

教师提问：宝宝为什么会奇怪？小朋友听到宝宝唱了什么？大山的回声是什么样的？
教师引导幼儿回答"宝宝的声音响，大山的回声轻"。
尝试表现音乐的强、弱。
(1) 教师扮作小朋友，幼儿扮作大山。
教师引导幼儿爬到"山顶"再唱，跟着音乐轻声模仿唱；嘴巴打开时声音传得远，移调演唱。
(2) 幼儿扮作小朋友，教师扮作大山。
教师引导幼儿扮作小朋友，开口唱并控制声音的强弱。
(3) 尝试仿编歌词：以大山为情境，创编其他歌曲。
(4) 音乐游戏：听鼓声大小，表现强弱舞蹈律动。
教师引导幼儿和大山里的小精灵一起听着鼓声跳舞，鼓声响就跳得高，鼓声弱就跳得低。
在音乐游戏中自然结束活动。
教师播放《回声》音乐，引导幼儿在音乐中自由游戏，自然结束活动。
活动延伸：
(1) 家长带领幼儿去寻找回声，体验回声带来的乐趣；在家玩"山谷的秘密"的音乐游戏。
(2) 欣赏和回应幼儿的哼哼唱唱、模仿表演等自发的艺术活动。
教学附录：
有一个叫宝宝的小朋友去旅游，他看见美丽的景色后对着大山唱起了歌，发现山的那边也有人对他唱，他感到奇怪，就边唱边喊："喂，喂。"山的那边立刻传来了"喂，喂"的声音。他又奇怪地问："你是谁？"他真的想看看是谁在唱歌，于是他唱"请你快来，来唱歌"，那边又轻轻地跟着唱"请你快来，来唱歌"。请摸摸头想一想，我唱一句，他也唱一句，不同的是什么呢？（可以让幼儿来回答；不同的是我的声音强，那边的声音弱，而且总是跟在我后面唱，到底是谁呀？）小朋友，你能告诉他这是什么声音吗？你也到周围去找一找这种声音吧。

案例二

活动名称：小鸡小鸡在哪里。
活动班级：小班。
设计意图：
动物是人类的朋友，它们与我们的生活息息相关、紧密相连，孩子们特别喜欢。小班幼儿的思维活动带有具体形象性，喜欢模仿。《小鸡小鸡在哪里》是一首深受幼儿喜爱的歌曲。歌词中小鸡和母鸡妈妈的对话能激起幼儿情感的共鸣，好像在和自己的妈妈对话一样。所以在活动过程中，教师扮演母鸡，请幼儿以小鸡的身份做游戏，使幼儿在欢快、轻松的氛围中掌握知识。
活动目标：
(1) 通过对唱游戏活动，感受歌曲的对答情趣与亲情，在游戏的情景中快乐地学唱歌曲。

（2）激发幼儿想象力，体验游戏的乐趣。

活动准备：

（1）歌曲录音磁带以及大灰狼的音乐磁带。

（2）小鸡胸饰、母鸡头饰。

（3）与幼儿一起创设游戏情景"花园"。

活动过程：

一、对唱游戏

教师和幼儿边唱边跳进入活动室，花园里的花好漂亮啊，请幼儿在花园的篱笆旁坐下。

师：今天天气真好，鸡妈妈带鸡宝宝到花园里去玩，好吗？

1. 学对歌词

师：小鸡，我们来做个游戏好吗？

师：小鸡小鸡在哪里？

幼：叽叽叽叽，在这里。

师：小鸡小鸡在哪里？

幼：叽叽叽叽，在这里。

2. 学唱新歌

师：鸡妈妈用好听的声音来问，你们会用好听的声音来回答吗？

弹琴一起学唱。

二、游戏"小鸡与大灰狼"

（1）讲故事：有一只大灰狼，躲在草丛里，每次小鸡出来玩的时候，它就来抓小鸡，小鸡可聪明了，它们变成一朵朵小花，大灰狼就找不到了。大灰狼可真傻呀！等大灰狼走了，鸡妈妈来找自己的宝宝，她轻轻地唱："小鸡小鸡在哪里？"小鸡就又回到妈妈身边唱歌了。

（2）幼儿游戏，听到大灰狼音乐，马上变成"小花"不动，等到鸡妈妈来唱"小鸡小鸡在哪里？"小鸡们一起站起来回答妈妈"叽叽叽叽，在这里。"

（3）幼儿游戏2～3遍。

三、结束活动

（1）师：天黑了，小鸡要回家了。

（2）听音乐《晚安曲》回家。

二、幼儿韵律活动的设计与指导

韵律活动就是幼儿随着音乐进行的各种有节奏的身体动作。韵律活动可以使幼儿的情绪、心理需求获得满足，可以促进幼儿想象力、表现力和创造力的发展，并让幼儿获得一定的快乐。

（一）幼儿韵律的年龄特点

韵律活动能力是指在音乐的伴奏下，以协调的身体动作来表现音乐形象的能力。韵律活动能力的发展，依赖于一定的动作技能的发展和对音乐的感受能力、理解能力、表现能力。

1. 小班幼儿韵律的特点

　　小班的大多数幼儿已经掌握了拍手、摇头、晃动手臂、用手指点或拍击身体的部位、点头或摇头、小幅度慢速运动躯干等简单的非移动动作，但腿部力量较弱，脚掌缺乏应有的弹性，身体左右摇摆大，自控力差。

2. 中班幼儿韵律的特点

　　中班幼儿在韵律活动中，手部动作出现频率较高，运动路线主要以直线、曲线为主，中层次空间的动作出现次数最多，移位式动作很少出现，多数幼儿在自由律动中会出现两种及两种以上动作，比较喜欢做重复动作。多数幼儿具有前奏感、节奏感，而乐段感与乐句感的发展相对滞后，很少出现与同伴合作做动作的行为，都是自己单独做动作。

3. 大班幼儿韵律的特点

　　大班幼儿对鲜明、有特点的节奏、音响和舞蹈律动具有浓厚的兴趣，节奏性活动是幼儿阶段主要的音乐活动。幼儿的思维以形象思维为主，他们在表现活动中往往会加上自己的主观想象，喜欢夸张新奇的事物，乐于尝试，愿意表现。

　　大班幼儿能逐步认识到事物之间的一些简单关系和联系，对于事件、情节的表现成为他们在韵律活动中的突出特点。他们喜欢听和讲故事，喜欢聆听和朗读节奏鲜明、有韵律的歌谣，喜欢看情节有趣和色彩鲜明的动画片、木偶剧与儿童剧，喜欢在游戏中再现和表演自己感兴趣的人物表情、动作、情节和活动场面，表演时根据自己的经验和想象不断求新与创造。

（二）幼儿韵律活动的设计

1. 熟悉音乐

　　韵律活动的音乐应是幼儿熟悉的，幼儿对熟悉的音乐会有亲切感，会降低合拍的难度。可利用倾听的方法熟悉音乐，在倾听后，先处理音乐中节奏、内容、舞蹈动作这些比较难的部分，也就是先把重点处理好。

2. 示范

　　教师做示范，向幼儿传授没有学习过的舞蹈动作，同时用讲解的方法，描述动作的要领，调动幼儿审美的积极性，同时积累舞蹈动作的表象。示范可根据幼儿的需要进行调整。初次示范应起到欣赏的作用，用正常的速度进行示范。幼儿学习的时候，示范的速度要慢，并要重复示范。

3. 幼儿动作练习

　　幼儿动作练习是韵律活动的主要内容，幼儿通过身体动作来感知、理解、表达音乐，享受表达音乐的快乐。幼儿练习的时候，可以采用动作分解练习的方式，然后组合，与音乐组合。

4. 创造性的表达

　　在掌握基本动作后，教师可以让幼儿按照音乐的旋律表达自己的意愿，鼓励幼儿自编动作，肯定和鼓励幼儿富有个性的表演。

（三）幼儿韵律活动的指导

1. 加强基本动作的指导

　　韵律活动是由基本动作组成的，如果幼儿掌握得好，学习韵律活动就会比较快，比较容易。所以教师要加强基本动作的练习，但要防止专门化的训练。专门化的训练只注意动作技能的传授和规范，忽视了幼儿学习的特点和教育规律，忽视了情感体验和趣味性。

2. 处理好"教"与"学"的关系

在韵律活动中，教师要给幼儿提供大量的创造机会，激发创造热情，培养创造能力。创造力的培养是建立在"教"的基础上的，教师要启发性地教给幼儿基本动作，然后根据基本动作，让幼儿自主地依赖音乐以及音乐所要表达的内容创编动作。

3. 韵律练习要动静结合

在韵律活动中，教师要将动作与语言相结合，生动、简洁、形象地讲解动作要领。要以音乐为主，不要过多运用语言进行讲解，而要让幼儿尽快地习惯倾听音乐、感受音乐，以提高对音乐的感受力。同时要做到动静结合，在活动中及时调节幼儿身体的适应程度，以消除疲劳，达到保教结合的目的。

4. 培养幼儿的音乐感受力

音乐感受力是指幼儿对音乐节奏的强弱、快慢，音色的明暗及音乐所表达的思想感情等的感受能力。在韵律活动中，教师应当让幼儿多听音乐，培养幼儿对音乐的理解力和感受力，避免只重视传授知识技能，忽视能力的培养。

案例三

活动名称：小茶壶。

活动班级：小班。

活动目标：

(1) 认知目标：熟悉歌曲的旋律，尝试用身体的动作来表演歌曲的内容。

(2) 技能目标：初步创编茶壶和茶杯的动作。

(3) 情感目标：在学习歌曲的过程中，体验与同伴共同舞蹈的快乐。

活动准备：

(1) 经验准备：课前引导幼儿认识各种茶壶、茶杯，知道茶壶、茶杯的用途及使用方法。

(2) 物质准备：与歌曲有关的茶壶图片四幅、歌曲伴奏。

活动过程：

一、开始部分

通过游戏"变变变"开始活动。

师：宝宝们，今天我们来玩一个"变变变"的游戏好不好？

师：想玩的宝宝站起来，找一个空地站好。你们的小手在哪里？挥一挥。噢，我看到了，真漂亮。现在我们藏起来。游戏就要开始啦，听！

（变成小兔，跳一跳）（变成鸭子，走一走）（变成袋鼠，跳一跳）（变成飞机，听音乐飞进场地）

二、观察图片，熟悉歌曲

1. 教师完整地示范演唱一遍

师：我们开飞机开累了，来！宝宝们，找一个空地坐好，休息一会儿。

师：累不累啊？（幼儿回答：累，我们都想喝水了。）宝宝们，快看，这是谁呀？（茶

壶)

2. 观察图片,理解歌词
(1) 师:小茶壶长什么样呀?(引导幼儿说出"它的肚子是圆圆的,身体矮矮的")
教师听音乐有节奏地朗诵:我是茶壶圆又圆,我是茶壶圆又圆。
(2) 师:我们再来看看,这是茶壶的什么呀?(壶柄,是用来提茶壶的)壶柄长在什么地方?你们来学学?那这个呢?(壶嘴,水就是从这个地方流出来的)
教师听音乐有节奏地朗诵:这是壶嘴这是柄。
(3) 观察第三幅图片,问问幼儿:"壶里的水怎样啦?"(水烧开啦,都冒烟啦,水都在壶里翻滚啦)
(4) 师:那这个壶嘴怎样啦?(冲茶啦)
教师听音乐有节奏地朗诵:水开了!泡茶了!

三、创编茶壶和茶杯的动作
(1) 师:你们想不想再来喝喝茶?好,请小朋友们赶快准备。
(2) 师:我们的茶壶是什么样子的啊?(又肥又矮)来!我们来做一做。
师:那壶柄长在哪儿呢?壶嘴长在这儿。(动作示意)再来一次。
提问:谁想喝水?(咕噜咕噜)
(3) 提问:宝宝们,刚才我们的壶柄都长在这儿,动脑筋想想,壶柄还可以长在哪儿?(幼儿创编)那壶嘴呢?(幼儿创编)那我们再来一次,这一次看看谁跟我的不一样。
(4) 师:刚才有很多小朋友的壶柄和壶嘴都长在了不同的地方,真不错!我再来看看,来,宝宝们准备!(教师不示范)
(5) 师:宝宝们,把你们的茶杯摆好啦!我来给你们倒茶。
(6) 师:哦!这么多的小朋友都想喝茶,老师都倒不过来了,这样吧,我们再来冲一次茶,和你旁边的好朋友相互倒倒茶,好吗?来!大家赶快准备好。(把你们的茶也倒给我喝喝)

四、请老师喝茶
师:宝宝们,刚才我们都喝了茶,你们看看周围有这么多的老师,我们也去给他们倒茶喝,好吗?

五、结束
师:班上其他的小朋友也想喝茶了,来!宝宝们,我们也去给他们倒茶去!

案例四

活动名称:三只羊。
活动班级:中班。
活动目标:
(1) 感受乐曲快慢不同的节奏,能用身体动作表现小羊、大羊、老羊走路的不同。
(2) 在活动中感受战胜大灰狼的喜悦,有成功感。
活动准备:
(1) 小羊、大羊、老羊的图片,大灰狼的头饰。
(2) 相关音乐。

活动过程:

一、完整欣赏音乐

(1) 讲述故事。

(2) 完整欣赏音乐。

师:故事里还藏了好听的音乐,听一听,音乐有几段?说了一件什么事情?

二、分段欣赏音乐,用动作表现三段音乐的不同

(1) 边放音乐边出示图片:听一听谁来了(小羊),它是怎样走路的?(幼儿自由表现后集体练习)

(2) 用同样的方法学羊爸爸、羊爷爷走路。

(3) 完整表演:山坡上有很多青草,我们跟着三只羊一起去吃草吧!听,谁先上山,我们就跟着它一起上山。(不断变换音乐,引导幼儿用不同的身体动作表现)

三、感受战胜大灰狼的喜悦

(1) 师:你们吃草吃得开心吗?草的味道怎么样?一起做做高兴的样子。

(2) 播放恐怖音乐,一位小朋友扮演大灰狼出场:谁来了?

(3) 师:小羊、大羊、老羊们不要害怕,我们一起想办法对付它。想想怎样才能打败大灰狼?

(4) 教师与幼儿一起做顶、踢、撞的动作。

(5) 师总结:你们真能干,想了这么多的好办法,如果再遇上大灰狼,我们就团结起来,用刚才想的办法对付它。

四、完整表演后结束

(1) 师:现在我们继续"吃草"吧!

(2) 师:时间不早了,我们一起下山吧!(幼儿边听音乐边完整地表演一遍)

三、幼儿打击乐活动的设计与指导

幼儿园打击乐活动的目的是让幼儿体验节拍、节奏以及掌握使用各种乐器的技能,并学会手眼协调地进行演奏。每个孩子都喜欢敲敲打打,对声音具有一种天生的敏感,打击乐与幼儿这种与生俱来的本能很相配。在活动中,幼儿手、眼、脑、心并用,使大脑建立起复杂的神经联系,让头脑变得灵敏、聪慧。活动中对音乐灵感的寻求,对演奏状况的把握,对作品的处理、分析,都要进行丰富活跃的形象思维活动,使幼儿的观察力、记忆力、想象力、创造力等都得到相应的锻炼和提高。

(一) 幼儿打击乐的年龄特点

1. 小班幼儿打击乐的特点

小班幼儿逐步掌握了一些主要用大肌肉动作来演奏的打击乐器的使用方法,最容易掌握的是铃鼓和串铃的演奏方法。他们在入园初期,随乐意识和随乐能力都很差,大多数幼儿不能做到基本合拍地随音乐演奏,而且有部分幼儿只顾玩弄乐器而忘记了演奏的要求。3岁末期,不仅大多数幼儿能够基本合拍地随音乐演奏,而且一般幼儿已具备了初步的随乐意识。

2. 中班幼儿打击乐的特点

中班幼儿开展打击乐活动时可以选择节奏鲜明的乐曲,可以2/4、3/4拍乐曲为主。许多民族风格的乐曲，如：维吾尔族、蒙古族、藏族乐曲，节奏型都比较明显，易于中班幼儿理解把握，同时也可以让幼儿感受不同民族的音乐风情。由于手部动作发育的特点，可以在常见的打击乐器，如：串铃、响板、撞钟、三角铁、铃鼓、木鱼、双响筒、锣、鼓中进行选择。

3. 大班幼儿打击乐的特点

大班幼儿的自控能力、合作能力、接受挑战能力、探索的积极性等方面都有了很大的发展。经过小班、中班系统的教育和熏陶，具有一定的音乐素质。在节奏乐活动中，他们能够通过对音乐、乐器的直接感知以及教师合理有效的调控手段，表现出丰富的感受力和创造力。大班幼儿随着年龄的增长，逐渐将以前对乐器敲打的兴趣转变为操作乐趣和效果乐趣。

（二）幼儿打击乐活动的设计

随乐曲（歌曲）集体演奏的打击乐，在教学中可以有以下两种不同的方式：一种是教师事先选好教材，可以是自己设计编配的打击乐，也可以是别人编配好的教材，然后一步步地教；另一种是在教师的指导下，逐步让幼儿参加活动，共同编配打击乐。这后种方式应在幼儿的节奏感有了一定的发展，对打击乐活动已积累了一些经验的基础上进行，效果才好。

1. 熟悉和欣赏音乐

打击乐曲是根据音乐进行的，倾听音乐是极为重要的一个环节，在告诉幼儿乐曲（或歌曲）的名称、主要内容后，就要引导幼儿仔细听，感受音乐的内容、情绪、性质、力度、速度、风格。

2. 空手练习节奏型

教师带领幼儿以各种节奏动作，如声势动作等，练习各种乐器声部的节奏型，帮助幼儿尽快掌握，以便在较短时间内过渡到使用乐器演奏。要注意的是，空手练习的时间不能太长，在使用乐器的过程中还可继续学习，长时间空手练习会降低幼儿学习的积极性，更重要的是不利于幼儿有更多的机会在集体练习打击乐器的过程中，感受各种乐器的不同音色、音响特点及其在合奏中产生的效果。

3. 介绍乐器的使用名称与方法

在掌握了各声部节奏型的基础上，教师可以向幼儿介绍打击乐的名称，让幼儿去探索乐器的敲击方法，然后再指导幼儿正确使用打击乐器，并引导他们比较、辨别乐器的音色特点。

4. 随着音乐打击乐器

在幼儿随音乐打击乐器的过程中，可以让部分节奏感较强的幼儿先拿乐器练习，随后逐步扩大到其他的幼儿，以互帮互学；或者先分声部练习，等各声部熟练掌握后再合奏。

幼儿在具有一定打击乐经验的基础上，教师还可以有计划地逐步让幼儿与自己共同为乐曲（或歌曲）设计节奏型、选配乐器等，以培养他们创造性地编配打击乐的能力。还可以用故事及游戏来进行打击乐教学，这种方法较适合在小班初期使用，以培养小班幼儿对打击乐的兴趣。

（三）幼儿打击乐活动的指导

1. 注意常规的培养

在幼儿园打击乐教学活动中，应注意培养幼儿良好的活动常规，包括训练幼儿看指挥的习惯，注意打击乐器的分发与收回。可以将乐器放在幼儿座椅下面，或现场分发；收回乐器时，可以让幼儿将乐器轻放在座椅下面，或让个别幼儿到每人身边收取，或让幼儿自己放回指定的地方等。

2. 依靠图谱，掌握乐曲节奏的变化

与歌词相比，节奏更为抽象，在节奏乐教学中，图谱法是引导幼儿进行节奏演奏的有效手段，通过图示把音乐内容简单化、形象化，增强直观效果，使幼儿学起来轻松、有趣，能将摸不着的抽象概念演变成形象的图示，使幼儿感受到不同的图示所表达的不一样的含义。教师几乎不用多费口舌，幼儿便理解了。也可以让幼儿以自己的身体为乐器，通过拍手、跺脚、拍腿等动作进行节奏训练，使幼儿快速掌握音乐的整体结构，为协同一致地演奏好乐曲打下扎实的基础。但在使用图谱法时要注意，图示要简单、明确、统一、有规律，让图示成为帮助幼儿理解、记住节奏，便于幼儿进行演奏的一种工具。

3. 正确指挥，集中幼儿注意力

指挥法是打击乐演奏整体教学法的一个核心。在活动过程的前阶段，一般采用教师指挥的方法，后阶段开始逐步引导，有意识地培养幼儿进行创造性的指挥练习。为了达到演奏的效果，教师的自身素质非常重要，在活动中必须注意：

（1）教师本身的动作必须到位、准确，洋溢着热情。

（2）坚持培养幼儿良好的看指挥的演奏习惯。

（3）教幼儿学习分声部看指挥时，首先可以用身体动作指挥或者语言提示，然后逐步过渡到用手势指挥和看眼神提示。

（4）在声部转换前，提前将自己的头部和目光转向下一个将要演奏的声部。

案例五

活动名称：小红帽。

活动班级：中班。

活动目标：

(1) 在打击乐活动中感受与同伴合作演奏的快乐。

(2) 结合动作总谱学习用身体动作表现乐曲。

(3) 初步尝试使用不同乐器共同进行演奏。

活动准备：

(1) 动作图谱一张；乐器：响板、碰铃、铃鼓若干；乐器声音卡四张。

(2) 幼儿分三组，座位为马蹄形，乐器先放在幼儿椅子底下。

活动过程：

(1) 幼儿听音乐《小红帽》开始活动，初步感知音乐。

(2) 结合图谱，幼儿学习身体动作，进一步感受、理解音乐结构。

①师：刚刚我们听到的是什么音乐？听到这首音乐，你心里感觉怎么样？

师：张老师听到这首音乐也感觉很快乐，我还把我的快乐画下来了，你们想看吗？

②教师听音乐并结合图谱，完整做身体动作。

师：用图画的方式来表现音乐，这叫图谱。你们在图谱中发现了什么？这些图画表示什么意思？可以怎么做动作？让我们一起来试一试。"
③幼儿集体看图谱做身体动作，教师哼唱。
④幼儿集体随音乐看图谱做一遍身体动作。
⑤幼儿分三组随音乐做身体动作。第一组踩脚，第二组拍手，第三组摇手、拍手。
（重点指导第三组幼儿学习最后两乐句的摇手、拍手）
（3）出示乐器，学习乐器演奏，进一步感知、表现音乐。
①出示乐器：响板、碰铃、铃鼓，知道其名称和演奏方法。
师："小朋友们玩得很开心，乐器也想出来玩了。看看，这是谁？它可以怎么演奏？"
②出示乐器卡，贴到图谱相应的地方。
③教师哼唱，带领幼儿分组徒手演奏第一遍，重点指导铃鼓组的幼儿学习摇奏和拍奏的方法，并弄清楚什么地方摇奏，什么地方拍奏。
④教师哼唱，幼儿分组徒手演奏第二遍，重点指导乐曲最后一句三种乐器的齐奏部分。
⑤发放乐器，幼儿听音乐演奏第一遍，提醒幼儿注意乐器的使用规则。
⑥幼儿听音乐看指挥演奏第二遍，提醒幼儿注意看教师指挥。
（4）幼儿有序地收拾乐器，结束活动。
活动延伸：
教师引导幼儿换组，交换乐器演奏乐曲。

案例六

活动名称：森林音乐会。
活动班级：大班。
设计意图：孩子们对节奏活动是非常感兴趣的，结合班级特色、幼儿特点与需求，将律动与乐器、游戏有机结合起来，对音乐进行诠释，并引导幼儿进行打击乐轮奏、合奏的活动。根据《纲要》的要求，设计了本次活动。
活动目标：
（1）熟悉乐曲旋律，尝试用打击乐器演奏。
（2）根据音乐的结构及图谱的变化，设计打击乐器的演奏方案，看指挥进行演奏。
（3）在活动中保持活泼欢快的情绪，体验集体合作的快乐。
活动准备：
（1）PPT课件。
（2）大图谱、小图谱、乐器标志。
（3）铃鼓、圆舞板、碰铃、音乐及扩音器。
（4）幼儿经验准备：幼儿进行过打击乐活动。
活动过程：
一、欣赏乐曲，感受节奏
谈话导入，引出主题。"告诉大家一个消息，今天晚上森林里要开音乐会，许多小动物都想来参加音乐会，到底有哪些小动物来参加呢？大家一起听听音乐就知道了。"（播放音乐一遍）

二、观察图谱，初步掌握节奏型

1. 观察图谱提问

师：今天的森林音乐会有哪些小动物来参加？（幼儿自由回答）

师：请小朋友们来看看节目单。(出示图谱PPT)

（1）师：第一个表演的是小青蛙，它表演的是唱歌，它是怎么唱的？（请一幼儿拍手，教师指图，全体幼儿拍手）

（2）师：第二个表演的是小鸭子，它表演的是跳舞，你们能不能看着节目单来试一试拍手呢？（教师指图，幼儿拍手）

（3）师：第三个表演的是？它表演的是什么？谁能来表演一下开屏的动作？（幼儿做开屏的动作）

师：这是什么？（羽毛）原来是孔雀的羽毛。前面我们做开屏的动作，后面我们拍手来试一试。

2. 听音乐看图谱拍节奏

（1）边听音乐边看教师指图，幼儿拍节奏一遍。

（2）再次完整地听音乐拍节奏一遍。

三、借助图谱，配乐演奏

1. 邀请参加聚会

狮子大王来电话，邀请小朋友们去参加森林音乐会。

2. 进行彩排，设计方案，合作演奏

"在森林音乐会开始之前要进行彩排，我们今天用三种乐器来演奏，想一想，小青蛙唱歌的部分适合用什么乐器呢？小鸭子和孔雀的音乐用什么乐器演奏呢？"

3. 幼儿合作讨论，设计配乐方案

"指挥给每组都准备了节目单，以及一些乐器标志，请小组讨论选择乐器标志并将其贴在节目单相对应的位置上，设计配乐方案，然后大家商量一下，你们这一组谁使用铃鼓、谁使用碰铃、谁使用圆舞板。"

4. 分组表演各自的设计方案

看指挥分声部轮奏、合奏。

5. 正式演出，提升难度，完整演奏

（1）"现在演出就要开始了，我也带来了我的演出方案，你们想不想看看？"

（2）"小青蛙这儿用的是铃鼓和小铃，大家想想应该怎样演奏呢？最后结束时用了三种乐器，表示什么意思？如何表演？"幼儿大胆讲述，教师小结。

（3）森林音乐会正式开始，教师指挥，幼儿演奏。

（4）交换位置，交换乐器，快乐地演奏。

四、结束

教师：今天的森林音乐会到此结束，小演员们谢幕！

四、幼儿音乐欣赏活动的设计与指导

音乐欣赏是人们感受、理解、鉴赏和品评音乐艺术作品的一种审美活动，也是通过音乐来了解世界的一种认识和思维活动。幼儿园的音乐欣赏活动主要是通过欣赏优秀的音乐作品，帮助幼儿提高感受和理解音乐的能力，享受参与音乐活动的快乐，培养对音乐的探究热情。

（一）幼儿音乐欣赏的年龄特点

1. 小班幼儿音乐欣赏的特点

小班幼儿能初步理解他们所熟悉歌曲的歌词内容和思想，能理解性质比较鲜明的音乐情绪等。多数小班幼儿能随着音乐动起来，喜欢听节奏鲜明、欢快的音乐。但由于经验不足，还不能随音乐性质的变化做相应的动作。

2. 中班幼儿音乐欣赏的特点

中班幼儿辨音的分化能力有所提高，逐渐能辨别声音的细微变化。他们一般能欣赏内容较为丰富、风格多样的音乐作品，如舞曲、进行曲、摇篮曲等。对不同体裁、性质、风格的乐曲的分辨能力也有所提高。在音乐的速度、力度、节奏、结构把握上，他们往往能够通过教师组织的音乐活动，初步感受到乐曲的结构，听出乐段、乐句之间的重复以及乐曲在情绪上的明显差异；能基本理解音乐表达的情绪和情感，并由此产生一定的联想。

随着幼儿思维、想象的进一步发展，对音乐的理解能力也在不断地发展。这种理解能力通常表现在歌曲及有标题的器乐曲的理解上，幼儿已能借助歌词及已有的生活经验、音乐经验，基本理解音乐所表达的艺术表演形象，但对于较为复杂的、没有标题的纯器乐曲的理解还有一定的困难。另外，他们在欣赏过程中的创造性表现能力也在不断增强。

3. 大班幼儿音乐欣赏的特点

大班幼儿具有一定的音乐欣赏能力，可以把握音乐中蕴含的诸多要素，包括音乐的演奏乐器和演奏场景、音乐中的运动和张力、音乐中的情感，以及音乐中的形象和情节。他们的内心世界得到了丰富和发展，想用自己喜欢的方式来表现音乐，能够准确地表达自己对作品的理解，并有想象的能力。

（二）幼儿音乐欣赏活动的设计

1. 完整地倾听作品

欣赏音乐作品之前，教师要对音乐作品进行介绍，可以通过引导谈话、直观教具、故事、动画片等，帮助幼儿了解音乐作品的背景、主要内容等。在此基础上，让幼儿安静地倾听音乐作品。教师要用自己的情绪感染幼儿，使他们投入倾听活动中。

2. 交流倾听音乐作品的感受

倾听音乐作品之后，让幼儿交流听后的感受，如对作品的情绪感受、对作品的联想等，可以用语言、动作、表情等表达方式。交流时间不宜太长。

3. 对音乐作品的理解与分析

在欣赏音乐作品的过程中，培养幼儿对音乐作品的理解和分析能力，使其掌握对音乐作品进行分析的基础知识和方法。幼儿音乐欣赏活动可以根据以下几个内容展开。

（1）与音乐作品相关的基本知识。先从音乐作品的曲目名称、作曲家、时代背景、乐曲中的乐器演奏形式（诸如独奏、交响乐等）入手，引导幼儿进入音乐的大门。

（2）音乐的本质特征。音乐与其他艺术的不同之处在于：音乐是以音响的形式引起人的共鸣的；音乐是以声音为物质材料构成的；音乐作品中的声音不是将生活中杂乱无章的各种声响随意堆砌，也不是单个的声音，而是具有高低（音高）、长短（音值）、强弱（音量）和音色等本质特征的乐音。这些乐音按照一定的关系（音程关系、和声关系、曲式结构、调试关系等），运用严密的组织形式有机地构成了具有旋律起伏、和声张弛、音色变化等丰富音响表现形式的音乐作品，直接地表达人的瞬息万变的情感态度，并包含着丰富的内涵、体验。因此，幼儿音乐欣赏活动应以掌握、分析音乐作品中的节奏、节拍、力度、速度、音色、旋律等基本音乐元素为基础。

（3）曲式分析。音乐作品中的曲式现象是纷繁复杂的。幼儿对音乐作品的曲式分析建立在学习掌握基本的曲式结构模式的基础上，诸如一段体、两段体、三段体等，并在此基础上对音乐作品的情节内容、风格、情绪、调试、调性进行段落的对比分析，从音乐的本质内涵中加深幼儿对音乐作品的感受和理解。

4. 想象和联想

虽然音乐是依靠听觉来感知的特殊艺术，它的形象也是非视觉的，但由于它不是抽象逻辑思维的产物，因此可以通过联想、表象、想象，甚至创造等活动来构成有思想情感的、有审美价值的内容。

5. 重复深入地欣赏

这一阶段要求幼儿不仅掌握音乐作品的主要内容或情绪性质，还应感受和理解音乐作品的表现手段，较为完整、全面地感知作品，并能记忆和识别音乐作品的主要音调。要针对不同年龄段的幼儿、根据作品的不同性质，为幼儿提供尽可能多的参与机会。在诸多感知通道中，除听觉外，其他的辅助通道有运动觉、视觉和语言知觉。在实际运用中，运动觉的参与主要指在音乐伴随下，用表演或创作文字语言的方式来感知和表现音乐。

4. 再欣赏的认知活动

音乐的欣赏和认知是连续、拓展的活动。对听过的音乐进行有计划的、阶段性的再欣赏，不仅可以锻炼幼儿的记忆力和听觉表象能力，还可以使他们随着年龄的增长对同一首作品产生不同程度的理解并具有不同的欣赏角度。

（三）幼儿音乐欣赏活动的指导

1. 丰富幼儿的相关生活经验

音乐是反映人们现实生活和思想感情的，让幼儿具备一定的生活经验是感受音乐作品的基础。一个从未见过雪的孩子，在欣赏有关飘雪花、堆雪人的音乐时，他对作品的感受与在北方长大、有丰富的看雪生活经验的孩子相比，后者更能借助视觉、听觉、运动觉、触觉，甚至味觉的多感官通道，来感知和表现音乐。生活经验靠日积月累，教师应在一切教育活动中有计划地帮助幼儿进行积累。

2. 重视幼儿音乐感受力的培养

在进行音乐欣赏活动时，教师的选材要注意音乐对幼儿的可感性和可接受性。无论是歌曲还是器乐曲，都要注意音乐作品表达的内容、形式、情感应是幼儿熟悉、理解的，能够激发幼儿兴趣的，能够让幼儿有话可谈的，形象性的，以便于幼儿对作品内容、风格、情绪的把握和理解，从而引起幼儿情感上的共鸣。

幼儿欣赏的作品要有较高的思想性和艺术水平，有较好的演奏和演唱质量。音乐欣赏的作品在内容、形式、体裁等方面应丰富多样，便于幼儿对音乐的广义理解，丰富幼儿的音乐欣赏经验。

3. 营造幼儿充分想象和再创造的空间

教师在指导音乐欣赏活动时，要努力创造条件，充分调动幼儿学习的主动性。可以利用活动性、游戏性帮助幼儿理解作品，但要注意活动的有效性。让幼儿通过音乐作品把握形势所蕴含的意味，让幼儿用整个心灵去感受音乐的美。在这些活动的基础上，让幼儿大胆想象、主动创造，让幼儿充分表达自己对音乐的理解，教师不能把自己的观点灌输给幼儿，更不能要求幼儿按照自己的观点理解作品。

4. 指导幼儿用多种形式表达对作品的理解

人的感受性和表达活动经常是整体性的，相互不能分割。在音乐欣赏活动中，教师可启发幼儿用不同的形式表达对作品的理解，例如语言、肢体动作、美术作品等，充分调动幼儿参与各种音乐欣赏活动的积极性，这样不仅可以使幼儿形成良好的感知与表达能力，还可以培养幼儿良好的个性心理品质。

案例七

活动名称：大鞋和小鞋。

活动班级：中班。

设计思路：

模仿成人世界是孩子的天性，在小班玩娃娃家的时候，我已经发现本班的孩子们非常喜欢穿着爸爸妈妈的大鞋子走来走去。根据孩子的这一兴趣点，我选择了《大鞋和小鞋》这一音乐作品，这首歌曲的主要特征是前后两段在速度和力度上有变化，主要是因为穿爸爸的鞋子和穿宝宝的鞋子时有鲜明的声音对比。基于中班幼儿音乐教育目标"引导幼儿对生活中声音的高低、强弱、长短及不同音色等有自己的感受"，设计了本次活动，旨在让幼儿感受两种不同的音乐，在表演的情境中满足他们的需要，使幼儿感受歌曲的趣味性。

本次活动共分三大环节，第一环节通过交流分享，让幼儿说说穿大鞋与小鞋的不同感受；第二环节让幼儿在学唱歌曲的过程中感受并理解两种不同的音乐，尝试用不同的演唱速度和力度表现歌曲；第三环节引导幼儿通过集体表演的方式随音乐自主表现歌曲并体验音乐活动的快乐。

活动目标：

(1) 欣赏歌曲，感受其中的有趣诙谐和力度变化。

(2) 尝试用多种方式表达歌曲中的不同力度（演唱、节奏、动作等）。

活动准备：音乐、课件、爸爸的鞋、宝宝的鞋。

活动过程：

一、大鞋和小鞋（感受穿上大鞋与小鞋的不同感觉）

师：今天，老师带来了爸爸的鞋和宝宝的鞋，让我们来穿一穿，看穿爸爸的鞋与穿宝宝的鞋有什么不同的感觉。

让幼儿穿大鞋、小鞋走路，听听走路时发出的声音，并模仿发出的声音，然后让幼儿相互交流穿大鞋、小鞋的感受，以及大鞋、小鞋发出的声音。

二、欣赏歌曲（感受诙谐有趣）

（1）欣赏歌曲。

（2）穿上大鞋和小鞋，会发出不同的声音，你听到了吗？

（3）教师和幼儿一起模仿大鞋和小鞋发出的不同声音和节奏。

（4）教师和幼儿一起用演唱或者拍手的方式表达歌曲的节奏。

三、理解表现（两种不同的音乐形象）

（1）再次欣赏教师的范唱（教师可根据歌词内容将第一段唱得强，第二段唱得弱）。

（2）为什么发出的声音不一样呢？教师和孩子一起分析原因。

（3）如果让你用动作来表达，你会怎样表达呢？

（4）幼儿一起用自己的脚步演绎两种不同的脚步。

四、演唱歌曲（表达不同的力度）

（1）教师指导幼儿听清歌词并演唱歌曲。

（2）教师指导幼儿演唱时注意两种不同脚步的力度。

案例八

活动名称：欢乐颂。

活动班级：大班。

活动目标：

（1）让幼儿能够有机会熟悉、了解、享受这首经典音乐。

（2）通过看图、演唱、演奏、朗诵、舞蹈等多种艺术活动形式，培养幼儿的艺术想象力、类比思维能力，深化幼儿对作品的理解和体验。

（3）通过学习合唱培养幼儿在集体歌唱活动中的合作态度和合作能力。

（4）练习掌握连唱和断唱的演唱技巧。

活动准备：

（1）录音磁带、录音机。

（2）铃鼓若干，数量与幼儿人数相等；铃鼓边框上系五彩纹纸条；大鼓、镲各一。

（3）自制抽象图画一张，形象类似光芒万丈、向上升腾的太阳。色彩以暖色为主，配以向外辐射的犹如光芒般的直线条。

活动过程：

（1）教唱新歌。

（2）学习用单音节"la"和"wu"唱曲调，用"la"音唱时，要断唱，并有向上反弹的感觉；用"wu"音唱时，要唱得连贯、饱满，力度随旋律的起伏而起伏。

（3）学习合唱。

方案一：全体一、二、四句唱"la"音，三句唱"wu"音，一位幼儿跟随音乐的节奏朗诵歌词。

方案二：一半幼儿一、二、四句唱"la"音，三句唱"wu"音，另一半幼儿唱歌词。

教师注意指导，使幼儿能努力保持两声部之间音量的均衡、协调。

(4) 欣赏音乐。安静观看抽象图画并倾听成人及管弦乐队表演的录音。

(5) 交流。教师组织幼儿相互交流自己的体会和联想。

(6) 创编舞蹈及演奏方案。教师组织引导全体幼儿为音乐创编铃鼓舞,只要求坐着创编手和臂的动作,然后由教师带领幼儿跟随音乐集体练熟。

(7) 增加大鼓和镲的演奏。教师组织幼儿集体讨论用何种节奏、以何种演奏方式加入大鼓和镲的演奏,然后由教师或幼儿指挥,全体幼儿拿起乐器跟随音乐演奏。

思考与练习

1. 幼儿音乐教育的概念是什么?
2. 幼儿音乐教育的特点有哪些?
3. 幼儿音乐教育的分类目标是什么?
4. 幼儿音乐领域教育的内容有哪些?
5. 在幼儿音乐教育活动中,歌唱教育活动的设计有哪些要求?
6. 在幼儿音乐教育活动中,音乐欣赏活动的指导有哪些要求?

试一试

1. 结合幼儿的实际年龄,设计一节在幼儿音乐教育中的韵律教育活动并实施。
2. 结合幼儿园的实际,尝试运用多种途径、方法,在日常生活中开展幼儿音乐教育活动。

美术教育活动部分

【知识目标】

1. 理解幼儿美术教育的概念;
2. 掌握幼儿美术的特点;
3. 掌握幼儿美术教育的分类目标;
4. 掌握幼儿美术教育活动的目标、内容。
5. 重点掌握美术教育活动的设计与指导。

【能力目标】

能够设计绘画、手工、美术欣赏的教育活动,并能够组织与实施。

第一课 幼儿美术教育概述

幼儿对美的感受是幼儿对视觉艺术领悟与认识的开端。幼儿从出生到能用画笔画出世界,依靠的都是点滴的视觉积累与审美学习,这些构成了幼儿对人类视觉艺术的认识,从而形成幼儿自身独特的审美态度与选择,成就幼儿个性化学习与表达的基础。对美的感受既是幼儿美术的前提,也是幼儿美术的组成部分。

一、幼儿美术教育的内涵

(一) 美术

美是具体事物的组成部分,是具体环境、现象、事情、行为、物体对人类生存发展具有的特殊性能、正面意义和正面价值,是人们在密切接触具体事务,受其刺激和影响产生了愉悦和满足的美好感觉后,从具体事务中分解和抽取出来的有别于丑的相对抽象的事物或实体。美术是一种基本的人类行为,是人类勇于获得想象形式、美化环境的基本方法。

美术是艺术的一个分支。美术也称造型艺术、视觉艺术或空间艺术,是运用一定的物质材料和手段(例如颜料、纸、布、绢、木、石、泥、铜等)通过创作者独特的艺术语言(例如线条、形状、色彩等)所塑造的静态的、在一定范围内展现的视觉形象来完成作品,表达创作者对客观世界具体事物的情感和美化生活的一种艺术形式。

(二) 幼儿美术

幼儿美术指的是幼儿从事的造型艺术活动,反映的是幼儿对周围世界的认识、情感和思想。幼儿美术是幼儿把握世界的一种方式,也是幼儿进行情感表达与交流的工具。幼儿从事的美术活动可以分为绘画、手工、美术欣赏三大类。各种美术活动由于性质不同,可细分为若干不同的内容。

(三) 幼儿美术教育

幼儿美术教育的对象是幼儿,是可以通过美术和教育两个方面体现出来的。根据对美术和教育两个方面的不同侧重,可以相应地将幼儿美术教育分为美术取向的幼儿美术教育和教育取向的幼儿美术教育。

美术取向的幼儿美术教育着眼于美术本身,即以美术为本位,以教育为手段,对幼儿传授美术知识和技能,以发展和延续美术文化。美术取向的幼儿美术教育是为了延续和发展人类的美术文化而实施的早期教育。这种价值取向将美术本身及其功能视为首要的东西。幼儿阶段是实现这种价值的最初阶段,它为这种价值的完全实现打下了基础。

教育取向的幼儿美术教育着眼于教育,即以美术作为教育的媒介,通过美术教育,追求一般幼儿教育的价值。也就是说,通过幼儿美术教育,顺应幼儿的自然发展,促进幼儿身心健康成长,培养幼儿的道德感、审美情趣、认知能力、意志品质以及创造性等。教育取向的幼儿美术教育立足于真、善、美的和谐统一,要求艺术渗透整个教育领域,使幼儿能健康成长,最终成为优秀的人。

二、幼儿美术的特点

在成人的世界里,美术被普遍认为是高雅的东西,是人类视觉意象的升华,是人类智慧的结晶。但是对于幼儿而言,一切事物都是互相渗透的——自我与外界、梦与清醒、现实与幻想、昨日与明日、概念与迹象、思想与感觉。对于受到更大刺激的幼儿来说,几何图形不光是可见的概念,而且是外在世界的客体,是神秘力量的象征。

(一) 幼儿美术是幼儿发展的一种表现

美术能反映幼儿的发展水平和个体差异。美术是幼儿身心活动的反映,是幼儿表象的图式化。由于受幼儿动作和认知水平的制约，幼儿美术可以在一定程度上反映幼儿动作和认知的发展状况。美术是幼儿表达自己情绪情感和个性的一条重要途径。由于幼儿的情绪情感和个性有自身的发展特点，所以幼儿美术可以在一定程度上反映幼儿情绪情感和个性发展的状况。正因为幼儿美术是幼儿发展的一种表现，所以幼儿美术有时被作为衡量幼儿动作、认知、情绪和人格发展水平的指标。

（二）幼儿美术是幼儿自我表现的一种方式

幼儿不能自如地运用语言文字符号系统表现自我、与人交流时，会运用一些其他的符号系统来表现自己、满足自己，美术就是这些符号系统中的一种。美术具有一种语言功能，在幼儿发展和成长过程中，美术比语言文字更早被幼儿用来表述思想、宣泄情绪，是想象和创造个人世界的一条有效途径。随着年龄的增长，幼儿越来越多地依赖语言文字表现自我，并与他人交流，而越来越少地运用美术这一符号系统。

（三）幼儿美术是幼儿探索美术媒介、自我肯定的一条途径

幼儿在美术方面常常会表现出成人难以想象的才能和潜在的力量。幼儿有天生的平衡感和秩序感，对具有美感的东西充满追求，对传统文化的无知、对他人行为方式的不敏感，使幼儿在探索美术媒介时更为自由，约束更少。幼儿不受时空关系的束缚，没有美术技法的要求，不受客观情理的限制，可以在创作过程中自由自在地流露自己的情感，表达自己的意愿、思想和对未来的希望。因此，幼儿美术作品常表现出没有雕琢过的幼儿心灵的纯真，具有直接的欲求。这些能使幼儿的美术作品达到较高艺术境界，使幼儿肯定自我。

（四）幼儿美术是对幼儿实施审美教育的一条重要途径

对幼儿实施美育教育，不是以抽象的说教去灌输，而是以直观的视觉艺术形象去感染幼儿，打动幼儿的内心，唤起幼儿内在的审美情感，使幼儿在美的感受和熏陶下，受到潜移默化的审美教育。

第二课 幼儿美术教育的目标、内容

幼儿美术教育是包括目标、内容、方法、组织形式以及评价在内的完整体系。

一、幼儿美术教育的目标

幼儿美术教育的目标是指导幼儿美术活动设计与实施过程的关键准则。确定幼儿美术教育目标的基本依据是确保幼儿美术教育的各项目标能在幼儿美术教育中得以体现。

（一）幼儿美术教育的总目标

《纲要》中表明，幼儿艺术领域教育包括美术和音乐两方面的目标和内容，具体如下：
(1) 能初步感受并喜爱环境、生活和艺术中的美。
(2) 喜欢参加艺术活动，并能大胆地表现自己的情感和体验。
(3) 能用自己喜欢的方式进行艺术表现活动。

相关链接

《纲要》中艺术领域的目标、内容和指导要点

（一）目标

1. 能初步感受并喜爱环境、生活和艺术中的美。
2. 喜欢参加艺术活动，并能大胆地表现自己的情感和体验。
3. 能用自己喜欢的方式进行艺术表现活动。

（二）内容

1. 引导幼儿接触周围环境和生活中美好的人、事、物，丰富他们的感性经验和审美情趣，激发他们表现美、创造美的情趣。
2. 在艺术活动中面向全体幼儿，要针对他们的不同特点和需要，让每个幼儿都得到美的熏陶和培养。对有艺术天赋的幼儿要注意发展他们的艺术潜能。
3. 提供自由表现的机会，鼓励幼儿用不同艺术形式大胆地表达自己的情感、理解和想象，尊重每个幼儿的想法和创造，肯定和接纳他们独特的审美感受和表现方式，分享他们创造的快乐。
4. 在支持、鼓励幼儿积极参加各种艺术活动并大胆表现的同时，帮助他们提高表现的技能和能力。
5. 指导幼儿利用身边的物品或废旧材料制作玩具、手工艺品等来美化自己的生活或开展其他活动。
6. 为幼儿创设展示自己作品的条件，引导幼儿相互交流、相互欣赏、共同提高。

（三）指导要点

1. 艺术是实施美育的主要途径，应充分发挥艺术的情感教育功能，促进幼儿健全人格的形成。要避免仅仅重视表现技能或艺术活动的结果，而忽视幼儿在活动过程中的情感体验和态度的倾向。
2. 幼儿的创作过程和作品是他们表达自己的认识和情感的重要方式，应支持幼儿富有个性和创造性的表达，克服过分强调技能技巧和标准化要求的偏向。
3. 幼儿艺术活动的能力是在大胆表现的过程中逐渐发展起来的，教师的作用应主要在于激发幼儿感受美、表现美的情趣，丰富他们的审美经验，使之体验自由表达和创造的快乐。在此基础上，根据幼儿的发展状况和需要，对表现方式和技能技巧给予适时、适当的指导。

（二）幼儿美术教育的年龄阶段目标

《指南》中将艺术领域的内容分为感受与欣赏和表现与创造两个方面，无论是美术部分还是音乐部分，都根据这两方面确立目标。

1. 感受与欣赏

（1）喜欢自然界与生活中美的事物。
（2）喜欢欣赏多种多样的艺术形式和作品。

2. 表现与创造

（1）喜欢进行艺术活动并大胆表现。
（2）具有初步的艺术表现与创造能力。

相关链接

《指南》中艺术领域的具体目标、教育建议

（一）感受与欣赏

目标1　喜欢自然界与生活中美的事物

3~4岁	4~5岁	5~6岁
1. 喜欢观看花草树木、日月星空等大自然中美的事物。 2. 容易被自然界中的鸟鸣、风声、雨声等好听的声音所吸引	1. 在欣赏自然界和生活环境中美的事物时，关注其色彩、形态等特征。 2. 喜欢倾听各种好听的声音，感知声音的高低、长短、强弱等变化	1. 乐于收集美的物品或向别人介绍所发现的美的事物。 2. 乐于模仿自然界和生活环境中有特点的声音，并产生相应的联想

教育建议：

1. 和幼儿一起感受、发现和欣赏自然环境和人文景观中美的事物。如：
- 让幼儿多接触大自然，感受和欣赏美丽的景色和好听的声音。
- 经常带幼儿参观园林、名胜古迹等人文景观，讲讲有关的历史故事、传说，与幼儿一起讨论和交流对美的感受。

2. 和幼儿一起发现美的事物的特征，感受和欣赏美。如：
- 让幼儿观察常见动植物以及其他物体，引导幼儿用自己的语言、动作等描述它们美的方面，如颜色、形状、形态等。
- 让幼儿倾听和分辨各种声响，引导幼儿用自己的方式来表达其对音色、强弱、快慢的感受。
- 支持幼儿收集喜欢的物品并和其一起欣赏。

目标2　喜欢欣赏多种多样的艺术形式和作品

3~4岁	4~5岁	5~6岁
1. 喜欢听音乐或观看舞蹈、戏剧等表演。 2. 乐于观看绘画、泥塑或其他艺术形式的作品	1. 能够专心地观看自己喜欢的文艺演出或艺术品，有模仿和参与的愿望。 2. 欣赏艺术作品时会产生相应的联想和情绪反应	1. 艺术欣赏时常常用表情、动作、语言等方式表达自己的理解。 2. 愿意和别人分享、交流自己喜爱的艺术作品和美感体验

教育建议：

1. 创造条件让幼儿接触多种艺术形式和作品。如：
- 经常让幼儿接触适宜的、各种形式的音乐作品，丰富幼儿对音乐的感受和体验。
- 和幼儿一起用图画、手工制品等装饰和美化环境。
- 带幼儿观看或共同参与传统民间艺术和地方民俗文化活动，如皮影戏、剪纸和捏面人等。

- 有条件的情况下,带幼儿去剧院、美术馆、博物馆等欣赏文艺表演和艺术作品。

2. 尊重幼儿的兴趣和独特感受,理解他们欣赏时的行为。如:
- 理解和尊重幼儿在欣赏艺术作品时的手舞足蹈、即兴模仿等行为。
- 当幼儿主动介绍自己喜爱的舞蹈、戏曲、绘画或工艺品时,要耐心倾听并给予积极回应和鼓励。

(二) 表现与创造

目标1　喜欢进行艺术活动并大胆表现

3~4岁	4~5岁	5~6岁
1. 经常自哼自唱或模仿有趣的动作、表情和声调。 2. 经常涂涂画画、粘粘贴贴并乐在其中。	1. 经常唱唱跳跳,愿意参加歌唱、律动、舞蹈、表演等活动。 2. 经常用绘画、捏泥、手工制作等多种方式表现自己的所见所想	1. 积极参与艺术活动,有自己比较喜欢的活动形式。 2. 能用多种工具、材料或不同的表现手法表达自己的感受和想象。 3. 艺术活动中能与他人相互配合,也能独立表现

教育建议:

1. 创造机会和条件,支持幼儿自发的艺术表现和创造。
- 提供丰富的便于幼儿取放的材料、工具或物品,支持幼儿进行自主绘画、手工、歌唱、表演等艺术活动。
- 经常和幼儿一起歌唱、表演、绘画、制作,共同分享艺术活动的乐趣。

2. 营造安全的心理氛围,让幼儿敢于并乐于表达表现。如:
- 欣赏和回应幼儿的哼哼唱唱、模仿表演等自发的艺术活动,赞赏其独特的表现方式。
- 在幼儿自主表达创作过程中,不做过多干预或把自己的意愿强加给幼儿,在幼儿需要时再给予具体的帮助。
- 了解并倾听幼儿艺术表现的想法或感受,领会并尊重幼儿的创作意图,不简单用"像不像""好不好"等成人标准来评价。
- 展示幼儿的作品,鼓励幼儿用自己的作品或艺术品布置环境。

目标2　具有初步的艺术表现与创造能力

3~4岁	4~5岁	5~6岁
1. 能模仿学唱短小歌曲。 2. 能跟随熟悉的音乐做身体动作。 3. 能用声音、动作、姿态模拟自然界的事物和生活情景。 4. 能用简单的线条和色彩大体画出自己想画的人或事物	1. 能用自然的、音量适中的声音基本准确地唱歌。 2. 能通过即兴哼唱、即兴表演或给熟悉的歌曲编词的方式来表达自己的心情。 3. 能用拍手、踏脚等身体动作或可敲击的物品敲打节拍和基本节奏。 4. 能运用绘画、手工制作等表现自己观察到或想象的事物	1. 能用基本准确的节奏和音调唱歌。 2. 能用律动或简单的舞蹈动作表现自己的情绪或自然界的情景。 3. 能自编自演故事,并为表演选择和搭配简单的服饰、道具或布景。 4. 能用自己制作的美术作品布置环境、美化生活

教育建议：
- 尊重幼儿自发的表现和创造，并给予适当的指导。
- 鼓励幼儿在生活中细心观察、体验，为艺术活动积累经验与素材。如，观察不同树种的形态、色彩等。
- 提供丰富的材料，如图书、照片、绘画或音乐作品等，让幼儿自主选择，用自己喜欢的方式去模仿或创作，成人不做过多要求。
- 根据幼儿的生活经验，与幼儿共同确定艺术表达表现的主题，引导幼儿围绕主题展开想象，进行艺术表现。
- 幼儿绘画时，不宜提供范画，特别不应要求幼儿完全按照范画来画。
- 肯定幼儿作品的优点，用表达自己感受的方式引导其提高。如，"你的画用了这么多红颜色，感觉就像过年一样喜庆""你扮演的大灰狼声音真像，要是表情再凶一点就更好了"等。

（三）幼儿美术教育的分类目标

结合《指南》中对艺术教育目标的定位和要求，结合幼儿美术教育的实施，可以把幼儿美术教育的目标分为认知目标、情感目标、技能目标。

1. 认知目标

幼儿美术教育的认知目标：知道不同的材料、技巧以及活动过程之间的差异性；知道不同的材料、技巧以及活动过程会产生不同的效果；通过活动过程，与人交流思想、表达情感；能够运用安全和恰当的方式使用材料和工具；懂得视觉形象特征之间的差异，知道美术表达想法的目的，体验视觉艺术与各种文化之间存在的历史的和其他特殊的联系。

2. 情感目标

幼儿美术教育的情感目标是培养幼儿对美术活动的兴趣，并积极投入创作、欣赏和评价活动；能产生与美术作品含义相一致的感受，并能表达这种感受；能体验美术作品的线条、形状、色彩、质地，并能用"美术语言"表达自己的想法和感受，并喜欢各种不同风格的美术作品。

3. 技能目标

幼儿美术教育的技能目标包括能运用美术材料、线条、形状等表现力度感、空间感；能选择材料和象征性符号表达自己的思想和情感；能初步掌握一定的秩序和变化规律，进行美术创作；能综合运用多种美术媒介进行美术创作；能初步感受和欣赏到美术作品中形象的美学特征并进行美学评价，并能讲述自己独特的观点。

二、幼儿美术教育的内容

幼儿美术教育的内容是实现幼儿美术教育目标的媒介，是幼儿美术教育目标是否能否达成的关键。幼儿美术教育的内容涉及绘画、手工和美术欣赏，这三个方面的内容既各自独立又相互联系。

(一)幼儿绘画教育的内容

幼儿绘画教育活动的内容有:

1. 绘画工具和材料的使用方法

绘画工具和材料是幼儿绘画过程中不可或缺的媒介和手段,能够正确、合理、灵活地运用各种绘画工具和材料对幼儿绘画的成效和美感有重要的作用,所以帮助幼儿认识和掌握一些基本的绘画和材料的使用方法,是幼儿绘画教育的一个重要内容。例如幼儿经常使用的蜡笔、油画棒、水粉颜料、毛笔、宣纸、卡纸等。

2. 绘画的各种形式语言

绘画的形式语言主要指线条、形状、色彩、构图等美术要素,是绘画表现的手段和方式。例如线条,是造型的基本要素之一;色彩,是绘画的基本要素之一。

3. 不同种类的绘画题材

幼儿绘画的题材大都来自幼儿的生活,主要有自然景物、人物、日常用品、动植物、交通工具等。

(二)幼儿手工教育的内容

幼儿手工教育活动的内容有:

1. 纸工

幼儿纸工教育的内容很多,有对纸工材料的认识和使用,例如剪刀;还有运用纸进行制作的技法,例如折、撕、粘贴、编制等。纸工的具体教育内容有折纸、剪纸、撕纸等和纸有关的内容。

2. 泥工

幼儿泥工是以黏泥、黄泥、白泥、橡皮泥、面团等为原材料,借助泥工的基本技法,来表现物体立体创意造型的艺术活动。幼儿泥工教育的内容包括对各种可以进行泥工活动的材料的认识,以及对泥工材料基本制作技法的训练。例如团圆、搓长、压扁、捏、挖、嵌接、分泥和伸拉。幼儿园泥工活动以橡皮泥为主要原料,用手和泥工工具、材料将其捏塑成各种物体、动物、人物造型等。

3. 综合材料制作

幼儿美术教育内容中所说的综合材料,是指在日常生活中可以收集、再利用的,可以进行美术活动的材料。例如树叶、麦秆、粮食作物、布贴画、玩教具等。

(三)幼儿美术欣赏教育的内容

幼儿美术欣赏教育的内容有:

1. 艺术作品

幼儿欣赏的作品,可以是适合幼儿欣赏的大师的经典作品,也可以是童趣十足的优秀幼儿作品。例如绘画作品、雕塑作品、实用工艺、建筑艺术。

2. 自然景物

自然界的很多景物都可以作为幼儿美术欣赏的内容,例如花草、树木、山川、河流、星空、冰雪、海滩等，这些都是自然造化，美不胜收。

3. 美好事物

美好事物是指幼儿生活的周围环境中，以人工为主的各种事物，例如各类玩具、节日装饰、服装、街道、日用品、环境布置、小区绿化等。

第三课 幼儿美术教育活动的设计与指导

幼儿美术教育活动设计就是根据一定的美术教育目标，选择美术教育的内容和方法，对美术教育过程中的一切事物进行设计，并通过各种组织形式对幼儿施加美术教育影响的方案。在实施美术教育的过程中，教师必须对幼儿的具体活动展开指导。

一、幼儿绘画教育活动的设计

幼儿绘画教育活动是教师引导幼儿用各种笔、纸等工具和材料，运用线条、造型、色彩、构图等艺术语言创造出视觉形象，从而表达创作者的思想、情感的一种活动。绘画对幼儿具有很大的感染力。幼儿在绘画中创造出来的艺术形象，既是幼儿对生活环境的反映，又是幼儿对事物主观的审美感受和评价。绘画活动的材料方便易得，受场地和时间限制少，因此在幼儿园开展得比较多，是幼儿园美术教育活动中最主要的活动形式。

幼儿绘画教育活动的类型按照不同的标准，有不同的划分方法。从使用的工具、材料上区分，可分为常规材料绘画和综合材料绘画，如彩绘笔和油画棒是常规材料，棉签和油画棒的组合、手指画等是综合材料绘画。从教师是否命题上区分，可分为命题画和意愿画，例如教师命题"快乐的六一"。从内容上区分，可分为物体画、情节画、图案画，例如小动物、小房子、汽车、"我和妈妈去动物园"，手帕、围巾的花边等。

（一）绘画活动过程的设计

幼儿绘画经历了幼儿自身一个完整的生命循环。绘画作为一种视觉艺术，具有强烈的直观性，对幼儿有很大的感染力。

不同类型的绘画活动，特点各不相同，活动的内容、课题设计也有所不同。但总体来说，活动设计是相似的，教学要求也相同。

1. 活动准备

绘画的活动准备包括材料准备和经验准备。幼儿园应该为幼儿提供丰富多样的绘画工具和材料，除了日常使用的常规性绘画材料外，还要根据本班幼儿的实际情况准备一些符合幼儿发展的废旧材料，教师创造性地开展一些绘画活动。教师还要注意在幼儿绘画用纸上做好标注，便于幼儿作品的收藏，为以后幼儿美术发展水平的评价做好准备。

经验准备是指教师要利用各种机会，引导幼儿观察欣赏，形成物态的丰富表象，随机地帮助幼儿积累艺术经验。幼儿生活经验越丰富，对周围事物的理解越深刻，美术表现的情感、素材就越丰富，进行美术活动的动力也就越充足。

2. 创作引导

创作引导，即开始部分，是绘画开始前的一个重要环节，目的在于激发幼儿的创作愿望，明确本次活动的重点和要求，为绘画活动的顺利进行做好铺垫。创作引导包括引导幼儿回忆与本次活动有关的经验，交代本次绘画活动的具体要求，最主要的是集中幼儿的注意力。教师要在短时间内，调动幼儿已有的经验和相关的技能，使幼儿尽快进行绘画创作。

3. 创作的展开

创作的展开是绘画活动中重要的一步。在这一步中，要对幼儿绘画的构图、造型、色彩等进行指导，这是幼儿完成绘画任务、展示绘画技能的重要一步。

构图是绘画中比较复杂的技能。一开始，幼儿的画面是杂乱的，常常会画一些不相关的物体。辅导幼儿构图，不是简单地只靠绘画练习就能完成的，而是应该让幼儿多看、多欣赏优秀的绘画作品，辅导幼儿先画出完整的构图，再描绘物体的细节，并初步尝试处理近大远小、重叠等关系。

造型主要是通过线条、形状来塑造的。线条的平稳、力度、准确性受小肌肉发展的限制，也受手眼协调能力的限制。教师要帮助幼儿选择最适合自身水平的塑造造型的方法，不能强求一律，片面地追求"像不像"。

色彩的重要作用是表达感情。教师要注意教会幼儿认识色彩、调配色彩，启发幼儿用色彩来表达自己的情感，不要一味地用物体的固有色来限制幼儿。

在幼儿进行绘画创作的过程中，教师应该有目的地指导幼儿在绘画中表达自己的思想，帮助幼儿构思所要表达的内容，还可以进行小组创作、全班集体创作等。

4. 作品欣赏

作品欣赏是绘画活动的小结部分。教师要引导幼儿互相欣赏、分享作品，促进幼儿社会性和审美能力的提高。在欣赏的同时，让幼儿描述绘画的内容，因为绘画是幼儿自我表达的主要方法，是幼儿思想的体现。教师要尊重幼儿，接纳不同水平的幼儿，赞赏、分享是对幼儿最大的鼓舞。

5. 活动延伸

活动延伸的设计，可以是教师的有意延伸，也可以是幼儿园环境创设的延伸。可以把绘画的内容编成故事放在语言角里，让幼儿"看图讲述"；还可以放在主题内容中变成背景，例如"海洋世界"，教师可以把幼儿绘画的小鱼放在主题内容中，变成幼儿园的主题活动内容，供家长欣赏。

（二）绘画活动的指导

不同年龄阶段的幼儿，身心发展、生理发展、绘画发展都是不同的。教师在指导幼儿绘画时，必须遵循幼儿身心发展的规律，以及幼儿绘画能力发展的规律，根据不同年龄阶段幼儿绘画的特点进行指导。

1. 技能的学习要与幼儿的经验结合

教师在指导绘画的过程中，常常会碰到幼儿的创造性与技能之间的矛盾。如果技能教得太多，就会限制幼儿创造力、想象力的发挥，使幼儿的画面如出一辙；如果不教技能，幼儿就不能用画面表达自己内心的想法，只能用语言来补充说明。所以，教师在指导幼儿绘画时，要把技能、技巧的学习与幼儿生活的经验紧密联系起来。例如在进行"涂色"练习时，幼儿会把颜色涂到轮廓外面，教师要让幼儿把"太阳公公的脸洗干净"，变成红红的颜色，否则"太阳公公"就会不高兴了。

2. 所画内容与情感体验相联系

在绘画的众多形象中，幼儿一般以排队的方式把这些形象放置在基底线上，形成并列关系，然后使自己画的人、物都围绕着绘画的主题，并具有一定的情节。教师在指导幼儿绘画时，要引导幼儿把不同的事物联系起来，从单一的表现过渡到表现一定的情节，这样幼儿的形象分布和形象主次关系处理能力才能有所提高。幼儿的绘画作品在很大程度上是通过自己的情感体验来表现绘画内容的。教师在指导时，应尽可能地使所画的内容和幼儿的生活经验、情感体验相联系，鼓励幼儿把自己画的人、物与周围环境联系起来，在充分观察、体验的基础上，借助绘画形式表达自己独特的感受。

3. 为幼儿创设绘画的情境

幼儿的兴奋强于抑制，情绪多变，很容易受外界因素干扰，因此作画时没有明确的目的，绘画的内容不断地变化。教师可为幼儿创设绘画的情境，让幼儿在创设的情境中，有目的地进行绘画。例如"动物运动会"，教师可以让幼儿画出小动物，并且把画好的小动物粘贴在"森林"中。

4. 开展多种形式的绘画练习

幼儿的绘画技能必须通过练习提高。但是技能练习的形式要多样化，这样才能引起幼儿的兴趣。要结合不同年龄阶段幼儿的特点，选择适合幼儿的练习形式，选择的方法要具有多样性。多样性的练习能让幼儿在轻松的氛围中掌握绘画的技能。

案例一

活动名称：美丽的台布。

活动班级：中班。

设计意图：

在进行区域游戏时，教师听到手工区的小朋友在讨论自己家台布的形状、图案、颜色等，还有人说自己想要什么样的台布，自己要做什么样的台布。因此，开展了此次的美术活动，让幼儿自己来设计台布。

活动目标：

（1）了解几种台布的装饰特点。

（2）尝试创造性地设计台布图案。

活动准备：

（1）台布图片，供幼儿欣赏。

（2）"娃娃家"小桌子一张。

（3）《幼儿画册》、记号笔、油画棒。

活动过程：

1. 出示"娃娃"，引出课题

（1）请幼儿为"娃娃家"的餐桌设计一块漂亮的台布。

（2）欣赏各种台布的图片，从台布的形状、构图、色彩等角度进行了解。

2. 讨论交流设计台布的见解

（1）启发幼儿从色彩、图案、构图、表现手法等几个方面构思设计台布。

(2) 幼儿相互交流。

3. 幼儿绘画

(1) 引导幼儿学会注意倾听别人的意见，提醒幼儿先构思再动手。

(2) 及时给予幼儿鼓励和肯定。

4. 展示幼儿的作品

请幼儿讲述自己喜欢的台布设计，说出喜欢的理由。

活动反思：

虽然台布在幼儿的生活中较常见，但幼儿很少有机会仔细地观察台布。因此，在让幼儿设计台布前，必须先让他们对所要表现的物品有直观的认识。课前，教师寻找了一些台布的图片，并引导幼儿仔细观察。但从幼儿作画的过程来看，他们对台布图案的色彩、结构排列特征表现出的是随心所欲。当然，这也是孩子们创造性地表现的成果，各自都有不同的发挥，作为教师，应带着欣赏的眼光来评价，给予孩子们更多的鼓励和肯定。

案例二

活动名称：我的妈妈。

活动班级：中班。

目标：

(1) 学习画人物头像，能表现出妈妈的主要特征。

(2) 用绘画的形式表达对妈妈的爱。

准备：人物纸型一个、各式发型若干、绘画用具。

过程：

(1) 向幼儿介绍"三八"妇女节的意义，使幼儿了解这个节日是谁的节日。

(2) 请幼儿说出自己的妈妈长什么样子。(可请几名幼儿在全班讲述，然后分组来说明自己妈妈的特征是什么)

(3) 教师出示人物纸型，再将若干种发型分别配在头上，让幼儿清楚各种发型的特点及画在头部的主要位置。

(4) 请幼儿想想自己的妈妈平时最喜欢穿什么颜色的衣服。教师可根据本班幼儿的绘画能力，请幼儿自己画衣服并选择颜色，也可以为幼儿示范2~3种服装款式，让幼儿选择。

(5) 教师在指导中要注意巩固幼儿对人物五官的掌握，根据幼儿水平提出不同层次的要求。如：一个黑点的眼睛；有眼眶的眼睛；有睫毛的眼睛等。

(6) 力求把妈妈的半身像画得端正，在绘画中，教师要用亲切鼓励的语言调动、启发幼儿爱妈妈的情感，使幼儿身心投入。

案例三

活动名称：美丽的春天。

活动班级：大班。

设计意图：

万紫千红的春天给孩子们带来了勃勃生机，带来了美丽和好奇。五颜六色的小花，绿油油的小草，飞翔的小鸟……春天为幼儿初步感受环境、生活和艺术中的美创造了丰富的条件。幼儿乐于探究春天周围事物和环境的多种变化，感受大自然给人们带来的快乐，并能大胆地运用自己的生活经验和所学的技能表达对春天的热爱之情。为了让孩子们充分地感受美、表现美，教师设计了这次艺术活动。

活动目标：

(1) 发展幼儿的想象力、创造力，并使幼儿大胆地印画。

(2) 培养幼儿感受美、表现美的能力，激发幼儿热爱大自然的情感。

活动准备：

(1) 示范画。

(2) 水粉纸、油画棒、各色水粉、抹布、脸盆、水。

(3) 勾线笔。

活动过程：

1. 欣赏法

出示示范画，引导幼儿欣赏：

(1) 师：今天我带来了几幅图画，请小朋友们来看一看，你们看到了些什么？觉得怎么样啊？（幼儿讨论）然后说出你们看了图画以后的感觉。

幼1：这幅图画很美。

幼2：这幅图画我看了觉得很漂亮。

(2) 师：小朋友们再看一看图画上画的是什么季节？你们是从哪里看出来的？

幼1：画的是春天。

幼2：小草发芽了。

幼3：小花开了。

幼4：小树发芽了。

(3) 师：小朋友们真聪明，那你们再来看一看这幅画是怎么画出来的？（幼儿讨论）

幼：是用小手印出来的。

老师小结：说对了，像这种用手印出来的画就叫手指印画。

2. 讨论法

请幼儿说出手指印画。

(1) 师：现在，请你们想一想，你们用小手能印哪些图案？

幼1：我可以印小鸟。

幼2：我可以印小鱼。

幼3：我能印小脚丫……

(2) 师：小朋友们，请你们再和好朋友说一说春天的哪些景物能用小手印出来。

小朋友们说出了小花、小鸡、太阳、白云、小兔、小草、大白鹅、大树……

3. 操作法

幼儿分组印画，教师指导。

师：请你们用小手蘸取喜欢的水粉颜料，印出美丽的春天。

教师巡回指导，及时给予幼儿帮助，并提醒幼儿注意画面整洁，及时擦干净手，不要弄脏纸和衣服。

4. 欣赏评价

教师将幼儿作品一一粘贴到黑板上，请幼儿欣赏评价，并谈谈自己的感受。引导幼儿用语言、动作表达出自己感受到的春天的美，培养幼儿对大自然的热爱之情。

师：你觉得哪幅画最美？为什么？

教师小结：每个小朋友都印得很好，印出了自己心中最美的春天。

活动结束：

春天还有很多美丽的景物，我们一起去教室外寻找春天吧！

活动延伸：

（1）幼儿在印画基础上进行添画活动。

（2）幼儿用折、剪的方式描绘春天美景。

活动反思：

在本次活动中，各环节之间衔接自然，材料准备充足、全面，教学难度适合大班幼儿，在整个活动中，幼儿的兴趣高涨。本次活动既培养了幼儿的语言表达能力，又锻炼了幼儿的动手操作能力，很好地完成了教学目标。

二、幼儿手工教育活动过程的设计

幼儿手工教育活动是教师引导幼儿发挥自己的想象力和创造力，直接用双手或操作简单的工具，对具有可塑性的各种形态的物质材料进行加工、改造，制作出占有一定空间的、可视且可触摸的多种艺术形象的一种教育活动。手工活动对增强幼儿手部肌肉动作的协调性、灵活性和实际操作能力，对于培养幼儿的观察力、注意力和耐心细致的习惯，以及丰富他们的想象力、创造力都有重要的影响。手工活动的内容包括纸工、泥工和综合材料制作。

（一）纸工活动过程的设计

纸工是以不同性质的纸为主要材料，运用折、剪、撕、贴等各种技能塑造造型的活动。纸工活动有助于训练幼儿手指的灵活性，培养幼儿的目测能力、空间想象能力，帮助幼儿认识几何图形的特征、变化等。纸工包括折纸、撕纸、剪纸、粘贴等。

1. 体验纸的不同性质

幼儿喜欢玩纸、撕纸。纸工活动的开始部分，可以让幼儿体验纸的不同性质，感知纸的不同特性，利用不同的纸，运用不同方法进行纸工制作。

2. 学会简单的折叠方法

在纸工的基本部分，教会幼儿掌握折叠的一些基本方法。例如对边折、对角折、集中一角折、双正方形、双三角形等。教会幼儿较平整地折叠简单的玩具，学习用两种或两种以上的纸折成简单的组合玩具和立体物体组合造型，并且运用一些辅助手法，使表现的形象更加生动。

3. 学会使用剪刀、粘贴

正确使用剪刀，掌握三种剪法，即目测剪、按轮廓剪、折叠剪。能认识剪贴的工具与材料，并运用剪刀剪出简单的外形。在幼儿能够正确使用剪刀后，可以将剪刀和粘贴相配合，组成新的画面。例如可以先折成小动物，然后运用剪刀剪去多余部分，再粘贴在衬纸上，添画上背景和其他景物，组成一幅半立体的画面。

4. 欣赏幼儿制作的纸工作品

结束部分可以让幼儿欣赏自己创作的纸工作品，让幼儿说出自己制作的过程，并对自己的作品进行评价，说出优点、缺点。

案例四

活动名称：折纸活——帆船。

活动班级：大班。

活动目标：

(1) 幼儿学习简单的折纸方法，并且能够根据学习到的知识看简单的折纸示意图，完成作品。

(2) 发展幼儿的动手能力，培养幼儿自己看示意图完成作品的能力。

活动准备：

(1) 折好的折纸作品，最好人手一份。

(2) 手工纸人手两份，要留有备用。

(3) "帆船"的制作步骤示意图。

活动过程：

1. 教师出示折纸作品，引起幼儿折纸的兴趣

师：孩子们，老师知道你们都喜欢折纸，老师也很喜欢，看，老师折了这么多作品，我们一起欣赏一下吧！

2. 提出问题，引导幼儿发现教师折纸的方法

(1) 师：老师折了这么多，其实是因为请了一个好帮手，要不，老师也记不住这么多方法。

(2) 师：你们把手里的折纸作品打开，看看发现了什么？

3. 教师教给幼儿基本的折纸方法

教师在幼儿探索发现的基础上，教幼儿认识折线（┄┄）、箭头（↑），教给幼儿基本的折纸方法。

4. 教师出示"帆船"的折纸示意图，幼儿通过自己的观察来完成作品

(1) 教师按顺序出示示意图，并用简单的语言给予提示。

(2) 难点：第4步，向后折为这次活动的难点，教师可以通过简单的示范来辅助幼儿理解。

(3) 第一个作品完成之后，教师给予幼儿肯定和表扬，并让幼儿看着图示再次完成作品。

5. 活动延伸

师：老师还准备了一些折纸的示意图，我们用刚才学到的知识进行折纸创作，好不好？

案例五

活动名称：花儿很美丽。

活动班级：中班。

活动目标：

(1) 回忆经验，巩固对绣球花、喇叭花等一些花的特征的了解。

(2) 尝试用折、剪、画、贴等形式来表现各种各样的花。
(3) 体验表现与创造的乐趣，培养幼儿热爱大自然的情感。

活动准备：
(1) 活动前组织幼儿观察各种各样的花。
(2) 草地背景图一幅。
(3) 《蜜蜂做工》等磁带。
(4) 废报纸、颜料、各种正方形蜡光纸、各种没涂色的花。
(5) 蜡笔、卡纸、剪刀、篓子、投影仪等若干。

活动过程：

一、创设情景，引起兴趣
(1) 师：小蜜蜂们，跟着妈妈一起到花园里去采蜜吧。
(2) 师：勤劳的小蜜蜂，刚才你们在忙什么呀？（采花蜜）

二、回忆经验，复习表述
(1) 师：哦，花园里的花真美丽，前几天，我们在花园里都看到了哪些花呢？（蝴蝶花、迎春花、杜鹃花……）
(2) 师：小朋友回答得真棒，现在请你和旁边的好朋友一起说说，你看到了哪些花？（幼儿讨论）
(3) 师：我们前几天在花园里找到了许多花，有迎春花……老师还给它们照了相呢。
(4) 师：看！有谁？他们找到了什么花？（毛毛、郑莹、绣球花）
(5) 师：为什么叫它绣球花？（因为它长得像球一样）
(6) 师小结：我们刚才看到了各种各样的花，它们有的是紫色的，有的是红色的，有的是白色的，五颜六色的真漂亮。有的花像球一样，有的花像喇叭一样，真好看。小朋友找到了各种各样的花，可真高兴，可是这一大片草地不高兴了，为什么呢？（没有花）

三、自主选择，创造表现
(1) 师：对了，草地真寂寞，它很想和花宝宝交朋友呢。那我们有什么办法来帮它们呢？请你们用能干的小手做些各种姿态、各种形状的花送给草地，好吗？
(2) 介绍材料与操作要求。
①第一组小朋友可以用报纸团一团，蘸一点颜料印上去。
②第二组可以用老师准备的各种蜡光纸折花贴上去。
③师：好了，小朋友们，你们可以选自己喜欢的材料，也可以每一组材料都试一试。
(3) 幼儿操作，教师观察指导。

四、鼓励交流，体验情感
师：今天你们做了这么多花送给草地，草地很高兴，你们想和小草、花宝宝说话吗？想跟它们说什么呢？
师：我们一起和小草、花宝宝说说话吧。

教学反思：
本次活动根据中班幼儿的年龄特点及季节的特征，从幼儿周围的事物入手，激发幼儿的兴趣。活动中，教师通过幼儿活动前赏花的照片，让幼儿在回忆已有经验的基础上学习新知识，使幼儿在整个活动过程中都显得轻松愉快。

幼儿在操作过程中，在与草地、花宝宝说话时，最好分两块板面，这样能让更多的幼儿得到与草地、花宝宝说话时的情感体验。在操作时，要及时了解幼儿的操作情况，帮助幼儿完成作品，但要避免过多的、一味代替的帮助。

观摩意见和建议：

本活动设计新颖，符合中班幼儿的年龄特点，教师教态自然，能根据幼儿的个体差异为他们提供多层次的操作材料。活动中幼儿积极主动地参与，表现了浓厚的兴趣，能干的小手用折、剪、画、贴等形式来表现各种各样的花，既培养了幼儿的思维力、想象力，同时又提高了动手操作能力。整个过程幼儿自始至终都能轻松愉快地表现与创造。

建议：

与草地、花宝宝说话时，两组幼儿可轮流。

案例六

活动名称：漂亮的房子。

活动班级：中班。

活动目标：

（1）幼儿能用粘贴的方法造出漂亮的房子。

（2）幼儿能给房子进行添画。

活动准备：

糨糊、人手一份操作材料、记号笔、蜡笔。

活动过程：

1. 导入部分

听故事，提问：谁来告诉我你听到故事里的房子长什么样？

2. 幼儿学习粘贴房子

"今天，陆老师也想造一座漂亮的房子，看看陆老师是怎么造的。"

"造房子的时候先造房子的墙，用什么图形宝宝来贴房子的墙呢？对了，用正方形宝宝，小朋友看仔细，贴的时候，先在背面抹上糨糊，少抹一点，每个地方都要抹到，然后把它贴端正，不然房子会倒的。好，我们再给房子贴上屋顶，用什么图形宝宝呢？对了，用三角形宝宝，也要在三角形宝宝的背面均匀地抹上糨糊，把它贴在墙的上面，也要贴端正，不然房子会塌的。然后再给房子贴上窗户，用什么图形宝宝？（小正方形）窗户应该贴在墙的上面一点。最后给房子贴上门，用什么图形宝宝？（长方形）门要贴在墙的下面，不然就走不进去了。门和窗也要贴端正，不然会打不开的。房子造好了，如果在房子的周围再添上点小花和小草就更漂亮了。好，那我们就来添画上小花和小草吧。呀，房子就像造在了花园里。"

3. 幼儿操作

"可是，森林里还有好多的小动物没有新房子呢，你们想不想帮助小动物呀？老师为小朋友们准备了许多图形宝宝，等一会儿造房子的时候，一定要把图形宝宝贴端正了，糨糊少抹一点，每个地方都要抹到，记住了吗？好的，现在请小朋友们去造房子吧。"

4. 评价

你觉得哪一座房子最漂亮，为什么？

(二) 泥工活动过程的设计

泥工是以黏土、橡皮泥、面团等为材料，用搓、团、压、捏、拉等手法来塑造形体的一种表现形式。泥工活动能使幼儿掌握用手和一些简单的工具塑造各种物体形象的方法，帮助幼儿认识事物、形成空间概念。

1. 体验泥的不同性质

引导幼儿对泥有所认识，知道简单的泥工工具。可以利用一些泥工作品，引起幼儿对泥工的兴趣。

2. 学会简单的泥的塑造方法

泥工的基本制作技法包括团圆、搓长、压扁、捏、挖、嵌接、分、抻拉等。在基本部分中，教师要有意识地、逐渐地把这些技法教给幼儿，由浅入深地设计一些物体形象，逐渐增加塑造的难度。例如在小班可以设计一些简单的"苹果""面条""饼干"等，然后在此基础上，可以设计将两个基本形体结合在一起，构成一个新的物体，如把两根"面条"合在一起变成"麻花"等。

3. 学会使用辅助工具和材料塑造形象

学会使用辅助工具和材料塑造形象是教学活动的难点，教师应在幼儿掌握基本的技法后指导幼儿学习。主要是教会幼儿塑造物体的主要特征，使用简单的辅助材料表现简单的情节，在此基础上，使用简单的工具和材料细致、生动地表现物体的主要特征和细节，要求幼儿塑造出的形象要突出特征和某些细节。

4. 欣赏幼儿制作的泥工作品

结束部分可以让幼儿欣赏自己塑造的泥工作品，让幼儿说出自己制作的过程，并讲清是如何运用工具和辅助材料塑造形象的，对自己的作品进行评价。

案例七

活动名称：石头和泥巴。

活动班级：中班。

活动目标：

(1) 幼儿尝试自己区分石头和泥土，了解它们的特质、用途。

(2) 通过尝试，激发幼儿观察和了解大自然的兴趣。

(3) 幼儿能充分发挥想象，大胆创作。

活动准备：

包好的石头和泥土、盆、水、树枝、抹布、报纸、幻灯片（石头和泥土做成的各种东西）。

活动过程：

1. 开始部分

师：小朋友们刚才去洗手的时候，老师悄悄地放了两个神秘的东西在你们桌上的报纸下面。小朋友们先不要碰，两个小东西在睡觉呢。我们悄悄地把手放进去摸一摸好不好？

幼儿伸进去摸。

师：什么感觉啊？是什么东西呢？

师：小朋友们都摸到了不一样的东西，那我们现在把它拿出来闻一闻、看一看。哇，是什么呀？

师：哦，原来是小石头和小泥巴啊。那手里的小石头和小泥巴是什么颜色、什么样子的呢？

师：那你们有没有看见过其他样子的石头和泥巴啊？都是在哪儿看到的呢？

2. 基本部分

师：我们刚才玩的时候，小石头也跑到小泥巴家里去玩了。你们看，现在它都舍不得走了，（泥巴和石头混在一起）怎么办啊？小石头的妈妈还在家里焦急地等它呢。

师：老师怎么都弄不开，你们试一试好不好？

请幼儿尝试，发给幼儿各种操作工具。

师：好了，谁告诉老师你们用的什么办法？

3. 高潮部分

师：小朋友们想了各种办法，终于把它们两个分开了。它们呀，都玩累了，我们来给它们洗洗澡。

分两个小组，每组发一个盆，装好水，请幼儿把刚刚分开的泥巴和石头放进水里搓。

师：好了，洗干净了就捞出来。

师：（观看幼儿）咦？怎么大家都没有捞出小泥巴呢？它到哪儿去了呢？我们再找一找。

如果有幼儿说可以在太阳下晒，把泥巴弄出来，就放在阳台边尝试。

4. 结束部分

师：原来泥巴在水里就看不见了。它还可以变形呢。那你们想想，除了在水里藏起来，还可以变成什么样子啊？

师：哦，小朋友想了这么多种方式，老师也迫不及待要和大家分享一下呢。

出示PPT，依依讲解图片。

师：哇，我们看了这么多泥巴和石头变成的东西。你们想不想自己尝试一下怎么变呢？

幼儿自己玩泥巴，做东西。

活动延伸：

陶艺课，请幼儿创造东西。

案例八

活动名称：橡皮泥手工制作——蝴蝶。

活动班级：中班。

活动目标：

（1）学会按步骤用橡皮泥制作蝴蝶。

（2）感受手工制作的快乐。

重点：用橡皮泥制作蝴蝶泥塑。

难点：制作出精美的蝴蝶泥塑。

活动准备：白纸若干、橡皮泥若干。

活动过程：
一、复习歌曲《蝴蝶花》
复习歌曲，自然导入。
二、画蝴蝶
师：我们学过了关于蝴蝶的歌曲，蝴蝶这么美丽，我们现在一起来画一画蝴蝶吧！（教会幼儿按顺序画蝴蝶，为下一个环节用橡皮泥做蝴蝶打下基础。幼儿要仔细看好了老师是怎么画的，先画什么，再画什么）
三、做蝴蝶泥塑
师：接下来我们一起来做一只漂亮的蝴蝶，我们可以根据自己喜欢的颜色做属于自己的蝴蝶，但是记住要一步一步慢慢做！
（有图片参考的情况下，幼儿都可以自觉完成，个别幼儿需要教师帮助，不善于揉搓橡皮泥的幼儿可能是因为接触得少，可以多加练习，慢慢改进）

（三）综合材料制作活动过程的设计

综合材料的制作一般是指利用废旧材料，综合所学的美术知识和技能，使用各种不同的工具和废旧材料制成简单的玩具。在制作的过程中，可以使幼儿认识各种材料的性质、用途，培养幼儿有目的、有计划地开展工作的能力。综合材料的制作活动一般在中班、大班进行。

在利用废旧材料制作玩教具的过程中，教师要逐渐增加难度，可以先制作一些简单的玩教具，例如教师可以先做成半成品，然后让幼儿进行粘贴，共同完成玩教具的制作。在幼儿的经验逐渐丰富之后，具备了一定的操作技能，可以利用一些针、线、布等自然材料以及无毒的废旧材料制作简单的玩具。为幼儿设计的活动，应侧重于让幼儿独立地完成制作过程，并综合运用各种操作技能和工具材料表现立体的玩具。

（四）手工活动的指导

幼儿手工活动有自身的特点，教师要根据幼儿手工制作的特点，结合幼儿小肌肉群发育的特点，对幼儿进行合理、有针对性的指导。

1. 提供范例，引发幼儿制作动机

在进行手工活动前，教师可以提供精美多样的手工范例，激发幼儿的创作动机。利用直觉形象思维，加深体验，开阔创作思路，帮助幼儿从中悟出制作的方法。范例既可以是教师制作的，也可以是大一年级幼儿的作品，还可以是实物。要帮助幼儿明确制作意图，确立制作形象。

2. 练习制作工具和材料的使用方法

使用工具和材料是制作的关键，教师要为幼儿提供符合幼儿年龄特点的制作工具和材料，使幼儿初步掌握工具和材料的使用方法，这样才能帮助幼儿学习技能，并最终实现自己制作的意图。

3. 进行手工练习，体验手工材料的性能

幼儿手部肌肉还不够协调、灵活，而手部肌肉的协调性、灵活性能体现出手工制作水平的高低，因此技能、技法的练习是非常重要的。教师可引导幼儿先进行简单的分步练习。分

步练习可进行多次,然后在逐步熟练、掌握基本步骤后,再进行整体练习。练习的时候应采用游戏的方法。

手工制作的技能、技法的掌握需要一定的练习,幼儿手工制作的意图也是在充分接触手工材料的过程中逐渐产生的,因此教师要为幼儿提供与手工材料充分接触的机会,让幼儿在接触手工材料的过程中,对手工活动产生兴趣。

4. 引导幼儿欣赏作品,合理进行评价

幼儿完成作品后,教师应对幼儿作品的创新性、独立性等进行综合评价。教师要鼓励幼儿大胆参与评价,大胆向同伴介绍自己的独特构思、表现手法和制作过程,共同分享制作的快乐。教师要欣赏幼儿的作品,使幼儿了解不同内容、不同风格的手工作品,从而了解作品的表现风格、表现手法和表现特点,拓宽幼儿的视野。教师要尊重幼儿的作品,并鼓励幼儿珍惜自己的作品、欣赏同伴的作品,让幼儿利用自己的作品进行游戏活动。

三、幼儿美术欣赏的教育活动

幼儿美术欣赏教育是教师引导幼儿欣赏和感受美术作品、自然景物和社会环境中的美好事物,丰富幼儿的美感经验,培养幼儿的审美情感、审美评价能力和审美创造能力的一种教育活动。幼儿美术欣赏活动主要有欣赏艺术美、自然美、生活美。

(一) 美术欣赏活动内容的设计

幼儿美术欣赏教育活动是幼儿通过感知、记忆、经验,感受、分享、判断艺术作品,从而获得审美感受和美术知识的过程。美术的欣赏能力不会随着人的理解能力的增强自发地发展起来,是一种通过专门训练产生的特殊能力。因此,要根据幼儿的年龄特点,设计美术欣赏的内容,提高幼儿美术欣赏的能力。

1. 欣赏的内容与幼儿生活经验相关

小班、中班的幼儿主要是欣赏一些幼儿能够理解的美术作品,例如绘画、工艺美术、雕塑等。还可以欣赏自然景物、节日装饰、环境布置等,初步培养幼儿的审美能力。这些内容应该是幼儿身边的、幼儿喜爱的,在艺术表现手法上,应该是主题突出、造型简单、形象鲜明、色彩明快、能引起幼儿联想的。

大班的幼儿可以继续欣赏可理解的绘画、工艺美术作品,并学会评价自己和同伴的作品,以增强幼儿的美感与审美能力。

2. 欣赏自然景物、神话故事、科学幻想故事等美术作品

自然景物有着不同的形态和不同的色彩,对幼儿有强烈的吸引力,可以作为幼儿欣赏的内容。还可以欣赏周围环境中的自然景物,例如蓝天白云、旭日东升等。在此基础上,可以欣赏一些晚霞、乌云等复杂的自然景物。

神话故事、科学幻想故事等题材的美术作品,也可以作为幼儿欣赏的内容。

3. 欣赏内容不断深刻

随着幼儿认识能力的不断提高,幼儿欣赏的范围逐步扩大,欣赏内容也不断深刻化、复杂化。幼儿欣赏的美术作品中的人物形象更加复杂,由原来的单个形象到多个形象,画面也

由原来的简单场景到复杂场景。在艺术表现形式上日趋丰富多彩,在艺术表现手法上,形象、构图、色彩更趋多样化。

案例九

活动名称:美术欣赏——《星空》。

活动班级:大班。

活动背景:

《纲要》提出幼儿美术的价值在于它能激发情趣、激活兴趣,培养幼儿的创新意识,赋予幼儿满足感和成就感。

在进行名画欣赏时,我发现幼儿对米罗的画特别感兴趣,他的画往往不用写实的手法来明确具体的物象,只用一些线条、大小不同的点和扭曲重组的形状来绘画,这些都类似于幼儿涂鸦期的偶得形状,充分显露了大师的幼儿心理。米罗的这幅作品——《星空》,就是以简单的色彩,通过点、线来构图,抽象地表现了夜晚星空的神秘,充分调动了幼儿想象的空间和表现的欲望,作品非常适合中班、大班幼儿的思维特点和认知特点,于是设计了这节美术欣赏活动。

活动目标:

(1)初步欣赏、探讨美术大师米罗的作品《星空》,感受作品的意境美。

(2)尝试利用点、线创造性地表现星空,体验合作的乐趣。

活动准备:大的画纸两条(粘贴在长条KT板上)、油画棒、制作的PPT课件、轻音乐。

活动过程:

一、放一段轻音乐,想象夜晚的天空景象

引导语:你从天空中都看到了什么?

二、幼儿从"点、颜色、线"三个方面欣赏大师的作品

引导语:有一位西班牙的大画家,他叫米罗,他也在美丽的夜晚出来欣赏天空的景色,那米罗都看到了什么呢?我们一起来欣赏一下吧!(PPT课件)

(1)引导幼儿从"点"出发,感受大师的作品。

(2)引导幼儿从"颜色"出发,感受大师的作品。

(3)引导幼儿从"线"出发,感受大师的作品。

(4)通过为作品起名字,提升幼儿的整体欣赏能力。

引导语:你能给作品起个名字吗?

师总结:你们说得真好,画家米罗给这幅作品起了一个好听的名字——《星空》。(轻音乐)在一个美丽的夜晚,星星们在快乐地跳着舞,月亮在旁边静静地欣赏着这一切,有一个人高高地举起双手,看着满天的星星,好像在和星星们说悄悄话呢!

三、合作完成作品,创作星空

引导语:刚才我们欣赏了大师米罗的《星空》,那我们再来看一看,米罗在画这幅画时,用了很多的什么呢?(点和线)在他的画里出现最多的又是哪些颜色呢?(黑色和红色)

四、作品展示,交流分享

引导语:我们的星空画画好了,感觉怎么样?你们都看到了什么?

五、结束活动

课后反思：

整个活动是从幼儿想象天空、欣赏大师作品、进行想象创作这三个环节设计的。在活动中，幼儿通过与教师提供的作品直接主动"对话"，使他们潜在的艺术潜能被充分地调动起来，这说明幼儿是完全可以理解一些简单的美学知识和规律的。这幅画自由、轻快、无拘无束，欣赏之后再进行绘画创作，深化了幼儿对作品的感受，这时的他们充满了自信，从而大胆地绘画，体验了成功的快乐。

过去评价作品往往是以"谁画得像范画？""谁画得好？"这些标准来衡量画的好坏的，它不仅限制了幼儿的想象力，而且违背了《纲要》的精神。而这次的评价以尊重幼儿的想象和对作品的理解为出发点，如"我们的星空画画好了，感觉怎么样？你们都看到了什么？"这是一个开放性的问题，它可以使孩子的思维更宽广、话题更拓展、思想更具个性，显然，之后我听到了各种不同的答案。

在美术欣赏中，同样一幅画给不同的幼儿欣赏会有不同的情况产生，在今后的美术欣赏活动中，教师会不断总结、反思，不断提高自己的艺术欣赏能力。

（二）美术欣赏活动的指导

美术欣赏的内容不同，美术欣赏的指导也就不同。要根据欣赏的内容，有针对性地加以指导。美术欣赏活动是一种给予幼儿丰富而复杂的心理感受的精神活动。在这种特殊的精神活动中，幼儿获得各种各样的心理感受，把认知对象变为情感体验对象。

1. 整体感受作品，表达对作品的感知

幼儿欣赏美术作品的第一步是对作品进行整体感知。幼儿把通过整体看到的、感受到的、体验到的东西汇集在一起，用语言来表达对作品的初步感知。教师应该支持、鼓励和激发幼儿的表现欲，给幼儿一定的时间来表达自己的感受，拉近与幼儿之间的距离。

2. 感知美术的基本要素，分析形式关系

幼儿欣赏美术作品，不仅要对作品的内容、主题、题材等加以认识，还要逐渐养成能够透过美术作品进一步感知和体验隐藏在具象中的抽象形式和意味的习惯和能力，教师要引导幼儿发现作品的点、线、形、色等要素，要放手让幼儿认真观察、自由讨论。幼儿在识别了基本要素之后，要理解要素与要素之间的关系，以及这些要素表现的情感和蕴含的意味，并逐渐让这些要素成为感受和谈论的主要内容。

3. 作品的创作与表现的指导

幼儿对美术作品中基于艺术语言与形式美的原理的认识可以通过艺术创作来获得。这是在幼儿对欣赏的作品进行心理回忆、讨论、构思的前提下进行的。鼓励幼儿集合欣赏的经验，或学习借鉴艺术家的不同表现手法，或用自己的绘画语言描绘作品表现、创造的情感等，有助于幼儿迁移欣赏经验，强化审美情感体验，学习借鉴艺术家的表现手法，加深对艺术语言与形式美原理的理解。

4. 对作品的评议

评议应该以幼儿的自我介绍及幼儿间的互相评说和欣赏为主，采取多种方式进行。幼儿欣赏的作品如果是幼儿自己创作的，可以让幼儿介绍自己的作品，让大家进行评议。对名作的欣赏经验可以迁移到对同伴和自己作品的欣赏中来，使幼儿获得一种自豪的体验和成就感。

案例十

活动名称：美术综合活动——各种各样的鱼。

活动班级：大班。

设计意图：

本月我班活动主题是"动物世界"，幼儿对小动物们有着与生俱来的好奇心，在分主题"不同的衣裳"的学习中，幼儿发现动物身上的颜色和斑纹都是保护它们自己的武器。而在这些众多的动物中，幼儿对各种各样的鱼产生了浓厚的兴趣。鱼类有着各种各样的形态，各种各样的花纹，这些花纹单纯用水彩笔、水粉、油画棒是很难充分表现出来的。而线描画这一形式，对大班幼儿画画水平的提高有很大的促进作用，对幼儿想象力和表现力的丰富也有促进作用，并且班级幼儿对画画的兴趣很浓厚。

本次活动正是抓住幼儿感兴趣、喜爱的物品，让幼儿通过自己的细致观察、敏锐的触觉、独特的视角，自由进行创作发挥，并把单纯的班级环境布置与课堂主题衔接，让幼儿参与，真正成为班级的主人。对幼儿从小进行环保教育，进行人与自然的和谐教育，懂得保护环境，爱护小动物。

活动目标：

（1）运用点、线、形来装饰鱼和表现鱼不同的外形特征。

（2）鼓励幼儿按自己的想象大胆创作，发展幼儿的初步创新能力。

（3）向幼儿进行人与自然和谐相处的环保教育。

活动重点：学习用点、线、形来装饰鱼。

活动难点：鼓励幼儿大胆想象和创作。

活动准备：

（1）《海底世界》录像。

（2）教室墙壁内一侧墙壁作为海底世界背景图，并在墙上贴好塑料袋、饮料瓶、水草、珊瑚、石头、哭泣的鱼妈妈。

（3）投影机、下载各种鱼的照片。

（4）白纸、剪好的各色"心"卡片，以及幼儿水彩笔、剪刀（与幼儿人数相等）。

（5）各种点、线、面的范例，教师画好的鱼的范例若干。

活动过程：

一、导入活动

观看录像《海底世界》，初步感知欣赏各种各样的鱼。

（1）师：在美丽的大海里，生活着许多快乐的鱼宝宝，他们和鱼妈妈自由自在地在海洋里嬉戏玩耍，一会儿在珊瑚里捉迷藏，一会儿在比赛游戏，一会儿又凑在一起说着悄悄话，可幸福了。

（2）幼儿观看录像《海底世界》，提出要求：看看你最喜欢哪条鱼，它是什么样子的？

师：你最喜欢哪条鱼？它是什么形状的？身上的花纹是什么样的？（针对形状怪异的鱼，启发幼儿尽可能讲详细一点）

（3）通过投影，让幼儿更仔细地观看各种鱼的照片，让幼儿进一步感知鱼的外形和花纹。

师：鱼宝宝还有好多可爱的朋友，它们是什么样的？有什么样的花纹？你喜欢哪一条鱼？

（4）引出海底世界背景图（珊瑚、水草及一条哭泣的鱼妈妈），对幼儿进行环保教育，引入课题。

师：可是突然有一天，海洋里的鱼都消失了，只剩下鱼妈妈和漂浮着的塑料袋、饮料瓶，为什么会这样呢？（请幼儿说一说，我们应该怎样做，向幼儿进行环保知识教育）那我们一起来帮助鱼妈妈找回她的孩子，好吗？

二、教师展示线描画（点、线、面）的范例

引导幼儿观察思考，提出自己不懂和不会画的（点、线、面）部分，并做一些简单的介绍。

1. 点画法

（1）点的种类：圆点、短点、雨点、正方形点、三角形点、空心点、沙点、十字点。

（2）点的效果：把一些鲜艳的小色点有规律地排列起来，以求达到一种五彩斑斓的色彩效果。

（3）点的要求：先画深色后画浅色。可采用同类色，比较和谐；也可采用对比色，比较绚丽。

2. 勾线画法

（1）线的种类：横线、竖线、斜线、交叉线、波浪线、折线、凹凸线、卷曲线、弧线、鱼鳞线、三角螺旋线、方螺旋线。

（2）线的效果：单纯以线条的变化、穿插、组合来表现内容，是线描画中常见的方法。

（3）线的要求：可以用渐变画法，运用线条由深到浅的变化；可以横着变、竖着变或旋转着变。

3. 面的画法（点和线的排列组合）

（1）面的种类：正方形组成的面、圆形组成的面、半圆形组成的面、三角形组成的面、长方形组成的面。

（2）面的效果：利用点和线进行基本的轮廓勾画，抓住物体的外部特征。

（3）面的要求：画面中的物体不宜太大，充斥整个画面；也不能太小，画面留有过从空白。

三、欣赏范例

欣赏教师画的鱼的范例，请幼儿互相说一说这些鱼的形状及装饰的线条，看一看、说一说它们是什么样的、有什么样的花纹。

师：老师画的这些鱼是什么形状的？用了什么样的线条进行装饰？

四、示范讲解

如何对鱼进行装饰？如何处理分割画面？

处理画面中点、线、面的疏密关系的画法：

（1）教师简单在鱼身上示范分割画面的块，画出各种形状的线条，并重点讲解如何处理画面中点、线、面的疏密关系。

（2）引导幼儿讨论。师：你准备画一条什么样的鱼？用什么线条来装饰？

五、提出作画要求

（1）在作画前先想一想：自己要画什么样的鱼？（可以看看周围鱼的照片）要用什么线

条装饰？

（2）鼓励幼儿大胆想象各种奇形怪状的鱼，看谁和别人不一样。

（3）启发幼儿用不同的花纹装饰鱼，并注意点、线、面的疏密变化。

（4）安静作画，不影响别人，注意坐姿。

（5）请完成作品的幼儿把鱼沿轮廓线剪下来，贴在鱼妈妈周围，注意剪刀使用的安全要求。

六、幼儿创作

教师给予及时指导，对幼儿创造性表现的作品及时给予肯定。

（1）鼓励幼儿在绘画中大胆尝试不同的点、线、面的运用，引导幼儿自由发挥，提高幼儿学习的主动性和积极性，体验造型活动带来的乐趣。

（2）帮助能力差的幼儿变化各种线条花纹。

（3）请完成作品的幼儿把鱼沿轮廓线剪下来，贴在鱼妈妈周围。

七、观赏评析作品

（1）请幼儿自由讲述自己所画的鱼，把自己想对鱼宝宝说的话和自己画画中的感受告诉教师或以"悄悄话"的形式粘贴在作品上。

（2）请个别幼儿谈谈自己喜欢哪一条鱼，以及原因。

（3）师小结：今天，小朋友们帮助鱼妈妈找回了鱼宝宝，并且鱼宝宝身上的花纹都非常漂亮，鱼妈妈谢谢你们了，现在我来当鱼妈妈，小朋友们来当鱼宝宝，我们一起游到大海里去做游戏吧。

活动反思：

在活动中，教师始终是指导者，用故事来贯穿整个活动。活动一开始，教师就用故事吸引了幼儿的注意力，幼儿有的说鱼妈妈看到鱼走了很伤心；有的说水太脏了，鱼都死了；有的说水里都是塑料袋和饮料瓶……教师没有否定幼儿的回答，一直根据幼儿的问题启发他们，环环相扣，为后面的环节做好铺垫。

教师课前准备充分，向幼儿展示大量不同的图片，让幼儿成为学习的主导者。幼儿在观察电视、投影等多种图片的直观感知下，能很好地把握鱼的形态和线条，活动兴趣一次比一次高涨。在绘画前，教师要求明确，对线描画的技法和点、线、面的讲解清楚，幼儿在绘画时能很好地运用相关技巧，并展示不同形态的鱼。虽然整节课的授课时间较长，但幼儿的完成情况很好，热情高涨，尤其在活动结束时，很多幼儿都有话对小鱼说，有的幼儿说："小鱼，你要和妈妈在一起，不要乱跑，不然会被大鱼吃掉。"有的幼儿说："小鱼，我下次到海底世界和你一起玩。"

本次活动不仅将主题与班级布置相结合，美化班级环境，让幼儿成为班级的主人，参与其中，而且对幼儿进行了人与动物和谐相处的教育。

但也存在一些不足，在介绍点、线、面时，教师讲解过于啰唆，应该出示点、线、面，在介绍画法和技法后，应让幼儿自己提出疑惑或问题。

思考与练习

1. 幼儿美术教育的概念是什么？
2. 幼儿美术教育的特点有哪些？

3. 幼儿美术教育的分类目标是什么？
4. 幼儿美术领域教育的内容有哪些？
5. 在幼儿美术教育活动中，绘画教育活动的设计有哪些要求？
6. 在幼儿美术教育活动中，美术欣赏活动的指导有哪些要求？

试一试

1. 结合幼儿的实际年龄，设计一节在幼儿美术教育中的手工教育活动并实施。
2. 结合幼儿园的实际，尝试运用多种途径、方法，在日常生活中开展幼儿美术教育活动。

附录一

幼儿园教育指导纲要（试行）

教育部关于印发《幼儿园教育指导纲要（试行）》的通知

（教基〔2001〕20号）

各省、自治区、直辖市教育厅（教委）、新疆生产建设兵团教委，部属师范大学：

为进一步贯彻第三次全国教育工作会议和全国基础教育工作会议精神，落实《国务院关于基础教育改革与发展的决定》，推进幼儿园实施素质教育，全面提高幼儿园教育质量，现将《幼儿园教育指导纲要（试行）》（以下简称《纲要》）印发给你们，从2001年9月起试行，并就贯彻实施《纲要》的有关问题通知如下：

1. 《纲要》是根据党的教育方针和《幼儿园工作规程》（以下简称《规程》）制定的，是指导广大幼儿教师将《规程》的教育思想和观念转化为教育行为的指导性文件。各地教育行政部门要对《纲要》的实施工作给予充分重视，认真抓好。

要积极利用多种宣传媒介，采取多种形式，广泛、深入地宣传《纲要》，使广大幼儿教育工作者、幼儿家长以及社会人士都能了解《纲要》的指导思想和基本要求。

要通过多种形式的学习和培训，认真组织各级教育行政部门负责幼儿教育工作的行政人员、教研人员、幼儿园园长和教师学习和理解《纲要》，以有效地依据《纲要》的指导思想和基本要求，根据儿童发展的实际需要，制订教育计划和组织教育活动，进一步更新教育观念，提高教育技能。

2. 贯彻实施《纲要》，要坚持因地制宜、实事求是的原则，认真制订本地贯彻《纲要》的实施方案。应从具体情况出发，切忌搞"一刀切"。各地可采取先试点的方法，对不同地区、不同类型、不同条件的幼儿园，分别提出不同的要求，待取得经验后逐步推开。

3. 设有学前教育专业的高等师范院校和幼儿师范学校要认真、深入地学习《纲要》的精神，改革现行学前教育课程和师资培养方式，并主动配合教育行政部门做好贯彻实施《纲要》的宣传和培训工作。

4. 各地在实施《纲要》的过程中，要注意不断研究和解决出现的困难和问题，要注意总结积累经验，并及时反映给我部。

1981年颁发的《幼儿园教育纲要（试行草案）》同时废止。

幼儿园教育指导纲要（试行）
第一部分　总　　则

1. 为贯彻《中华人民共和国教育法》《幼儿园管理条例》和《幼儿园工作规程》，指导幼儿园深入实施素质教育，特制定本《纲要》。

2. 幼儿园教育是基础教育的重要组成部分，是我国学校教育和终身教育的奠基阶段。城乡各类幼儿园教育应从实际出发，因地制宜地实施素质教育，为幼儿一生的发展打好基础。

3. 幼儿园应与家庭、社区密切合作，与小学相互衔接，综合利用各种教育资源，共同为幼儿的发展创造良好的条件。

4. 幼儿园应为幼儿提供健康、丰富的生活和活动环境，满足他们多方面发展的需要，使他们在快乐的童年生活中获得有益于身心发展的经验。

5. 幼儿园教育应尊重幼儿的人格和权利，尊重幼儿身心发展的规律和学习特点，以游戏为基本活动，保教并重，关注个别差异，促进每个幼儿富有个性的发展。

第二部分　教育内容与要求

幼儿园的教育内容是全面的、启蒙性的，可以相对划分为健康、语言、社会、科学、艺术等五个领域，也可做其他不同的划分。各领域的内容相互渗透，从不同的角度促进幼儿情感、态度、能力、知识、技能等方面的发展。

一、健康

（一）目标

1. 身体健康，在集体生活中情绪安定、愉快。
2. 生活、卫生习惯良好，有基本的生活自理能力。
3. 知道必要的安全保健常识，学习保护自己。
4. 喜欢参加体育活动，动作协调、灵活。

（二）内容与要求

1. 建立良好的师生、同伴关系，让幼儿在集体生活中感到温暖，心情愉快，形成安全感、信赖感。

2. 与家长配合，根据幼儿的需要建立科学的生活常规。培养幼儿良好的饮食、睡眠、盥洗、排泄等生活习惯和生活自理能力。

3. 教育幼儿爱清洁、讲卫生，注意保持个人和生活场所的整洁和卫生。

4. 密切结合幼儿的生活进行安全、营养和保健教育，提高幼儿的自我保护意识和能力。

5. 开展丰富多彩的户外游戏和体育活动，培养幼儿参加体育活动的兴趣和习惯，增强体质，提高对环境的适应能力。

6. 用幼儿感兴趣的方式发展基本动作，提高动作的协调性、灵活性。

7. 在体育活动中，培养幼儿坚强、勇敢、不怕困难的意志品质和主动、乐观、合作的态度。

（三）指导要点

1. 幼儿园必须把保护幼儿的生命和促进幼儿的健康放在工作的首位。树立正确的健康观念，在重视幼儿身体健康的同时，要高度重视幼儿的心理健康。

2. 既要高度重视和满足幼儿受保护、受照顾的需要，又要尊重和满足他们不断增长的独立要求，避免过度保护和包办代替，鼓励并指导幼儿自理、自立的尝试。

3. 健康领域的活动要充分尊重幼儿生长发育的规律，严禁以任何名义进行有损幼儿健康的比赛、表演或训练等。

4. 培养幼儿对体育活动的兴趣是幼儿园体育的重要目标，要根据幼儿的特点组织生动有趣、形式多样的体育活动，吸引幼儿主动参与。

二、语言

（一）目标

1. 乐意与人交谈，讲话礼貌。

2. 注意倾听对方讲话，能理解日常用语。

3. 能清楚地说出自己想说的事。

4. 喜欢听故事、看图书。

5. 能听懂和会说普通话。

（二）内容与要求

1. 创造一个自由、宽松的语言交往环境，支持、鼓励、吸引幼儿与教师、同伴或其他人交谈，体验语言交流的乐趣，学习使用适当的、礼貌的语言交往。

2. 养成幼儿注意倾听的习惯，发展语言理解能力。

3. 鼓励幼儿大胆、清楚地表达自己的想法和感受，尝试说明、描述简单的事物或过程，发展语言表达能力和思维能力。

4. 引导幼儿接触优秀的儿童文学作品，使之感受语言的丰富和优美，并通过多种活动帮助幼儿加深对作品的体验和理解。

5. 培养幼儿对生活中常见的简单标记和文字符号的兴趣。

6. 利用图书、绘画和其他多种方式，引发幼儿对书籍、阅读和书写的兴趣，培养前阅读和前书写技能。

7. 提供普通话的语言环境，帮助幼儿熟悉、听懂并学说普通话。少数民族地区还应帮助幼儿学习本民族语言。

（三）指导要点

1. 语言能力是在运用的过程中发展起来的，发展幼儿语言的关键是创设一个能使他们想说、敢说、喜欢说、有机会说并能得到积极应答的环境。

2. 幼儿语言的发展与其情感、经验、思维、社会交往能力等其他方面的发展密切相关，因此，发展幼儿语言的重要途径是通过互相渗透的各领域的教育，在丰富多彩的活动中去扩展幼儿的经验，提供促进语言发展的条件。

3. 幼儿的语言学习具有个别化的特点，教师与幼儿的个别交流、幼儿之间的自由交谈等，对幼儿语言发展具有特殊意义。

4. 对有语言障碍的儿童要给予特别关注，要与家长和有关方面密切配合，积极地帮助他们提高语言能力。

三、社会

（一）目标

1. 能主动地参与各项活动，有自信心。

2. 乐意与人交往，学习互助、合作和分享，有同情心。
3. 理解并遵守日常生活中基本的社会行为规则。
4. 能努力做好力所能及的事，不怕困难，有初步的责任感。
5. 爱父母长辈、老师和同伴，爱集体、爱家乡、爱祖国。

（二）内容与要求

1. 引导幼儿参加各种集体活动，体验与教师、同伴等共同生活的乐趣，帮助他们正确认识自己和他人，养成对他人、社会亲近、合作的态度，学习初步的人际交往技能。
2. 为每个幼儿提供表现自己长处和获得成功的机会，增强其自尊心和自信心。
3. 提供自由活动的机会，支持幼儿自主地选择、计划活动，鼓励他们通过多方面的努力解决问题，不轻易放弃克服困难的尝试。
4. 在共同的生活和活动中，以多种方式引导幼儿认识、体验并理解基本的社会行为规则，学习自律和尊重他人。
5. 教育幼儿爱护玩具和其他物品，爱护公物和公共环境。
6. 与家庭、社区合作，引导幼儿了解自己的亲人以及与自己生活有关的各行各业人们的劳动，培养其对劳动者的热爱和对劳动成果的尊重。
7. 充分利用社会资源，引导幼儿实际感受祖国文化的丰富与优秀，感受家乡的变化和发展，激发幼儿爱家乡、爱祖国的情感。
8. 适当向幼儿介绍我国各民族和世界其他国家、民族的文化，使其感知人类文化的多样性和差异性，培养理解、尊重、平等的态度。

（三）指导要点

1. 社会领域的教育具有潜移默化的特点。幼儿社会态度和社会情感的培养尤应渗透在多种活动和一日生活的各个环节之中，要创设一个能使幼儿感受到接纳、关爱和支持的良好环境，避免单一呆板的言语说教。
2. 幼儿与成人、同伴之间的共同生活、交往、探索、游戏等，是其社会学习的重要途径。应为幼儿提供人际间相互交往和共同活动的机会和条件，并加以指导。
3. 社会学习是一个漫长的积累过程，需要幼儿园、家庭和社会密切合作，协调一致，共同促进幼儿良好社会性品质的形成。

四、科学

（一）目标

1. 对周围的事物、现象感兴趣，有好奇心和求知欲。
2. 能运用各种感官，动手动脑，探究问题。
3. 能用适当的方式表达、交流探索的过程和结果。
4. 能从生活和游戏中感受事物的数量关系并体验到数学的重要和有趣。
5. 爱护动植物，关心周围环境，亲近大自然，珍惜自然资源，有初步的环保意识。

（二）内容与要求

1. 引导幼儿对身边常见事物和现象的特点、变化规律产生兴趣和探索的欲望。
2. 为幼儿的探究活动创造宽松的环境，让每个幼儿都有机会参与尝试，支持、鼓励他们大胆提出问题，发表不同意见，学会尊重别人的观点和经验。

3. 提供丰富的可操作的材料，为每个幼儿都能运用多种感官、多种方式进行探索提供活动的条件。

4. 通过引导幼儿积极参加小组讨论、探索等方式，培养幼儿合作学习的意识和能力，学习用多种方式表现、交流、分享探索的过程和结果。

5. 引导幼儿对周围环境中的数、量、形、时间和空间等现象产生兴趣，建构初步的数概念，并学习用简单的数学方法解决生活和游戏中某些简单的问题。

6. 从生活或媒体中幼儿熟悉的科技成果入手，引导幼儿感受科学技术对生活的影响，培养他们对科学的兴趣和对科学家的崇敬。

7. 在幼儿生活经验的基础上，帮助幼儿了解自然、环境与人类生活的关系。从身边的小事入手，培养初步的环保意识和行为。

（三）指导要点

1. 幼儿的科学教育是科学启蒙教育，重在激发幼儿的认识兴趣和探究欲望。

2. 要尽量创造条件让幼儿实际参加探究活动，使他们感受科学探究的过程和方法，体验发现的乐趣。

3. 科学教育应密切联系幼儿的实际生活进行，利用身边的事物与现象作为科学探索的对象。

五、艺术

（一）目标

1. 能初步感受并喜爱环境、生活和艺术中的美。

2. 喜欢参加艺术活动，并能大胆地表现自己的情感和体验。

3. 能用自己喜欢的方式进行艺术表现活动。

（二）内容与要求

1. 引导幼儿接触周围环境和生活中美好的人、事、物，丰富他们的感性经验和审美情趣，激发他们表现美、创造美的情趣。

2. 在艺术活动中面向全体幼儿，要针对他们的不同特点和需要，让每个幼儿都得到美的熏陶和培养。对有艺术天赋的幼儿要注意发展他们的艺术潜能。

3. 提供自由表现的机会，鼓励幼儿用不同艺术形式大胆地表达自己的情感、理解和想象，尊重每个幼儿的想法和创造，肯定和接纳他们独特的审美感受和表现方式，分享他们创造的快乐。

4. 在支持、鼓励幼儿积极参加各种艺术活动并大胆表现的同时，帮助他们提高表现的技能和能力。

5. 指导幼儿利用身边的物品或废旧材料制作玩具、手工艺品等来美化自己的生活或开展其他活动。

6. 为幼儿创设展示自己作品的条件，引导幼儿相互交流、相互欣赏、共同提高。

（三）指导要点

1. 艺术是实施美育的主要途径，应充分发挥艺术的情感教育功能，促进幼儿健全人格的形成。要避免仅仅重视表现技能或艺术活动的结果，而忽视幼儿在活动过程中的情感体验和态度的倾向。

2. 幼儿的创作过程和作品是他们表达自己的认识和情感的重要方式，应支持幼儿富有个性和创造性的表达，克服过分强调技能技巧和标准化要求的偏向。

3. 幼儿艺术活动的能力是在大胆表现的过程中逐渐发展起来的，教师的作用应主要在于激发幼儿感受美、表现美的情趣，丰富他们的审美经验，使之体验自由表达和创造的快乐。在此基础上，根据幼儿的发展状况和需要，对表现方式和技能技巧给予适时、适当的指导。

第三部分 组织与实施

1. 幼儿园的教育是为所有在园幼儿的健康成长服务的，要为每一个儿童，包括有特殊需要的儿童提供积极的支持和帮助。

2. 幼儿园的教育活动，是教师以多种形式有目的、有计划地引导幼儿生动、活泼、主动活动的教育过程。

3. 教育活动的组织与实施过程是教师创造性地开展工作的过程。教师要根据本《纲要》，从本地、本园的条件出发，结合本班幼儿的实际情况，制订切实可行的工作计划并灵活地执行。

4. 教育活动目标要以《幼儿园工作规程》和本《纲要》所提出的各领域目标为指导，结合本班幼儿的发展水平、经验和需要来确定。

5. 教育活动内容的选择应遵照本《纲要》第二部分的有关条款进行，同时体现以下原则：

（1）既适合幼儿的现有水平，又有一定的挑战性。

（2）既符合幼儿的现实需要，又有利于其长远发展。

（3）既贴近幼儿的生活来选择幼儿感兴趣的事物和问题，又有助于拓展幼儿的经验和视野。

6. 教育活动内容的组织应充分考虑幼儿的学习特点和认识规律，各领域的内容要有机联系，相互渗透，注重综合性、趣味性、活动性，寓教育于生活、游戏之中。

7. 教育活动的组织形式应根据需要合理安排，因时、因地、因内容、因材料灵活地运用。

8. 环境是重要的教育资源，应通过环境的创设和利用，有效地促进幼儿的发展。

（1）幼儿园的空间、设施、活动材料和常规要求等应有利于引发、支持幼儿的游戏和各种探索活动，有利于引发、支持幼儿与周围环境之间积极的相互作用。

（2）幼儿同伴群体及幼儿园教师集体是宝贵的教育资源，应充分发挥这一资源的作用。

（3）教师的态度和管理方式应有助于形成安全、温馨的心理环境；言行举止应成为幼儿学习的良好榜样。

（4）家庭是幼儿园重要的合作伙伴。应本着尊重、平等、合作的原则，争取家长的理解、支持和主动参与，并积极支持、帮助家长提高教育能力。

（5）充分利用自然环境和社区的教育资源，扩展幼儿生活和学习的空间。幼儿园同时应为社区的早期教育提供服务。

9. 科学、合理地安排和组织一日生活。

（1）时间安排应有相对的稳定性与灵活性，既有利于形成秩序，又能满足幼儿的合理需要，照顾到个体差异。

（2）教师直接指导的活动和间接指导的活动相结合，保证幼儿每天有适当的自主选择和自由活动时间。教师直接指导的集体活动要能保证幼儿的积极参与，避免时间的隐性浪费。

（3）尽量减少不必要的集体行动和过渡环节，减少和消除消极等待现象。

（4）建立良好的常规，避免不必要的管理行为，逐步引导幼儿学习自我管理。

10. 教师应成为幼儿学习活动的支持者、合作者、引导者。

（1）以关怀、接纳、尊重的态度与幼儿交往。耐心倾听，努力理解幼儿的想法与感受，支持、鼓励他们大胆探索与表达。

（2）善于发现幼儿感兴趣的事物、游戏和偶发事件中所隐含的教育价值，把握时机，积极引导。

（3）关注幼儿在活动中的表现和反应，敏感地察觉他们的需要，及时以适当的方式应答，形成合作探索式的师生互动。

（4）尊重幼儿在发展水平、能力、经验、学习方式等方面的个体差异，因人施教，努力使每一个幼儿都能获得满足和成功。

（5）关注幼儿的特殊需要，包括各种发展潜能和不同发展障碍，与家庭密切配合，共同促进幼儿健康成长。

11. 幼儿园教育要与0~3岁儿童的保育教育以及小学教育相互衔接。

第四部分　教育评价

1. 教育评价是幼儿园教育工作的重要组成部分，是了解教育的适宜性、有效性，调整和改进工作，促进每一个幼儿发展，提高教育质量的必要手段。

2. 管理人员、教师、幼儿及其家长均是幼儿园教育评价工作的参与者。评价过程是各方共同参与、相互支持与作用的过程。

3. 评价的过程，是教师运用专业知识审视教育实践，发现、分析、研究、解决问题的过程，也是其自我成长的重要途径。

4. 幼儿园教育工作评价实行以教师自评为主，园长以及有关管理人员、其他教师和家长等参与评价的制度。

5. 评价应自然地伴随着整个教育过程进行。综合采用观察、谈话、作品分析等多种方法。

6. 幼儿的行为表现和发展变化具有重要的评价意义，教师应视之为重要的评价信息和改进工作的依据。

7. 教育工作评价宜重点考察以下方面：

（1）教育的计划和教育活动的目标是否建立在了解本班幼儿现状的基础上。

（2）教育的内容、方式、策略、环境条件是否能调动幼儿学习的积极性。

（3）教育过程是否能为幼儿提供有益的学习经验，并符合其发展需要。

（4）教育内容、要求能否兼顾群体需要和个体差异，使每个幼儿都能得到发展，都有成功感。

（5）教师的指导是否有利于幼儿主动、有效地学习。

8. 对幼儿发展状况的评估，要注意：

(1) 明确评价的目的是了解幼儿的发展需要，以便提供更加适宜的帮助和指导。

(2) 全面了解幼儿的发展状况，防止片面性，尤其要避免只重知识和技能，忽略情感、社会性和实际能力的倾向。

(3) 在日常活动与教育教学过程中采用自然的方法进行。平时观察所获得的具有典型意义的幼儿行为表现和所积累的各种作品等，是评价的重要依据。

(4) 承认和关注幼儿的个体差异，避免用划一的标准评价不同的幼儿，在幼儿面前慎用横向的比较。

(5) 以发展的眼光看待幼儿，既要了解现有水平，更要关注其发展的速度、特点和倾向等。

附录二

3~6岁儿童学习与发展指南

说　明

1. 为深入贯彻《国家中长期教育改革和发展规划纲要（2010—2020年）》和《国务院关于当前发展学前教育的若干意见》（国发〔2010〕41号），指导幼儿园和家庭实施科学的保育和教育，促进幼儿身心全面和谐发展，制定《3~6岁儿童学习与发展指南》（以下简称《指南》）。

2. 《指南》以为幼儿后继学习和终身发展奠定良好素质基础为目标，以促进幼儿体、智、德、美各方面的协调发展为核心，通过提出3~6岁各年龄段儿童学习与发展目标和相应的教育建议，帮助幼儿园教师和家长了解3~6岁幼儿学习与发展的基本规律和特点，建立对幼儿发展的合理期望，实施科学的保育和教育，让幼儿度过快乐而有意义的童年。

3. 《指南》从健康、语言、社会、科学、艺术五个领域描述幼儿的学习与发展。每个领域按照幼儿学习与发展最基本、最重要的内容划分为若干方面。每个方面由学习与发展目标和教育建议两部分组成。

目标部分分别对3~4岁、4~5岁、5~6岁三个年龄段末期幼儿应该知道什么、能做什么、大致可以达到什么发展水平提出了合理期望，指明了幼儿学习与发展的具体方向；教育建议部分列举了一些能够有效帮助和促进幼儿学习与发展的教育途径与方法。

4. 实施《指南》应把握以下几个方面：

（1）关注幼儿学习与发展的整体性。儿童的发展是一个整体，要注重领域之间、目标之间的相互渗透和整合，促进幼儿身心全面协调发展，而不应片面追求某一方面或几方面的发展。

（2）尊重幼儿发展的个体差异。幼儿的发展是一个持续、渐进的过程，同时也表现出一定的阶段性特征。每个幼儿在沿着相似进程发展的过程中，各自的发展速度和到达某一水平的时间不完全相同。要充分理解和尊重幼儿发展进程中的个别差异，支持和引导他们从原有水平向更高水平发展，按照自身的速度和方式到达《指南》所呈现的发展"阶梯"，切忌用一把"尺子"衡量所有幼儿。

(3) 理解幼儿的学习方式和特点。幼儿的学习是以直接经验为基础，在游戏和日常生活中进行的。要珍视游戏和生活的独特价值，创设丰富的教育环境，合理安排一日生活，最大限度地支持和满足幼儿通过直接感知、实际操作和亲身体验获取经验的需要，严禁"拔苗助长"式的超前教育和强化训练。

(4) 重视幼儿的学习品质。幼儿在活动过程中表现出的积极态度和良好行为倾向是终身学习与发展所必需的宝贵品质。要充分尊重和保护幼儿的好奇心和学习兴趣，帮助幼儿逐步养成积极主动、认真专注、不怕困难、敢于探究和尝试、乐于想象和创造等良好学习品质。忽视幼儿学习品质的培养，单纯追求知识技能学习的做法是短视而有害的。

一、健康

健康是指人在身体、心理和社会适应方面的良好状态。幼儿阶段是儿童身体发育和机能发展极为迅速的时期，也是形成安全感和乐观态度的重要阶段。发育良好的身体、愉快的情绪、强健的体质、协调的动作、良好的生活习惯和基本生活能力是幼儿身心健康的重要标志，也是其他领域学习与发展的基础。

为有效促进幼儿身心健康发展，成人应为幼儿提供合理均衡的营养，保证充足的睡眠和适宜的锻炼，满足幼儿生长发育的需要；创设温馨的人际环境，让幼儿充分感受到亲情和关爱，形成积极稳定的情绪情感；帮助幼儿养成良好的生活与卫生习惯，提高自我保护能力，形成使其终身受益的生活能力和文明生活方式。

幼儿身心发育尚未成熟，需要成人的精心呵护和照顾，但不宜过度保护和包办代替，以免剥夺幼儿自主学习的机会，养成过于依赖的不良习惯，影响其主动性、独立性的发展。

(一) 身心状况

目标1　具有健康的体态

3~4岁	4~5岁	5~6岁
1. 身高和体重适宜。 参考标准： 男孩： 身高：94.9~111.7厘米 体重：12.7~21.2公斤 女孩： 身高：94.1~111.3厘米 体重：12.3~21.5公斤。 2. 在提醒下能自然坐直、站直。	1. 身高和体重适宜。 参考标准： 男孩： 身高：100.7~119.2厘米 体重：14.1~24.2公斤 女孩： 身高：99.9~118.9厘米 体重：13.7~24.9公斤。 2. 在提醒下能保持正确的站、坐和行走姿势	1. 身高和体重适宜。 参考标准： 男孩： 身高：106.1~125.8厘米 体重：15.9~27.1公斤 女孩： 身高：104.9~125.4厘米 体重：15.3~27.8公斤。 2. 经常保持正确的站、坐和行走姿势

注：身高和体重数据来源：《2006年世界卫生组织儿童生长标准》4、5、6周岁儿童身高和体重的参考数据。

教育建议：

1. 为幼儿提供营养丰富、健康的饮食。如：

• 参照《中国孕期、哺乳期妇女和0～6岁儿童膳食指南》，为幼儿提供谷物、蔬菜、水果、肉、奶、蛋、豆制品等多样化的食物，均衡搭配。

• 烹调方式要科学，尽量少煎炸、烧烤、腌制。

2. 保证幼儿每天睡11～12小时，其中午睡一般应达到2小时左右。午睡时间可根据幼儿的年龄、季节的变化和个体差异适当减少。

3. 注意幼儿的体态，帮助他们形成正确的姿势。如：

• 提醒幼儿要保持正确的站、坐、走姿势；发现有八字脚、罗圈腿、驼背等骨骼发育异常的情况，应及时就医矫治。

• 桌、椅和床要合适。椅子的高度以幼儿写画时双脚能自然着地、大腿基本保持水平状为宜；桌子的高度以写画时身体能坐直，不驼背、不耸肩为宜；床不宜过软。

4. 每年为幼儿进行健康检查。

目标2　情绪安定愉快

3～4岁	4～5岁	5～6岁
1. 情绪比较稳定，很少因一点小事哭闹不止。 2. 有比较强烈的情绪反应时，能在成人的安抚下逐渐平静下来	1. 经常保持愉快的情绪，不高兴时能较快缓解。 2. 有比较强烈的情绪反应时，能在成人提醒下逐渐平静下来。 3. 愿意把自己的情绪告诉亲近的人，一起分享快乐或求得安慰	1. 经常保持愉快的情绪。知道引起自己某种情绪的原因，并努力缓解。 2. 表达情绪的方式比较适度，不乱发脾气。 3. 能随着活动的需要转换情绪和注意

教育建议：

1. 营造温暖、轻松的心理环境，让幼儿形成安全感和信赖感。如：

• 保持良好的情绪状态，以积极、愉快的情绪影响幼儿。

• 以欣赏的态度对待幼儿。注意发现幼儿的优点，接纳他们的个体差异，不简单与同伴做横向比较。

• 幼儿做错事时要冷静处理，不厉声斥责，更不能打骂。

2. 帮助幼儿学会恰当表达和调控情绪。如：

• 成人用恰当的方式表达情绪，为幼儿做出榜样。如生气时不乱发脾气，不迁怒于人。

• 成人和幼儿一起谈论自己高兴或生气的事，鼓励幼儿与人分享自己的情绪。

• 允许幼儿表达自己的情绪，并给予适当的引导。如幼儿发脾气时不硬性压制，等其平静后告诉他什么行为是可以接受的。

• 发现幼儿不高兴时，主动询问情况，帮助他们化解消极情绪。

目标3　具有一定的适应能力

3~4岁	4~5岁	5~6岁
1. 能在较热或较冷的户外环境中活动。 2. 换新环境时情绪能较快稳定，睡眠、饮食基本正常。 3. 在帮助下能较快适应集体生活。	1. 能在较热或较冷的户外环境中连续活动半小时左右。 2. 换新环境时较少出现身体不适。 3. 能较快适应人际环境中发生的变化。如换了新老师能较快适应。	1. 能在较热或较冷的户外环境中连续活动半小时以上。 2. 天气变化时较少感冒，能适应车、船等交通工具造成的轻微颠簸。 3. 能较快融入新的人际关系环境。如换了新的幼儿园或班级能较快适应。

教育建议：

1. 保证幼儿的户外活动时间，提高幼儿适应季节变化的能力。

● 幼儿每天的户外活动时间一般不少于2小时，其中体育活动时间不少于1小时，季节交替时要坚持。

● 气温过热或过冷的季节或地区应因地制宜，选择温度适当的时间段开展户外活动，也可根据气温的变化和幼儿的个体差异，适当减少活动的时间。

2. 经常与幼儿玩拉手转圈、秋千、转椅等游戏活动，让幼儿适应轻微的摆动、颠簸、旋转，促进其平衡机能的发展。

3. 锻炼幼儿适应生活环境变化的能力。如：

● 注意观察幼儿在新环境中的饮食、睡眠、游戏等方面的情况，采取相应的措施帮助他们尽快适应新环境。

● 经常带幼儿接触不同的人际环境，如参加亲戚朋友聚会，多和不熟悉的小朋友玩，使幼儿较快适应新的人际关系。

（二）动作发展

目标1　具有一定的平衡能力，动作协调、灵敏

3~4岁	4~5岁	5~6岁
1. 能沿地面直线或在较窄的低矮物体上走一段距离。 2. 能双脚灵活交替上下楼梯。 3. 能身体平稳地双脚连续向前跳。 4. 分散跑时能躲避他人的碰撞。 5. 能双手向上抛球。	1. 能在较窄的低矮物体上平稳地走一段距离。 2. 能以匍匐、膝盖悬空等多种方式钻爬。 3. 能助跑跨跳过一定距离，或助跑跨跳过一定高度的物体。 4. 能与他人玩追逐、躲闪跑的游戏。 5. 能连续自抛自接球。	1. 能在斜坡、荡桥和有一定间隔的物体上较平稳地行走。 2. 能以手脚并用的方式安全地爬攀登架、网等。 3. 能连续跳绳。 4. 能躲避他人滚过来的球或扔过来的沙包。 5. 能连续拍球。

教育建议：

1. 利用多种活动发展身体平衡和协调能力。如：
- 走平衡木，或沿着地面直线、田埂行走。
- 玩跳房子、踢毽子、蒙眼走路、踩小高跷等游戏活动。
2. 发展幼儿动作的协调性和灵活性。如：
- 鼓励幼儿进行跑跳、钻爬、攀登、投掷、拍球等活动。
- 玩跳竹竿、滚铁环等传统体育游戏。
3. 对于拍球、跳绳等技能性活动，不要过于要求数量，更不能机械训练。
4. 结合活动内容对幼儿进行安全教育，注重在活动中培养幼儿的自我保护能力。

目标2　具有一定的力量和耐力

3~4岁	4~5岁	5~6岁
1. 能双手抓杠悬空吊起10秒左右。 2. 能单手将沙包向前投掷2米左右。 3. 能单脚连续向前跳2米左右。 4. 能快跑15米左右。 5. 能行走1公里左右（途中可适当停歇）	1. 能双手抓杠悬空吊起15秒左右。 2. 能单手将沙包向前投掷4米左右。 3. 能单脚连续向前跳5米左右。 4. 能快跑20米左右。 5. 能连续行走1.5公里左右（途中可适当停歇）	1. 能双手抓杠悬空吊起20秒左右。 2. 能单手将沙包向前投掷5米左右。 3. 能单脚连续向前跳8米左右。 4. 能快跑25米左右。 5. 能连续行走1.5公里以上（途中可适当停歇）

教育建议：

1. 开展丰富多样、适合幼儿年龄特点的各种身体活动，如走、跑、跳、攀、爬等，鼓励幼儿坚持下来，不怕累。
2. 日常生活中鼓励幼儿多走路、少坐车；自己上下楼梯、自己背包。

目标3　手的动作灵活协调

3~4岁	4~5岁	5~6岁
1. 能用笔涂涂画画。 2. 能熟练地用勺子吃饭。 3. 能用剪刀沿直线剪，边线基本吻合。	1. 能沿边线较直地画出简单图形，或能边线基本对齐地折纸。 2. 会用筷子吃饭。 3. 能沿轮廓线剪出由直线构成的简单图形，边线吻合	1. 能根据需要画出图形，线条基本平滑。 2. 能熟练使用筷子。 3. 能沿轮廓线剪出由曲线构成的简单图形，边线吻合且平滑。 4. 能使用简单的劳动工具或用具

教育建议：

1. 创造条件和机会，促进幼儿手的动作灵活协调。如：
- 提供画笔、剪刀、纸张、泥团等工具和材料，或充分利用各种自然、废旧材料和常见物品，让幼儿进行画、剪、折、粘等美工活动。

● 引导幼儿生活自理或参与家务劳动，发展其手的动作。如练习自己用筷子吃饭、扣扣子、帮助家人择菜叶、做面食等。

● 幼儿园在布置娃娃家、商店等活动区时，多提供原材料和半成品，让幼儿有更多机会参与制作活动。

2. 引导幼儿注意活动安全。如：

● 为幼儿提供的塑料粒、珠子等活动材料要足够大，材质要安全，以免造成异物进入气管、铅中毒等伤害。提供幼儿用安全剪刀。

● 为幼儿示范拿筷子、握笔的正确姿势以及使用剪刀、锤子等工具的方法。

● 提醒幼儿不要拿剪刀等锋利工具玩耍，用完后要放回原处。

（三）生活习惯与生活能力

目标1　具有良好的生活与卫生习惯

3~4岁	4~5岁	5~6岁
1. 在提醒下，按时睡觉和起床，并能坚持午睡。 2. 喜欢参加体育活动。 3. 在引导下，不偏食、挑食。喜欢吃瓜果、蔬菜等新鲜食品。 4. 愿意饮用白开水，不贪喝饮料。 5. 不用脏手揉眼睛，连续看电视等不超过15分钟。 6. 在提醒下，每天早晚刷牙、饭前便后洗手。	1. 每天按时睡觉和起床，并能坚持午睡。 2. 喜欢参加体育活动。 3. 不偏食、挑食，不暴饮暴食。喜欢吃瓜果、蔬菜等新鲜食品。 4. 常喝白开水，不贪喝饮料。 5. 知道保护眼睛，不在光线过强或过暗的地方看书，连续看电视等不超过20分钟。 6. 每天早晚刷牙、饭前便后洗手，方法基本正确。	1. 养成每天按时睡觉和起床的习惯。 2. 能主动参加体育活动。 3. 吃东西时细嚼慢咽。 4. 主动饮用白开水，不贪喝饮料。 5. 主动保护眼睛。不在光线过强或过暗的地方看书，连续看电视等不超过30分钟。 6. 每天早晚主动刷牙，饭前便后主动洗手，方法正确

教育建议：

1. 让幼儿保持有规律的生活，养成良好的作息习惯。如：早睡早起、每天午睡、按时进餐、吃好早餐等。

2. 帮助幼儿养成良好的饮食习惯。如：

● 合理安排餐点，帮助幼儿养成定点、定时、定量进餐的习惯。

● 帮助幼儿了解食物的营养价值，引导他们不偏食、不挑食、少吃或不吃不利于健康的食品；多喝白开水，少喝饮料。

● 吃饭时不过分催促，提醒幼儿细嚼慢咽，不要边吃边玩。

3. 帮助幼儿养成良好的个人卫生习惯。如：

● 早晚刷牙、饭后漱口。

● 勤为幼儿洗澡、换衣服、剪指甲。

● 提醒幼儿保护五官，如不乱挖耳朵、鼻孔，看电视时保持3米左右的距离等。

4. 激发幼儿参加体育活动的兴趣，养成锻炼的习惯。如：

● 为幼儿准备多种体育活动材料，鼓励他们选择自己喜欢的材料开展活动。

- 经常和幼儿一起在户外运动和游戏，鼓励幼儿和同伴一起开展体育活动。
- 和幼儿一起观看体育比赛或有关体育赛事的电视节目，培养他们对体育活动的兴趣。

目标2　具有基本的生活自理能力

3~4岁	4~5岁	5~6岁
1. 在帮助下能穿脱衣服或鞋袜。 2. 能将玩具和图书放回原处	1. 能自己穿脱衣服、鞋袜、扣纽扣。 2. 能整理自己的物品	1. 能知道根据冷热增减衣服。 2. 会自己系鞋带。 3. 能按类别整理好自己的物品

教育建议：

1. 鼓励幼儿做力所能及的事情，对幼儿的尝试与努力给予肯定，不因做不好或做得慢而包办代替。

2. 指导幼儿学习和掌握生活自理的基本方法，如穿脱衣服和鞋袜、洗手洗脸、擦鼻涕、擦屁股的正确方法。

3. 提供有利于幼儿生活自理的条件。如：

- 提供一些纸箱、盒子，供幼儿收拾和存放自己的玩具、图书或生活用品等。
- 幼儿的衣服、鞋子等要简单实用，便于自己穿脱。

目标3　具备基本的安全知识和自我保护能力

3~4岁	4~5岁	5~6岁
1. 不吃陌生人给的东西，不跟陌生人走。 2. 在提醒下能注意安全，不做危险的事。 3. 在公共场所走失时，能向警察或有关人员说出自己和家长的名字、电话号码等简单信息	1. 知道在公共场合不远离成人的视线单独活动。 2. 认识常见的安全标志，能遵守安全规则。 3. 运动时能主动躲避危险。 4. 知道简单的求助方式	1. 未经大人允许不给陌生人开门。 2. 能自觉遵守基本的安全规则和交通规则。 3. 运动时能注意安全，不给他人造成危险。 4. 知道一些基本的防灾知识

教育建议：

1. 创设安全的生活环境，提供必要的保护措施。如：

- 要把热水瓶、药品、火柴、刀具等物品放到幼儿够不到的地方；阳台或窗台要有安全保护措施；要使用安全的电源插座等。
- 在公共场所要注意照看好幼儿；幼儿乘车、乘电梯时要有成人陪伴；不把幼儿单独留在家里或汽车里等。

2. 结合生活实际对幼儿进行安全教育。如：

- 外出时，提醒幼儿要紧跟成人，不远离成人的视线，不跟陌生人走，不吃陌生人给的东西；不在河边和马路边玩耍；要遵守交通规则等。

- 帮助幼儿了解周围环境中不安全的事物，不做危险的事。如不动热水壶，不玩火柴或打火机，不摸电源插座，不攀爬窗户或阳台等。
- 帮助幼儿认识常见的安全标识，如：小心触电、小心有毒、禁止下河游泳、紧急出口等。
- 告诉幼儿不允许别人触摸自己的隐私部位。

3. 教给幼儿简单的自救和求救的方法。如：
- 记住自己家庭的住址、电话号码、父母的姓名和单位，一旦走失时知道向成人求助，并能提供必要信息。
- 遇到火灾或其他紧急情况时，知道要拨打110、120、119等求救电话。
- 可利用图书、音像等材料对幼儿进行逃生和求救方面的教育，并运用游戏方式模拟练习。
- 幼儿园应定期进行火灾、地震等自然灾害的逃生演习。

二、语言

语言是交流和思维的工具。幼儿期是语言发展，特别是口语发展的重要时期。幼儿语言的发展贯穿于各个领域，也对其他领域的学习与发展有着重要的影响：幼儿在运用语言进行交流的同时，也在发展着人际交往能力、理解他人和判断交往情境的能力、组织自己思想的能力。通过语言获取信息，幼儿的学习逐步超越个体的直接感知。

幼儿的语言能力是在交流和运用的过程中发展起来的。应为幼儿创设自由、宽松的语言交往环境，鼓励和支持幼儿与成人、同伴交流，让幼儿想说、敢说、喜欢说并能得到积极回应。为幼儿提供丰富、适宜的低幼读物，经常和幼儿一起看图书、讲故事，丰富其语言表达能力，培养阅读兴趣和良好的阅读习惯，进一步拓展学习经验。

幼儿的语言学习需要相应的社会经验支持，应通过多种活动扩展幼儿的生活经验，丰富语言的内容，增强理解和表达能力。应在生活情境和阅读活动中引导幼儿自然而然地产生对文字的兴趣，用机械记忆和强化训练的方式让幼儿过早识字不符合其学习特点和接受能力。

（一）倾听与表达

目标1　认真听并能听懂常用语言

3~4岁	4~5岁	5~6岁
1. 别人对自己说话时能注意听并做出回应。 2. 能听懂日常会话	1. 在群体中能有意识地听与自己有关的信息。 2. 能结合情境感受到不同语气、语调所表达的不同意思。 3. 方言地区和少数民族幼儿能基本听懂普通话	1. 在集体中能注意听老师或其他人讲话。 2. 听不懂或有疑问时能主动提问。 3. 能结合情境理解一些表示因果、假设等相对复杂的句子

教育建议：

1. 多给幼儿提供倾听和交谈的机会。如：经常和幼儿一起谈论他感兴趣的话题，或一起看图书、讲故事。

2. 引导幼儿学会认真倾听。如：

- 成人要耐心倾听别人（包括幼儿）的讲话，等别人讲完再表达自己的观点。
- 与幼儿交谈时，要用幼儿能听得懂的语言。
- 对幼儿提要求和布置任务时要求他注意听，鼓励他主动提问。

3. 对幼儿讲话时，注意结合情境使用丰富的语言，以便于幼儿理解。如：

- 说话时注意语气、语调，让幼儿感受语气、语调的作用。如对幼儿的不合理要求以比较坚定的语气表示不同意；讲故事时，尽量把故事人物高兴、悲伤的心情用不同的语气、语调表现出来。
- 根据幼儿的理解水平有意识地使用一些反映因果、假设、条件等关系的句子。

目标2　愿意讲话并能清楚地表达

3~4岁	4~5岁	5~6岁
1. 愿意在熟悉的人面前说话，能大方地与人打招呼。 2. 基本会说本民族或本地区的语言。 3. 愿意表达自己的需要和想法，必要时能配以手势动作。 4. 能口齿清楚地说儿歌、童谣或复述简短的故事	1. 愿意与他人交谈，喜欢谈论自己感兴趣的话题。 2. 会说本民族或本地区的语言，基本会说普通话。少数民族聚居地区幼儿会用普通话进行日常会话。 3. 能基本完整地讲述自己的所见所闻和经历的事情。 4. 讲述比较连贯	1. 愿意与他人讨论问题，敢在众人面前说话。 2. 会说本民族或本地区的语言和普通话，发音正确清晰。少数民族聚居地区幼儿基本会说普通话。 3. 能有序、连贯、清楚地讲述一件事情。 4. 讲述时能使用常见的形容词、同义词等，语言比较生动

教育建议：

1. 为幼儿创造说话的机会并体验语言交往的乐趣。

- 每天有足够的时间与幼儿交谈。如谈论他们感兴趣的话题，询问和听取他们对自己事情的意见等。
- 尊重和接纳幼儿的说话方式，无论幼儿的表达水平如何，都应认真地倾听并给予积极的回应。
- 鼓励和支持幼儿与同伴一起玩耍、交谈，相互讲述见闻、趣事或看过的图书、动画片等。
- 方言和少数民族地区应积极为幼儿创设用普通话交流的语言环境。

2. 引导幼儿清楚地表达。如：

- 和幼儿讲话时，成人自身的语言要清楚、简洁。
- 当幼儿因为急于表达而说不清楚的时候，提醒他们不要着急，慢慢说；同时要耐心倾听，给予必要的补充，帮助他们理清思路并清晰地说出来。

目标3 具有文明的语言习惯

3~4岁	4~5岁	5~6岁
1. 与别人讲话时知道眼睛要看着对方。 2. 说话自然，声音大小适中。 3. 能在成人的提醒下使用恰当的礼貌用语。	1. 别人对自己讲话时能回应。 2. 能根据场合调节自己说话声音的大小。 3. 能主动使用礼貌用语，不说脏话、粗话。	1. 别人讲话时能积极主动地回应。 2. 能根据谈话对象和需要，调整说话的语气。 3. 懂得按次序轮流讲话，不随意打断别人。 4. 能依据所处情境使用恰当的语言。如在别人难过时会用恰当的语言表示安慰。

教育建议：

1. 成人注意语言文明，为幼儿做出表率。如：
- 与他人交谈时，认真倾听，使用礼貌用语。
- 在公共场合不大声说话，不说脏话、粗话。
- 幼儿表达意见时，成人可蹲下来，眼睛平视幼儿，耐心听他们把话说完。

2. 帮助幼儿养成良好的语言行为习惯。如：
- 结合情境提醒幼儿一些必要的交流礼节。如对长辈说话要有礼貌，客人来访时要打招呼，得到帮助时要说谢谢等。
- 提醒幼儿遵守集体生活的语言规则，如轮流发言、不随意打断别人讲话等。
- 提醒幼儿注意公共场所的语言文明，如不大声喧哗。

（二）阅读与书写准备

目标1 喜欢听故事，看图书

3~4岁	4~5岁	5~6岁
1. 主动要求成人讲故事、读图书。 2. 喜欢跟读韵律感强的儿歌、童谣。 3. 爱护图书，不乱撕、乱扔。	1. 反复看自己喜欢的图书。 2. 喜欢把听过的故事或看过的书讲给别人听。 3. 对生活中常见的标识、符号感兴趣，知道它们表示一定的意义。	1. 专注地阅读图书。 2. 喜欢与他人一起谈论图书和故事的有关内容。 3. 对图书和生活情境中的文字符号感兴趣，知道文字表示一定的意义。

教育建议：

1. 为幼儿提供良好的阅读环境和条件。如：
- 提供一定数量、符合幼儿年龄特点、富有童趣的图画书。
- 提供相对安静的地方，尽量减少干扰，保证幼儿自主阅读。

2. 激发幼儿的阅读兴趣，培养阅读习惯。如：
- 经常抽时间与幼儿一起看图书、讲故事。
- 提供童谣、故事和诗歌等不同体裁的儿童文学作品，让幼儿自主选择和阅读。
- 当幼儿遇到感兴趣的事物或问题时，和他们一起查阅图书资料，让他们感受图书的作用，体会通过阅读获取信息的乐趣。

3. 引导幼儿体会标识、文字符号的用途。如：
- 向幼儿介绍医院、公用电话等生活中的常见标识，让他知道标识可以代表具体事物。
- 结合生活实际，帮助幼儿体会文字的用途。如买来新玩具时，把说明书上的文字念给幼儿听，了解玩具的玩法。

目标2　具有初步的阅读理解能力

3~4岁	4~5岁	5~6岁
1. 能听懂短小的儿歌或故事。 2. 会看画面，能根据画面说出图中有什么，发生了什么事等。 3. 能理解图书上的文字是和画面对应的，是用来表达画面意义的	1. 能大体讲出所听故事的主要内容。 2. 能根据连续画面提供的信息，大致说出故事的情节。 3. 能随着作品的展开产生喜悦、担忧等相应的情绪反应，体会作品所表达的情绪情感	1. 能说出所阅读的幼儿文学作品的主要内容。 2. 能根据故事的部分情节或图书画面的线索猜想故事情节的发展，或续编、创编故事。 3. 对看过的图书、听过的故事能说出自己的看法。 4. 能初步感受文学语言的美

教育建议：

1. 经常和幼儿一起阅读，引导他以自己的经验为基础理解图书的内容。如：
- 引导幼儿仔细观察画面，结合画面讨论故事内容，学习建立画面与故事内容的联系。
- 和幼儿一起讨论或回忆书中的故事情节，引导他们有条理地说出故事的大致内容。
- 在给幼儿读书或讲故事时，可先不告诉名字，让幼儿听完后自己命名，并说出这样命名的理由。
- 鼓励幼儿自主阅读，并与他人讨论自己在阅读中的发现、体会和想法。

2. 在阅读中发展幼儿的想象和创造能力。如：
- 鼓励幼儿依据画面线索讲述故事，大胆推测、想象故事情节的发展，改编故事部分情节或续编故事结尾。
- 鼓励幼儿用故事表演、绘画等不同的方式表达自己对图书和故事的理解。
- 鼓励和支持幼儿自编故事，并为自编的故事配上图画，制成图画书。

3. 引导幼儿感受文学作品的美。如：
- 有意识地引导幼儿欣赏或模仿文学作品的语言节奏和韵律。
- 给幼儿读书时，通过表情、动作和抑扬顿挫的声音传达书中的情绪情感，让幼儿体会作品的感染力和表现力。

目标3　具有书面表达的愿望和初步技能

3~4岁	4~5岁	5~6岁
喜欢用涂涂画画表达一定的意思	1. 愿意用图画和符号表达自己的愿望和想法。 2. 在成人提醒下，写写画画时姿势正确	1. 愿意用图画和符号表现事物或故事。 2. 会正确书写自己的名字。 3. 写画时姿势正确

教育建议：
1. 让幼儿在写写画画的过程中体验文字符号的功能，培养书写兴趣。如：
- 准备供幼儿随时取放的纸、笔等材料，也可利用沙地、树枝等自然材料，满足幼儿自由涂画的需要。
- 鼓励幼儿将自己感兴趣的事情或故事画下来并讲给别人听，让幼儿体会写写画画的方式可以表达自己的想法和情感。
- 把幼儿讲过的事情用文字记录下来，并念给他听，使幼儿知道说的话可以用文字记录下来，从中体会文字的用途。

2. 在绘画和游戏中做必要的书写准备，如：
- 通过把虚线画出的图形轮廓连成实线等游戏，促进手眼协调，同时帮助幼儿学习由上至下、由左至右的运笔技能。
- 鼓励幼儿学习书写自己的名字。
- 提醒幼儿写画时保持正确姿势。

三、社会

幼儿社会领域的学习与发展过程是其社会性不断完善并奠定健全人格基础的过程。人际交往和社会适应是幼儿社会学习的主要内容，也是其社会性发展的基本途径。幼儿在与成人和同伴交往的过程中，不仅学习如何与人友好相处，也在学习如何看待自己、对待他人，不断发展适应社会生活的能力。良好的社会性发展对幼儿身心健康和其他各方面的发展都具有重要影响。

家庭、幼儿园和社会应共同努力，为幼儿创设温暖、关爱、平等的家庭和集体生活氛围，建立良好的亲子关系、师生关系和同伴关系，让幼儿在积极健康的人际关系中获得安全感和信任感，发展自信和自尊，在良好的社会环境及文化熏陶中学会遵守规则，形成基本的认同感和归属感。

幼儿的社会性主要是在日常生活和游戏中通过观察和模仿潜移默化地发展起来的。成人应注重自己言行的榜样作用，避免简单生硬的说教。

（一）人际交往

目标1　愿意与人交往

3~4岁	4~5岁	5~6岁
1. 愿意和小朋友一起游戏。 2. 愿意与熟悉的长辈一起活动。	1. 喜欢和小朋友一起游戏，有经常一起玩的小伙伴。 2. 喜欢和长辈交谈，有事愿意告诉长辈。	1. 有自己的好朋友，也喜欢结交新朋友。 2. 有问题愿意向别人请教。 3. 有高兴的或有趣的事愿意与大家分享。

教育建议：
1. 主动亲近和关心幼儿，经常和他们一起游戏或活动，让幼儿感受到与成人交往的快

乐，建立亲密的亲子关系和师生关系。
2. 创造交往的机会，让幼儿体会交往的乐趣。如：
- 利用走亲戚、到朋友家做客或有客人来访的时机，鼓励幼儿与他人接触和交谈。
- 鼓励幼儿参加小朋友的游戏，邀请小朋友到家里玩，感受有朋友一起玩的快乐。
- 幼儿园应多为幼儿提供自由交往和游戏的机会，鼓励他们自主选择、自由结伴开展活动。

目标2　能与同伴友好相处

3~4岁	4~5岁	5~6岁
1. 想加入同伴的游戏时，能友好地提出请求。 2. 在成人指导下，不争抢、不独霸玩具。 3. 与同伴发生冲突时，能听从成人的劝解	1. 会运用介绍自己、交换玩具等简单技巧加入同伴游戏。 2. 对大家都喜欢的东西能轮流、分享。 3. 与同伴发生冲突时，能在他人帮助下和平解决。 4. 活动时愿意接受同伴的意见和建议。 5. 不欺负弱小	1. 能想办法吸引同伴和自己一起游戏。 2. 活动时能与同伴分工合作，遇到困难能一起克服。 3. 与同伴发生冲突时能自己协商解决。 4. 知道别人的想法有时和自己不一样，能倾听和接受别人的意见，不能接受时会说明理由。 5. 不欺负别人，也不允许别人欺负自己

教育建议：
1. 结合具体情境，指导幼儿学习交往的基本规则和技能。如：
- 当幼儿不知怎样加入同伴游戏，或提出请求不被接受时，建议他们拿出玩具邀请大家一起玩；或者扮成某个角色加入同伴的游戏。
- 对幼儿与别人分享玩具、图书等行为给予肯定，让他们对自己的表现感到高兴和满足。
- 当幼儿与同伴发生矛盾或冲突时，指导他们尝试用协商、交换、轮流玩、合作等方式解决冲突。
- 利用相关的图书、故事，结合幼儿的交往经验，和他们讨论什么样的行为受大家欢迎，想要得到别人的接纳应该怎样做。
- 幼儿园应多为幼儿提供需要大家齐心协力才能完成的活动，让幼儿在具体活动中体会合作的重要性，学习分工合作。

2. 结合具体情境，引导幼儿换位思考，学习理解别人。如：
- 幼儿有争抢玩具等不友好行为时，引导他们想想"假如你是那个小朋友，你有什么感受？"让幼儿学习理解别人的想法和感受。

3. 和幼儿一起谈谈他们的好朋友，说说喜欢这个朋友的原因，引导他们多发现同伴的优点、长处。

目标3　具有自尊、自信、自主的表现

3~4岁	4~5岁	5~6岁
1. 能根据自己的兴趣选择游戏或其他活动。 2. 为自己的好行为或活动成果感到高兴。 3. 自己能做的事情愿意自己做。 4. 喜欢承担一些小任务	1. 能按自己的想法进行游戏或其他活动。 2. 知道自己的一些优点和长处，并对此感到满意。 3. 自己的事情尽量自己做，不愿意依赖别人。 4. 敢于尝试有一定难度的活动和任务	1. 能主动发起活动或在活动中出主意、想办法。 2. 做了好事或取得了成功后还想做得更好。 3. 自己的事情自己做，不会的愿意学。 4. 主动承担任务，遇到困难能够坚持而不轻易求助。 5. 与别人的看法不同时，敢于坚持自己的意见并说出理由

教育建议：

1. 关注幼儿的感受，保护其自尊心和自信心。如：

● 能以平等的态度对待幼儿，使幼儿切实感受到自己被尊重。

● 对幼儿好的行为表现多给予具体、有针对性的肯定和表扬，让他们对自己的优点和长处有所认识并感到满足和自豪。

● 不要拿幼儿的不足与其他幼儿的优点做比较。

2. 鼓励幼儿自主决定，独立做事，增强其自尊心和自信心。如：

● 与幼儿有关的事情要征求他们的意见，即使他们的意见与成人不同，也要认真倾听，接受他们的合理要求。

● 在保证安全的情况下，支持幼儿按自己的想法做事；或提供必要的条件，帮助他们实现自己的想法。

● 幼儿自己的事情尽量放手让他自己做，即使做得不够好，也应鼓励并给予一定的指导，让他们在做事中树立自尊和自信。

● 鼓励幼儿尝试有一定难度的任务，并注意调整难度，让他们感受经过努力获得的成就感。

目标4　关心尊重他人

3~4岁	4~5岁	5~6岁
1. 长辈讲话时能认真听，并能听从长辈的要求。 2. 身边的人生病或不开心时表示同情。 3. 在提醒下能做到不打扰别人。	1. 会用礼貌的方式向长辈表达自己的要求和想法。 2. 能注意到别人的情绪，并有关心、体贴的表现。 3. 知道父母的职业，能体会到父母为养育自己所付出的辛劳	1. 能有礼貌地与人交往。 2. 能关注别人的情绪和需要，并能给予力所能及的帮助。 3. 尊重为大家提供服务的人，珍惜他们的劳动成果。 4. 接纳、尊重与自己的生活方式或习惯不同的人

教育建议：

1. 成人以身作则，以尊重、关心的态度对待自己的父母、长辈和其他人。如：
- 经常问候父母，主动做家务。
- 礼貌地对待老年人，如坐车时主动为老人让座。
- 看到别人有困难能主动关心并给予一定的帮助。

2. 引导幼儿尊重、关心长辈和身边的人，尊重他人劳动及成果。如：
- 提醒幼儿关心身边的人，如妈妈累了，知道让她安静休息一会儿。
- 借助故事、图书等给幼儿讲讲父母抚育孩子成长的经历，让幼儿理解和体会父爱与母爱。
- 结合实际情境，提醒幼儿注意别人的情绪，了解他们的需要，给予适当的关心和帮助。
- 利用生活机会和角色游戏，帮助幼儿了解与自己关系密切的社会服务机构及其工作，如商场、邮局、医院等，体会这些机构给大家提供的便利和服务，懂得尊重工作人员的劳动，珍惜劳动成果。

3. 引导幼儿学习用平等、接纳和尊重的态度对待差异。如：
- 了解每个人都有自己的兴趣、爱好和特长，可以相互学习。
- 利用民间游戏、传统节日等，适当向幼儿介绍我国主要民族和世界其他国家和民族的文化，帮助幼儿感知文化的多样性和差异性，理解人们之间是平等的，应该互相尊重，友好相处。

（二）社会适应

目标1　喜欢并适应群体生活

3～4岁	4～5岁	5～6岁
1. 对群体活动有兴趣。 2. 对幼儿园的生活好奇，喜欢上幼儿园	1. 愿意并主动参加群体活动。 2. 愿意与家长一起参加社区的一些群体活动	1. 在群体活动中积极、快乐。 2. 对小学生活有好奇和向往

教育建议：

1. 经常和幼儿一起参加一些群体性的活动，让幼儿体会群体活动的乐趣。如：参加亲戚、朋友和同事间的聚会以及适合幼儿参加的社区活动等，支持幼儿和不同群体的同伴一起游戏，丰富其群体活动的经验。

2. 幼儿园组织活动时，可以经常打破班级的界限，让幼儿有更多机会参加不同群体的活动。

3. 带领大班幼儿参观小学，讲讲小学有趣的活动，唤起他们对小学生活的好奇和向往，为入学做好心理准备。

目标 2　遵守基本的行为规范

3~4 岁	4~5 岁	5~6 岁
1. 在提醒下，能遵守游戏和公共场所的规则。 2. 知道不经允许不能拿别人的东西，借别人的东西要归还。 3. 在成人提醒下，爱护玩具和其他物品。	1. 感受规则的意义，并能基本遵守规则。 2. 不私自拿不属于自己的东西。 3. 知道说谎是不对的。 4. 知道接受了的任务要努力完成。 5. 在提醒下，能节约粮食、水电等。	1. 理解规则的意义，能与同伴协商制订游戏和活动规则。 2. 爱惜物品，用别人的东西时也知道爱护。 3. 做了错事敢于承认，不说谎。 4. 能认真负责地完成自己所接受的任务。 5. 爱护身边的环境，注意节约资源。

教育建议：

1. 成人要遵守社会行为规则，为幼儿树立良好的榜样。如：答应幼儿的事一定要做到、尊老爱幼、爱护公共环境、节约水电等。

2. 结合社会生活实际，帮助幼儿了解基本行为规则或其他游戏规则，体会规则的重要性，学习自觉遵守规则。如：

- 经常和幼儿玩带有规则的游戏，遵守共同约定的游戏规则。
- 利用实际生活情境和图书故事，向幼儿介绍一些必要的社会行为规则，以及为什么要遵守这些规则。
- 在幼儿园的区域活动中，创设情境，让幼儿体会没有规则的不方便，鼓励他们讨论制订规则并自觉遵守。
- 对幼儿表现出的遵守规则的行为要及时肯定，对违规行为给予纠正。如：幼儿主动为老人让座时要表扬；幼儿损害别人的物品或公共物品时要及时制止并主动赔偿。

3. 教育幼儿要诚实守信。如：

- 对幼儿诚实守信的行为要及时肯定。
- 允许幼儿犯错误，告诉他们改了就好。不要打骂幼儿，以免他们因害怕惩罚而说谎。
- 小年龄幼儿经常分不清想象和现实，成人不要误认为他们是在说谎。
- 发现幼儿说谎时，要反思是否是因自己对幼儿的要求过高过严造成的。如果是，要及时调整自己的行为，同时要严肃地告诉幼儿说谎是不对的。
- 经常给幼儿分配一些力所能及的任务，要求他们完成并及时给予表扬，培养他们的责任感和认真负责的态度。

目标 3　具有初步的归属感

3~4 岁	4~5 岁	5~6 岁
1. 知道和自己一起生活的家庭成员及与自己的关系，体会到自己是家庭的一员。 2. 能感受到家庭生活的温暖，爱父母，亲近与信赖长辈。 3. 能说出自己家所在街道、小区（乡镇、村）的名称。 4. 认识国旗，知道国歌。	1. 喜欢自己所在的幼儿园和班级，积极参加集体活动。 2. 能说出自己家所在地的省、市、县（区）名称，知道当地有代表性的物产或景观。 3. 知道自己是中国人。 4. 奏国歌、升国旗时能自动站好。	1. 愿意为集体做事，为集体的成绩感到高兴。 2. 能感受到家乡的发展变化并为此感到高兴。 3. 知道自己的民族，知道中国是一个多民族的大家庭，各民族之间要互相尊重，团结友爱。 4. 知道国家一些重大成就，爱祖国，为自己是中国人感到自豪。

教育建议：

1. 亲切地对待幼儿，关心幼儿，让他们感到长辈是可亲、可近、可信赖的，家庭和幼儿园是温暖的。如：

- 多和孩子一起游戏、谈笑，尽量在家庭和班级中营造温馨的氛围。
- 通过和幼儿一起翻阅照片、讲幼儿成长的故事等，让幼儿感受到家庭和幼儿园的温暖、老师的和蔼可亲，对养育自己的人产生感激之情。

2. 吸引和鼓励幼儿参加集体活动，萌发集体意识。如：

- 幼儿园和班级里的重大事情和计划，请幼儿集体讨论决定。
- 幼儿园应经常组织多种形式的集体活动，萌发幼儿的集体荣誉感。

3. 运用幼儿喜闻乐见和能够理解的方式激发幼儿爱家乡、爱祖国的情感。如：

- 和幼儿说一说或在地图上找一找自己家所在的省、市、县（区）名称。
- 和幼儿一起外出游玩，一起看有关的电视节目或画报等；和他们一起收集有关家乡、祖国各地的风景名胜、著名的建筑、独特物产的图片等，在观看和欣赏的过程中激发幼儿的自豪感和热爱之情。
- 利用电视节目或参加升旗等活动，向幼儿介绍国旗、国歌以及观看升旗、奏国歌的礼仪。
- 向幼儿介绍反映中国人聪明才智的发明和创造，激发幼儿的民族自豪感。

四、科学

幼儿的科学学习是在探究具体事物和解决实际问题中，尝试发现事物间的异同和联系的过程。幼儿在对自然事物的探究和运用数学解决实际生活问题的过程中，不仅获得丰富的感性经验，充分发展形象思维，而且初步尝试归类、排序、判断、推理，逐步发展逻辑思维能力，为其他领域的深入学习奠定基础。

幼儿科学学习的核心是激发探究兴趣、体验探究过程、发展初步的探究能力。成人要善于发现和保护幼儿的好奇心，充分利用自然和实际生活机会，引导幼儿通过观察、比较、操作、实验等方法，学习发现问题、分析问题和解决问题；帮助幼儿不断积累经验，并运用于新的学习活动，形成受益终身的学习态度和能力。

幼儿的思维特点以具体形象思维为主，应注重引导幼儿通过直接感知、亲身体验和实际操作进行科学学习，不应为追求知识和技能的掌握，对幼儿进行灌输和强化训练。

（一）科学探究

目标1　亲近自然，喜欢探究

3～4岁	4～5岁	5～6岁
1. 喜欢接触大自然，对周围的很多事物和现象感兴趣。 2. 经常问各种问题，或好奇地摆弄物品。	1. 喜欢接触新事物，经常问一些与新事物有关的问题。 2. 常常动手动脑探索物体和材料，并乐在其中	1. 对自己感兴趣的问题总是刨根问底。 2. 能经常动手动脑寻找问题的答案。 3. 探索中有所发现时感到兴奋和满足

教育建议：

1. 经常带幼儿接触大自然，激发其好奇心与探究欲望。如：
- 为幼儿提供一些有趣的探究工具，用自己的好奇心和探究积极性感染和带动幼儿。
- 和幼儿一起发现并分享周围新奇、有趣的事物或现象，一起寻找问题的答案。
- 通过拍照和画图等方式保留和积累有趣的探索与发现。

2. 真诚地接纳、多方面支持和鼓励幼儿的探索行为。如：
- 认真对待幼儿的问题，引导他们猜一猜、想一想，有条件时和幼儿一起做一些简易的调查或有趣的小实验。
- 容忍幼儿因探究而弄脏、弄乱，甚至破坏物品的行为，引导他们活动后做好收拾整理。
- 多为幼儿选择一些能操作、多变化、多功能的玩具材料或废旧材料，在保证安全的前提下，鼓励幼儿拆装或动手自制玩具。

目标2　具有初步的探究能力

3～4岁	4～5岁	5～6岁
1. 对感兴趣的事物能仔细观察，发现其明显特征。 2. 能用多种感官或动作去探索物体，关注动作所产生的结果。	1. 能对事物或现象进行观察比较，发现其相同与不同。 2. 能根据观察结果提出问题，并大胆猜测答案。 3. 能通过简单的调查收集信息。 4. 能用图画或其他符号进行记录	1. 能通过观察、比较与分析，发现并描述不同种类物体的特征或某个事物前后的变化。 2. 能用一定的方法验证自己的猜测。 3. 在成人的帮助下能制订简单的调查计划并执行。 4. 能用数字、图画、图表或其他符号记录。 5. 探究中能与他人合作与交流

教育建议：

1. 有意识地引导幼儿观察周围事物，学习观察的基本方法，培养观察与分类能力。如：
- 支持幼儿自发的观察活动，对其发现表示赞赏。
- 通过提问等方式引导幼儿思考并对事物进行比较观察和连续观察。
- 引导幼儿在观察和探索的基础上，尝试进行简单的分类、概括。如：根据运动方式给动物分类，根据生长环境给植物分类，根据外部特征给物体分类等。

2. 支持和鼓励幼儿在探究的过程中积极动手动脑寻找答案或解决问题。如：
- 鼓励幼儿根据观察或发现提出值得继续探究的问题，或成人提出有探究意义且能激发幼儿兴趣的问题。如：皮球、轮胎、竹筒等物体滚动时都走直线吗？怎样让橡皮泥球浮在水面上？
- 支持和鼓励幼儿大胆联想、猜测问题的答案，并设法验证。如：玩风车时，鼓励幼儿猜测风车转动方向及速度快慢的原因和条件，并实际去验证。
- 支持、引导幼儿学习用适宜的方法探究和解决问题，或为自己的想法收集证据。如：想知道院子里有多少种植物，可以进行实地调查；想知道球在平地上还是在斜坡上滚得快，可以动手试一试；想证明影子的方向与太阳的位置有关，可以做个小实验进行验证等。

3. 鼓励和引导幼儿学习做简单的计划和记录，并与他人交流分享。如：
- 和幼儿共同制订调查计划，讨论调查对象、步骤和方法等，也可以和幼儿一起设法用图画、箭头等标识呈现计划。
- 鼓励幼儿用绘画、照相、做标本等办法记录观察和探究的过程与结果，注意要让记录有意义，通过记录帮助幼儿丰富观察经验、建立事物之间的联系并分享发现。
- 支持幼儿与同伴合作探究与分享交流，引导他们在交流中尝试整理、概括自己探究的成果，体验合作探究和发现的乐趣。如一起讨论和分享自己的问题与发现，一起想办法收集资料和验证猜测。

4. 帮助幼儿回顾自己的探究过程，讨论自己做了什么，怎么做的，结果与计划目标是否一致，分析一下原因以及下一步要怎样做等。

目标3　在探究中认识周围事物和现象

3～4岁	4～5岁	5～6岁
1. 认识常见的动植物，能注意并发现周围的动植物是多种多样的。 2. 能感知和发现物体和材料的软硬、光滑和粗糙等特性。 3. 能感知和体验天气对自己生活和活动的影响。 4. 初步了解和体会动植物和人们生活的关系	1. 能感知和发现动植物的生长变化及其基本条件。 2. 能感知和发现常见材料的溶解、传热等性质或用途。 3. 能感知和发现简单物理现象，如物体形态或位置变化等。 4. 能感知和发现不同季节的特点，体验季节对动植物和人的影响。 5. 初步感知常用科技产品与自己生活的关系，知道科技产品有利也有弊	1. 能察觉到动植物的外形特征、习性与生存环境的适应关系。 2. 能发现常见物体的结构与功能之间的关系。 3. 能探索并发现常见的物理现象产生的条件或影响因素，如影子、沉浮等。 4. 感知并了解季节变化的周期性，知道变化的顺序。 5. 初步了解人们的生活与自然环境的密切关系，知道尊重和珍惜生命，保护环境

教育建议：

1. 支持幼儿在接触自然、生活事物和现象中积累有益的直接经验和感性认识。如：
- 和幼儿一起通过户外活动、参观考察、种植和饲养活动，感知生物的多样性和独特性，以及生长发育、繁殖和死亡的过程。
- 给幼儿提供丰富的材料和适宜的工具，支持幼儿在游戏过程中探索并感知常见物质、材料的特性和物体的结构特点。

2. 引导幼儿在探究中思考，尝试进行简单的推理和分析，发现事物之间明显的关联。如：
- 引导5岁以上幼儿关注和思考动植物的外部特征、习性与生活环境对动植物生存的意义。如兔子的长耳朵具有自我保护的作用；植物种子的形状有助于其传播等。
- 引导幼儿根据常见物质、材料的特性和物体的结构特点，推测和证实它们的用途。如：带轮子的物体方便移动；不同用途的车辆有不同的结构等。

3. 引导幼儿关注和了解自然、科技产品与人们生活的密切关系，逐渐懂得热爱、尊重、保护自然。如：

- 结合幼儿的生活需要，引导他们体会人与自然、动植物的依赖关系。如：动植物、季节变化与人们生活的关系、常见灾害性天气给人们生产和生活带来的影响等。
- 和幼儿一起讨论常见科技产品的用途和弊端，如：汽车等交通工具给生活带来的方便和对环境的污染等。

（二）数学认知

目标1　初步感知生活中数学的有用和有趣

3~4岁	4~5岁	5~6岁
1. 感知和发现周围物体的形状是多种多样的，对不同的形状感兴趣。 2. 体验和发现生活中很多地方都用到数。	1. 在指导下，感知和体会有些事物可以用形状来描述。 2. 在指导下，感知和体会有些事物可以用数来描述，对环境中各种数字的含义有进一步探究的兴趣。	1. 能发现事物简单的排列规律，并尝试创造新的排列规律。 2. 能发现生活中许多问题都可以用数学的方法来解决，体验解决问题的乐趣。

教育建议：

1. 引导幼儿注意事物的形状特征，尝试用表示形状的词来描述事物，体会描述的生动形象性和趣味性。如：

- 参观游览后，和幼儿一起谈论所看到的事物的形状，鼓励幼儿产生联想，并用自己的语言进行描述。如：熊猫的身体圆圆的，全身好像是一个个的圆形组成的。
- 和幼儿交谈或读书讲故事时，适当地运用一些有关形状的词汇来描述事物，如看图片时，和幼儿讨论奥运会场馆的形状，体会为什么有的场馆叫"水立方"，有的叫"鸟巢"。

2. 引导幼儿感知和体会生活中很多地方都用到数，关注周围与自己生活密切相关的数的信息，体会数可以代表不同的意义。如：

- 和幼儿一起寻找发现生活中用数字作标识的事物，如电话号码、时钟、日历和商品的价签等。
- 引导幼儿了解和感受数用在不同的地方，表示的意义是不一样的。如天气预报中表示气温的数代表冷热状况；钟表上的数表明时间的早晚等。
- 鼓励幼儿尝试使用数的信息进行一些简单的推理。如知道今天是星期五，能推断明天是星期六、爸爸妈妈休息。

3. 引导幼儿观察发现按照一定规律排列的事物，体会其中的排列特点与规律，并尝试自己创造出新的排列规律。如：

- 和幼儿一起发现和体会按一定顺序排列的队形整齐有序。
- 提供具有重复性旋律和词语的音乐、儿歌和故事，或利用环境中有序排列的图案（如按颜色间隔排列的瓷砖、按形状间隔排列的珠帘等），鼓励幼儿发现和感受其中的规律。
- 鼓励幼儿尝试自己设计有规律的花边图案、创编有一定规律的动作，或者按某种规律进行搭建活动。
- 引导幼儿体会生活中很多事情都是有一定顺序和规律的，如一周七天的顺序是从周一到周日，一年四季按照春夏秋冬轮回等。

4. 鼓励和支持幼儿发现、尝试解决日常生活中需要用到数学的问题，体会数学的用处。如：
- 拍球、跳绳、跳远或投沙包时，可通过数数、测量的方法确定名次。
- 讨论春游去哪里玩时，让幼儿商量想去哪里玩？每个想去的地方有多少人？根据统计结果做出决定。
- 滑滑梯时，按照"先来先玩"的规则有序地排队玩。

目标 2 感知和理解数、量及数量关系

3~4 岁	4~5 岁	5~6 岁
1. 能感知和区分物体的大小、多少、高矮长短等量方面的特点，并能用相应的词表示。 2. 能通过一一对应的方法比较两组物体的多少。 3. 能手口一致地点数 5 个以内的物体，并能说出总数。能按数取物。 4. 能用数词描述事物或动作。如我有 4 本图书	1. 能感知和区分物体的粗细、厚薄、轻重等量方面的特点，并能用相应的词语描述。 2. 能通过数数比较两组物体的多少。 3. 能通过实际操作理解数与数之间的关系，如 5 比 4 多 1；2 和 3 合在一起是 5。 4. 会用数词描述事物的排列顺序和位置	1. 初步理解量的相对性。 2. 借助实际情境和操作（如合并或拿取）理解"加"和"减"的实际意义。 3. 能通过实物操作或其他方法进行 10 以内的加减运算。 4. 能用简单的记录表、统计图等表示简单的数量关系

教育建议：

1. 引导幼儿感知和理解事物"量"的特征。如：
- 感知常见事物的大小、多少、高矮、粗细等量的特征，学习使用相应的词汇描述这些特征。
- 结合具体事物让幼儿通过多次比较逐渐理解"量"是相对的。如小亮比小明高，但比小强矮。
- 收拾物品时，根据情况，鼓励幼儿按照物体量的特征分类整理。如整理图书时按照大小摆放。

2. 结合日常生活，指导幼儿学习通过对应或数数的方式比较物体的多少。如：
- 鼓励幼儿在一对一配对的过程中发现两组物体的多少。如，在给桌子上的每个碗配上勺子时，发现碗和勺多少的不同。
- 鼓励幼儿通过数数比较两样东西的多少。如数一数有多少个苹果，多少个梨，判断苹果和梨哪个多，哪个少。

3. 利用生活和游戏中的实际情境，引导幼儿理解数概念。如：
- 结合生活需要，和幼儿一起手口一致点数物体，得出物体的总数。
- 通过点数的方式让幼儿体会物体的数量不会因排列形式、空间位置的不同而发生变化。如鼓励幼儿将一定数量的扣子以不同的形式摆放，体会扣子的数量是不变的。
- 结合日常生活，为幼儿提供"按数取物"的机会，如游戏时，请幼儿按要求拿出几个球。

4. 通过实物操作引导幼儿理解数与数之间的关系，并用"加"或"减"的办法来解决问题。如：

● 游戏中遇到让4个小动物住进2间房子的问题，或生活中遇到将5块饼干分给2个小朋友的问题时，让幼儿尝试不同的分法。

● 鼓励幼儿尝试自己解决生活中的数学问题。如家里来了5位客人，桌子上只有3个杯子，还需要几个杯子等。

● 购少量物品时，有意识地鼓励幼儿参与计算和付款的过程等。

目标3 感知形状与空间关系

3~4岁	4~5岁	5~6岁
1. 能注意物体较明显的形状特征，并能用自己的语言描述。 2. 能感知物体基本的空间位置与方位，理解上下、前后、里外等方位词。	1. 能感知物体的形体结构特征，画出或拼搭出该物体的造型。 2. 能感知和发现常见几何图形的基本特征，并能进行分类。 3. 能使用上下、前后、里外、中间、旁边等方位词描述物体的位置和运动方向。	1. 能用常见的几何形体有创意地拼搭和画出物体的造型。 2. 能按语言指示或根据简单示意图正确取放物品。 3. 能辨别自己的左右。

教育建议：

1. 用多种方法帮助幼儿在物体与几何形体之间建立联系。如：

● 引导幼儿感受生活中各种物品的形状特征，并尝试识别和描述。如感受和识别盘子、桌子、车轮、地砖等物品的形状特征。

● 鼓励和支持幼儿用积木、纸盒、拼板等各种形状的材料进行建构游戏或制作活动。如用长方形的纸盒加两个圆形瓶盖制作"汽车"。

● 收拾整理积木时，引导幼儿体验图形之间的转换。如2个三角形可组合成1个正方形，2个正方形可组合成1个长方形。

● 引导幼儿注意观察生活物品的图形特征，鼓励他们按形状分类整理物品。

2. 丰富幼儿空间方位识别的经验，引导幼儿运用空间方位经验解决问题。如：

● 请幼儿取放物体时，使用他们能够理解的方位词，如把桌子下面的东西放到窗台上，把花盆放在大树旁边等。

● 和幼儿一起识别熟悉场所的位置。如超市在家的旁边，邮局在幼儿园的前面。

● 在体育、音乐和舞蹈活动中，引导幼儿感受空间方位和运动方向。

● 和幼儿玩按指令找宝的游戏。对年龄小的幼儿要求他们按语言指令寻找，对年龄大些的幼儿可要求按照简单的示意图寻找。

五、艺术

艺术是人类感受美、表现美和创造美的重要形式，也是表达自己对周围世界的认识和情绪态度的独特方式。

每个幼儿心里都有一颗美的种子。幼儿艺术领域学习的关键在于充分创造条件和机会，在大自然和社会文化生活中萌发幼儿对美的感受和体验，丰富其想象力和创造力，引导幼儿学会用心灵去感受和发现美，用自己的方式去表现和创造美。

幼儿对事物的感受和理解不同于成人，他们表达自己认识和情感的方式也有别于成人。幼儿独特的笔触、动作和语言往往蕴含着丰富的想象和情感，成人应对幼儿的艺术表现给予充分的理解和尊重,不能用自己的审美标准去评判幼儿,更不能为追求结果的"完美"而对幼儿进行千篇一律的训练,以免扼杀其想象与创造的萌芽。

(一) 感受与欣赏

目标1　喜欢自然界与生活中美的事物

3~4岁	4~5岁	5~6岁
1. 喜欢观看花草树木、日月星空等大自然中美的事物。 2. 容易被自然界中的鸟鸣、风声、雨声等好听的声音所吸引	1. 在欣赏自然界和生活环境中美的事物时,关注其色彩、形态等特征。 2. 喜欢倾听各种好听的声音,感知声音的高低、长短、强弱等变化	1. 乐于收集美的物品或向别人介绍所发现的美的事物。 2. 乐于模仿自然界和生活环境中有特点的声音,并产生相应的联想

教育建议:

1. 和幼儿一起感受、发现和欣赏自然环境和人文景观中美的事物。如:

* 让幼儿多接触大自然,感受和欣赏美丽的景色和好听的声音。
* 经常带幼儿参观园林、名胜古迹等人文景观,讲讲有关的历史故事、传说,与幼儿一起讨论和交流对美的感受。

2. 和幼儿一起发现美的事物的特征,感受和欣赏美。如:

* 让幼儿观察常见动植物以及其他物体,引导幼儿用自己的语言、动作等描述它们美的方面,如颜色、形状、形态等。
* 让幼儿倾听和分辨各种声响,引导幼儿用自己的方式来表达他们对音色、强弱、快慢的感受。
* 支持幼儿收集喜欢的物品并和他们一起欣赏。

目标2　喜欢欣赏多种多样的艺术形式和作品

3~4岁	4~5岁	5~6岁
1. 喜欢听音乐或观看舞蹈、戏剧等表演。 2. 乐于观看绘画、泥塑或其他艺术形式的作品	1. 能够专心地观看自己喜欢的文艺演出或艺术品,有模仿和参与的愿望。 2. 欣赏艺术作品时会产生相应的联想和情绪反应	1. 艺术欣赏时常常用表情、动作、语言等方式表达自己的理解。 2. 愿意和别人分享、交流自己喜爱的艺术作品和美感体验

教育建议:

1. 创造条件让幼儿接触多种艺术形式和作品。如:

* 经常让幼儿接触适宜的、各种形式的音乐作品,丰富幼儿对音乐的感受和体验。
* 和幼儿一起用图画、手工制品等装饰和美化环境。
* 带幼儿观看或共同参与传统民间艺术和地方民俗文化活动,如皮影戏、剪纸和捏面人等。
* 有条件的情况下,带幼儿去剧院、美术馆、博物馆等欣赏文艺表演和艺术作品。

2. 尊重幼儿的兴趣和独特感受，理解他们欣赏时的行为。如：
- 理解和尊重幼儿在欣赏艺术作品时的手舞足蹈、即兴模仿等行为。
- 当幼儿主动介绍自己喜爱的舞蹈、戏曲、绘画或工艺品时，要耐心倾听并给予积极回应和鼓励。

（二）表现与创造

目标1　喜欢进行艺术活动并大胆表现

3~4岁	4~5岁	5~6岁
1. 经常自哼自唱或模仿有趣的动作、表情和声调。 2. 经常涂涂画画、粘粘贴贴并乐在其中。	1. 经常唱唱跳跳，愿意参加歌唱、律动、舞蹈、表演等活动。 2. 经常用绘画、捏泥、手工制作等多种方式表现自己的所见所想。	1. 积极参与艺术活动，有自己比较喜欢的活动形式。 2. 能用多种工具、材料或不同的表现手法表达自己的感受和想象。 3. 艺术活动中能与他人相互配合，也能独立表现。

教育建议：

1. 创造机会和条件，支持幼儿自发的艺术表现和创造。
- 提供丰富的便于幼儿取放的材料、工具或物品，支持幼儿进行自主绘画、手工、歌唱、表演等艺术活动。
- 经常和幼儿一起唱歌、表演、绘画、制作，共同分享艺术活动的乐趣。

2. 营造安全的心理氛围，让幼儿敢于并乐于表达表现。如：
- 欣赏和回应幼儿的哼哼唱唱、模仿表演等自发的艺术活动，赞赏他们独特的表现方式。
- 在幼儿自主表达创作过程中，不做过多干预或把自己的意愿强加给幼儿，在幼儿需要时再给予具体的帮助。
- 了解并倾听幼儿艺术表现的想法或感受，领会并尊重幼儿的创作意图，不简单用"像不像""好不好"等成人标准来评价。
- 展示幼儿的作品，鼓励幼儿用自己的作品或艺术品布置环境。

目标2　具有初步的艺术表现与创造能力

3~4岁	4~5岁	5~6岁
1. 能模仿学唱短小歌曲。 2. 能跟随熟悉的音乐做身体动作。 3. 能用声音、动作、姿态模拟自然界的事物和生活情景。 4. 能用简单的线条和色彩大体画出自己想画的人或事物。	1. 能用自然的、音量适中的声音基本准确地唱歌。 2. 能通过即兴哼唱、即兴表演或给熟悉的歌曲编词来表达自己的心情。 3. 能用拍手、踏脚等身体动作或可敲击的物品敲打节拍和基本节奏。 4. 能运用绘画、手工制作等表现自己观察到或想象的事物。	1. 能用基本准确的节奏和音调唱歌。 2. 能用律动或简单的舞蹈动作表现自己的情绪或自然界的情景。 3. 能自编自演故事，并为表演选择和搭配简单的服饰、道具或布景。 4. 能用自己制作的美术作品布置环境、美化生活。

教育建议：

- 尊重幼儿自发的表现和创造，并给予适当的指导。如：
- 鼓励幼儿在生活中细心观察、体验，为艺术活动积累经验与素材。如，观察不同树种的形态、色彩等。
- 提供丰富的材料，如图书、照片、绘画或音乐作品等，让幼儿自主选择，用自己喜欢的方式去模仿或创作，成人不做过多要求。
- 根据幼儿的生活经验，与幼儿共同确定艺术表达表现的主题，引导幼儿围绕主题展开想象，进行艺术表现。
- 幼儿绘画时，不宜提供范画，特别不应要求幼儿完全按照范画来画。
- 肯定幼儿作品的优点，用表达自己感受的方式引导其提高。如，"你的画用了这么多红颜色，感觉就像过年一样喜庆""你扮演的大灰狼声音真像，要是表情再凶一点就更好了"等。

附录三

幼儿园工作规程

第一章 总 则

第一条 为了加强幼儿园的科学管理，规范办园行为，提高保育和教育质量，促进幼儿身心健康，依据《中华人民共和国教育法》等法律法规，制定本规程。

第二条 幼儿园是对3周岁以上学龄前幼儿实施保育和教育的机构。幼儿园教育是基础教育的重要组成部分，是学校教育制度的基础阶段。

第三条 幼儿园的任务是：贯彻国家的教育方针，按照保育与教育相结合的原则，遵循幼儿身心发展特点和规律，实施德、智、体、美等方面全面发展的教育，促进幼儿身心和谐发展。

幼儿园同时面向幼儿家长提供科学育儿指导。

第四条 幼儿园适龄幼儿一般为3周岁至6周岁。

幼儿园一般为三年制。

第五条 幼儿园保育和教育的主要目标是：

（1）促进幼儿身体正常发育和机能的协调发展，增强体质，促进心理健康，培养良好的生活习惯、卫生习惯和参加体育活动的兴趣。

（2）发展幼儿智力，培养正确运用感官和运用语言交往的基本能力，增进对环境的认识，培养有益的兴趣和求知欲望，培养初步的动手探究能力。

（3）萌发幼儿爱祖国、爱家乡、爱集体、爱劳动、爱科学的情感，培养诚实、自信、友爱、勇敢、勤学、好问、爱护公物、克服困难、讲礼貌、守纪律等良好的品德行为和习惯，以及活泼开朗的性格。

（4）培养幼儿初步感受美和表现美的情趣和能力。

第六条 幼儿园教职工应当尊重、爱护幼儿，严禁虐待、歧视、体罚和变相体罚、侮辱幼儿人格等损害幼儿身心健康的行为。

第七条 幼儿园可分为全日制、半日制、定时制、季节制和寄宿制等。上述形式可分别设置，也可混合设置。

第二章 幼儿入园和编班

第八条 幼儿园每年秋季招生。平时如有缺额，可随时补招。

幼儿园对烈士子女、家中无人照顾的残疾人子女、孤儿、家庭经济困难的幼儿、具有接受普通教育能力的残疾儿童等入园，按照国家和地方的有关规定予以照顾。

第九条 企业、事业单位和机关、团体、部队设置的幼儿园，除招收本单位工作人员的子女外，应当积极创造条件向社会开放，招收附近居民子女入园。

第十条 幼儿入园前，应当按照卫生部门制定的卫生保健制度进行健康检查，合格者方可入园。

幼儿入园除进行健康检查外，禁止任何形式的考试或测查。

第十一条 幼儿园规模应当有利于幼儿身心健康，便于管理，一般不超过360人。

幼儿园每班幼儿人数一般为：小班（3周岁至4周岁）25人，中班（4周岁至5周岁）30人，大班（5周岁至6周岁）35人，混合班30人。寄宿制幼儿园每班幼儿人数酌减。

幼儿园可以按年龄分别编班，也可以混合编班。

第三章 幼儿园的安全

第十二条 幼儿园应当严格执行国家和地方幼儿园安全管理的相关规定，建立健全门卫、房屋、设备、消防、交通、食品、药物、幼儿接送交接、活动组织和幼儿就寝值守等安全防护和检查制度，建立安全责任制和应急预案。

第十三条 幼儿园的园舍应当符合国家和地方的建设标准，以及相关安全、卫生等方面的规范，定期检查维护，保障安全。幼儿园不得设置在污染区和危险区，不得使用危房。

幼儿园的设备设施、装修装饰材料、用品用具和玩教具材料等，应当符合国家相关的安全质量标准和环保要求。

入园幼儿应当由监护人或者其委托的成年人接送。

第十四条 幼儿园应当严格执行国家有关食品药品安全的法律法规，保障饮食饮水卫生安全。

第十五条 幼儿园教职工必须具有安全意识，掌握基本急救常识和防范、避险、逃生、自救的基本方法，在紧急情况下应当优先保护幼儿的人身安全。

幼儿园应当把安全教育融入一日生活，并定期组织开展多种形式的安全教育和事故预防演练。

幼儿园应当结合幼儿年龄特点和接受能力开展反家庭暴力教育，发现幼儿遭受或者疑似遭受家庭暴力的，应当依法及时向公安机关报案。

第十六条 幼儿园应当投保校方责任险。

第四章 幼儿园的卫生保健

第十七条 幼儿园必须切实做好幼儿生理和心理卫生保健工作。

幼儿园应当严格执行《托儿所幼儿园卫生保健管理办法》以及其他有关卫生保健的法规、规章和制度。

第十八条 幼儿园应当制订合理的幼儿一日生活作息制度。正餐间隔时间为3.5～4小时。在正常情况下，幼儿户外活动时间（包括户外体育活动时间）每天不得少于2小时，寄宿制幼儿园不得少于3小时；高寒、高温地区可酌情增减。

第十九条 幼儿园应当建立幼儿健康检查制度和幼儿健康卡或档案。每年体检一次，每半年测身高、视力一次，每季度量体重一次；注意幼儿口腔卫生，保护幼儿视力。

幼儿园对幼儿健康发展状况定期进行分析、评价，及时向家长反馈结果。

幼儿园应当关注幼儿心理健康，注重满足幼儿的发展需要，保持幼儿积极的情绪状态，让幼儿感受到尊重和接纳。

第二十条　幼儿园应当建立卫生消毒、晨检、午检制度和病儿隔离制度，配合卫生部门做好计划免疫工作。

幼儿园应当建立传染病预防和管理制度，制订突发传染病应急预案，认真做好疾病防控工作。

幼儿园应当建立患病幼儿用药的委托交接制度，未经监护人委托或者同意，幼儿园不得给幼儿用药。幼儿园应当妥善管理药品，保证幼儿用药安全。

幼儿园内禁止吸烟、饮酒。

第二十一条　供给膳食的幼儿园应当为幼儿提供安全卫生的食品，编制营养平衡的幼儿食谱，定期计算和分析幼儿的进食量和营养素摄取量，保证幼儿合理膳食。

幼儿园应当每周向家长公示幼儿食谱，并按照相关规定进行食品留样。

第二十二条　幼儿园应当配备必要的设备设施，及时为幼儿提供安全卫生的饮用水。

幼儿园应当培养幼儿良好的大小便习惯，不得限制幼儿便溺的次数、时间等。

第二十三条　幼儿园应当积极开展适合幼儿的体育活动，充分利用日光、空气、水等自然因素以及本地自然环境，有计划地锻炼幼儿肌体，增强身体的适应和抵抗能力。正常情况下，每日户外体育活动不得少于1小时。

幼儿园在开展体育活动时，应当对体弱或有残疾的幼儿予以特殊照顾。

第二十四条　幼儿园夏季要做好防暑降温工作，冬季要做好防寒保暖工作，防止中暑和冻伤。

第五章　幼儿园的教育

第二十五条　幼儿园教育应当贯彻以下原则和要求：

（1）德、智、体、美等方面的教育应当互相渗透，有机结合。

（2）遵循幼儿身心发展规律，符合幼儿年龄特点，注重个体差异，因人施教，引导幼儿个性健康发展。

（3）面向全体幼儿，热爱幼儿，坚持积极鼓励、启发引导的正面教育。

（4）综合组织健康、语言、社会、科学、艺术各领域的教育内容，渗透于幼儿一日生活的各项活动中，充分发挥各种教育手段的交互作用。

（5）以游戏为基本活动，寓教育于各项活动之中。

（6）创设与教育相适应的良好环境，为幼儿提供活动和表现能力的机会与条件。

第二十六条　幼儿一日活动的组织应当动静交替，注重幼儿的直接感知、实际操作和亲身体验，保证幼儿愉快的、有益的自由活动。

第二十七条　幼儿园日常生活组织，应当从实际出发，建立必要、合理的常规，坚持一贯性和灵活性相结合，培养幼儿的良好习惯和初步的生活自理能力。

第二十八条　幼儿园应当为幼儿提供丰富多样的教育活动。

教育活动内容应当根据教育目标、幼儿的实际水平和兴趣确定，以循序渐进为原则，有计划地选择和组织。

教育活动的组织应当灵活地运用集体、小组和个别活动等形式，为每个幼儿提供充分参与的机会，满足幼儿多方面发展的需要，促进每个幼儿在不同水平上得到发展。

教育活动的过程应注重支持幼儿的主动探索、操作实践、合作交流和表达表现，不应片面追求活动结果。

第二十九条 幼儿园应当将游戏作为对幼儿进行全面发展教育的重要形式。

幼儿园应当因地制宜创设游戏条件，提供丰富、适宜的游戏材料，保证充足的游戏时间，开展多种游戏。

幼儿园应当根据幼儿的年龄特点指导游戏，鼓励和支持幼儿根据自身兴趣、需要和经验水平，自主选择游戏内容、游戏材料和伙伴，使幼儿在游戏过程中获得积极的情绪情感，促进幼儿能力和个性的全面发展。

第三十条 幼儿园应当将环境作为重要的教育资源，合理利用室内外环境，创设开放的、多样的区域活动空间，提供适合幼儿年龄特点的丰富的玩具、操作材料和幼儿读物，支持幼儿自主选择和主动学习，激发幼儿学习的兴趣与探究的愿望。

幼儿园应当营造尊重、接纳和关爱的氛围，建立良好的同伴和师生关系。

幼儿园应当充分利用家庭和社区的有利条件，丰富和拓展幼儿园的教育资源。

第三十一条 幼儿园的品德教育应当以情感教育和培养良好行为习惯为主，注重潜移默化的影响，并贯穿于幼儿生活以及各项活动之中。

第三十二条 幼儿园应当充分尊重幼儿的个体差异，根据幼儿不同的心理发展水平，研究有效的活动形式和方法，注重培养幼儿良好的个性心理品质。

幼儿园应当为在园残疾儿童提供更多的帮助和指导。

第三十三条 幼儿园和小学应当密切联系，互相配合，注意两个阶段教育的相互衔接。

幼儿园不得提前教授小学教育内容，不得开展任何违背幼儿身心发展规律的活动。

第六章 幼儿园的园舍、设备

第三十四条 幼儿园应当按照国家的相关规定设活动室、寝室、卫生间、保健室、综合活动室、厨房和办公用房等，并达到相应的建设标准。有条件的幼儿园应当优先扩大幼儿游戏和活动空间。

寄宿制幼儿园应当增设隔离室、浴室和教职工值班室等。

第三十五条 幼儿园应当有与其规模相适应的户外活动场地，配备必要的游戏和体育活动设施，创造条件开辟沙地、水池、种植园地等，并根据幼儿活动的需要绿化、美化园地。

第三十六条 幼儿园应当配备适合幼儿特点的桌椅、玩具架、盥洗卫生用具，以及必要的玩教具、图书和乐器等。

玩教具应当具有教育意义并符合安全、卫生要求。幼儿园应当因地制宜，就地取材，自制玩教具。

第三十七条 幼儿园的建筑规划面积、建筑设计和功能要求，以及设施设备、玩教具配备，按照国家和地方的相关规定执行。

第七章 幼儿园的教职工

第三十八条 幼儿园按照国家相关规定设园长、副园长、教师、保育员、卫生保健人员、炊事员和其他工作人员等岗位，配足配齐教职工。

第三十九条 幼儿园教职工应当贯彻国家教育方针，具有良好品德，热爱教育事业，尊重和爱护幼儿，具有专业知识和技能以及相应的文化和专业素养，为人师表，忠于职责，身心健康。

幼儿园教职工患传染病期间暂停在幼儿园的工作。有犯罪、吸毒记录和精神病史者不得在幼儿园工作。

第四十条 幼儿园园长应当符合本规程第三十九条规定，并应当具有《教师资格条例》规定的教师资格、具备大专以上学历、有三年以上幼儿园工作经历和一定的组织管理能力，并取得幼儿园园长岗位培训合格证书。

幼儿园园长由举办者任命或者聘任，并报当地主管的教育行政部门备案。

幼儿园园长负责幼儿园的全面工作，主要职责如下：

（1）贯彻执行国家的有关法律、法规、方针、政策和地方的相关规定，负责建立并组织执行幼儿园的各项规章制度。

（2）负责保育教育、卫生保健、安全保卫工作。

（3）负责按照有关规定聘任、调配教职工，指导、检查和评估教师以及其他工作人员的工作，并给予奖惩。

（4）负责教职工的思想工作，组织业务学习，并为他们的学习、进修、教育研究创造必要的条件。

（5）关心教职工的身心健康，维护他们的合法权益，改善他们的工作条件。

（6）组织管理园舍、设备和经费。

（7）组织和指导家长工作。

（8）负责与社区的联系和合作。

第四十一条 幼儿园教师必须具有《教师资格条例》规定的幼儿园教师资格，并符合本规程第三十九条规定。

幼儿园教师实行聘任制。

幼儿园教师对本班工作全面负责，其主要职责如下：

（1）观察了解幼儿，依据国家有关规定，结合本班幼儿的发展水平和兴趣需要，制订和执行教育工作计划，合理安排幼儿一日生活。

（2）创设良好的教育环境，合理组织教育内容，提供丰富的玩具和游戏材料，开展适宜的教育活动。

（3）严格执行幼儿园安全、卫生保健制度，指导并配合保育员管理本班幼儿生活，做好卫生保健工作。

（4）与家长保持经常联系，了解幼儿家庭的教育环境，商讨符合幼儿特点的教育措施，相互配合共同完成教育任务。

（5）参加业务学习和保育教育研究活动。

（6）定期总结评估保教工作实效，接受园长的指导和检查。

第四十二条 幼儿园保育员应当符合本规程第三十九条规定，并应当具备高中毕业以上学历，受过幼儿保育职业培训。

幼儿园保育员的主要职责如下：

（1）负责本班房舍、设备、环境的清洁卫生和消毒工作。

（2）在教师指导下，科学照料和管理幼儿生活，并配合本班教师组织教育活动。

（3）在卫生保健人员和本班教师指导下，严格执行幼儿园安全、卫生保健制度。

（4）妥善保管幼儿衣物和本班的设备、用具。

第四十三条 幼儿园卫生保健人员除符合本规程第三十九条规定外，医师应当取得卫生行政部门颁发的《医师执业证书》；护士应当取得《护士执业证书》；保健员应当具有高中毕业以上学历，并经过当地妇幼保健机构组织的卫生保健专业知识培训。

幼儿园卫生保健人员对全园幼儿身体健康负责，其主要职责如下：

（1）协助园长组织实施有关卫生保健方面的法规、规章和制度，并监督执行。

（2）负责指导调配幼儿膳食，检查食品、饮水和环境卫生。

（3）负责晨检、午检和健康观察，做好幼儿营养、生长发育的监测和评价；定期组织幼儿健康体检，做好幼儿健康档案管理。

（4）密切与当地卫生保健机构的联系，协助做好疾病防控和计划免疫工作。

（5）向幼儿园教职工和家长进行卫生保健宣传和指导。

（6）妥善管理医疗器械、消毒用具和药品。

第四十四条 幼儿园其他工作人员的资格和职责，按照国家和地方的有关规定执行。

第四十五条 对认真履行职责、成绩优良的幼儿园教职工，应当按照有关规定给予奖励。

对不履行职责的幼儿园教职工，应当视情节轻重，依法依规给予相应处分。

第八章　幼儿园的经费

第四十六条 幼儿园的经费由举办者依法筹措，保障有必备的办园资金和稳定的经费来源。

按照国家和地方相关规定接受财政扶持的提供普惠性服务的国有企事业单位办园、集体办园和民办园等幼儿园，应当接受财务、审计等有关部门的监督检查。

第四十七条 幼儿园收费按照国家和地方的有关规定执行。

幼儿园实行收费公示制度，收费项目和标准向家长公示，接受社会监督，不得以任何名义收取与新生入园相挂钩的赞助费。

幼儿园不得以培养幼儿某种专项技能、组织或参与竞赛等为由，另外收取费用；不得以营利为目的组织幼儿表演、竞赛等活动。

第四十八条 幼儿园的经费应当按照规定的使用范围合理开支，坚持专款专用，不得挪作他用。

第四十九条 幼儿园举办者筹措的经费，应当保证保育和教育的需要，有一定比例用于改善办园条件和开展教职工培训。

第五十条 幼儿膳食费应当实行民主管理制度，保证全部用于幼儿膳食，每月向家长公布账目。

第五十一条 幼儿园应当建立经费预算和决算审核制度，经费预算和决算应当提交园务委员会审议，并接受财务和审计部门的监督检查。

幼儿园应当依法建立资产配置、使用、处置、产权登记、信息管理等管理制度，严格执行有关财务制度。

第九章　幼儿园、家庭和社区

第五十二条 幼儿园应当主动与幼儿家庭沟通合作，为家长提供科学育儿宣传指导，帮助家长创设良好的家庭教育环境，共同担负教育幼儿的任务。

第五十三条 幼儿园应当建立幼儿园与家长联系的制度。幼儿园可采取多种形式，指导家长正确了解幼儿园保育和教育的内容、方法，定期召开家长会议，并接待家长的来访和咨询。

幼儿园应当认真分析、吸收家长对幼儿园教育与管理工作的意见与建议。

幼儿园应当建立家长开放日制度。

第五十四条　幼儿园应当成立家长委员会。

家长委员会的主要任务是：对幼儿园重要决策和事关幼儿切身利益的事项提出意见和建议；发挥家长的专业和资源优势，支持幼儿园保育教育工作；帮助家长了解幼儿园工作计划和要求，协助幼儿园开展家庭教育指导和交流。

家长委员会在幼儿园园长指导下工作。

第五十五条　幼儿园应当加强与社区的联系与合作，面向社区宣传科学育儿知识，开展灵活多样的公益性早期教育服务，争取社区对幼儿园的多方面支持。

第十章　幼儿园的管理

第五十六条　幼儿园实行园长负责制。

幼儿园应当建立园务委员会。园务委员会由园长、副园长、党组织负责人和保教、卫生保健、财会等方面工作人员的代表以及幼儿家长代表组成。园长任园务委员会主任。

园长定期召开园务委员会会议，遇重大问题可临时召集，对规章制度的建立、修改、废除，全园工作计划，工作总结，人员奖惩，财务预算和决算方案，以及其他涉及全园工作的重要问题进行审议。

第五十七条　幼儿园应当加强党组织建设，充分发挥党组织政治核心作用、战斗堡垒作用。幼儿园应当为工会、共青团等其他组织开展工作创造有利条件，充分发挥其在幼儿园工作中的作用。

第五十八条　幼儿园应当建立教职工大会制度或者教职工代表大会制度，依法加强民主管理和监督。

第五十九条　幼儿园应当建立教研制度，研究解决保教工作中的实际问题。

第六十条　幼儿园应当制订年度工作计划，定期部署、总结和报告工作。每学年年末应当向教育等行政主管部门报告工作，必要时随时报告。

第六十一条　幼儿园应当接受上级教育、卫生、公安、消防等部门的检查、监督和指导，如实报告工作和反映情况。

幼儿园应当依法接受教育督导部门的督导。

第六十二条　幼儿园应当建立业务档案、财务管理、园务会议、人员奖惩、安全管理以及与家庭、小学联系等制度。

幼儿园应当建立信息管理制度，按照规定采集、更新、报送幼儿园管理信息系统的相关信息，每年向主管教育行政部门报送统计信息。

第六十三条　幼儿园教师依法享受寒暑假期的带薪休假。幼儿园应当创造条件，在寒暑假期间，安排工作人员轮流休假。具体办法由举办者制订。

第十一章　附　　则

第六十四条　本规程适用于城乡各类幼儿园。

第六十五条　省、自治区、直辖市教育行政部门可根据本规程，制订具体实施办法。

第六十六条　本规程自 2016 年 3 月 1 日起施行。1996 年 3 月 9 日由原国家教育委员会令第 25 号发布的《幼儿园工作规程》同时废止。

参 考 文 献

[1] 高庆春，梁周全. 学前儿童健康教育［M］. 北京：高等教育出版社，2011.
[2] 刘昕. 学前儿童艺术教育与活动指导［M］. 北京：教育科学出版社，2016.
[3] 郦燕君. 学前儿童科学教育［M］. 北京：高等教育出版社，2011.
[4] 学前教育专业教材编写组. 幼儿园教育活动设计与指导（总论）［M］. 南京：河海大学出版社，2009.
[5] 张琳. 幼儿园教育活动设计与实践［M］. 北京：高等教育出版社，2005.
[6] 郭玉英. 从传统到现代——综合科学课程的发展［M］. 北京：北京师范大学出版社，2002.
[7] 袁运开，蔡铁权. 科学课程与教学论［M］. 杭州：浙江教育出版社，2003.
[8] 陈秉龙，高培仁. 幼儿园教育活动设计与指导［M］. 武汉：华中师范大学出版社，2009.
[9] 张俊. 幼儿园科学教育活动指导［M］. 北京：人民教育出版社，2008.
[10] 陶秀伟. 幼儿园教育活动设计与指导［M］. 大连：辽宁师范大学出版社，2003.